H. Schmidt · Orthopädie im Sport

Franz Merz
1976

Sportmedizinische Schriftenreihe

der Deutschen Hochschule für Körperkultur Leipzig

Band 8

Orthopädie im Sport

Untersuchung — Beurteilung — Behandlung

von

Med.-Rätin a. o. Doz. Dr. med. habil. HELGA SCHMIDT

Mit 186 Abbildungen

JOHANN AMBROSIUS BARTH LEIPZIG 1972

Aus der Sportärztlichen Hauptberatungsstelle Leipzig
(Chefarzt: Obermed.-Rat Dr. med. Burger)

Printed in the German Democratic Republic

Verlagslizenz Nr. 285-125/7/72

Satz und Druck: Buchdruckerei Richard Hahn (H. Otto), Leipzig

Einband: E. P. Berger, Leipzig

ES 17 Q u. 17 G · Bestell-Nr. 793 311 5

Vorwort

Die Sportmedizin hat in den letzten Jahren zunehmend an Bedeutung und Wertschätzung gewonnen. Sie ist zu einer Querschnittsdisziplin geworden, die die Erkenntnisse und das Wissen der verschiedensten Fächer der Medizin unter den speziellen Gesichtspunkten von Körperkultur und Sport (Üben, Trainieren, Wettkampf) anwendet und modifiziert und somit Teil der medizinischen Wissenschaften und integrierter Bestandteil der Sportwissenschaften ist. Die Orthopädie und Sporttraumatologie unter Einbeziehung physiotherapeutischer Maßnahmen aus prophylaktischer und therapeutischer Sicht zählen mit zu den wichtigsten Fächern im Rahmen der Sportmedizin, wird doch vom Anpassungsvermögen und von der Belastbarkeit des Knochen-, Knorpel-, Muskel- und Sehnengewebes nicht nur im Kindes- und Jugendalter, sondern auch beim Erwachsenen die sportliche Höchstleistung in erheblichem Maße bestimmt.

Nachdem durch unsere Untersuchungen am Leistungsherzen sich unsere Auffassungen über die Herzphysiologie grundlegend geändert haben, stellen zur Zeit in vielen Sportdisziplinen (insbesondere in den Kraft-Schnellkraft- bzw. Kraft-Ausdauersportarten) nicht mehr das Herz-Kreislauf-System, sondern der Haltungs- und Bewegungsapparat den leistungsbegrenzenden Faktor im Sport dar. In Anbetracht der wachsenden Bedeutung, die unsere sozialistische Gesellschaft der umfassenden Entwicklung von Körperkultur und Sport schenkt und die in mannigfaltiger Form in den Gesetzen und Verordnungen der Regierung der DDR, insbesondere in der Verfassung und im Beschluß des Staatsrates der DDR vom 20. 9. 1968 zum Ausdruck kommt, hat sich jeder Arzt mit sportlichen Fragestellungen auseinanderzusetzen. Der Sportarzt, der sich im speziellen diesen Aufgaben zuwenden muß, soll fähig sein,

- Körperkultur und Sport als Mittel und Methode der Prophylaxe, Therapie und Rehabilitation einzusetzen,
- den Trainings- und Wettkampfprozeß mitgestalten zu helfen und Sportler und Trainer entsprechend zu beraten,
- die derzeit für die einzelnen Sportarten noch typischen Sportschäden und Sportverletzungen zu kennen, an ihrer Verhütung mitzuwirken und durch eine fachgerechte Behandlung die volle Leistungs- und Sportfähigkeit des Sportlers herbeizuführen.

Unter diesen Gesichtspunkten erscheint es notwendig, den Sportärzten, Medizinstudenten, sportlich interessierten Ärzten anderer Fachdisziplinen sowie Physiotherapeuten, besonders aber den Facharztkandidaten für das Fach Sportmedizin zusammengefaßt und übersichtlich Materialien zur Verfügung zu stellen[1], die die Grundsätze der Untersuchung, Beurteilung und Behandlung von orthopädischen Erkrankungen und Verletzungen unter Beachtung der Besonderheiten der sportlichen Belastbarkeit im allgemeinen und für spezielle Sportarten enthalten.

Aus diesen Erkenntnissen heraus bin ich der Aufforderung zu diesem Band der »Sportmedizinischen Schriftenreihe der Deutschen Hochschule für Körperkultur Leipzig« gern nachgekommen, obwohl der Meinungsstreit hinsichtlich der maximalen Belastbarkeit des Stütz- und Bewegungsapparates aus orthopädisch-sportmedizinischer Sicht noch nicht abgeschlossen ist. Die Beziehungen zwischen Orthopädie und Sport wurden bisher im Schrifttum nur vereinzelt beachtet, so daß die vorliegenden Ausführungen sich im wesentlichen auf eine eigene langjährige Erfahrung in der klinischen und sportärztlich-praktischen Tätigkeit stützen. Es sei jedoch darauf hingewiesen, daß unsere Beobachtungen fortgesetzt werden, so daß wir in einigen Jahren möglicherweise neue Gesichtspunkte anführen müssen.

Die Gliederung der Arbeit erfolgt zum großen Teil nach Sachgebieten und erst in zweiter Linie nach Körperregionen, um den Charakter eines Leitfadens für den in der Sportpraxis Tätigen zu erhalten. Wenn trotz der kleinen Anzahl spezieller orthopädisch-sportmedizinischer Veröffentlichungen ein umfangreiches Schrifttumsverzeichnis erarbeitet wurde, so geschah dies mit der Absicht, dem orthopädisch-sporttraumatologisch Interessierten Anregungen und Hinweise zum Studium orthopädischen Grundlagenwissens zu geben.

Ohne die Unterstützung sowohl in der operativen Versorgung von Sportverletzungen und orthopädischen Erkrankungen als auch in der Ermöglichung einer weiteren eigenen operativen Tätigkeit durch meinen orthopädischen Lehrer, den Direktor der Orthopädischen Klinik der Karl-Marx-Universität Leipzig, Herrn Prof. Dr. P. F. MATZEN, wäre die Darstellung der sporttraumatologischen Probleme in der vorliegenden Veröffentlichung unvollständig geblieben. Ich möchte deshalb ihm und allen Kollegen, die mir bei der Abfassung der Veröffentlichung mit Rat und Tat zur Seite gestanden haben, recht herzlich danken. Dieser Dank bezieht sich auch auf den Verlag JOHANN AMBROSIUS BARTH und seine Mitarbeiter sowie auf die Herausgeber für freundliches Entgegenkommen, Verständnis und Hilfe bei der Erarbeitung und Ausstattung der vorliegenden Veröffentlichung.

Leipzig, Februar 1971 HELGA SCHMIDT

1 Gemäß Gbl. II, Nr. 14, vom 5. 10. 1967, Ausbildungs- und Prüfungsstandards für die Ausbildung von Fachärzten.

Inhaltsverzeichnis

1. Einleitung und Problemstellung

Den verschiedenartigen sportlichen Aufgabenstellungen entsprechend, sind die Trainings- und Wettkampfanforderungen an den einzelnen Organismus unterschiedlich. Im Kinder- und Jugendsport ist die Körpererziehung in der Schule, die eine körperliche Allgemeinbildung ohne sportliche Zielsetzung darstellt, von dem Sport außerhalb des Schulunterrichts, bei dem auf sportliche Höchstleistungen im Wettkampf trainiert wird, zu unterscheiden. Ähnliche Unterschiede bestehen auch zwischen dem Freizeit- und Erholungssport Erwachsener und dem sportlichen Trainieren in Spezialsportarten, um hohe Wettkampfergebnisse zu erzielen.

Daraus ist ersichtlich, daß man im Hinblick auf die Belastungsanforderungen klare Unterscheidungen treffen muß und keinesfalls jede Sportausübung unter demselben Gesichtspunkt betrachten kann.

Die vorliegende Arbeit befaßt sich vorwiegend mit Sportlern, die im Rahmen einer wettkampfmäßigen Sportausübung ein regelmäßiges hohes körperliches Training durchführen. Die Auswirkungen auf den Organismus, die unter hoher Trainingsbelastung beobachtet werden konnten, sind sehr aufschlußreich. Dabei ist jedoch zu berücksichtigen, daß die vorliegenden Ergebnisse nicht grundsätzlich auf andere Formen der Sportausübung wie z. B. den Schulsport übertragen werden können. Es läßt sich aber zwangsläufig schlußfolgern, daß viele Reaktionen, die unter höchsten körperlichen Belastungen auftreten, bei wesentlich geringeren sportlichen Anforderungen ebenfalls gelegentlich zu beobachten sind.

Der Regel von Arndt-Schulz entsprechend, sind die Auswirkungen von Körperübungen und Sport auf den Organismus von der Stärke des Reizes abhängig. Mehrfache Reize von relativ hoher Intensität und regelmäßiger Folge sind geeignet, Anpassungserscheinungen im Körper hervorzurufen, vorausgesetzt, daß dem Organismus Zeit für die erforderlichen Anpassungs- und Umbauvorgänge gelassen wird. Demzufolge besteht eine so innige Wechselwirkung zwischen Trainingsaufbau und Leistungsfähigkeit des Organismus, daß sich der Sportarzt, abgesehen von der Behandlung des Sportlers, mehr als bisher mit Fragen der Trainingsgestaltung auseinanderzusetzen hat.

Ausschlaggebend für die sportmedizinisch-orthopädische Beurteilung und Behandlung des Sportlers sind die Prinzipien der Orthopädie, die auf Grund jahrzehntelanger Erfahrungen einen festen Platz in der klinischen Medizin einnehmen.

Diese gesicherten Erfahrungen und Erkenntnisse der herkömmlichen Orthopädie gilt es, unter Modifizierung hinsichtlich ihrer Anwendung auszuschöpfen und voll zu nutzen, um den speziellen Anforderungen an die Sportmedizin gerecht werden zu können. Durch die rasche Entwicklung der Sportpraxis und Sportwissenschaft in den letzten Jahren wird die Orthopädie in der Sportmedizin vor zahlreiche neue Probleme und Entscheidungen gestellt. Sorgfältige klinische Untersuchung und ständige Beobachtung des Sportlers während des Trainings unter Beachtung der Spezifik der

Sportart bilden die Grundlage für die Einschätzung der Belastbarkeit des Organismus aus orthopädischer Sicht und geben uns zugleich wertvolle Hinweise für die orthopädische Behandlung des Sportlers.

Die Gesichtspunkte, die bei der orthopädischen Beurteilung und Behandlung des Sportlers berücksichtigt werden müssen und unsere sportmedizinische Tätigkeit grundlegend beeinflussen, sollen im folgenden skizziert werden.

1. Für die *Einschätzung der Sportfähigkeit* ist die Erkenntnis, daß die Grenzen des Normalen und die Übergänge vom Physiologischen zum Pathologischen fließend sind, von entscheidender Bedeutung. Da es den sogenannten »Normalmenschen« nicht gibt, ist in jedem einzelnen Fall abzuwägen, ob der orthopädische Befund mit der vorgesehenen sportlichen Belastung zu vereinbaren ist und ob die gewählte Sportart dem Körperbautyp und Befund entspricht. Im allgemeinen ist es nicht zweckmäßig, bei geringfügigen Abweichungen vom »Normalen« die sportliche Betätigung grundsätzlich abzulehnen. Variationsbreiten des Normalen prädestinieren zuweilen für entsprechende Sportarten und Höchstleistungen. In diesem Zusammenhang sei daran erinnert, daß z. B. eine mehrfache Olympiasiegerin im Wasserspringen eine deutliche Überstreckbarkeit der Gelenke aufwies, die sogar dazu beitrug, sportliche Höchstleistung in dieser speziellen Sportart zu erlangen. Zwei unserer erfolgreichsten Schwimmerinnen sind wegen des bestehenden Wirbelsäulenbefundes mit Haltungsverfall und Skoliose über das orthopädische Schwimmen in den Schwimmsport eingetreten und haben über das tägliche Training den Haltungs- bzw. Formfehler der Wirbelsäule während des Wachstums weitgehend ausgeglichen und dabei Weltbestleistungen erreicht.

Die im Wettkampfsport gesammelten Erfahrungen haben beispielgebend und bahnbrechend gewirkt. Gegenüber den herkömmlichen Behandlungsmethoden setzt sich der Sport als Mittel und Methode der orthopädischen Behandlung und Rehabilitation immer mehr durch, und die Praxis zeigt, daß sich zahlreiche Orthopäden, aber auch Internisten, dieser Auffassung zuwenden.

Dem sportmedizinisch tätigen Orthopäden ist außerdem Gelegenheit gegeben, bei der Talentauswahl junger Nachwuchssportler zu helfen und die sportliche Betätigung unter anderem nach orthopädischen Gesichtspunkten zu lenken.

2. Bei der *Beurteilung der Sportfähigkeit insbesondere nach Erkrankungen, Verletzungen oder Fehlbelastungsschäden des Sportlers* muß berücksichtigt werden, daß der erfolgreiche Sportler geneigt ist, seine Beschwerden unterzubewerten. Der Leistungswille des Wettkampfsportlers steht im Vordergrund, so daß sich der Sportler unter keinen Umständen »krankschreiben« lassen will. In vereinzelten Fällen haben sich früher Sportler und Trainer über ärztliche Entscheidungen hinweggesetzt und ein Risiko in Kauf genommen, um die sportliche Laufbahn im entscheidenden Augenblick nicht unterbrechen zu müssen. Die Zeit hat gelehrt, daß in einzelnen Fällen die Härte gegenüber sich selbst zum Erfolg geführt hat und damit der Krankheitsprozeß überwunden wurde. Es darf aber auch nicht unerwähnt bleiben, daß in einzelnen Fällen durch eine Nichtbeachtung des orthopädischen Befundes eine Verschlechterung eingetreten ist, die dann und wann zu einer bleibenden Sportunfähigkeit geführt hat. Der Sportarzt wird in seinen Entscheidungen über die Einsatzfähigkeit im Sport nach Erkrankungen, Verletzungen und Fehlbelastungsschäden in klinischer Hinsicht erfolgreich und beim Sportler und verantwortungsbewußten Trainer anerkannt sein, wenn er

unter exakter Einschätzung des objektiven klinischen Befundes die sportpraktischen Erfahrungen nutzt und sich auf dieser Grundlage zu einem eigenen Urteil durchringt. Dabei gilt es ärztlicherseits abzuwägen, ob das Risiko hinsichtlich frühzeitiger Wiederbelastung vertretbar und erfolgversprechend ist oder ob damit das Rezidiv und eine um so längere Unterbrechung der sportlichen Laufbahn heraufbeschworen werden. Dabei ist von ausschlaggebender Bedeutung, daß der beurteilende und behandelnde Arzt den hochtrainierten Wettkampfsportler im gesunden Zustand kennt. Viele Ärzte sind an der Durchsetzung orthopädischer Behandlungsmaßnahmen im Sport gescheitert, weil sie den Wettkampfsportler nicht als gesunden, gut durchtrainierten Organismus kennengelernt hatten und sich nicht von dieser Einschätzung bei der Beurteilung und Behandlung leiten lassen konnten. Gewöhnlich ist es für den Arzt bequemer, ein Sportverbot auszusprechen, als verantwortungsbewußt sachlich zu überprüfen, ob eine Trainingserlaubnis unter bestimmten ärztlichen Maßnahmen bzw. eine Teiltrainingserlaubnis gegeben werden kann. Die Anzahl der Schäden in physischer und psychischer Hinsicht, die durch ein ungerechtfertigtes Sportverbot aufgetreten sind und heute noch auftreten, ist verhältnismäßig hoch.

3. Bei der *orthopädisch-traumatologischen Behandlung des Sportlers* ist die sofortige Unfallversorgung von entscheidender Bedeutung für den Behandlungserfolg. Die besten Behandlungsergebnisse in Bezug auf vollständige Wiederherstellung in kürzester Zeit wurden während der Trainingslager erzielt, die von einem sportmedizinisch erfahrenen Orthopäden betreut wurden, wo Gelegenheit gegeben war, neben einer sofortigen Unfallversorgung die medizinische Behandlung einschließlich Physiotherapie mit dem Training im Bereich des verbliebenen Leistungsrestes in optimaler Weise zu kombinieren. Sofort nach einer Verletzung ermittelt der Wettkampfsportler die Teile einer Bewegung, die ihm als Bewegungsrest erhalten geblieben sind und nimmt diesen Teilprozeß des Trainings in der vorgesehenen Weise wieder auf. Somit ist es möglich, bei Sicherung des Heilungsprozesses ärztlicherseits ungünstige Auswirkungen auf die allgemeine und sportartspezifische Kondition des Sportlers in der Mehrzahl der Fälle zu vermeiden. Darunter ist aus der Sicht des Wettkampfsportlers z. B. die Einweisung in ein allgemeines Krankenhaus fern vom sportlichen Geschehen bei vollständiger Unterbrechung des Trainings zu verstehen. Bei dem auf Höchstleistung ausgerichteten Wettkampfsportler spielt die psychische Führung von seiten des Arztes in Übereinstimmung mit dem Trainer eine entscheidende Rolle im Heilungsprozeß. Bei fachlich richtiger Einschätzung und Behandlung der Verletzung und Abstimmung der erforderlichen Behandlungsmaßnahmen mit dem Trainingsplan im Rahmen des Möglichen wird es dem behandelnden Arzt immer gelingen, erfolgreich mit dem erkrankten oder verletzten Sportler und Trainer zusammenarbeiten zu können. Die während der Trainingslager gesammelten Erfahrungen in der Behandlung von Sportverletzungen sollten auch bei erforderlicher stationärer Behandlung beachtet werden.

Außerdem ist bei der orthopädischen Behandlung des Sportlers die Beachtung sogenannter »banaler« Befunde von großer Bedeutung. Die insbesondere im Wettkampfsport unerläßliche Höchstbelastung im Training und Wettkampf erfordert eine optimale Funktion aller Gelenke, Muskeln und Sehnen. Minimale Funktionsstörungen, z. B. die Einschränkung der Beweglichkeit im oberen Sprunggelenk um 5° oder kleine Narben im Muskel, die bei den Belastungen des täglichen Lebens unbemerkt bleiben, können für den Sportler eine erhebliche Behinderung bedeuten und das Erreichen der Höchstleistung gefährden. Aus dieser Erkenntnis heraus ist im Hinblick auf das Endresultat über Art und Dauer der orthopädischen Behandlung zu entscheiden.

4. Bei *plötzlicher Unterbrechung des sportlichen Trainings* infolge Erkrankung oder Verletzung drohen dem hochtrainierten Sportler zwei Gefahren:
– die Gefahr des akuten Entlastungssyndroms und
– die Gefahr der rasch einsetzenden Muskelatrophie.

Beide Gefahren können durch frühzeitige Wiederaufnahme von aktiver Übungsbehandlung und Sporttherapie, die dem Krankheitsbild Rechnung tragen, auf ein Minimum beschränkt werden. Nicht unterschätzt werden darf darüberhinaus die psychische Gefahr, die für den Wettkampfsportler bei einer plötzlichen Unterbrechung der sportlichen Laufbahn z. B. kurz vor großen internationalen Wettkämpfen gegeben ist. Dieser Gefahr des nervlichen Zusammenbrechens kann am besten durch eine sofortige Wiederaufnahme, wenn auch nur eines kleinen Teiles des Trainings, das gegebenenfalls auch im Bett möglich ist, begegnet werden.

5. *Infolge des guten Trainingszustandes der Muskulatur des Sportlers* ist nach Verletzungen und Operationen teilweise eine wesentliche Verkürzung der Behandlungszeit zu beobachten. Nach einer Edenplastik, die bei einem Kanusportler wegen habitueller Schultergelenksluxation durchgeführt worden war, bestand z. B. am Tage nach der Abnahme des Thoraxarmgipsverbandes 6 Wochen nach der Operation eine völlig freie Beweglichkeit im Schultergelenk. Dieser Hinweis erscheint auch im Hinblick auf die Weiterentwicklung der Physiotherapie bei Nichtsportlern in der präoperativen Phase von Bedeutung.

6. Der *Gefahr von Fehlbelastungsschäden* bei sportlicher Höchstleistung ist von vornherein durch einen systematischen Trainingsaufbau zu begegnen, der den orthopädischen Gesichtspunkten hinsichtlich der Belastbarkeit Rechnung trägt. Trainingsmethodisch ist seit längerem klar, daß eine hohe Trainingswirksamkeit nicht durch einseitige Belastungen erreicht wird, sondern daß die Gesamtheit der physischen Voraussetzungen, psychischen Eigenschaften und moralischen Qualitäten die sportliche Höchstleistung bestimmen. In diesem Zusammenhang sei festgestellt, daß einseitige Belastungen nicht nur die Wirksamkeit des Trainings gefährden, sondern zugleich auch die Gefahr von Fehlbelastungsschäden mit sich bringen, so daß der Aufbau über ein vielseitiges allgemeines Training zu erfolgen hat.

Die Zusammenarbeit zwischen Trainer und Sportarzt, der an der Trainingsgestaltung unter Beachtung orthopädischer Erkenntnisse schöpferisch mitwirkt, ist entscheidend für eine Höchstleistung unter dem Gesichtspunkt der Prophylaxe. Ausgleichende Körperübungen im Sport und Spiel und der Einsatz der Physiotherapie unter Ausnutzung aller Behandlungsmaßnahmen sind außerdem unerläßlich, um Fehlbelastungsschäden vorzubeugen und das tägliche Training in bestimmten Trainingsabschnitten zu gewährleisten. Die Physiotherapie nimmt heute als leistungsfördernde Maßnahme einen festen Platz in der Sportmedizin ein.

Die in dieser Hinsicht gewonnenen Erfahrungen sind zugleich von unschätzbarer Bedeutung für die gesundheitliche Betreuung der unter den Bedingungen der wissenschaftlich-technischen Revolution arbeitenden Menschen mit der damit verbundenen Mechanisierung und Automatisierung des Arbeitsprozesses.

2. Orthopädische Untersuchungsmethoden für den Sportarzt

Der Sportarzt muß sich in seiner praktischen Tätigkeit mit vielen klinischen Fächern auseinandersetzen. Die Orthopädie zählt mit zu den wichtigsten Fächern im Rahmen der Sportmedizin. Als Grundlage für sein ärztliches Handeln muß sich jeder junge Sportarzt aus dem Wissensgut der Orthopädie die Daten, die für die Anlegung einer sorgfältigen Dokumentation, die Diagnosestellung und eine gezielte Behandlung erforderlich sind, erarbeiten. Für die orthopädische Beurteilung und Behandlung des Sportlers ist nur ein Teil der orthopädischen Untersuchungsmethoden von praktischer Bedeutung, so daß für sportmedizinische Belange die Untersuchungsmethoden aus vielen Standardwerken und Zeitschriften mühsam zusammengesucht werden müssen (Arndt 1965, Baumgartl 1964, Brailsford 1953, Chapchal 1954, Debrunner 1966, Franke 1959, Grashey-Birkner 1964, Greulich-Pyle 1959, Groskopff-Tischendorf 1962, Hadorn 1965, Hohmann 1949, 1951, Hohmann-Hackenbroch-Lindemann 1957–1961, Janker 1965, Jonasch 1964, Köhler-Zimmer 1956, Matzen 1967, 1968, Orendi 1968, Pitzen 1957, Schinz-Baensch-Friedl-Uehlinger 1952, Schmid-Weber 1955, Schmorl-Junghans 1964, Schnelle 1960, de Sêze-Djian 1963, Weller-Köhnlein 1962).

Aus diesen Erwägungen heraus wird versucht, in dem folgenden Kapitel einen kurzen Überblick über die für die sportmedizinische Praxis wichtigen orthopädischen Untersuchungsmethoden zu geben.

2.1. Allgemeine Untersuchungsgrundsätze

Der heutige Mediziner ist sehr leicht geneigt, infolge zahlreicher Labor- und Röntgenuntersuchungen die Diagnostik mit einfachen klinischen Methoden zu vernachlässigen. Dem stehen die praktischen Aufgaben des Sportarztes gegenüber, der teilweise in den Trainingsstätten fern von der Großstadt auf Grund der gegebenen Untersuchungsmöglichkeiten sich schnell für eine Diagnose entscheiden muß, um daraus die notwendigen Maßnahmen abzuleiten. Wie später noch ausgeführt wird, ist für eine vollständige Wiederherstellung in kürzester Zeit ohne Risiko, die wir in der Behandlung von Sportverletzungen fordern, die entsprechende Frühbehandlung und richtige Erstversorgung entscheidend. Dabei gilt es im Einzelfall abzuwägen, ob es erforderlich ist, den verletzten Sportler z. B. in einem Winterlager noch am Abend in eine große Fachklinik weiterzuleiten, oder ob man, ohne etwas zu versäumen, mit dem Abtransport bis zum nächsten Tag oder bis zur Heimreise warten kann. Die Verantwortung für den Sportarzt ist besonders groß, wenn Verletzungen während des Trainings oder Wettkampfes in abgelegenen Gegenden auftreten. Um in derartigen Fällen den gestellten Anforderungen gerecht werden zu können, muß der Sportarzt lernen, eine Diagnose mit Hilfe seiner fünf Sinne stellen zu können. Somit erlangt die klinische Untersuchung für den Sportarzt eine weit größere Bedeutung, als man ihr häufig zuspricht. Daß wir trotzdem auf Labor- und Röntgenuntersuchungen nicht verzichten, versteht sich von selbst.

Wichtig ist, daß isolierte Veränderungen im Hinblick auf die Auswirkungen und die Funktionsbehinderung für den Gesamtorganismus bewertet werden müssen, so daß bei einer orthopädischen Beurteilung von Sportlern stets eine Untersuchung des gesamten Stütz- und Bewegungsapparates erforderlich ist. Aus diesem Grunde empfiehlt es sich, daß der Sportler bei der Untersuchung möglichst wenig bekleidet ist, damit der Arzt sich auf schnellem Wege einen Gesamteindruck verschaffen kann.

Die orthopädische Untersuchung eines Sportlers erfolgt nach den für alle klinischen Fächer geltenden Richtlinien.

Beim Erheben der *Anamnese* ist besonderer Wert auf die sportliche Anamnese zu legen.

Bei der *klinischen Untersuchung* prüft man nacheinander den *sichtbaren*, *fühlbaren*, *meßbaren* und *funktionellen* Befund.

Diese allgemeingültigen Untersuchungsgrundsätze gelten für jeden einzelnen Körperabschnitt.

2.2. Spezielle Untersuchungsmethoden einzelner Körperabschnitte

2.2.1. Untersuchungsmethoden im Rumpfbereich

2.2.1.1. Wirbelsäule

Die Haltung und Funktion der Wirbelsäule werden von der Stellung des Beckens beeinflußt. Aus diesem Grunde beginnt die Wirbelsäulenuntersuchung mit der *Prüfung der Beckenstellung*, d. h., man beurteilt, ob ein Beckengeradstand oder Beckenschiefstand vorliegt. Dabei orientiert man sich gleichzeitig über Unterschiede in der Beinlänge. Der entkleidete Patient steht mit dem Rücken zum Untersucher, der die flachen Hände auf die Beckenkämme des Patienten auflegt und prüft, ob die Beckenkämme beiderseits gleich hoch stehen. Unterschiede in der Beinlänge werden dadurch ausgemessen, daß unter die Fußsohle des kürzeren Beines so lange in der Dicke genormte Brettchen gelegt werden, bis die Beckenkämme gleich hoch stehen. Die Dicke der notwendigen Brettchen addiert, ergibt den Beinlängenunterschied (*absolute Beinverkürzung*). Ebenso wie Abduktion und Adduktion des Beines im Hüftgelenk eine funktionelle Verlängerung bzw. Verkürzung des Beines bedingen, wird durch eine Beugekontraktur der Hüfte oder des Kniegelenkes eine *funktionelle Beinverkürzung* hervorgerufen.

Beim Betrachten der Wirbelsäule von hinten und seitlich stellt man die *Haltungsform* der Wirbelsäule fest (Abb. 1). Die physiologischen Krümmungen der Wirbelsäule

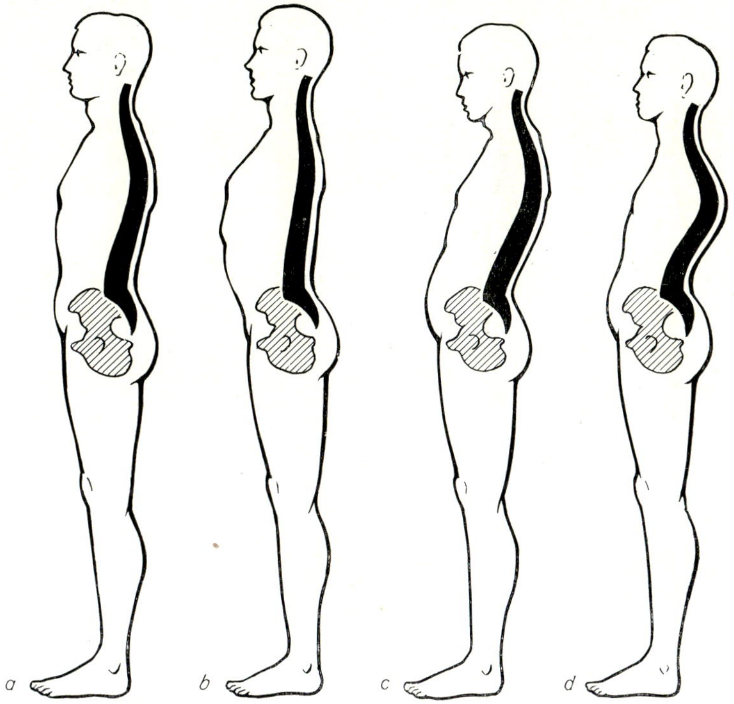

Abb. 1 Haltungsformen der Wirbelsäule: *a* normaler Rücken, *b* flacher Rücken, *c* runder Rücken, *d* hohlrunder Rücken

können entweder verstärkt oder vermindert sein. Die Haltung der Schulterblätter, des Brustkorbes, des Bauches und die Beckenneigung spielen bei der Untersuchung der Wirbelsäule gleichzeitig eine Rolle (z. B. *Scapulae alatae* oder Flügelschultern, Schulterhochstand, einseitig abgeflachtes Taillendreieck, starke Beckenneigung).

Bei gewohnheitsmäßiger Abweichung von der Normalhaltung, die durch aktive Muskelspannung noch voll ausgeglichen werden kann, spricht man von einem *Haltungsfehler*. In den Begriff Haltungsfehler münden auch die teilweise üblichen Bezeichnungen „Haltungsverfall" oder „Haltungsschwäche" ein.

Ein *Stellungsfehler* liegt vor, wenn durch aktive Muskelspannung die Normalhaltung nicht mehr erreicht werden kann, wenn dies aber durch passive Nachhilfe möglich ist und wenn das Röntgenbild keine krankhaften Veränderungen an den Knochen selbst erkennen läßt.

Bei einem *Formfehler* handelt es sich um eine bleibende Skelettveränderung, die im Röntgenbild nachweisbar ist. Dazu gehört im Bereich der Wirbelsäule die *Skoliose* als dauernde Verbiegung der Wirbelsäule nach der Seite und die *Kyphose* als Krankheit, eine über die Norm hinausgehende kyphotische Krümmung der Wirbelsäule.

Wichtig ist die *Palpation der Muskulatur*, wobei sowohl der Muskeltonus als auch isolierte Muskelverspannungen und Muskelhärten festgestellt werden können. Die Lokalisation der muskulären Verspannungen und teilweise einseitiger Muskelhypertrophien ist sportartspezifisch. Anschließend tastet man die *Dornfortsätze*, beginnend

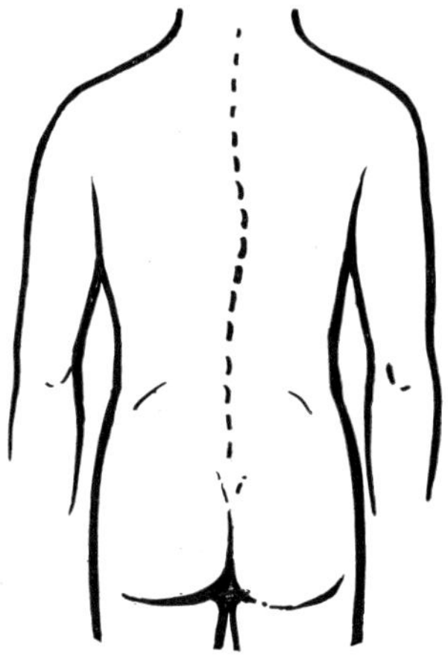

Abb. 2 Markierung der Dornfortsatzreihe der Wirbelsäule

in der Halswirbelsäule, ab. Für den Anfänger ist es zweckmäßig, die Dornfortsätze zu markieren, um sich zu vergewissern, ob die Wirbelsäule gerade ist. Auch geringe seitliche Verbiegungen der Wirbelsäule können auf diese Weise erfaßt werden (Abb. 2). Durch Abtasten der Dornfortsätze kann der erfahrene Untersucher z. B. eine *Spondylolisthesis* an der Stufenbildung zwischen zwei Dornfortsätzen feststellen. An der Prominenz einzelner Dornfortsätze können Gibbusbildungen erkannt werden.

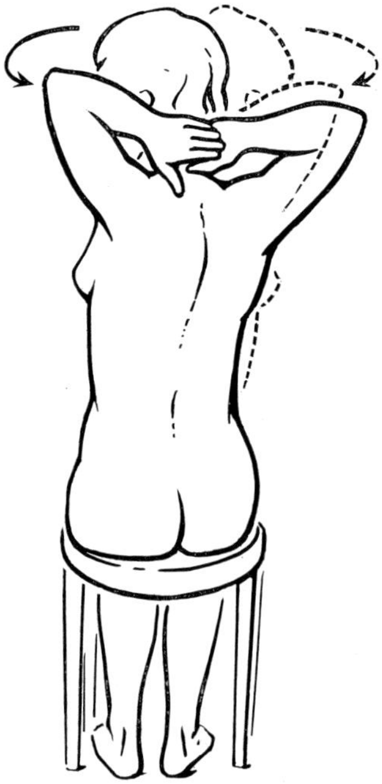

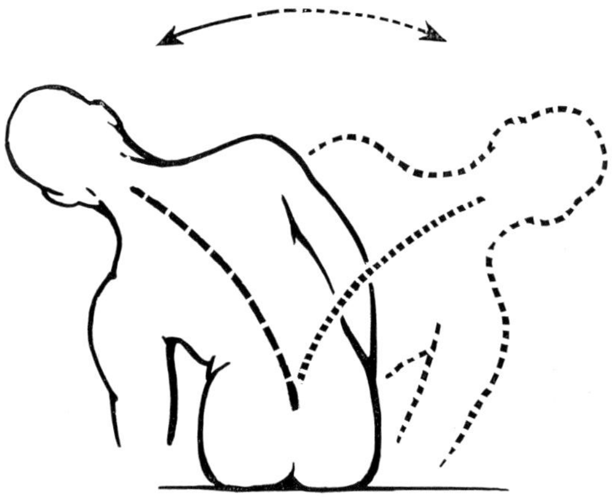

Abb. 4 Rumpfneigen zur Seite

Abb. 3 Drehbewegungen der Wirbelsäule: Drehen nach links und nach rechts

Die *Bewegungsprüfung der Wirbelsäule* gehört zu den aufschlußreichsten Untersuchungsmethoden der Wirbelsäule. Folgende Bewegungen werden geprüft:

Bücken (Kyphosieren),
Rückneigen (Lordosieren),
Seitneigen,
Rumpfdrehen.

Die Drehung der Wirbelsäule und damit des Rumpfes um die Längsachse ist in der Halswirbelsäule am stärksten möglich und nimmt kaudalwärts ab (BENNINGHOFF 1949, TITTEL 1970). Die Drehbeweglichkeit der Halswirbelsäule wird durch Drehen des Kopfes geprüft, die der Lendenwirbelsäule am besten im Sitzen auf einem Hocker, wobei das Becken fixiert ist (Abb. 3). In der gleichen Ausgangsstellung wird das Seitneigen des Rumpfes untersucht. Die gesunde Wirbelsäule bildet beim Rumpfneigen zur Seite einen gleichmäßig geschwungenen Bogen. Die beiden Bögen sind beim Neigen zur rechten und linken Seite kongruent (Abb. 4). Ebenso wie in der Frontalebene bildet die normal bewegliche Wirbelsäule auch bei Bewegungen in der Sagittalebene einen gleichmäßig geschwungenen Bogen (Abb. 5a). Die Entfernung der Fingerspitzen vom Boden beim Bücken ist kein absolutes Maß für die Beweglichkeit der Wirbelsäule in dieser Richtung. Bei völlig versteifter Wirbelsäule, aber gut beweglichen Hüftgelenken, können die Fingerspitzen durch Beugung des Hüftgelenkes auch ziemlich nah an den Boden gebracht werden (Abb. 5b). Dabei verändert die Wirbelsäule ihre Form gar nicht oder nur wenig, dagegen muß beim Bücken ein Buckel gemacht werden (Abb. 5a).

Sehr häufig beobachtet man bei leichten Formen einer juvenilen *Osteochondrose* eine Fixierung des betreffenden Wirbelsäulenabschnittes als einziges Symptom, das auf diese Weise festgestellt werden kann.

Beim Bücken können Skoliosen durch stärkeres Hervortreten eines Rippenbuckels erfaßt werden, die beim Untersuchen der Wirbelsäule im Stand kaum in Erscheinung treten (Abb. 6).

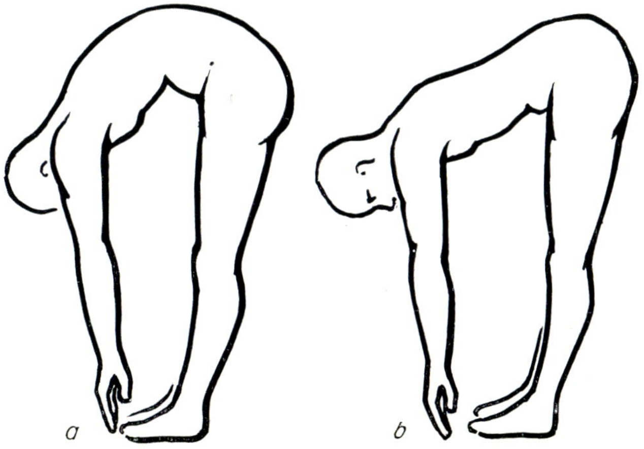

Abb. 5 Bewegungsprüfung der Wirbelsäule durch Bücken: *a* gesunde, gut bewegliche Wirbelsäule, *b* versteifte Wirbelsäule

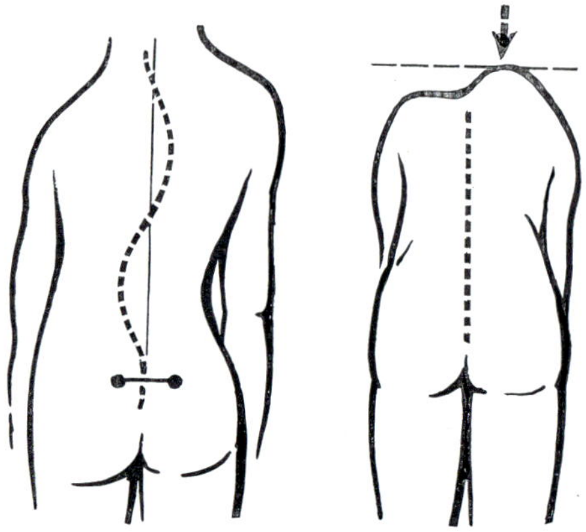

Abb. 6 Skoliose mit Rippenbuckel

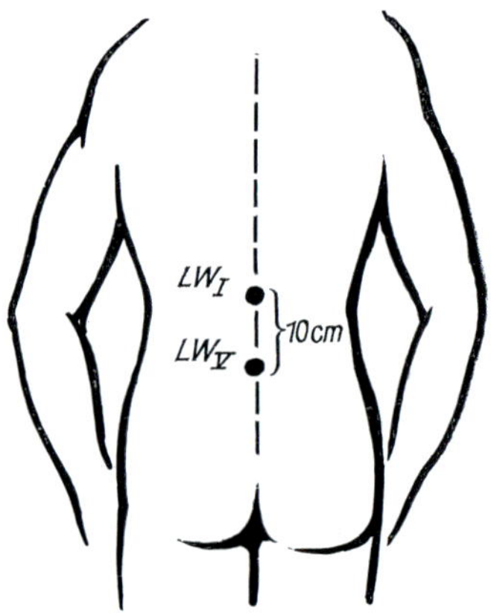

Abb. 7 SCHOBERsches Zeichen

Zur Bestimmung von Bewegungseinschränkungen der Lendenwirbelsäule dient die von SCHOBER (1959) angegebene Methode (SCHOBER*sches Zeichen*) (Abb. 7). Man bestimmt den obersten und untersten Lendenwirbel durch Abzählen der Dornfortsätze. Beide Punkte werden auf der Haut gekennzeichnet und der Abstand mit einem Bandmaß gemessen. Normalerweise beträgt der Abstand beim stehenden Erwachsenen etwa 10 cm. Beim Rumpfvorwärtsbeugen wird der Abstand größer. Beim Gesunden verlängert sich der Abstand um etwa 4 bis 6 cm. Pathologische Bewegungseinschränkungen im Bereich der Lendenwirbelsäule sind auf diese Art leicht zu erkennen.

Bei der Prüfung der *Lordosierung* der Wirbelsäule ist darauf zu achten, ob ebenso wie bei der Kyphosierung die Wirbelsäule einen gleichmäßig geschwungenen bogenförmigen Verlauf nimmt. Bei einem Sitzbuckel z. B. ist dieses Lordosierungsvermögen im Thorakolumbalbereich teilweise oder vollkommen aufgehoben, so daß der Sitzbuckel auch zur Entstehung eines Flachrückens führen kann. Beim Sitzen mit gestreckten Beinen ist ein Sitzbuckel besonders gut zu diagnostizieren.

Die Prüfung des *Druck- und Klopfschmerzes* der Wirbelkörper bzw. der Dornfortsätze ist im Rahmen einer Wirbelsäulenuntersuchung unerläßlich. Damit lassen sich klinisch pathologische Befunde vermuten und lokalisieren, so daß sowohl bei Erkrankungen als auch bei Verletzungen eine gezielte röntgenologische Untersuchung erfolgen kann.

Bei *Untersuchung auf Bandscheibenzeichen* betrachtet man zunächst die Lendenwirbelsäule auf eine schmerzbedingte skoliotische Haltung (*Scoliosis ischiadica*). Zur Diagnostik einer *Ischialgie* infolge eines Bandscheibenvorfalls und zur Unterscheidung einer *Neuralgie* von einer *Myalgie* des Beines bedient man sich des LASÈGUEschen Dehnungssymptoms. Der Patient gibt bei Anheben des im Knie gestreckten Beines einen in den *N. ischiadicus* einstrahlenden Schmerz an, der sich steigert, je mehr das Bein angehoben und damit der Nerv gedehnt wird. Das BRAGARDsche Zeichen stellt ein ähnliches Schmerzphänomen dar und wird in manchen Fällen ausgelöst, wenn bei gestrecktem Knie- und leicht gebeugtem Hüftgelenk der Fuß energisch dorsalflkteiert wird. Bei einer Neuralgie ist diese zusätzliche Dehnung des Nerven schmerzhaft. Handelt es sich um eine Myalgie, so reagiert der Patient nicht mit Schmerzen auf die Dorsalflexion des Fußes. Von dem LASÈGUEschen Zeichen ist das sogenannte *Brettsymptom* abzugrenzen. Beim Versuch des Anhebens des gestreckten Beines im Hüftgelenk heben sich gleichzeitig das Gesäß und die Lendengegend ab, da der Patient das im Knie gestreckte Bein in der Hüfte nicht beugen kann. Dieses Symptom bezeichnet man als *Hüftlendenstrecksteife*.

Bei der *Ischiasneuritis* beobachtet man charakteristische Druckpunkte im Verlauf des *N. ischiadicus* im Bereich des Gesäßes, der Kniekehle und hinter dem tibialen *Malleolus* (VALLEIXsche Druckpunkte). Besteht der Verdacht auf eine Bandscheibenschädigung oder liegt eine *Spondylolisthesis* vor, empfiehlt es sich, auf *neurologische Störungen* zu achten. Dabei sind motorische und sensible Ausfälle zu unterscheiden.

Röntgenaufnahmen der Wirbelsäule sollen *nach* der klinischen Untersuchung erfolgen. Röntgenreihenuntersuchungen, die bei bestimmten Sportarten z. B. Rudern, Turnen und Gewichtheben zu empfehlen sind, sollen höchstens bei Erstuntersuchungen standardisiert durchgeführt werden. Bei späteren Kontrollen muß stets, auch wenn es sich um Reihenuntersuchungen handelt, der anfangs erhobene Befund berücksichtigt werden. Nach der ersten Röntgenuntersuchung ist eine klinische Untersuchung im Abstand von 3 bis 6 Monaten im allgemeinen ausreichend (SCHMIDT 1969). Im Hinblick auf die Strahlenbelastung der jungen Sportler sollte vermieden werden, Skelettaufnahmen zu häufig oder grundsätzlich jedes Jahr anzufertigen. Wenn auf der ersten Wirbelsäulenaufnahme röntgenologische Frühzeichen einer SCHEUERMANNschen Erkrankung (1921, 1934, 1936) nachweisbar sind und klinische Symptome auftreten, sollte eine gezielte Röntgenuntersuchung mit Einstellung des Zentralstrahls auf den betroffenen Wirbelsäulenabschnitt erfolgen. Bei den von mir untersuchten Fällen lokalisieren sich die Wirbelkörperveränderungen auf den 8. Brust- bis 2. Lendenwirbelkörper, so daß bei Anfertigung einer Brust- und Lendenwirbelsäulenaufnahme im Rahmen von Reihenuntersuchungen die befallenen Wirbelkörper am Rande der Röntgenaufnahmen dargestellt waren, wie Abbildung 8 erkennen läßt. Aus diesem Grunde hat sich bei wiederholten Röntgenuntersuchungen die Anfertigung einer Aufnahme des Brustlendenübergangs bewährt (Abb. 9). Eine genaue Angabe der Röntgeneinstellung ist somit unter Berücksichtigung des klinischen und röntgenologischen Befundes in jedem einzelnen Fall erforderlich.

Im Gegensatz zu Skoliosen, die in einzelnen Fällen eine Röntgenkontrolle in dreimonatlichen Abständen bei Gefahr der Progredienz erfordern, sind bei der SCHEUERMANNschen Erkrankung Röntgenkontrollen unter einem halben Jahr im allgemeinen nicht angezeigt, da die morphologischen Veränderungen langsam ablaufen.

SCHEUERMANN hat bereits 1934 darauf hingewiesen, daß bei Röntgenkontrollen in sechsmonatlichen Abständen die röntgenologischen Veränderungen so gering sind, daß es nicht nötig ist, so oft zu röntgen.

Röntgenkontrollen in ein- oder zweijährlichen Abständen je nach dem klinischen Bild reichen aus, um beurteilen zu können, wie der Endausgang des Krankheitsverlaufs und die Entwicklung der Wirbelform sein werden.

Ebenso wie das thorakolumbale Übergangsgebiet für die Diagnostik einer SCHEUERMANNschen Erkrankung von Bedeutung ist, sind exakte Aufnahmen des *lumbosakralen Übergangsgebietes* z. B. zum Erkennen eines Spondylolysenspaltes und einer *Spon-*

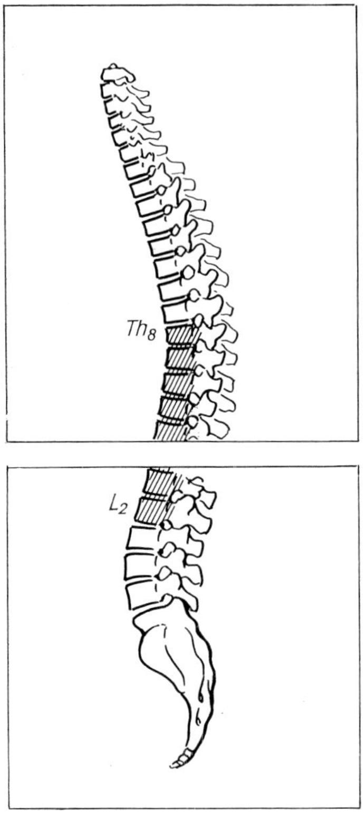

Abb. 8

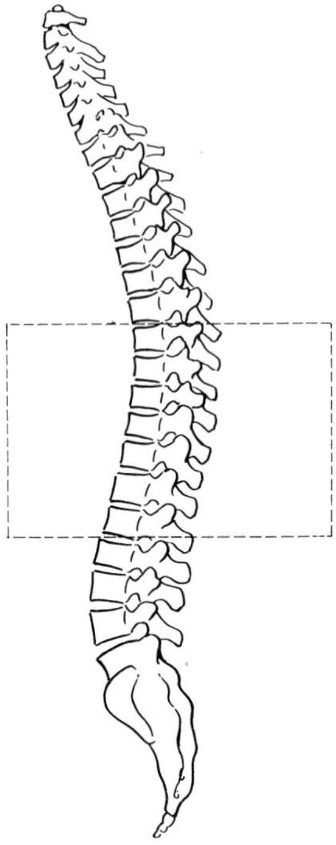

Abb. 9

Abb. 8 Lokalisation der Wirbelkörperveränderungen bei der SCHEUERMANNschen Erkrankung

Abb. 9 Seitenaufnahme des Brustlendenüberganges zur Diagnostik von Wirbelkörperveränderungen bei der SCHEUERMANNschen Erkrankung

dylolisthesis unerläßlich (BROCHER 1958, 1959). Es könnten zahlreiche Fälle angeführt werden, in denen wegen mangelnder Röntgeneinstelltechnik Wirbelsäulenreihenuntersuchungsaufnahmen als o. B. beurteilt worden sind, bei denen später eine *Spondylolisthesis* zu erkennen war.

Bei Sportarten wie z. B. Turnen, die hohe Anforderungen an die Wirbelsäule stellen, haben sich bei Erstuntersuchungen in einigen Fällen *Wirbelsäulenfunktionsaufnahmen* in maximaler Lordosierung und Kyphosierung bewährt. Lockerungen in einzelnen Bewegungssegmenten können damit frühzeitig erkannt werden (vgl. Abb. 124).

Um die Strahlenbelastung bei Sportlern, die ohnehin häufig geröntgt werden, so niedrig wie möglich zu halten, empfiehlt es sich, die *Seitenaufnahme von Herzfernaufnahmen,* die zur Errechnung des Herzvolumens angefertigt werden, im Rahmen der Beurteilung der Brustwirbelsäule als Seitenaufnahme mit auszuwerten. Wie Abbildung 10 zeigt, kann bei exakter Einstelltechnik die Brustwirbelsäule dabei gut abgebildet werden.

Zur *Beurteilung einer Skoliose* im Röntgenbild, die möglichst auf Ganzaufnahmen im Stehen erfolgen sollte, wird der Skoliosewinkel nach der von LIPPMANN-COBB (1966) angegebenen Methode ausgemessen: Auf den Deckplatten der Neutralwirbel werden die Lote errichtet und ihre Winkel gemessen und registriert (Abb. 11).

Zusätzlich zu den Standardaufnahmen in 2 Ebenen sind in Einzelfällen *Schrägaufnahmen der Halswirbelsäule* zur Beurteilung der *Formina intervertebralia*, *Schrägaufnahmen des lumbosakralen Übergangs* zur verfeinerten Diagnostik bei Vorliegen einer *Spondylolyse* und *Schichtaufnahmen* z. B. in einzelnen Fällen von Morbus SCHEUERMANN zur genaueren Beurteilung der Kontur- und Strukturveränderungen zu empfehlen.

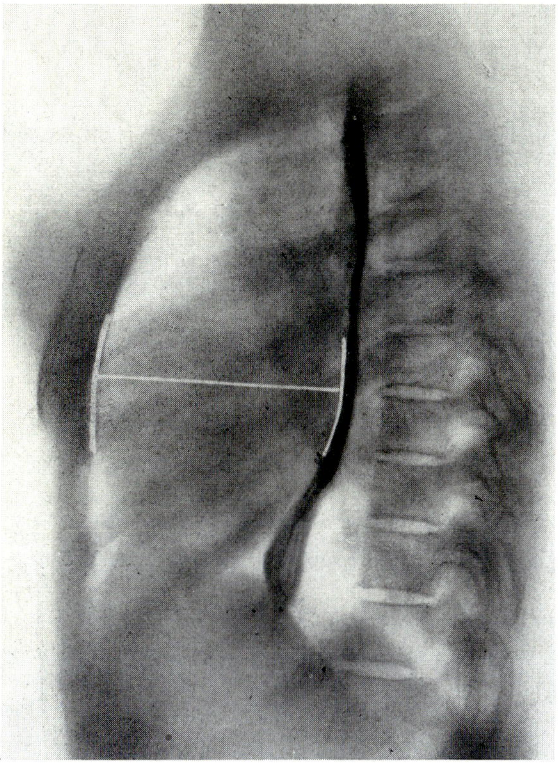

Abb. 10

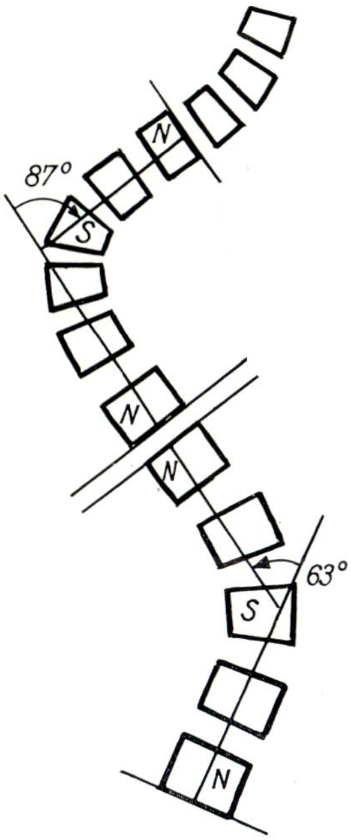

Abb. 11

Abb. 10 Herzfernaufnahme seitlich mit Brustwirbelsäule

Abb. 11 Messung der Skoliose nach LIPPMANN-COBB: Auf den Deckplatten der Neutralwirbel werden die Lote errichtet, ihre Abweichung ergibt den gesuchten Winkel

2.2.1.2. Brustkorb

Neben der Diagnostik von Verletzungen des Brustbeines und der Rippen ist für die Sportmedizin die Untersuchung einer Thoraxdeformität von Bedeutung. Bei der *klinischen Untersuchung* wird festgestellt, ob die Thoraxdeformität zu einer *Niveauerhöhung* (Hühnerbrust) oder *Einengung des Brustkorbes* vorzugsweise in der Sternal-

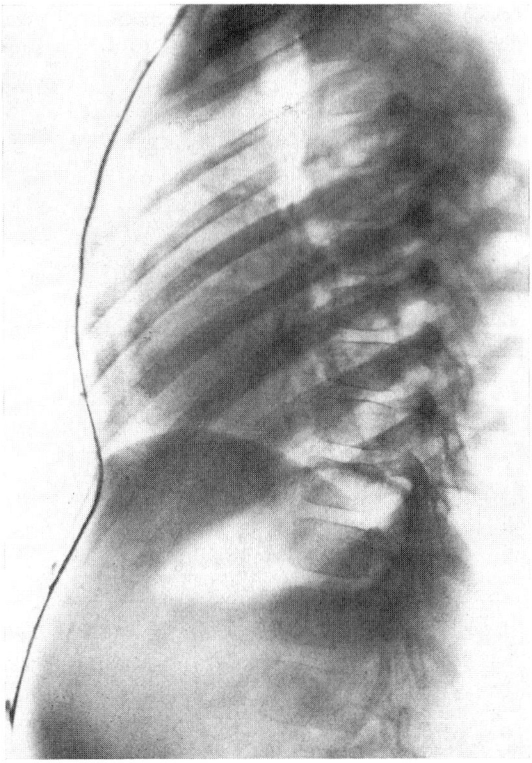

Abb. 12 Röntgenaufnahme des Thorax seitlich mit Markierung des Trichtergrundes

gegend (Trichterbrust) bzw. im Bereich der unteren Rippen beiderseits (HARRISONsche Furchen nach Rachitis) geführt hat. Bei der Prüfung der Atmung wird auf eine paradoxe Atmung geachtet (Vertiefung des Trichters bei Einatmung), die vor dem 8. Lebensjahr häufig ist. Zu bestimmen sind die *Atemexkursion* durch Messung des Brustkorbumfangs bei maximaler Aus- und Einatmung und die *Vitalkapazität*. Der *Atemstoßtest* und der *Atemgrenzwert* haben im Hinblick auf die große Fehlerbreite dieser Methoden keine wesentliche diagnostische Bedeutung. Aufschlußreich sind *spiroergometrische Untersuchungsmethoden*. Außerdem empfiehlt sich ein *Ruhe-* und *Belastungs-Ekg*, um durch Verdrängung der Mediastinalorgane etwa aufgetretene Störungen der Herzfunktion erfassen zu können.

Seitliche Röntgenaufnahmen des Thorax mit Markierung des Trichters lassen erkennen, wie weit sich der Trichtergrund der Wirbelsäule genähert hat und erlauben Rückschlüsse auf die Verdrängung der Mediastinalorgane (Abb. 12). Zugleich sind sie als Unterlagen für Verlaufskontrollen nach konservativer oder operativer Therapie von Bedeutung.

2.2.1.3. Beckenring

Die *Untersuchung des Beckens* auf Verletzungsfolgen beschränkt sich im allgemeinen auf die Diagnostik von Frakturen, Prellungen und Stauchungen mit Hilfe klinischer und röntgenologischer Untersuchungsmethoden. Wenig geläufig hingegen ist die

Untersuchung der Ileosakralgelenke und der Symphyse, die zur Diagnose einer Beckenringlockerung oder Zerrung der Bandverbindungen unerläßlich ist.

Man prüft, ob eine örtliche Druckschmerzhaftigkeit im Bereich der Ileosakralgelenke oder Symphyse besteht.

Das MENNELsche Symptom gibt über pathologische Veränderungen im Ileosakralgelenk Aufschluß. Der Patient liegt in Seitenlage. In Rechtslage wird das rechte Bein in Hüfte und Knie maximal gebeugt und durch den Patienten in dieser Stellung festgehalten. Der Untersucher überstreckt und abduziert das in Hüfte und Knie gestreckte linke Bein. Es kommt dabei zu einer passiven Dehnung im Bereich der Ileosakralfuge, die bei pathologischen Veränderungen an dieser Stelle häufig als schmerzhaft empfunden wird. Die rechte Fuge wird in Linksseitenlage geprüft.

Einzelheiten der klinischen und röntgenologischen Diagnostik einer Beckenringlockerung werden in dem speziellen Kapitel abgehandelt.

Besteht Verdacht auf eine Zerrung der Bandverbindungen einer Ileosakralfuge, so kann man zusätzlich zur klinischen und röntgenologischen Untersuchung prüfen, ob eine Schmerzfreimachung des betreffenden Gelenkes durch Injektion von Prokain in den Gelenkspalt zu erreichen ist. Diese Methode hat sich zur differentialdiagnostischen Abgrenzung von Verletzungen der Ileosakralfuge ohne röntgenologisch nachweisbare Symptome von unklaren Wirbelsäulenbeschwerden mit ausstrahlenden Schmerzen bewährt.

2.2.2. Untersuchungsmethoden im Hüft-, Bein- und Fußbereich

2.2.2.1. Hüftgelenk und Oberschenkel

Durch Prüfung des TRENDELENBURGschen Phänomens kann man sich auf sehr einfache Weise über die statische Leistungsfähigkeit des Hüftgelenks orientieren. Beim Gehen und Stehen verhindern die *Mm. glutai medii und minimi* unter normalen Umständen das Herabsinken des Beckens an der Seite des erhobenen Beines. Das TRENDELENBURGsche Phänomen wird verursacht durch eine Insuffizienz der pelvitrochanteren Muskulatur, die durch Lähmung, Verringerung des Abstandes zwischen Ursprung und Ansatz bei Schenkelkopfluxation oder *Coxa vara* sowie Schmerzen bei Belastung des Beines bedingt sein kann.

Zur *Prüfung des* TRENDELENBURG*schen Phänomens* stellt man sich hinter den Patienten und läßt ihn abwechselnd das rechte und linke Bein heben. Das erhobene Bein wird im Hüft- und Kniegelenk 90° gebeugt. Belastet der Patient das gesunde Bein, dann steht das Becken an der Seite des erhobenen Beines höher als an der Standbeinseite, so daß die Gesäßfalte schräg nach oben verläuft; es besteht kein TRENDELENBURGsches Phänomen. Erhebt der Patient das gesunde Bein, indem er das kranke belastet, sinkt das Becken an der gesunden Seite ab. Die Gesäßfalte verläuft dabei schräg abwärts; das TRENDELENBURGsche Phänomen ist vorhanden (Abb. 13).

Außerdem ist die *Prüfung der Beweglichkeit der Hüftgelenke* im Rahmen der klinischen Untersuchung aufschlußreich.

Das Hüftgelenk als Nußgelenk gestattet Bewegungen in fast allen Richtungen.

Die Angaben des Bewegungsausmaßes sind nur als Richtwerte anzusehen, da die Beweglichkeit individuelle sowie Alters- und Geschlechtsunterschiede aufweist.

Beugung	(bis 60°)	Bewegungen in der Sagittalebene
Streckung	(bis 180°)	
Überstreckung	(15 bis 20°)	
Abduktion	(50 bis 60°)	Bewegungen in der Frontalebene
Adduktion	(40 bis 50°)	
Außenrotation	(30 bis 40°)	Drehbewegungen zur Längsachse des Oberschenkels
Innenrotation	(20 bis 30°)	

Beim *Beugen* werden die im Kniegelenk gebeugten Beine zur Brust geführt.

Zur Prüfung der *Streckung* in Rückenlage wird ein Bein stark im Hüft- und Kniegelenk gebeugt, um das Becken zu fixieren und vor allen Dingen die Lendenlordose auszugleichen sowie unmöglich zu machen. Dann wird das zu prüfende Bein im Hüftgelenk gestreckt.

Zur Prüfung der *Überstreckbarkeit*, die man am besten in Bauchlage vornimmt, muß das Becken des Patienten mit einer Hand fixiert werden, um Mitbewegungen in der Lendenwirbelsäule zu vermeiden.

Bei *Ab- und Adduktion* ist auf gleiche Lage der *Spinae iliacae anteriores superiores* zu achten.

Die *Prüfung des Drehvermögens* wird bei Bauchlage des Patienten ausgeführt. Wenn man die Beine in den Kniegelenken rechtwinklig beugt und dann Unterschenkel und Füße zum Drehen der Oberschenkel benutzt (Abb. 14 und 15), so dienen die Unterschenkel als Hebel und zugleich als Zeiger, die den Drehungsgrad besonders deutlich erkennen lassen.

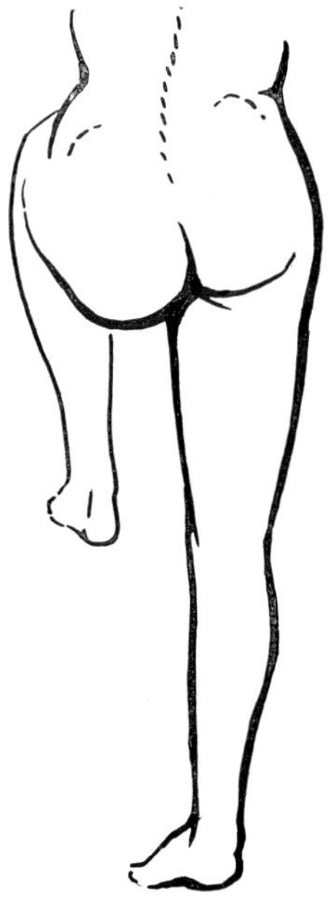

Abb. 13 TRENDELENBURGsches Phänomen: Beim Belasten der insuffizienten rechten Hüfte sinkt das Becken an der gesunden linken Seite herab

Abb. 14

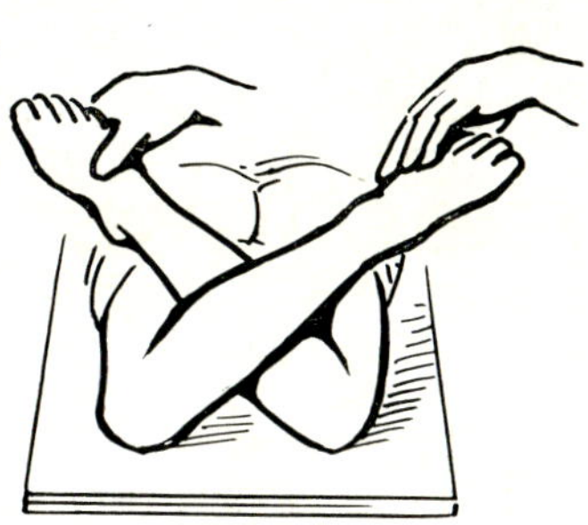

Abb. 15

Abb. 14 Prüfung des Drehvermögens in den Hüftgelenken in Bauchlage (Einwärtsdrehen)
Abb. 15 Auswärtsdrehen der Beine im Hüftgelenk

Zur *röntgenologischen* Untersuchung der Hüftgelenke genügt im allgemeinen eine Beckenübersichtsaufnahme. Wenn nicht gleichzeitig die Skelettverhältnisse im Kreuz-Steißbein-Bereich von Interesse sind, empfiehlt es sich, die Gonaden mit einem Bleischutz abzudecken. Wichtig ist, daß bei der Beckenübersichtsaufnahme beide Beine im Hüftgelenk in Mittelstellung gelagert werden, d. h. beide Kniescheiben müssen nach oben schauen. Stehen die Beine in Außenrotation, wird der Schenkelhalsschaftwinkel verprojiziert, so daß z. B. eine *Coxa valga* vorgetäuscht werden kann.

Zusätzliche Hüftgelenksaufnahmen sind nur bei besonderer orthopädischer Fragestellung erforderlich.

Bei der *Untersuchung des Oberschenkels* ist neben der Beurteilung der Muskulatur einschließlich Faszie (Muskelhernien) vor allem die *Beinstatik* zu beachten. Fehlstellungen der Extremitäten beziehen sich auf Verkrümmungen des Skeletts oder abnorme Gelenkstellung. Zur Beurteilung der Valgus- bzw. der Varusstellung wird die Längsachse des Beines als Orientierungsgerade herangezogen. Für eine zuverlässige Beurteilung des *Genu varum* bzw. *valgum* (O- bzw. X-Bein) bedient man sich der MIKULICZ*schen Linie* (1957–1961). Sie entspricht der Belastungsachse des Beines. Man findet diese, indem man das POUPARTsche Leistenband und die horizontale Verbindungslinie der Malleolen halbiert und ihre Mittelpunkte dann miteinander verbindet (Abb. 16).

Unter normalen Umständen verläuft diese Linie durch die Mitte der Kniescheibe. Bei einem X- oder O-Bein weicht das Kniegelenk nach medial bzw. lateral von der MIKULICZschen Linie ab.

In der Praxis hat sich die Messung des *Malleolarabstandes* bei aneinanderliegenden Kniegelenken im Falle eines X-Beines und des Kniekondylenabstandes bei geschlossenen Knöcheln bei Vorliegen eines O-Beines als einfachste Methode bewährt.

Für die Messung der *Umfangsmaße am Bein* dient vor allem der mediale Kniegelenksspalt als Bezugspunkt. Die Umfangsmaße werden gemessen:

Oberschenkelumfang – 15 oder 20 cm oberhalb des medialen Kniegelenksspaltes (je nach Beinlänge) und
– direkt oberhalb der Kniescheibe

Knieumfang – Mitte des medialen Kniegelenksspaltes (in Höhe der *Patella*)

Unterschenkelumfang (größter Wadenumfang)
– 15 oder 20 cm unterhalb des medialen Kniegelenksspaltes

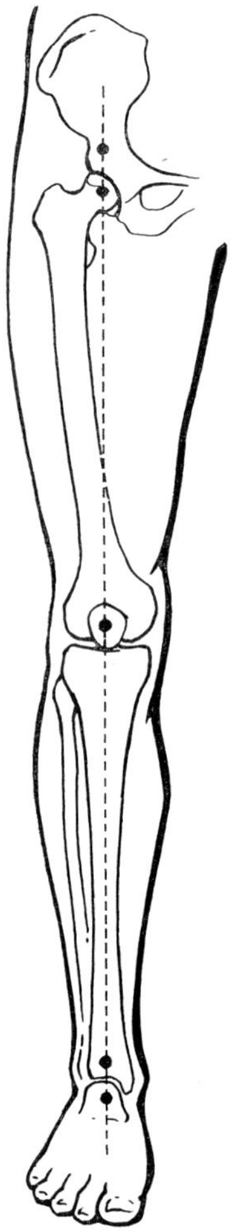

Abb. 16 MIKULICZsche Linie

2.2.2.2. Kniegelenk und Unterschenkel

Grundsätzlich sollen bei jeder *klinischen Kniegelenksuntersuchung* alle Untersuchungsgänge durchgeführt und nacheinander der sichtbare, fühlbare, meßbare und funktionelle Befund erhoben werden, um zu einer möglichst genauen Diagnosestellung zu gelangen. Bei Einhaltung des allgemeinen Untersuchungsganges wird man bereits auf bestimmte Verletzungen oder Erkrankungen des Kniegelenkes hingewiesen. Der spezielle Untersuchungsgang und die Differentialdiagnose werden bei den einzelnen Kapiteln besprochen.

Bei einer Kniegelenksuntersuchung nach Verletzung läßt man sich vom Verletzten den Unfallhergang genau schildern, bevor man mit der klinischen Untersuchung beginnt. Oft wird man allein durch die Vorgeschichte auf die Art der Verletzung, z. B. Seitenband bzw. Meniskus, hingewiesen.

Anschließend läßt man dem Verletzten beide Beine entkleiden, um einen Vergleich zwischen verletztem und unverletztem Knie zu haben. Wenn es möglich ist, fordert man den Patienten auf, einige Schritte auf- und abzugehen und achtet dabei auf Hinken oder Zwangshaltung im Kniegelenk. Beim *Betrachten der Form* des Kniegelenkes kann eine stärkere Varus- oder Valgusstellung erkannt werden. Die weitere Untersuchung erfolgt am liegenden Patienten. Im Bereich der Haut stellt man bei der Inspektion Wunden, Hämatome bzw. Entzündungserscheinungen fest. Beim Betrachten der Muskulatur muß man vor allem auf den *M. quadriceps femoris* achten, der sowohl bei Erkrankungen als auch nach Verletzungen des Kniegelenkes bereits nach kurzer Zeit atrophiert und somit eine Minderung seines Umfangs erfährt (Umfangsmessung des Oberschenkels mit Seitenvergleich zur Objektivierung der Quadrizepsatrophie).

Durch Betrachtung des Kniegelenkes stellt man weiterhin fest, ob die Gelenkkonturen verstrichen sind. Dies ist der Fall bei einer Schwellung der Umgebung des Kniegelenkes oder bei einem Kniegelenkserguß. Die für einen Kniegelenkserguß charakteristische Fluktuation (»Tanzen der *Patella*«) wird durch *Palpation* mit beiden Händen nachgewiesen. Hierzu wird das Kniegelenk von kranial und kaudal umfaßt, während die Zeigefinger von vorn im Wechsel auf die Kniescheibe drücken. Tastet man hierbei eine Auf- und Abbewegung der Patella, dann besteht ein Erguß, den man fast in jedem Falle abpunktieren sollte, um Band- und Kapseldehnungen zu vermeiden. Außerdem kann man sich nach erfolgter Punktion über die Beschaffenheit des Exsudates (z. B. serös oder blutig) orientieren und gegebenenfalls eine histologische oder bakteriologische Untersuchung einleiten. Die Diagnose eines Kniegelenksergusses allein erlaubt jedoch noch keine gezielte Diagnosestellung, da dieses Symptom bei zahlreichen Verletzungen oder Erkrankungen des Kniegelenkes beobachtet wird (z. B. bei Prellungen, Zerrungen, Meniskus-, Seiten- und Kreuzbandverletzungen, Verletzungen des Gelenkknorpels, *Osteochondritis dissecans*, Gelenkfrakturen, Entzündungen des Kniegelenkes).

Technik der Kniegelenkspunktion

Das Kniegelenk ist im allgemeinen sehr leicht zu punktieren, weil es den größten Synovialraum hat. Besonders bei Vorliegen eines Kniegelenksergusses wird die Punktion keine Schwierigkeiten bereiten.

Die Haut an der Punktionsstelle muß unversehrt sein. Der Patient liegt während dieses Eingriffes auf dem Rücken. Das Kniegelenk ist vollkommen entspannt. Die Punktion selbst verlangt einwandfreie, lückenlose Asepsis. Das desinfizierte Kniegelenk wird durch sterile Tücher so weit abgedeckt, daß nur die Gegend der Punktionsstelle unbedeckt bleibt.

Die Punktion kann fibular oder tibial vom oberen Patellarrand erfolgen. Bei lateraler Punktion sticht man die Nadel lateral oberhalb der Patella in medialer Richtung schief nach unten ein und richtet sie auf die hintere Fläche der Patella. Die Punktion wird nach Lokalanästhesie der Einstichstelle durchgeführt. Während bei Probepunktionen dünnere Kanülen ausreichen, erfordern Entleerungen von Blut dickere Kanülen. Nach der Punktion wird die Punktionsstelle steril verbunden.

Um weitere Ergußbildungen (z. B. Blutung *ex vacuo*) zu vermeiden, sind nach therapeutischen Punktionen Kompressionsverbände z. B. mit einem Hohmann-Kreuz erforderlich.

Bei der *Palpation* ist weiterhin auf besondere Druckpunkte zu achten. Bei der Verletzung des inneren Seitenbandes ist ein Druckschmerz am sogenannten »Skipunkt« am inneren Femurkondylus vorhanden, bei einer Meniskusverletzung kann der entsprechende Gelenkspalt druckempfindlich sein. Freie Gelenkkörper sind in einzelnen Fällen bei entsprechender Lage unter der Haut zu tasten.

Zur *Bewegungsprüfung des Kniegelenkes*, die aktiv und passiv vorgenommen wird, läßt man zu Beginn aktiv das Bein von der Unterlage abheben, wenn möglich in Streckstellung des Kniegelenkes. Auf diese Weise sind Verletzungen des Streckapparates leicht festzustellen. Es empfiehlt sich sowohl bei der Prüfung des aktiven Beinhebens als auch bei der Prüfung der Gelenkbeweglichkeit, die Bewegungen zuerst mit dem gesunden Bein durchführen zu lassen, da man auf diese Weise eine einfache Kontrolle hat, ob der Verletzte die Aufforderung richtig verstanden hat, und durch Vergleich die Größe der tatsächlichen Bewegungseinschränkung bestimmt werden kann.

Im Kniegelenk erfolgen eine *Streckung* bis 180° und eine *Beugung* bis zu etwa 30° bzw. um 150° (Abb. 17). Die *Überstreckung* wird von der Streckstellung des Kniegelenkes also von 180° aus gemessen und beträgt im allgemeinen nicht mehr als 5 bis 10°. Die *Drehmöglichkeit* im Kniegelenk wird bei rechtwinklig gebeugtem Gelenk untersucht, wobei man darauf zu achten hat, daß der Fuß genau nach vorn gerichtet ist. Man bezeichnet z. B. 40° Auswärtsdrehung oder Außenkreiselung und 10° Einwärtsdrehung oder Innenkreiselung.

Eine *Beuge-* bzw. *Streckhemmung* des Kniegelenkes kann durch Einklemmung eines abgerissenen Meniskusteils verursacht sein, wird aber auch gelegentlich, abgesehen von Frakturen und Knorpelaussprengungen, bei freien Gelenkkörpern und Bandverletzungen beobachtet.

Nach Prüfung der aktiven Beweglichkeit wird das passive Bewegungsausmaß bestimmt. Arthrotische Veränderungen sind oft durch vermehrtes Reiben bei Gelenkbewegungen festzustellen. Man legt die flache Hand auf die Vorderseite des Kniegelenkes und fordert den Verletzten auf, das Kniegelenk zu bewegen. Auch die passive Beweglichkeit der Kniescheibe nach der Seite ist zu untersuchen. Bei einer habituellen Patellarluxation ist die Beweglichkeit meist vermehrt, bei einer alten Kniescheibenverletzung häufig vermindert oder unmöglich.

Anschließend prüft man die Stabilität der *Seitenbänder* bei vollständiger Streckung und leichter Beugung des Kniegelenkes (siehe Kapitel 4.7.3.3.1.). Die *Kreuzbänder* werden bei einer Beugestellung des Kniegelenkes von ungefähr 100° bei aufgestelltem Fuß untersucht (vgl. Kapitel 4.7.3.4.). Die einzelnen Meniskuszeichen sind im Kapitel 4.7.3.5.1. dargestellt.

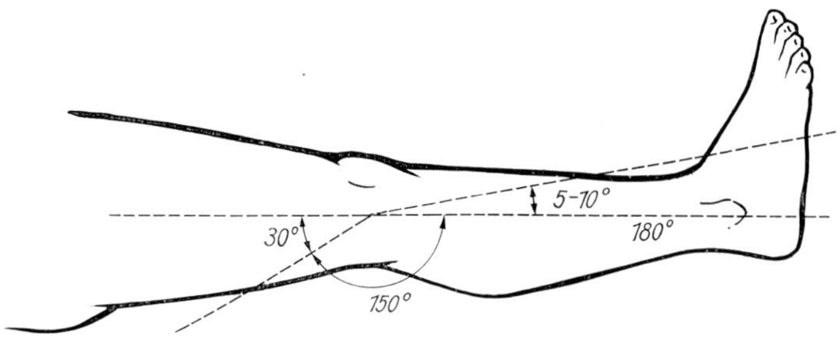

Abb. 17 Bewegungen im Kniegelenk

Abb. 18 Die Seitenaufnahme des linken Kniegelenkes eines 14jährigen Sportlers zeigt eine HAGLUNDsche Delle an der Patellarückfläche (= *Präarthrose* nach HACKENBROCH)

Die *Hauttemperatur* gibt Hinweise auf entzündliche Prozesse bzw. Störungen der Blutversorgung. Bei Entzündungen können auch die Lymphknoten in der Kniekehle und in der Leistengegend vergrößert und druckempfindlich sein. Zum Abschluß der klinischen Untersuchung ist bei jedem Verletzten der Puls am Fußrücken und hinter dem inneren Knöchel beiderseits zu tasten (Popliteazerreißung). Weiterhin sind die Patellar- und Achillessehnenreflexe zu prüfen, um nicht Erkrankungen des Zentralnervensystems bzw. segmentale Ausfallserscheinungen bei Bandscheibenschäden zu übersehen.

Die anschließende *röntgenologische Untersuchung des Kniegelenkes* ist zur Diagnostik von Verletzungen, degenerativen Veränderungen sowie Form und Formvarianten von ausschlaggebender Bedeutung.

a.p. und *Seitenaufnahme des Kniegelenks* (dabei ist auf eine exakte Lagerung zu achten, um Projektionsfehler auszuschließen): Die a. p. Aufnahme dient im speziellen zum Erkennen einer *Patella partita*, die Seitenaufnahme zur Beurteilung eines *Hoch-* und *Tiefstandes der Patella* oder einer HAGLUNDschen Delle (1926) (Abb. 18). Die sogenannte *Brückenaufnahme* (Aufnahmetechnik nach FRIK 1964) bringt die *Fossa intercondylica* gut zur Darstellung (Abb. 19a und b).

Um Aussagen über die Höheneinstellung der *Patella* zu ermöglichen, muß bei Seitenaufnahmen die Außenseite des ganzen Beines aufliegen und der Zentralstrahl auf den Kniegelenksspalt gerichtet sein. Hüft- und Kniegelenk sind um 30° gebeugt.

Die *axiale Kniescheibenaufnahme nach* SOLTEGAST (1964) (Abb. 20a und b) ist zur Beurteilung der Patellagleitbahn und des Femoropatellargelenkes von Bedeutung.

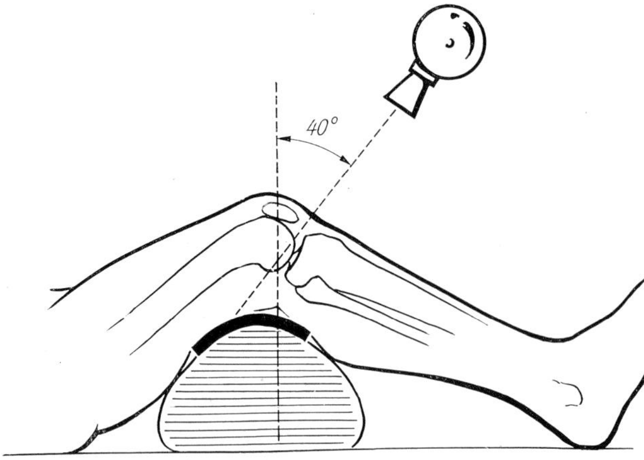

a

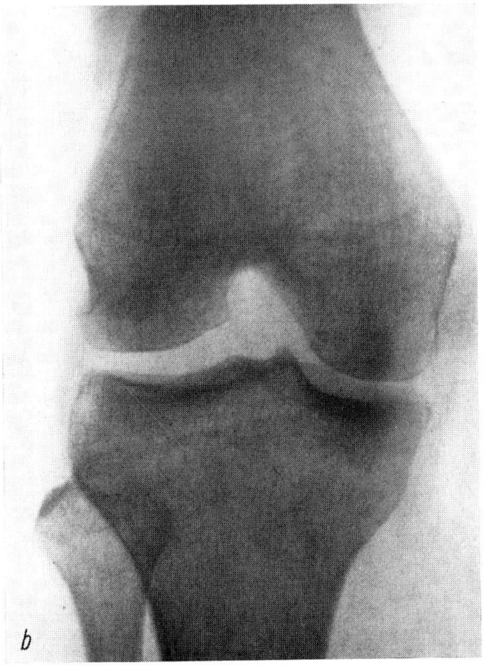

Abb. 19 Brückenaufnahme des Kniegelenkes: *a* Aufnahmetechnik nach FRIK: Das Kniegelenk ist in einer Beugestellung von 130° gelagert. Der Zentralstrahl ist auf den Gelenkspalt eingestellt, d. h., er ist um 40° nach kaudal gegen die Senkrechte geneigt; *b* a. p. Röntgenaufnahme des Kniegelenkes als Brückenaufnahme

In einzelnen Fällen können *Schichtaufnahmen* zur Differentialdiagnose erforderlich sein.

Bei der *Untersuchung des Unterschenkels* ist ebenso wie am Oberschenkel auf Veränderungen der Beinstatik zu achten.

In der Sportmedizin ist außerdem die Diagnostik von Periostveränderungen im Bereich des Schienbeins und muskulären Veränderungen in der Wadenmuskulatur und im *M. tibialis anterior* von besonderer Bedeutung.

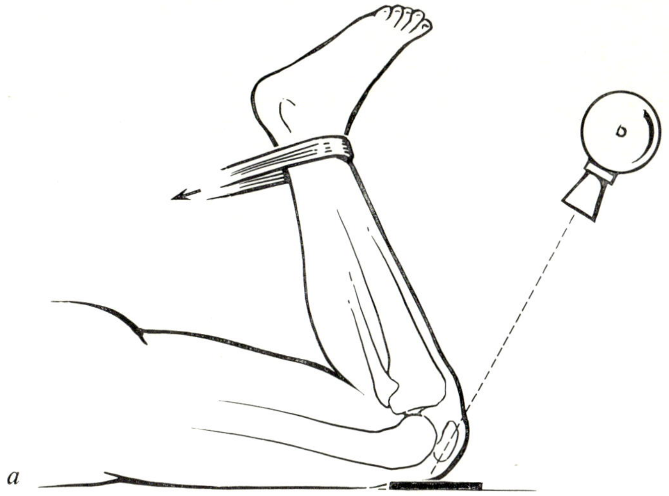

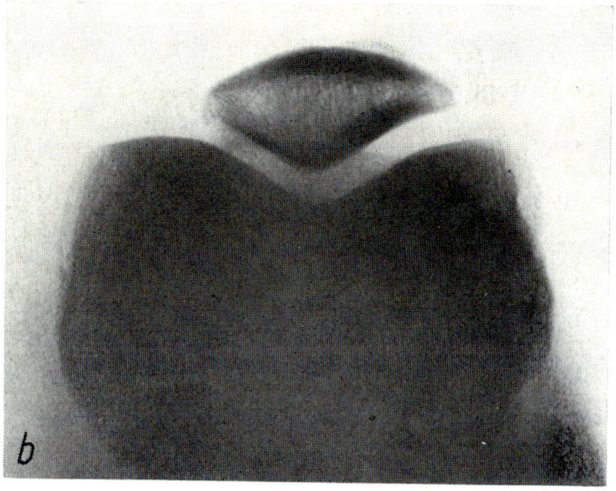

Abb. 20 Axiale Kniescheibenaufnahme: *a* Einstelltechnik nach SOLTEGAST: starke Beugung des Kniegelenkes bei Bauchlage des Patienten. Der Zentralstrahl ist auf die Längsachse der Kniescheibe gerichtet; *b* Röntgenaufnahme der *Patella* axial (= sog. Spezialaufnahme der Patellagleitbahn)

2.2.2.3. Fußgelenke und Fuß

Die Diagnostik im Bereich der Fußgelenke gehört bei der Vielzahl der im Sport auftretenden Fußverletzungen zum »täglichen Brot« des Sportarztes.

Bei der Funktionsprüfung der Gelenke sind nacheinander

- das obere Sprunggelenk (Talokruralgelenk),
- das untere Sprunggelenk,
- die Mittelfußgelenke und
- die Zehengelenke

zu prüfen.

Das *obere Sprunggelenk* ermöglicht eine Dorsalflexion (Extension) von 20 bis 30° sowie eine Plantarflexion von 40 bis 50°. Das Bewegungsausmaß wird bei gebeugtem Kniegelenk festgestellt (Abb. 21).

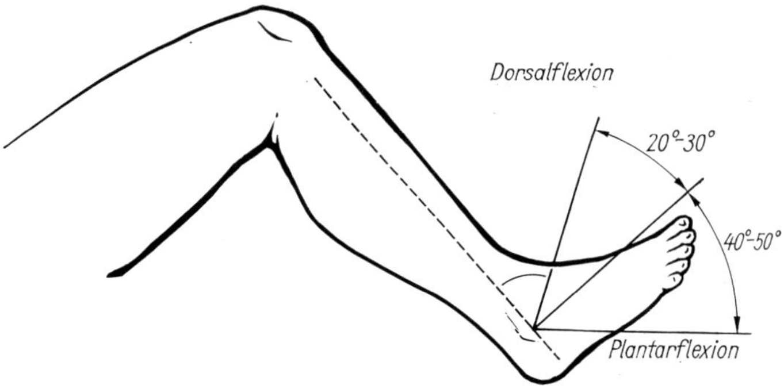

Abb. 21 Bewegungen im oberen Sprunggelenk

Die aufgeführten Zahlenangaben (insbesondere für das Ausmaß der Plantarflexion) unterliegen großen individuellen Schwankungen (durch Training, Alter o. ä. bedingt); so ist beispielsweise die Plantarflexion bei Turnerinnen bis 60 bzw. 70°, bei Tänzerinnen bis 85° möglich.

Im *unteren Sprunggelenk* erfolgt die Pronation und Supination[1]. Da die Messung des Bewegungsausmaßes im unteren Sprunggelenk technisch aufwendig ist, wird die Bewegungseinschränkung im allgemeinen geschätzt und im Seitenvergleich mit z. B. 1/4 oder 1/2 angegeben.

In den *Mittelfußgelenken* (CHOPARTsches und LISFRANKsches Gelenk) ist eine leichte passive Beweglichkeit nachweisbar.

Die Bewegungen in den *Zehengrundgelenken* sind insbesondere im Großzehengrundgelenk funktionell von Bedeutung. Aus der Mittelstellung ist sowohl eine Streckung (Extension) als auch Beugung (Flexion) um je 30 bis 40° möglich.

Für die Funktion des oberen Sprunggelenkes ist *der Verlauf der oberen Sprunggelenksachse* von Bedeutung. Sie verläuft normalerweise bei Erwachsenen und Kindern ab 8. Lebensjahr horizontal und bildet mit der statischen Längsachse des Beines einen rechten Winkel.

Die obere Sprunggelenksachse wird durch den Verlauf der tibialen unteren Gelenkfläche in der Frontalebene bestimmt.

Nach BÖHM (Abb. 22) ist beim Embryo die körperferne Schienbeingelenkfläche im Valgussinne um 25° geneigt, d. h., sie verläuft von distal-medial in schräger Richtung nach proximal-lateral. Allmählich verliert sich die Schrägheit der Gelenkfläche, so daß nach BÖHM beim Achtjährigen ein horizontaler Verlauf zu beobachten ist.

Die Kenntnis dieser entwicklungsbedingten Veränderung des Verlaufs der oberen Sprunggelenksachse ist bei der Beurteilung von Röntgenaufnahmen von diagnostischer Bedeutung, um Fehldiagnosen zu vermeiden.

Bei den *Sprunggelenksdistorsionen* und *Hämatomen im Malleolenbereich*, den häufigsten Verletzungen im Bereich des Fußgelenkes, ist es im Hinblick auf die

1 Mit diesen Bewegungen sind zwangsläufig noch andere verknüpft, und zwar mit der Supination eine Adduktion und Plantarflexion, mit der Pronation eine Abduktion und Dorsalflexion.

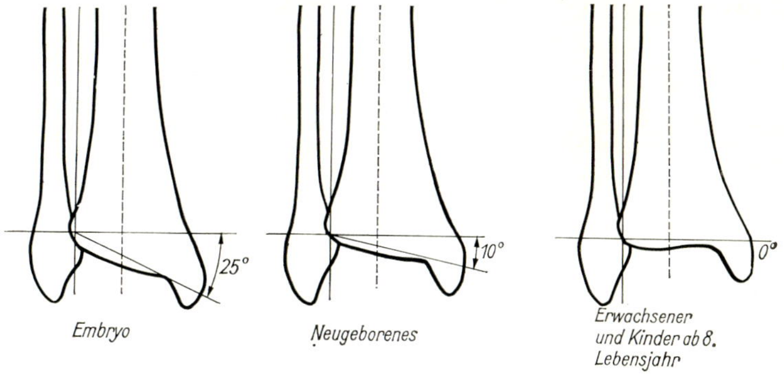

Abb. 22 Verlauf der distalen Tibiagelenkfläche nach Böhm

Therapie von grundsätzlicher Bedeutung, ob es sich um ein Hämatom infolge Prellung handelt oder ob eine Verletzung der Bandverbindungen sich hinter dem Hämatom verbirgt; Abbildung 23 zeigt die Bandverhältnisse im Bereich des äußeren Knöchels:

Ligamentum talofibulare anterius und *Ligamentum quadratum*,
Ligamentum calcaneofibulare,
Ligamentum bifurcatum.

Während bei einer Malleolarfraktur der Druckschmerz über dem *Malleolus* nachweisbar ist, kann man bei einer Sprunggelenksdistorsion den stärksten Druckschmerz etwa 1 cm vom *Malleolus* entfernt nachweisen. Ein Druckschmerz über dem *Lig. bifurcatum* schafft immer Klarheit.

Neben diesen klinischen Symptomen ist die *röntgenologische Funktionsdiagnostik* aufschlußreich. In der sportmedizinischen Praxis hat sich folgendes Vorgehen bewährt (Abb. 24):

- Eine a.p. und Seitenaufnahme des Sprunggelenkes dienen als Übersichtsaufnahme und zum Ausschluß von Knochenverletzungen. Bei nachweisbaren Knochenverletzungen entfallen die weiteren Funktionsaufnahmen.

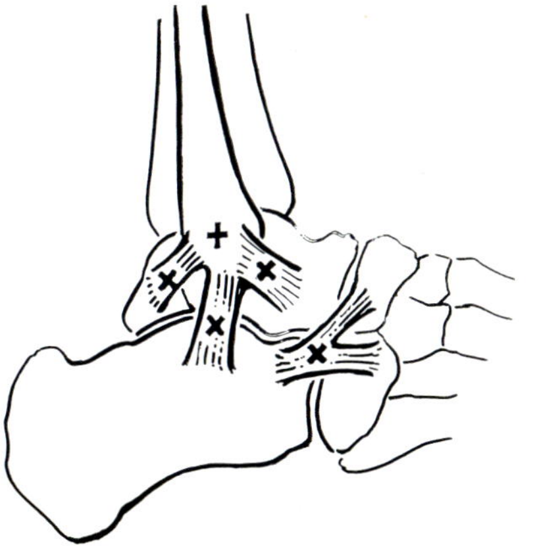

Abb. 23 Bandverbindungen im Bereich des äußeren Knöchels: + Hauptschmerz bei Knöchelbruch, × Hauptschmerz bei Bandverletzungen

- Funktionsaufnahme des verletzten Sprunggelenkes a.p. in maximaler Adduktion und Supination als gehaltene Aufnahme zur Diagnostik lateraler Bandschädigungen, die an einer Aufklappbarkeit des lateralen Sprunggelenksspaltes zu erkennen sind.
- Funktionsaufnahme des verletzten Sprunggelenkes a.p. in maximaler Abduktion und Pronation als gehaltene Aufnahme zur Diagnostik von Syndesmosesprengungen zwischen *Tibia* und *Fibula*, die mit einer deutlichen Verbreiterung der Malleolengabel einhergehen.

Ist auf den vorliegenden Aufnahmen eine leichte Aufklappbarkeit des lateralen Sprunggelenksspaltes oder eine geringe Verbreiterung der Malleolengabel nachweisbar, sollen zusätzlich Röntgenaufnahmen in der gleichen Technik am gesunden Bein durchgeführt werden, um eine physiologische Aufklappbarkeit bei lockeren Sprunggelenken von einer Verletzungsfolge abgrenzen zu können.

In den Behandlungsstellen, in denen eine überaus große Häufigkeit von Sprunggelenksdistorsionen besteht, z. B. in der sportmedizinischen Praxis, läßt es sich nicht vermeiden, daß der mit der Diagnostik beauftragte Personenkreis einer Strahlenbelastung ausgesetzt wird, die in kurzer Zeit das zulässige Maß überschreitet, insbesondere deshalb, weil fast ausschließlich die gleichen Mitarbeiter für die Diagnostik verantwortlich sind. In der Strahlenbelastung des Personals liegt der Hauptgrund, weshalb der wissenschaftlichen Forderung nach exakter Röntgendiagnostik des oberen Sprunggelenkes in der Praxis nicht nachgekommen wird. Aus diesen Gründen haben wir in unserer Einrichtung ein diagnostisches Haltegerät für Sprunggelenksaufnahmen konstruiert. Seine Einführung ermöglicht es uns nunmehr, in allen Fällen eine exakte Funktionsdiagnostik durchzuführen (Abb. 25).

Die *Punktion des oberen Sprunggelenkes* kann sowohl nach Verletzungen als auch zur Durchführung eines Arthrogramms erforderlich sein.

Das Arthrogramm ist vor allem im Bereich des oberen Sprunggelenkes bei einer *Osteochondritis dissecans* erforderlich.

Am leichtesten läßt sich das Gelenk von vorn punktieren. Die Nadel wird zwischen dem *Malleolus tibialis* und der Sehne des *M. extensor hallucis longus* eingestochen und schräg von innen vorn nach außen und hinten geführt. Die Sehne spannt sich bei Streckung der Großzehe an, so daß sie dadurch gut zu tasten ist. Der Patient sitzt während der Punktion mit gebeugtem Kniegelenk und stellt den Fuß flach auf. Die Punktion wird in Lokalanästhesie durchgeführt.

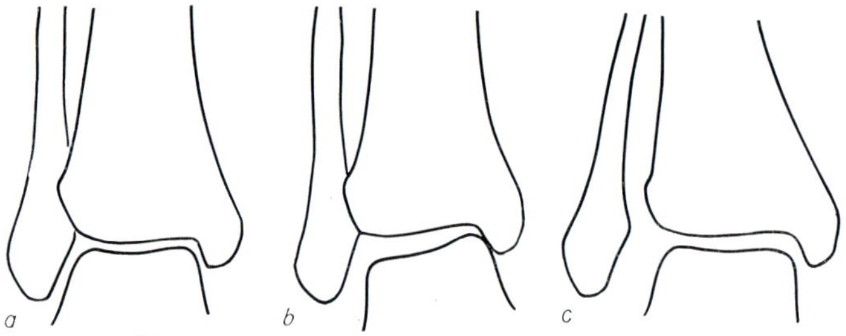

Abb. 24 Röntgenologische Funktionsdiagnostik des oberen Sprunggelenkes: *a* a.p. Aufnahme, *b* Funktionsaufnahme in Adduktion und Supination (laterale Bandschädigung), *c* Funktionsaufnahme in Abduktion und Pronation (Syndesmosesprengung)

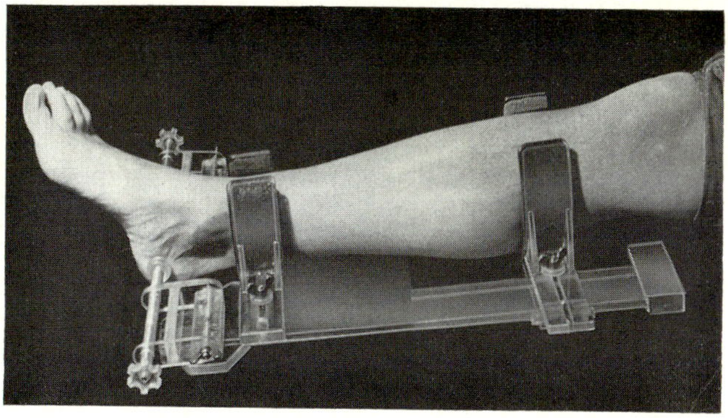

Abb. 25 Haltegerät für Funktionsaufnahmen des oberen Sprunggelenkes

Bei der *Untersuchung des Fußes* ist außer der Diagnostik von Verletzungen, die allgemein bekannt ist, auf die *Beurteilung der medialen Fußwölbung* und auf die *Stellung des Rückfußes* zu achten. Beim seitlichen Betrachten des Fußes läßt sich das mediale Fußgewölbe (Längsgewölbe) beurteilen (Abb. 26). Sehr gut kann man auf einem Fußabdruck (*Podogramm*) die Fußwölbung im Bereich des Längs- und Quergewölbes erkennen (Abb. 27). Ein abgeflachtes bzw. aufgehobenes Quergewölbe ist außerdem an den Hornschwielen, die für einen Spreizfuß charakteristisch sind, zu erkennen.

Zur Beurteilung der Stellung des Rückfußes (Abb. 28) geht man von der Längsachse des Beines aus und mißt die von Achillessehne und Kalkaneus markierte Achsenabweichung des Rückfußes. Eine Valgusstellung von 0 bis 6° wird als physiologisch angesehen, über 6° handelt es sich um einen *Pes valgus* (Knickfuß). Eine Varusstellung über 0° spricht für einen *Pes varus* (Teilkomponente des Klumpfußes).

Bei der klinischen Untersuchung des Fußes ist die Feststellung wichtig, ob die Fußgewölbe bei einer bestehenden Abflachung und einer Achsenabweichung des Rückfußes aktiv aufrichtbar sind. Damit unterscheidet man eine lockere von einer fixierten oder kontrakten Fußdeformität. Im Interesse einer einheitlichen Befundung spricht man heute beim Fuß ebenso wie bei der Wirbelsäule von einem Haltungsfehler bei aktiv aufrichtbarer und von einem Stellungsfehler bei passiv korrigierbarer Fehlstellung. Bei einem Formfehler ist die Deformität knöchern bedingt und röntgenologisch nachweisbar.

Ein aktiv aufrichtbarer Knicksenkspreizfuß entspricht somit einem Haltungsfehler. Die Knickfußkomponente ist bei der Untersuchung an der Valgusstellung des Rückfußes zu erkennen, die Spreizfußkomponente an der Abflachung des Quergewölbes und die Senkfußkomponente an der Abflachung der medialen Fußwölbung (Längsgewölbe).

Zur *röntgenologischen* Untersuchung einer Fußdeformität und insbesondere zur Beurteilung des Längsgewölbes des Fußes ist es wichtig, eine exakte a. p. und Seitenaufnahme des Fußes im Stehen anzufertigen. Die zur Diagnostik von Frakturen übliche Technik der Aufnahme des Fußes in der zweiten Ebene, die alle Mittelfußknochen nebeneinander zur Darstellung bringt, ist in diesem Falle ungeeignet.

Die im Bereich der *Zehen* notwendigen orthopädischen Untersuchungen lassen sich aus der schematischen Darstellung der Zehendeformitäten auf Abbildung 29 ableiten.

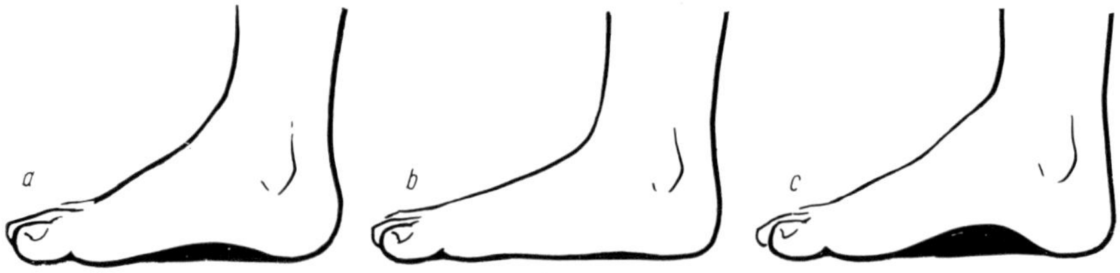

Abb. 26 Beurteilung der medialen Fußwölbung: *a* normale Wölbung, wenig vom Boden abgehoben, *b* Wölbung aufgehoben, Plattfuß, *c* Wölbung verstärkt, Hohlfuß

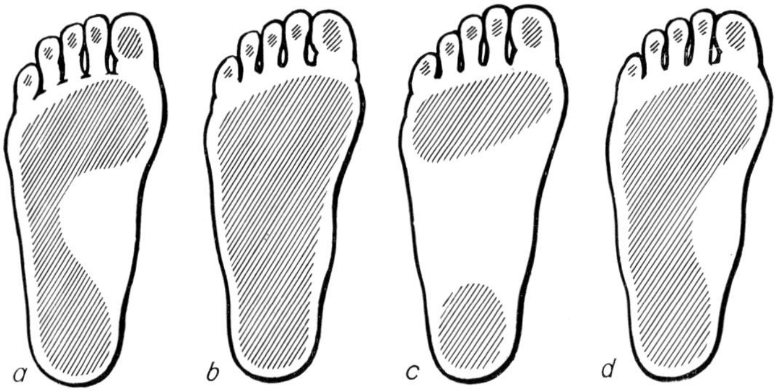

Abb. 27 Podogramm bei verschiedenen Formvarianten des Fußes: *a* unauffälliger Fuß, *b* Plattfuß, *c* Hohlfuß, *d* Spreizfuß

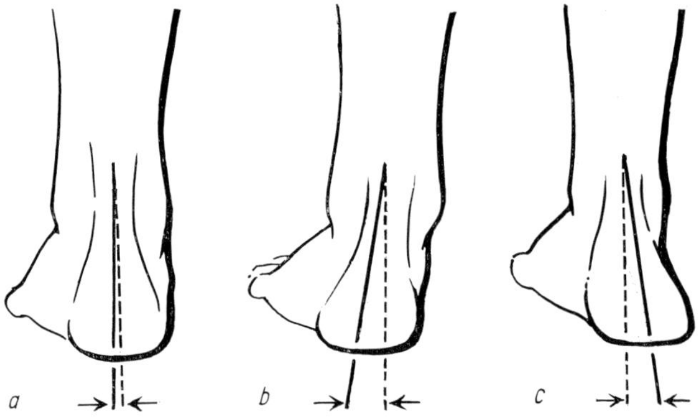

Abb. 28 Beurteilung der Stellung des Rückfußes: *a* normale Stellung = Valguswinkel von 0 bis 6°, *b* über 6 ° = *Pes valgus*, *c* Varusstellung über 0° = *Pes varus*

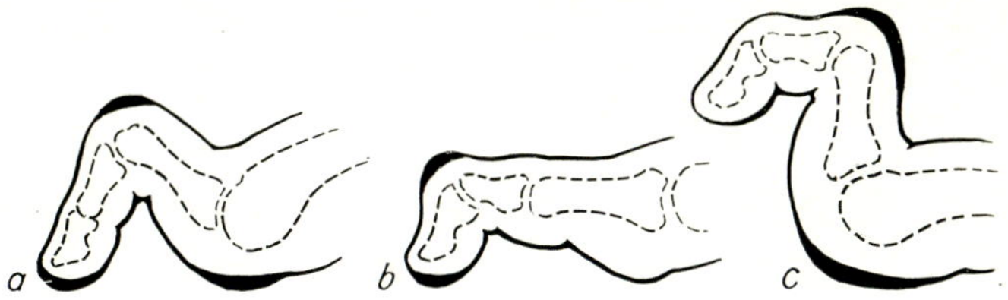

Abb. 29 Wichtigste Zehendeformitäten (nach LELIEVRE): *a* Hammerzehe im proximalen Interphalangealgelenk, *b* Hammerzehe im Endgelenk, *c* Krallenzehe

2.2.3. Untersuchungsmethoden im Bereich der oberen Gliedmaßen

2.2.3.1. Schultergelenk einschließlich Schultergürtel

Bei der *klinischen Untersuchung* des Schultergelenkes und der Schultergürtelgelenke ist, abgesehen von derPrüfung der aktiven und passiven Beweglichkeit, die Beurteilung der Gelenkkonturen von Bedeutung, um Prellungen, Zerrungen, Subluxationen und Luxationen diagnostizieren zu können. Der sichtbare, fühlbare, meßbare und funktionelle Befund ist in der gewohnten Weise nacheinander zu erheben. In vielen Fällen ist der Seitenvergleich aufschlußreich.

Die *Bewegungen im Schultergelenk*, dem Humeroskapulargelenk, sind in den drei Normalebenen ausführbar, greifen allerdings so ineinander über, daß bei Prüfung der Beweglichkeit in einer Ebene Mitbewegungen in der anderen Ebene unvermeidbar sind. Die Bewegungen werden geprüft, indem eine Hand des Untersuchers das Schulterblatt von hinten fixiert, während man die zu prüfenden Bewegungen mit dem Oberarm ausführen läßt (Abb. 30).

Die *Abduktion des Armes im Schultergelenk* in der Frontalebene beträgt bei gleichzeitiger leichter Außenrotation des Oberarmes 90°. Wird der Arm über 90° abduziert, erfolgt eine Mitbewegung des Schulterblattes.

Die *Adduktion* ist nur um 8° möglich.

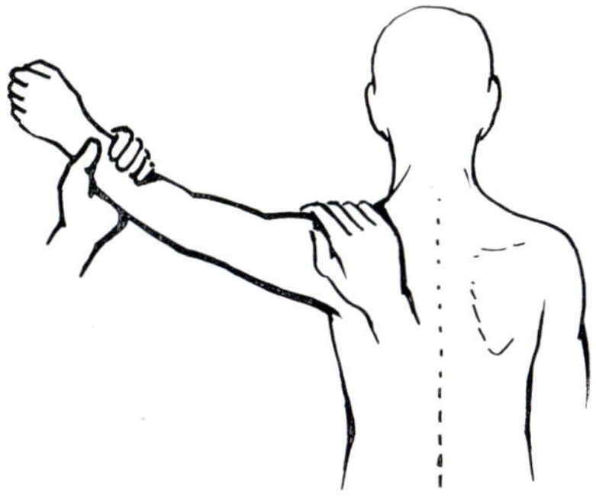

Abb. 30

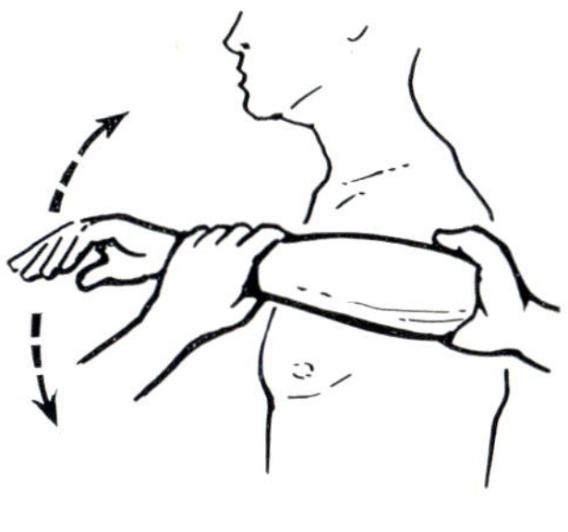

Abb. 31

Abb. 30 Bewegungsprüfung im Schultergelenk bei Fixation des Schulterblattes

Abb. 31 Prüfung der Rotationsbewegung im Schultergelenk

Die *Hebung des Armes in der Sagittalebene nach vorn* beträgt 70°, wobei der Humerus allerdings eine leichte Einwärtsdrehung ausführt.

Die *Rückwärtshebung* des Armes beträgt in der Sagittalebene 37° und geht mit einer deutlichen Außendrehung einher.

Die *Rotationen* betragen etwa 90°, davon entfallen etwa 60° auf die Einwärtsdrehung und 30° auf die Auswärtsdrehung (Abb. 31).

Durch Mitbewegungen des Schulterblattes und Schlüsselbeines werden die Bewegungsausschläge im Schultergelenk wesentlich vergrößert. Störungen in den Gelenken des Schultergürtels haben dementsprechend Bewegungseinschränkungen bzw. Funktionsbehinderung der Schulter zur Folge.

Am Schultergürtel ist die Diagnostik von Verletzungen und Schäden des *Sternoklavikulargelenkes* und des *Akromioklavikulargelenkes* (auch Schultereckgelenk genannt) von Bedeutung.

Zur *röntgenologischen Untersuchung des Schultergelenkes* sind stets zwei Aufnahmen als a. p. und axiale Aufnahme erforderlich. Die axiale Aufnahme kann im Sitzen oder Liegen ausgeführt werden. Dabei ist die Schulter so zu lagern, daß abgesehen vom Humeruskopf auch die Schultergelenkspfanne und der *Processus coracoideus* vollständig abgebildet werden, um Fehldiagnosen durch unvollständige Röntgenaufnahmen zu vermeiden.

Abbildung 32 zeigt das Schultergelenk eines 42jährigen Unfallverletzten nach Reposition einer Schultergelenksluxation. Die Lagerung war durch weitere Verletzungen im Bereich der unteren Extremitäten erschwert, so daß die gleichzeitig bestehende Fraktur des *Processus coracoideus* erst auf Kontrollaufnahmen bei vollständiger Darstellung des Schultergelenkes axial erkannt wurde (Abb. 33).

Zur *röntgenologischen Beurteilung des Sternoklavikulargelenkes* werden routinemäßig a. p. Aufnahmen beider Gelenke angefertigt, die für die Praxis im allgemeinen ausreichen. In einzelnen Fällen können Spezialaufnahmen bzw. Schichtaufnahmen erforderlich sein.

Zur *röntgenologischen Diagnostik des Akromioklavikulargelenkes* nach Verletzungen sind Vergleichsaufnahmen beider Gelenke im Stehen mit und ohne Belastung der gestreckten Arme aufschlußreich. Auf diese Weise können auch leichte Subluxationen diagnostiziert werden, die ohne Spezialaufnahmen und insbesondere dann, wenn der Arm während des Röntgens noch in einer Schlinge oder einem Armtragetuch entlastet ist, leicht übersehen werden.

Die *röntgenologische Darstellung der Beziehungen zwischen Thorax und Skapula* durch eine Schulterblattaufnahme wird meist vernachlässigt. In einzelnen Fällen können damit entzündliche Gewebsreaktionen oder Exostosen sichtbar werden, die für das sogenannte »Schulterkrachen« verantwortlich sind.

Die Schultergelenksaufnahmen sind außer zur Diagnostik von Verletzungen auch zur Beurteilung der Form der Gelenkkörper und des Stadiums der Skelettentwicklung von Bedeutung. In diesem Zusammenhang sei an eine Dysplasie des Humeruskopfes oder verzögerte Verknöcherung des Akromions erinnert. Außerdem lassen sich damit Kalkeinlagerungen z. B. im Kapselbandapparat diagnostizieren.

Die *Arthrographie des Schultergelenkes* wird verhältnismäßig selten ausgeführt. Trotzdem kann sie zur Diagnostik von Schäden des Schultergelenkes von großer Bedeutung sein.

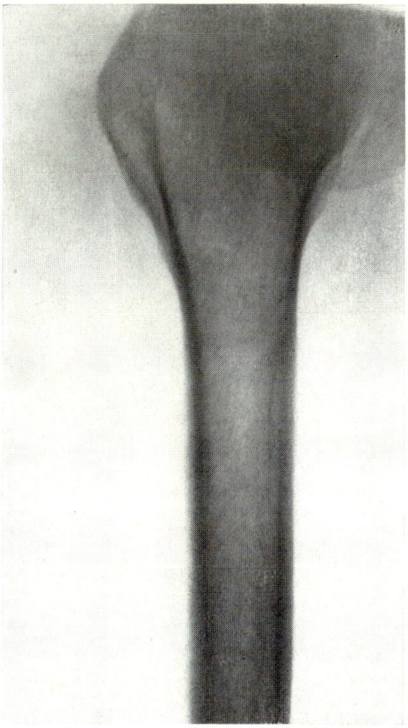

Abb. 32

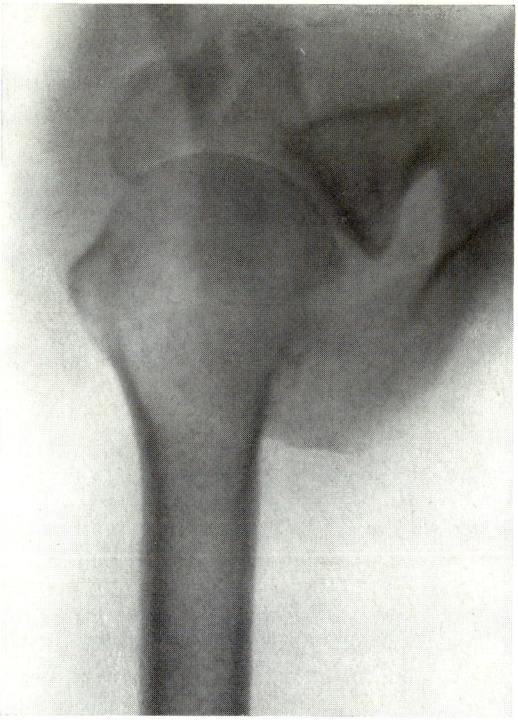

Abb. 33

Abb. 32 Unvollständige Axialaufnahme des Schultergelenkes eines 42jährigen Patienten nach Schulterluxation

Abb. 33 Kontrollaufnahme desselben Patienten bei vollständiger Darstellung des Schultergelenkes mit Fraktur des *Processus coracoideus*

Punktion des Schultergelenkes (Abb. 34):
Das Schultergelenk kann von vorn, von der Seite und von hinten punktiert werden. Am geläufigsten ist die Punktion von vorn und von der Seite.

Von vorn: Man läßt den Patienten sitzen und den Arm entspannt am Körper herabhängen. Lateral und kaudal vom *Processus coracoideus* sticht man senkrecht etwa 3 cm tief ein, bis man in die Gelenkhöhle gelangt.

Von der Seite: Dabei gelangt man unter dem Akromion in die *Bursa subacromialis*, die nicht mit dem Schultergelenk kommuniziert. Sticht man tiefer, kann man durch die *Bursa subacromialis* die Gelenkhöhle erreichen. Man punktiert von der lateralen Seite genau unter dem Akromion. Bei der Punktion soll der Patient sitzen und den Arm entspannt am Körper herabhängen lassen. Nach der Schultergelenkspunktion wird zur Arthrographie das Gelenk mit reinem Sauerstoff aufgefüllt (Einzelheiten siehe unter Arthrographie des Kniegelenkes). Die zusätzliche Verwendung von Kontrastmittel ist möglich, erweist sich auf Grund unserer Erfahrungen jedoch als nicht überlegen.

Das normale Arthrogramm zeigt eine feine Füllung des Gelenkspaltes. Vergrößerungen des Gelenkraumes, Kapselschrumpfungen, freie Gelenkkörper und das Ausmaß von großen Muskelrissen und Nebenverletzungen lassen sich durch das Arthrogramm darstellen.

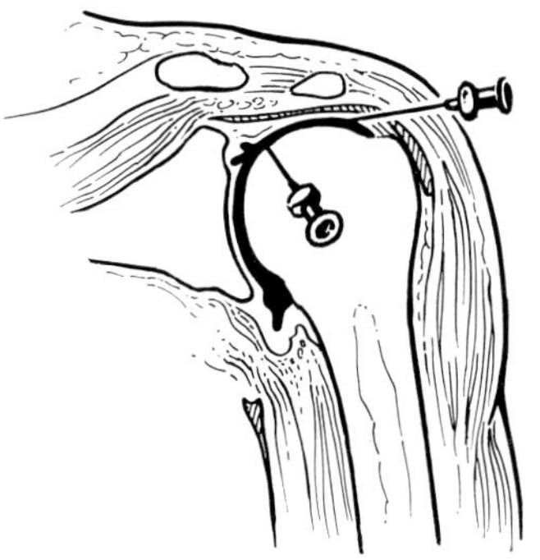

Abb. 34 Punktion des Schultergelenkes

2.2.3.2. Ellenbogengelenk und Unterarm

Das *Humero-Ulnargelenk* kennt als Scharniergelenk Bewegungen nur in einer Ebene: *Streckung* 180° (bei Frauen findet man oft eine Überstreckung), *Beugung* (aus völliger Streckung) bis zu 40 bis 50°.

Die *Pronation* und *Supination* des Unterarmes finden im *Humero-Radial-* und proximalen und distalen *Radio-Ulnargelenk* statt. Die Bewegungen werden in Beugestellung des Ellenbogens untersucht, wobei der Oberarm dem Körper anliegt und die Hand in Mittelstellung zwischen Pronation und Supination gehalten wird. Von dieser Stellung ausgehend ist die Supination bis zu etwa 90°, die Pronation bis zu 50° möglich[1].

Bei der *klinischen Untersuchung des Ellenbogengelenkes* ist die Lagebeziehung der Epikondylen des *Humerus* zum *Olakranon* aufschlußreich. Bei Streckung müssen die Epikondylen und das Olekranon in einer Linie liegen (HUETERsche Gerade, 1949), bei Beugung bilden sie ein gleichschenkliges Dreieck, dessen Basis der HUETERschen Geraden entspricht (Abb. 35). Pathologische Veränderungen, z. B. Frakturen und Luxationen, stören dieses gleichschenklige Dreieck bzw. die normale Beziehung des *Olekranons* zur Oberarmachse, so daß es mit dieser einfachen Methode möglich ist, durch die klinische Untersuchung typische Verletzungen im Bereich des Ellenbogengelenkes zu erkennen.

Außerdem bedarf es bei der klinischen Untersuchung des Ellenbogengelenkes und Unterarmes einer genauen Beurteilung der Achsenverhältnisse. Eine leichte X-Armstellung (*Cubitus valgus*), bei Mädchen häufiger als bei Knaben, ist als physiologisch anzusehen. Daß die für eine vollständige Gelenkuntersuchung allgemein gültigen klinischen Untersuchungsmethoden nicht vernachlässigt werden dürfen, versteht sich von selbst.

Die *röntgenologische Untersuchung des Ellenbogengelenkes* erfolgt durch eine a.p. und Seitenaufnahme. Dabei ist eine exakte Lagerung für die richtige Beurteilung entscheidend.

1 Das aufgeführte Bewegungsausmaß ist vom jeweiligen Entwicklungsgrad der Skelettmuskulatur (Flexoren und Extensoren) abhängig und unterliegt daher bei Sportlern (insbesondere bei Ringern, Boxern, Gewichthebern, Turnern) großen individuellen Schwankungen, so daß für die Sportmedizin die angegebenen Zahlenwerte nicht immer zutreffend sind.

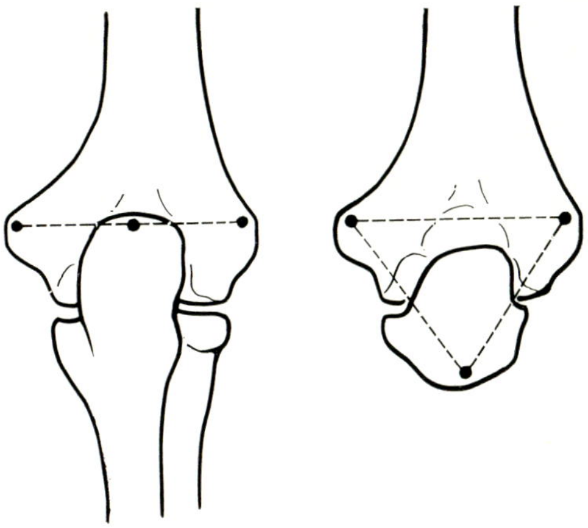

Abb. 35 Knochen des Ellenbogengelenkes von hinten: In Streckstellung liegen die Epikondylen des *Humerus* und das *Olekranon* auf einer Linie, in Beugestellung bilden sie ein gleichschenkliges Dreieck

Abbildung 36 zeigt das Röntgenbild eines 11jährigen Sportlers bei Zustand nach Lösung der distalen Humerusepiphyse. Infolge nicht exakter seitlicher Lagerung bei der Röntgenaufnahme wurde von dem behandelnden Arzt der Verdacht auf Luxation ausgesprochen, obgleich der klinische Befund regelrechte Gelenkverhältnisse erkennen ließ. Die Kontrollaufnahme bei sachgemäßer Lagerung (Abb. 37) konnte die röntgenologische Fehldiagnose korrigieren.

Bei nicht streng seitlicher Lagerung des Ellenbogens werden außerdem häufig Radiusköpfchenluxationen übersehen.

Anlaß zu röntgenologischen Fehldiagnosen ist in vielen Fällen auch durch Unkenntnis der Epi- und Apophysen des Ellenbogengelenkes gegeben. Einen schnellen Überblick gewinnt man durch Studium des wachsenden Skeletts (Abb. 178).

Die *Arthrographie des Ellenbogengelenkes* (Abb. 38) ist in einzelnen Fällen z. B. zur Beurteilung einer *Osteochondritis dissecans* oder Gelenkchondromatose unerläßlich. Außerdem ist sie bei Verletzungen des Kapsel- oder Bandapparates aufschlußreich.

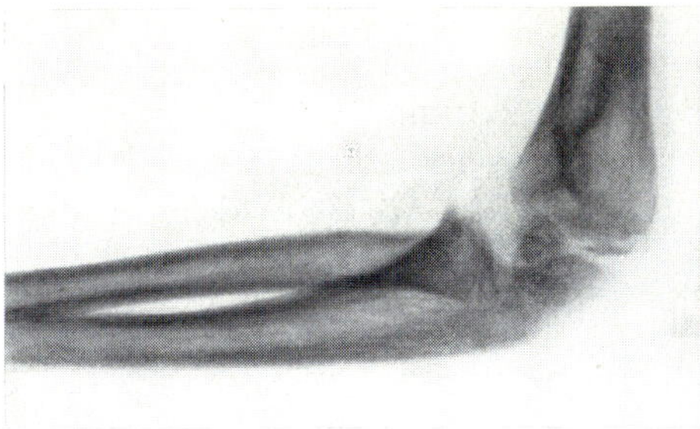

Abb. 36

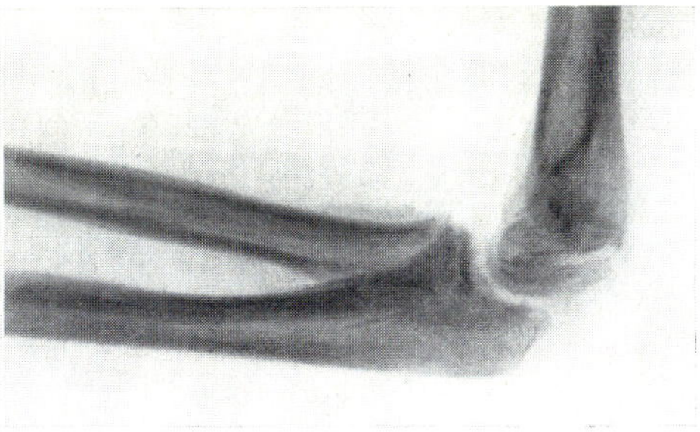

Abb. 37

Abb. 36 Röntgenseitenaufnahme des Ellenbogengelenkes eines 11jährigen Sportlers bei Zustand nach Lösung der distalen Humerusepiphyse; keine exakte seitliche Lagerung während der Röntgenaufnahme

Abb. 37 Kontrollaufnahme desselben Patienten bei exakter Lagerung

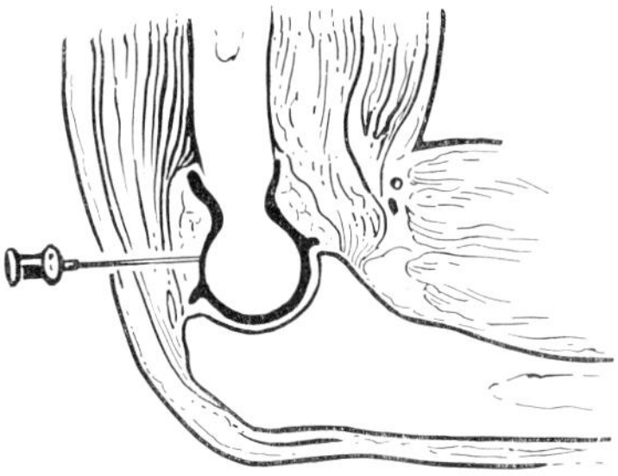

Abb. 38 Punktion des Ellenbogengelenkes

Wir führen diese Untersuchungen mit negativem Kontrast (Sauerstoff) durch. Dieses Gelenk liegt dicht unter der Haut und ist daher leicht zu punktieren.

Am einfachsten punktiert man direkt proximal vom *Olekranon* aus, indem man bei rechtwinklig gebeugtem Ellenbogen oberhalb der Olekranonspitze eingeht und nach Durchstechen der Trizepssehne die Nadel schräg abwärts nach vorn richtet.

Man kann auch von vorn über die *Pars humeroradialis* die Gelenkpunktion durchführen. Dabei werden der Ellenbogen ebenfalls gebeugt und der Unterarm in Mittelstellung zwischen Pronation und Supination gehalten. Bei der Punktion richtet man die Nadel auf den Gelenkspalt zwischen Radiusköpfchen und radialen Epikondylus.

Strenge Asepsis ist bei allen Gelenkpunktionen oberstes Gebot. Das Gelenk wird bis zum Auftreten eines deutlichen Spannungsgefühls mit reinem Sauerstoff (Apparatur siehe Kniegelenksarthrographie) aufgefüllt und unter Durchleuchtungskontrolle in mindestens zwei Ebenen geröntgt. Nach der Untersuchung wird durch eine zweite Punktion das Gelenk entlastet, indem man den Sauerstoff abläßt.

2.2.3.3. Handgelenk und Hand

Bei der *klinischen Untersuchung* von Handgelenk und Hand ist neben der Untersuchung nach den allgemein gültigen Richtlinien die Bewegungsprüfung außerordentlich wichtig, da sich kleinste Bewegungseinschränkungen im Sport sehr störend bemerkbar machen können. Die Untersuchung im Seitenvergleich ist unerläßlich, da durch Winkelmessung allein bei der Kleinheit des Gelenks keine vollständige Erfassung einer Bewegungseinschränkung möglich ist. Die Prüfung der Beweglichkeit hat passiv und aktiv zu erfolgen, um, abgesehen von Gelenkschäden, auch Erkrankungen bzw. Verletzungen der Sehnen diagnostizieren zu können. Eine unvollständige aktive Streckung in einem Fingerendgelenk ist bei entsprechender Unfallanamnese z. B. für einen Strecksehnenabriß beweisend. Um die Gelenkprüfung insbesondere bei den Fingergelenken isoliert vornehmen zu können, empfiehlt es sich, die proximale Phalanx während der Untersuchung zu fixieren.

Die *Dorsal-* und *Palmarflexion (Volarflexion)* ist im Handgelenk von der Mittelstellung aus in jeder Richtung um 85° möglich. Außerdem kann die *Ulnarabduktion* um 40° und die *Radialabduktion* um 20° ausgeführt werden.

Der Daumen verdankt seine große Beweglichkeit dem Karpometakarpalgelenk I als zweiachsiges Sattelgelenk, dessen schlaffe Kapsel ihm die große Bewegungsfreiheit läßt. In diesem Gelenk sind *Adduktion*, *Abduktion* (35 bis 40°), *Opposition* (45 bis 60°) und *Reposition* des Daumens möglich. Das Oppositionsvermögen stellt man am besten durch Gegenüberstellung von Daumen und kleinem Finger fest. Abgesehen von den

Fingergrundgelenken, die sich wie Kugelgelenke verhalten und bei denen außer Beugung und Streckung auch das Spreizvermögen zu untersuchen ist, stellen die Fingermittel- und Fingerendgelenke sowie das Daumengrund- und Daumenendgelenk Scharniergelenke dar, bei denen Beugung und Streckung zu prüfen sind.

Die *grobe Kraft* im Bereich der Hand stellt man durch Faustschluß (Händedruck) fest.

Abgesehen von der Motorik ist die *Prüfung der Sensibilität der Hand* außerordentlich wichtig.

In einem Falle z. B. war nach Prellung des Handgelenkes eine Hypästhesie im Bereich des Daumenballens das einzige klinische Zeichen, das uns trotz unauffälliger Röntgenaufnahmen zu weiteren Untersuchungen veranlaßte. Durch mehrere Spezialaufnahmen konnten wir schließlich eine Infraktion des *Os naviculare* feststellen.

Die *röntgenologische Untersuchung des Handgelenkes* durch eine a.p. und Seitenaufnahme dient zur Diagnostik von Radiusfrakturen bzw. -infraktionen, Epiphysenlösungen und Handgelenksluxationen. Zur Beurteilung der Handwurzelknochen, insbesondere des *Os naviculare*, sind zusätzlich Spezialaufnahmen erforderlich.

Abbildung 39 läßt erkennen, daß bei flach ausgestreckter Hand der Bruchspalt der Navikularfraktur auf dem Film nicht zu sehen ist, da die Strahlen fast senkrecht die Bruchflächen treffen. Bei dorsalflektiertem Handgelenk und leicht geballter Faust treffen die Röntgenstrahlen den Bruchspalt, so daß die Navikularfraktur röntgenologisch sichtbar wird (Abb. 40). Außerdem empfiehlt sich bei der Navikularspezialaufnahme eine leichte Ulnarabduktion. Navikularfrakturen stellen sich in einigen Fällen auch bei halber Pronation und dorsalflektiertem Handgelenk dar.

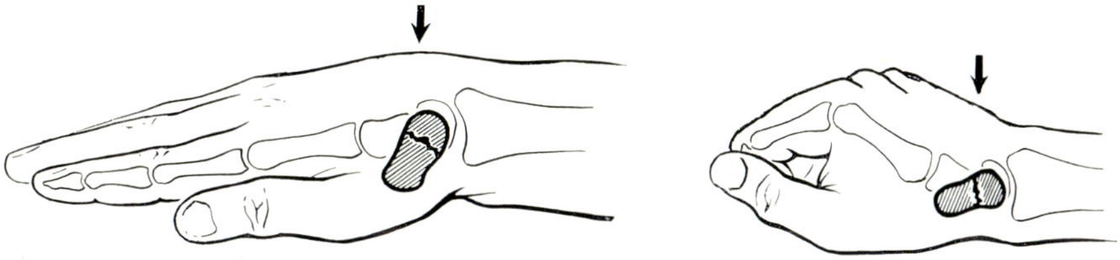

Abb. 39 Bei flach ausgestreckter Hand ist der Bruchspalt der Navikularfraktur auf dem Röntgenbild nicht zu erkennen, da die Strahlen die Bruchflächen fast senkrecht treffen

Abb. 40 Bei dorsal flektiertem Handgelenk und leicht geballter Faust treffen die Röntgenstrahlen den Bruchspalt, so daß er röntgenologisch sichtbar wird

Ebenso werden Luxationen von Handwurzelknochen nicht immer auf den Standardröntgenaufnahmen erkannt, so daß bei klinischem Verdacht Schrägaufnahmen der Handwurzel erforderlich sein können.

Die Handgelenksaufnahmen dienen außerdem zur Beurteilung von *Minusvarianten der Ulna* oder *des Radius*.

Zur Bestimmung des *Skelettreifungsalters* im Vergleich zum chronologischen Alter sind a.p. Aufnahmen des Handgelenkes einschließlich Hand aufschlußreich. Das Skelettreifungsalter wird nach dem Auftreten der Knochenkerne der Handwurzelknochen und der Entwicklung der Epiphysen ermittelt (Greulich-Pyle 1959) (Abb 41).

Medved (1962) bestimmt das physiologische Alter auf Grund von Röntgenaufnahmen des rechten Handgelenkes und linken Fußgelenkes nach dem Grad der Synostosierung des distalen Epiphysenknorpels von *Radius*, *Ulna*, *Tibia* und *Fibula*.

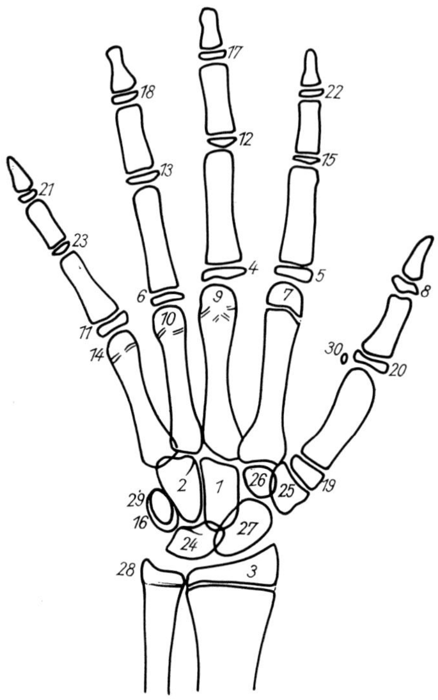

Abb. 41 Die einzelnen Handwurzelknochen und Epiphysen sind nach dem Zeitpunkt der beginnenden Ossifikation numeriert (in Anlehnung an GREULICH-PYLE):

Dem Verknöcherungsgrad entsprechend, unterscheidet er sieben Entwicklungsstufen bzw. Gruppen:

I Weit geöffnete Epiphysenspalten an allen 4 Knochen. Auch der proximale Epiphysenspalt des 1. Metakarpalknochens ist noch geöffnet.

II Die Epiphysen der 4 Knochen sind immer noch offen, aber etwas enger. Die des 1. Metakarpalknochens fängt an zu synostosieren.

III In dieser Gruppe sind die Epiphysen von *Ulna* und *Radius* noch offen, aber die distalen Epiphysen der Unterschenkelknochen fangen an zu synostosieren.

IV In diese Gruppe gehören vollkommen verwachsene Distalepiphysen des Unterschenkels, aber noch offene am Unterarm.

V Der Unterschied zur IV. Gruppe besteht darin, daß die Epiphysen des *Radius* und der *Ulna* anfangen zu synostosieren.

VI Die Epiphysenspalten von *Radius* und *Ulna* sind schon fast synostosiert.

VII Die Distalepiphysen von Unterarm und Unterschenkel sind vollkommen verwachsen.

Die Gruppen I und II nach MEDVED entsprechen dem Kindesalter, III bis VI dem Jugendalter und VII dem Erwachsenenalter.

Die *Mittelhandknochen und Finger* werden durch Röntgenaufnahmen in zwei Ebenen beurteilt. Bei Ausrißfrakturen im Bereich der Fingergelenke einschließlich

		♂	♀
1	*Os capitatum*	3. Monat	3. Monat
2	*Os hamatum*	3. Monat	3. Monat
3	distale Radiusepiphyse	1 Jahr 3 Monate	
4	Epiphyse der Grundphalanx des 3. Fingers		
5	Epiphyse der Grundphalanx des 2. Fingers		1 Jahr
6	Epiphyse der Grundphalanx des 4. Fingers		
7	Epiphyse des 2. Mittelhandknochens	1 Jahr 6 Monate	
8	Epiphyse der Endphalanx des 1. Fingers		
9	Epiphyse des 3. Mittelhandknochens		1 Jahr 3 Monate
10	Epiphyse des 4. Mittelhandknochens		
11	Epiphyse der Grundphalanx des 5. Fingers		
12	Epiphyse der Mittelphalanx des 3. Fingers	2 Jahre	
13	Epiphyse der Mittelphalanx des 4. Fingers		1 Jahr 6 Monate
14	Epiphyse des 5. Mittelhandknochens		
15	Epiphyse der Mittelphalanx des 2. Fingers		
16	*Os triquetrum*		
17	Epiphyse der Endphalanx des 3. Fingers		
18	Epiphyse der Endphalanx des 4. Fingers	2 Jahre 8 Monate	
19	Epiphyse des 1. Mittelhandknochens		2 Jahre
20	Epiphyse der Grundphalanx des Daumens		
21	Epiphyse der Endphalanx des 5. Fingers		
22	Epiphyse der Endphalanx des 2. Fingers		
23	Epiphyse der Mittelphalanx des 5. Fingers	4 Jahre	2 Jahre 6 Monate
24	*Os lunatum*	3 Jahre	3 Jahre
25	*Os multangulum majus*	4 Jahre	3 Jahre 6 Monate
26	*Os multangulum minus*		4 Jahre 2 Monate
27	*Os naviculare*	6 Jahre	
28	Distale Ulna-Epiphyse		6 Jahre 10 Monate
29	*Os pisiforme*	10 Jahre	9 Jahre 6 Monate
30	Sesambein des *M. adductor pollicis*	13 Jahre	11 Jahre

Daumen sind gehaltene Aufnahmen bzw. Funktionskontrollen unter dem Bildwandler zu empfehlen, um auf Grund der Aufklappbarkeit des Gelenkes infolge Bandausriß über konservative oder operative Therapie entscheiden zu können.

Verletzungen des Karpometakarpalgelenkes des Daumens erfordern eine exakte a.p. und Seitenaufnahme zur Diagnostik und zur Beurteilung des Repositionsergebnisses z. B. bei Vorliegen einer BENNETTschen Fraktur.

Die a.p. Aufnahme erfolgt bei flach ausgestreckter Hand und abduziertem Daumen, die Seitenaufnahme bei gestrecktem, maximal proniertem Arm, so daß der Zentralstrahl auf die Basis des Daumenballens eingestellt werden kann.

3. Allgemeine Gesichtspunkte der sportärztlich-orthopädischen Beurteilung und Behandlung

3.1. Sporttauglichkeit bei Erkrankungen und Veränderungen des Haltungs- und Bewegungsapparates

Die Beurteilung der Sporttauglichkeit bei orthopädischen Erkrankungen und Veränderungen hängt davon ab, ob der Einsatz im Wettkampfsport oder die Teilnahme am Schulsport oder Freizeit- und Erholungssport vorgesehen ist.

Vor Aufnahme des Wettkampfsportes halten wir neben der internistischen Beurteilung eine gründliche orthopädische Untersuchung sowohl klinisch als auch röntgenologisch für unerläßlich, um von vornherein Sportler mit Schäden des Skelettsystems herausfinden zu können. In Anbetracht der sich ständig steigernden Weltrekorde ist nur ein völlig gesunder Organismus in der Lage, Weltbestleistungen zu erreichen. Orthopädische Aufnahmeuntersuchungen sind andererseits auch als Grundlage für spätere gutachterliche Beurteilungen von Bedeutung. Durch klare Entscheidungen bei der Zulassung zum Wettkampfsport erspart man sich spätere Auseinandersetzungen mit Sportlern, Trainern und Versicherungsträgern. In Zweifelsfällen haben wir uns von den Erfahrungen leiten lassen, die durch langjährige orthopädisch-sportmedizinische Beobachtung und Betreuung von Wettkampfsportlern gesammelt werden konnten. Bei Auftreten von orthopädischen Veränderungen *während* der sportlichen Laufbahn haben sich uns folgende Beurteilungsgrundsätze bewährt:

Auf der Höhe der sportlichen Leistungsfähigkeit sollte man nur in den Fällen den Rat zur Unterbrechung oder zum Abschluß des Wettkampfsportes geben, in denen mit der Fortsetzung der gewohnten sportlichen Höchstbelastung im Training und Wettkampf schwere gesundheitliche Schäden verbunden sind. In vielen Fällen gelingt es, durch gute Zusammenarbeit zwischen Arzt und Trainer einen individuellen Trainingsplan aufzubauen, der den orthopädischen Veränderungen Rechnung trägt, so daß der Sportler ohne Unterbrechung der sportlichen Laufbahn vor Schäden bewahrt wird.

Bei der *Beurteilung der Sporttauglichkeit für den Schulsport* (Arnold-Kabisch 1967) sollte man nicht vom Gedanken der Sportbefreiung ausgehen. Es ist vielmehr sinnvoller, unter Berücksichtigung des orthopädischen Befundes zu prüfen, welche sportliche Betätigung für den betreffenden Schüler als positiver Entwicklungsreiz anzusehen ist. In diesem Zusammenhang sind die Gedanken von Roux (1885) und Schede (1954) über die funktionelle Entwicklung des Organismus bedeutungsvoll, die die theoretische Grundlage für eine allseitige Erziehung und Bildung orthopädischerseits darstellen.

Nach Roux (1885) und Schede (1954) wächst und vervollkommnet sich der Organismus, indem er lebt und dadurch, daß er funktioniert. Das Leben, die Funktion formt aus der vorhandenen Anlage das endgültige vollkommene Organ, welches wiederum die Voraussetzung ist für das Höchstmaß funktioneller Leistung. W. Roux nennt das die *funktionelle Entwicklung*.

Alle unsere Organe funktionieren nur, wenn sie ständigen Reizen unterliegen. Die Reaktion des Organismus auf Reize ist abhängig von der Art, Dauer und Intensität eines Reizes.

Zwischen diesen beiden Extremen, der Reizlosigkeit und der Vernichtung durch einen überstarken Reiz, liegt das Optimum der Reizwirkung. Der optimale Reiz bildet das Organ, er regt es zum Wachstum und zur Vervollkommnung an, er steigert seine Leistungsfähigkeit. W. Roux hat diese Reize die *funktionellen* Reize genannt.

In vielen Fällen ist die Angst vor der Turnzensur das Motiv zum Antrag auf Sportbefreiung. Durch planmäßige allmähliche Dosierung von Körperübungen und Sport kann von seiten des Sportlehrers dem Schüler diese Angst genommen werden. In begründeten Fällen ist eine Befreiung von der Zensierung bzw. eine Teilsportbefreiung zu empfehlen, so daß trotz einer körperlichen Behinderung die sportliche Entwicklung im Rahmen des verbliebenen Leistungsrestes gefördert werden kann. Auf diese Weise ist es möglich, die Sportvollbefreiungen auf ein Minimum zu reduzieren, ohne daß die Teilnahme am Schulsportunterricht vom Schüler als Zwang empfunden und von den Eltern die ärztliche Entscheidung als »leichtsinnig« angesehen wird. In den Fällen, in denen es gelingt, durch Vorträge oder persönliche Gespräche die Schulsportlehrer für orthopädische Fragestellungen zu interessieren, regeln sich die anfangs unüberwindlich erscheinenden Probleme von selbst.

Für die *Beurteilung der Sporttauglichkeit für den Freizeit- und Erholungssport* gelten orthopädischerseits im übertragenen Sinne die gleichen Gesichtspunkte, die bereits beim Schulsport aufgezeigt wurden. Durch sportliche Betätigung in der Freizeit soll dem Bewegungsmangel als Begleiterscheinung des wissenschaftlich-technischen Fortschritts mit den sich möglicherweise ergebenden gesundheitlichen Folgen begegnet werden.

Bei jeder orthopädischen Erkrankung und Veränderung, sei sie auch noch so schwer, ist eine sportliche Betätigung bei geeigneter Auswahl der Sportart und der speziellen Übungen sowie individueller Dosierung möglich. In diesem Zusammenhang sei an den *Versehrtensport* erinnert. Sportspiele und Wettkämpfe für Versehrte werden in vielen Ländern ausgetragen, so daß auch den orthopädischerseits Schwerstkranken wie z. B. den Querschnittsgelähmten die Möglichkeit gegeben wird, sich am sportlichen Geschehen aktiv zu beteiligen. Für Querschnittsgelähmte ist insbesondere der Schwimmsport von Bedeutung.

Iwanow (1969) hat durch seine Arbeiten über die Heilkörperkultur mit dazu beigetragen, den kranken Menschen für Sport und Spiel zu begeistern. In Zentren für Querschnittsgelähmte werden die verbliebenen Bewegungsreste u. a. durch sportliche Übungen geschult, so daß auch bei Schwerstkranken der Sport als Mittel zur Rehabilitation angewendet wird.

Für den Freizeit- und Erholungssport hängt ebenso wie beim Wettkampf- und Schulsport jeweilig der Erfolg u. a. davon ab, daß es dem Trainer, Sportlehrer bzw. Übungsleiter gelingt, den Sport unter dem Motiv der Freude zu gestalten.

3.2. Behandlung von Sportverletzungen und -schäden

Jede Verletzung während des Sports wird als *Sportverletzung* angesehen. Im allgemeinen beschränken wir diesen Begriff auf die im Sport bei bestimmten Bewegungsabläufen regelmäßig vorkommenden Verletzungen. So sind der innere Seidenbandriß im Kniegelenk des Skiläufers und die Meniskusverletzung des Fußballspielers typische Sportverletzungen.

Unter *Sportschäden* sind nach Baetzner (1927, 1928, 1936) Veränderungen zu verstehen, die durch übermäßige funktionelle Beanspruchung des Gewebes unter dem Einfluß des Sportes entstehen.

Heiss (1964) hebt hervor, daß

1. die Sportschäden schleichend entstehen, so daß sie anfangs keine Beschwerden verursachen und den Sportler nicht rechtzeitig zum Arzt führen;
2. sie sich durch eine Kenntnis der richtigen Trainingsweise und Technik der sportlichen Übungen weitgehend vermeiden lassen.

Pidermann (1958) grenzt den *primären* vom *sekundären* Sportschaden ab. Zum primären Sportschaden zählt er nur jene Veränderungen, die sich ohne jedes von außen oder innen kommende dramatische Ereignis in chronischer Entwicklung in den Bewegungsapparat einschleichen. Als sekundäre Schäden bezeichnet er jene, die nach einem anamnestisch registrierten adäquaten Unfall auftreten.

Durch die Weiterentwicklung der Sportmedizin und Sportwissenschaft, insbesondere durch Einflußnahme auf die Trainingsmethodik von seiten des Sportarztes und regelmäßige Anwendung prophylaktischer physiotherapeutischer Maßnahmen, tritt die Behandlung von Sportschäden gegenüber der Prophylaxe von Schäden des Haltungs- und Bewegungsapparates durch Sport in den Hintergrund.

Das Idealziel der Behandlung Unfallverletzter ist die vollständige Wiederherstellung. Unvermeidbare Folgen des Unfalls selbst können verantwortlich dafür sein, daß dieses Ziel nicht erreicht wird. Andererseits können vermeidbare Behandlungsfehler die *Restitutio ad integrum* in Frage stellen oder verhindern.

Bei der Versorgung schwerer Unfälle haben sich die allgemeingültigen Behandlungsgrundsätze größtenteils durchgesetzt. Anders liegen die Verhältnisse bei den sogenannten banalen Unfällen, denen der Sportarzt täglich begegnet. Bei der Vielzahl der kleinen Verletzungen und dem Wunsch des Sportlers, das Training oder den Wettkampf so bald als möglich wieder aufnehmen zu können, ist die sportärztliche Entscheidung, ob es sich um einen ernsten Unfall oder wirklich nur um eine banale Verletzung handelt, von vorrangiger Bedeutung. Hinsichtlich der Behandlung eines Sportunfalls stehen sich in einigen Fällen zwei extreme Standpunkte gegenüber. Auf der einen Seite betrachtet der Kliniker den Unfall als solchen unabhängig vom sportlichen Geschehen. Auf der anderen Seite stehen Trainer, Masseur bzw. Mannschaftsarzt, die die Aufgaben des Wettkampfes vor sich sehen und für die der Ausfall des besten Torwartes z. B. einen schweren Verlust bedeutet. Für den Sportarzt ist es teilweise schwer, den richtigen Standpunkt zu finden, der sowohl die Erfahrungen des Klinikers berücksichtigt als auch den sportlichen Interessen gerecht wird.

Auf der Grundlage der von Groh (1962) angegebenen Grundsätze für die Behandlung von Sportverletzungen ist die erforderliche sportärztliche Entscheidung klar und sachlich zu treffen. Das Behandlungsziel aller Sportverletzungen ist:

völlige Wiederherstellung,
Wiederherstellung ohne Risiko,
Wiederherstellung in kürzester Zeit.

Somit ist der Einsatz eines verletzten Sportlers nicht zu verantworten, wenn damit eine spätere vollständige Wiederherstellung der Sportfähigkeit in Frage gestellt wird.

Ebenso ist die konservative Behandlung einer Sportverletzung nicht gerechtfertigt, wenn auf operativem Wege eine schnellere und sicherere Wiederherstellung erreicht werden kann. Die sofortige Einleitung der fachgerechten operativen Behandlung gehört in diesen Fällen zu den vordringlichen Aufgaben. Bei den meisten Sportverletzungen hängt von der völligen Wiederherstellung die weitere Sportfähigkeit ab, denn prinzipiell erfordert die Erlangung einer Sportfähigkeit mehr als die Wiederherstellung fürs Berufsleben im allgemeinen. Eine geringfügige Bewegungseinschränkung in einem Gelenk, z. B., die für die Ausübung eines sitzenden Berufes völlig bedeutungslos ist, kann eine bleibende Sportunfähigkeit in der Spezialsportart zur Folge haben.

Bei der *Behandlung von Sportschäden* muß sich der Sportarzt darüber im klaren sein, daß eine erfolgreiche ärztliche sowie physiotherapeutische Behandlung ohne Mitwirkung des Trainers und Einflußnahme auf Trainingsmethodik und Technik im allgemeinen nicht möglich ist.

Für die Behandlung von Sportschäden ist das Verständnis der physiologischen Vorgänge, die durch den Reiz von Körperübungen und Sport auftreten, wesentlich. Der aktive und der passive Teil des Bewegungsapparates werden von den gleichen Blutbahnen versorgt. Bei Überschreiten der physiologischen Leistungsgrenze wird vor allem der passive Teil bei der Durchblutung benachteiligt, so daß sich nach PIDERMANN (1958, 1964) die Schäden vorwiegend an diesem bemerkbar machen. Der passive Bewegungsapparat besteht zum großen Teil aus bradytrophen Geweben, die keine direkte Kapillardurchsetzung aufweisen, so daß die Sauerstoffversorgung nur durch Diffusion erfolgen kann. Demzufolge werden Sehnen, Bänder und Gelenkknorpel bei Höchstleistungen schlechter versorgt als die arbeitende Muskulatur. Eine Ausheilung von Fehlbelastungsschäden kann somit nur über eine vorübergehende Reduzierung oder Umstellung des speziellen Trainings erfolgen, das ohne Trainingsunterbrechung bei Erhaltung der erreichten funktionellen Anpassung eine optimale Durchblutung der bradytrophen geschädigten Gewebe gewährleistet. Die zusätzlichen medikamentösen und physiotherapeutischen Anwendungen sind nur als unterstützende Maßnahmen anzusehen, die über eine Hemmung der örtlichen Entzündung, Förderung der Gewebsdurchblutung und Verbesserung der erforderlichen funktionellen Anpassung wirksam werden können.

Eine Ausheilung von Sportschäden ist auch durch vollständige Unterbrechung des Trainings über längere Zeit möglich. Als Nachteil dieser Behandlungsweise ist der Verlust der Anpassung der Gewebe an den funktionellen Reiz des Trainings zu nennen, so daß bei Wiederaufnahme des Trainings neu aufgebaut werden muß.

Die aufgezeigten allgemeingültigen Behandlungsgrundsätze für Sportverletzungen und Sportschäden sollen an Hand von Beispielen verschiedenartiger Diagnosen erläutert werden.

4. Diagnostik, Therapie und Beurteilung von Erkrankungen und Veränderungen des Haltungs- und Bewegungsapparates, Sportverletzungen und -schäden

4.1. Juvenile Osteochondrosen (die aseptischen Osteonekrosen)

»Unter der Bezeichnung juvenile Osteochondrosen fassen wir im Laufe des Wachstumsalters auftretende umschriebene Störungen an den Epiphysen und Apophysen zusammen, deren klinischer Ablauf sowohl bei lokalisiertem Auftreten wie auch bei multiplem Vorhandensein nach einheitlichen Gesichtspunkten betrachtet und geordnet werden kann« (LINDEMANN 1957–1961).

Was die allgemeine *Lokalisation* anbetrifft, so finden sich aseptische Osteonekrosen in erster Linie an den Enden der langen Röhrenknochen, also im Bereich der Epi- und Apophysen und kleinen Knochen mit vorwiegender Knorpelbedeckung, den Hand- und Fußwurzelknochen. Aber auch im Bereich der Schäfte von Röhrenknochen in Armen und Beinen sowie Händen und Füßen und schließlich in den Wirbelkörpern und im Becken kommen aseptische Osteonekrosen vor. Ausgenommen ist der Kopf. Bei den befallenen Knochen handelt es sich fast ausschließlich um Knochen mit dauernder mechanischer Beanspruchung. Knochen, die eine reine Schutzfunktion ausüben, wie die Schädelkapsel, das Gesichtsskelett sowie die Rippen bleiben gänzlich verschont.

Der *pathologisch-anatomische Befund* ist bereits makroskopisch recht charakteristisch, während die Osteonekrosen im Röntgenbild völlig unsichtbar sind und erst an ihren Folgen erkannt werden. Bei entsprechender Sektionstechnik zeichnen sich die nekrotischen Knochenbezirke durch ihre helle Farbe und eigenartige Trockenheit sowie fehlende Blutaustritte aus. Histologisch ist ein Absterben der Knochenzellen mit Veränderungen der Knochengrundsubstanz in Form von körnigem Zerfall und Schwund der Kalksalze nachweisbar (Ursache für die Brüchigkeit des Knochens). Ist in der Umgebung nekrotischen Knochens ossifikationsfähiges Gewebe vorhanden, so werden abgestorbene Teilchen durch innere Substitution umgewandelt, wobei eine völlige Wiederherstellung der ursprünglichen Struktur und Leistungsfähigkeit erreicht werden kann (HOLLE 1959). Wegen des Überwiegens der Abbauvorgänge in dieser Zeit kommt es im *Röntgenbild* zu starken Aufhellungen, der sogenannten *»Umbauatrophie«*, die als Begleitatrophie gelegentlich sogar auf den benachbarten lebenden Knochen übergreifen kann.

Gelegentlich bleibt der Ersatz des toten Knochens durch lebenden unvollständig, so daß im Zentrum einer Osteonekrose ein Kern abgestorbener Knochensubstanz, von einer bindegewebigen Hülle umscheidet, zurückbleiben kann. Das ist vor allem dann der Fall, wenn auch die weitere Umgebung der Osteonekrose durch ein Trauma geschädigt wurde und daher keine völlige Regenerationskraft mehr besitzt. Liegen derartige Herde in der Nachbarschaft von Gelenkflächen, so können sie durch eine derartige bindegewebige Abgrenzung sequestrieren und in die Gelenkhöhle als freier Körper ausgestoßen werden.

Die Anschauungen über die *Ätiologie* und *Pathogenese* der aseptischen Osteonekrosen sind trotz der klaren Vorstellungen über die pathologisch-anatomischen Befunde noch immer widersprechend. Heute stehen sich im wesentlichen zwei Anschauungen von der Entstehung aseptischer »spontaner« Osteonekrosen gegenüber, und zwar

1. die Vorstellung einer vaskulären Entstehung von Knochennekrosen und
2. die Lehre von der Bedeutung eines Traumas.

Beide Anschauungen haben allerdings in den letzten Jahren vielfach Wandlungen durchgemacht, die zur Entstehung einer immer geschlosseneren Lehre von der Entstehung aseptischer Osteonekrosen beitragen. Der Begriff »Trauma« hat sich gewandelt. Er besagt in seiner jetzigen Form, daß der Knochen nicht nur unter dem Einfluß einmaliger und erheblicher Gewalteinwirkung, sondern auch durch chronische Dauerbelastung und Überbelastung absterben kann. Die Folgen solcher *Mikrotraumen* stehen den massiven Gewalteinwirkungen nicht nach. Insofern hat die moderne Lehre von den Überlastungsschäden einen Einfluß auf unsere heutigen Anschauungen von der Entstehung aseptischer Knochennekrosen ausgeübt. Überlastung kann aber auch dadurch eintreten, daß sich bestimmte, auf den Knochen auswirkende Bewegungen so rasch wiederholen, daß eine Anpassung an die erhöhte Leistung durch Umbau der Knochensubstanz verhindert wird oder es zu tiefgreifenden Störungen der Blutzirkulation kommt. Diese Vorstellung einer Entstehung von Zirkulationsstörungen durch kleine und kleinste Traumen, wie sie sich durch einseitige körperliche Überlastung in Beruf oder Sport entwickeln können, hat sich als außerordentlich fruchtbar erwiesen. Die Auswirkung derartiger Traumen ist bei Erwachsenen und Kindern verschieden. Während im Röhrenknochen des Erwachsenen schleichende Frakturen oder Umbauzonen im Sinne von LOOSER entstehen, sind beim Kinde vor allem die empfindlichen Wachstumszonen, also in erster Linie die Epiphysen, betroffen.

Ob es über diese rein mechanischen Schäden hinaus als Folge einer Erschöpfung möglicherweise auch funktionelle, also nervös gesteuerte Durchblutungsstörungen im Knochen gibt, ist noch nicht eindeutig geklärt.

Über diese Theorien von der Entstehung aseptischer Osteonekrosen hinaus müssen noch einige weitere pathologische Faktoren erwähnt werden, die eine unterstützende oder auslösende Rolle spielen können:

– konstitutionelle und erbliche Schäden,
– endokrine Störungen,
– Vitaminmangelzustände,
– tiefgreifende allgemeine Stoffwechselstörungen.

Nach abgeschlossener Verknöcherung haben die durch aseptische Osteonekrosen bedingten Knochenveränderungen ihren Endzustand erreicht, d. h., es ist entweder vollständige Wiederherstellung oder Ausheilung mit Defekt erfolgt.

Diese allgemeinen Grundlagen führen uns zur Betrachtung der aseptischen Osteonekrosen verschiedener Lokalisation und bilden zugleich den Schlüssel für die Einschätzung der Belastbarkeit des jugendlichen Organismus im sportlichen Training, weshalb eine eingehendere Betrachtung zweckmäßig erscheint.

4.1.1. Scheuermannsche Erkrankung

Folgende *Synonyme* sind für die SCHEUERMANNsche Erkrankung (1921, 1934, 1936) bekannt: SCHEUERMANNsche Kyphose, *Kyphosis dorsalis adolescentium*, *Osteochondritis deformans juvenilis dorsalis*, *Kyphosis juvenilis*, *Kyphosis dorsalis juvenilis*, Adoleszentenkyphose, Lehrlingsrücken, Bauernrücken, juveniler Rundrücken, *Osteochondrose* der Entwicklungsjahre, Lehrlingskyphose (SCHANZ 1907, 1911), *Malum epiphyseonecroticum vertebrale*.

4.1.1.1. Krankheitsbild

SCHEUERMANN hat dieses Krankheitsbild 1921 an Hand von Röntgenbildern beschrieben, wobei er erstmals typische Unregelmäßigkeiten an den knöchernen Randleisten herausstellte. Später verwies SCHMORL (1930) auf die Bandscheibenveränderungen[1] bei der juvenilen Kyphose. Nach SCHMORL werden durch Lücken in den Knorpelplatten der Wirbelkörper Teile des *Nucleus pulposus* und des ihm angrenzenden *Anulus fibrosus* vorgedrängt und allmählich in die unter den Bandscheiben liegende Knochensubstanz (*Spongiosa* des Wirbelkörpers) bei der funktionellen Beanspruchung der Bandscheibe eingepreßt. Dadurch verliert die Bandscheibe an Masse und wird deformiert (Abb. 42). Die Folge ist eine Keilwirbelbildung, die durch Wachstumsstörungen im Bereich der befallenen Wirbelkörper wegen der erhöhten Druckbeanspruchung der vorderen Anteile der Wirbelkörper zu erklären ist. Die knorpeligen Wirbelschlußplatten stellen den *Locus minoris resistentiae* dar. Der Beginn der Erkrankung liegt meist in der Streckungsphase der Pubertät (im allgemeinen zwischen 12. und 14. Lebensjahr), also in der Zeit, in welcher die Empfindlichkeit des Gewebes nach dem MURK-JANSENschen Gesetz der Schnelligkeit des Wachstums direkt proportional ist. Von der Krankheit betroffen sind meist mehrere Wirbelkörper, die bevorzugt an Partien erhöhter mechanischer Beanspruchung lokalisiert sind.

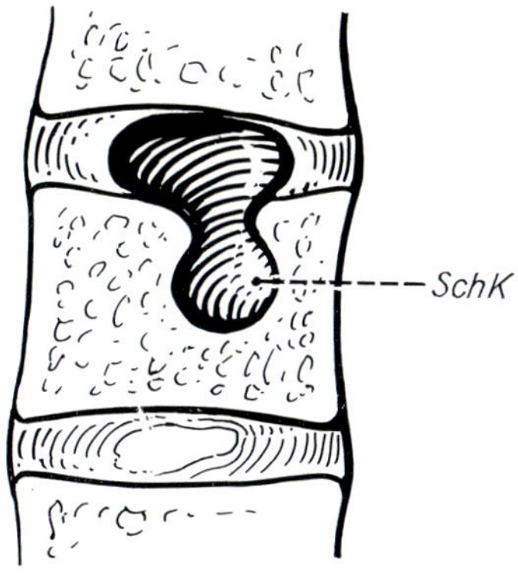

Abb. 42 Einbruch von Bandscheibengewebe in den Wirbelkörper (SchK = SCHMORLsches Knötchen)]

1 Der Begriff »Bandscheibe« entspricht dem Sprachgebrauch des Klinikers, obgleich die anatomische Bezeichnung »Zwischenwirbelscheibe« den exakteren Begriff unter Berücksichtigung des morphologischen Aufbaus darstellt.

Nach unseren heutigen Erfahrungen sind sowohl die *Veränderungen an den Wirbelschlußplatten* mit Bandscheibeneinbrüchen und Keilwirbelbildung als auch *Unregelmäßigkeiten der Verknöcherung der vorderen Anteile der Wirbelkörperrandleisten* für das Krankheitsbild charakteristisch. Wegen der Randleistenveränderungen, die wir als aseptische Osteonekrosen deuten möchten, wird die Krankheit auch den juvenilen Osteochondrosen zugeordnet.

Von besonderer Bedeutung für die Diagnose, aber auch für die Prognose und Therapie der SCHEUERMANNschen Krankheit ist die Tatsache, daß der Übergang vom physiologischen zum pathologischen Zustand fließend ist. Dies trifft sowohl für das klinische als auch für das Röntgenbild zu. Daraus ergeben sich für die Diagnose leichterer Fälle Schwierigkeiten. Dies ist ein Grund, die Diagnose der SCHEUERMANNschen Krankheit auch nur aus der gemeinsamen Beurteilung des klinischen und Röntgenbildes zu stellen. *Klinisch* kommt es anfangs zu einer Fixierung des betroffenen Wirbelsäulenabschnitts, später zu einer Kyphosierung. Es kann aber auch eine zu Beginn bewegliche Kyphose in eine echte Adoleszentenkyphose übergehen, obgleich die Kyphose keine *Conditio sine qua non* ist. In der *Lokalisation* unterscheiden wir thorakale, thorakolumbale und lumbale Formen der SCHEUERMANNschen Krankheit. Die verschiedenen Lokalisationsformen bedingen verschiedene Wirbelsäulenformen:

- die *thorakale* Form den hohlrunden Rücken mit Verstärkung der Brustkyphose und Lendenlordose,
- die *thorakolumbale* Form den totalrunden Rücken mit verstärkter Kyphosierung am Brust-Lenden-Übergang und
- die *lumbale* Form den Flachrücken mit abgeflachter bzw. kyphosierter Lendenlordose und abgeflachter Brustkyphose.

Das *Röntgenbild* ist für die Diagnose, vor allem aber für die Beurteilung des Schweregrades der Erkrankung, unerläßlich. Die röntgenologische Diagnose stützt sich im wesentlichen auf drei Kriterien:

- die SCHMORLschen Knorpelknötchen,
- Verschmälerung der Bandscheibe und
- das Vorhandensein von Keilwirbeln.

Diese drei Zeichen sind Folge des Einbruchs von Bandscheibengewebe durch die Wachstumsknorpelplatte hindurch in die Spongiosa der Wirbelkörper. Dem SCHMORLschen Knötchen analog ist die sogenannte Randleistenhernie, bei der das Diskusgewebe auf der Ventralseite unter die sogenannte Randleiste in die *Spongiosa* des Wirbelkörpers einbricht. Die Störung der Verknöcherung der ventralen Randleistenanteile ist unabhängig oder in Verbindung mit Randleistenhernien zu beobachten und bedarf bei der röntgenologischen Beurteilung besonderer Aufmerksamkeit. Der Lokalisation der SCHMORLschen Knorpelknötchen entsprechend, sind auch die Bezeichnungen *intraspongiöse* oder *retromarginale Hernie* gebräuchlich. Die Tatsache, daß der Übergang vom physiologischen zum pathologischen Zustand fließend ist, zeichnet sich besonders deutlich an den röntgenologischen Veränderungen im Bereich der Grund- und Deckplatten der Wirbelkörper ab, die sich zwischen einer leichten Auffaserung oder welligen Begrenzung bis zur vollständigen Zerstörung bewegen können. In Abbildung 43 sind die röntgenologischen Veränderungen bei der SCHEUERMANNschen Erkrankung schematisch dargestellt.

Abb. 43 Schema der röntgenologischen Veränderungen bei *Osteochondritis deformans juvenilis dorsalis* (SCHEUERMANN)

Abschließend sei noch einmal darauf hingewiesen, daß das Vorliegen eines einzigen Symptoms, z. B. eines fixierten Rundrückens oder entsprechende radiologische Zeichen wie z. B. das Vorhandensein eines isolierten SCHMORLschen Knötchens im Röntgenbild noch nicht dazu berechtigt, die Diagnose der SCHEUERMANNschen Krankheit zu stellen.

4.1.1.2. Abgrenzung von entwicklungsbedingten Wirbelsäulenveränderungen

Die Kenntnis der *normalen Wirbelsäulenentwicklung* und Differenzierung der Entwicklungsstadien ist in der sportmedizinisch-orthopädischen Beurteilung zahlreicher Wirbelsäulenbefunde von gesunden Kindern und Jugendlichen von großer Bedeutung, um Fehldiagnosen einer SCHEUERMANNschen Erkrankung, die sich durch falsche Deutung von entwicklungsbedingten Wirbelsäulenveränderungen ergeben, zu vermeiden.

Abb. 44 und 45: Für das 1. bis 2. Lebensjahr ist die ovoide Wirbelform mit dem horizontalen Aufhellungsband in der Wirbelkörpermitte und die Knorpelfuge im Wirbelbogenansatz charakteristisch.

Wir werden dabei an die in der Entwicklungsgeschichte bekannte Einteilung in Sklerotome erinnert, wobei die kaudale Hälfte des einen Sklerotoms mit der kranialen Hälfte des nachfolgenden Sklerotoms sich zu einem Wirbel vereinigt. Zwischen beiden Sklerotomen tritt die Intersegmentalarterie ein.

Abb. 44

Abb. 45

Abb. 44 Normale Wirbelsäulenentwicklung im 1. Lebensjahr
Abb. 45 Normale Wirbelsäulenentwicklung im 2. Lebensjahr

Abb. 46: Im 4. Lebensjahr ist die ovoide Wirbelkörperform noch andeutungsweise zu erkennen. Die HAHNschen Gefäßkanäle sind deutlich dargestellt. Die Wirbelbögen sind mit Ablauf des 2. Lebensjahres geschlossen. Eine Apophysenentwicklung der Wirbelkörper, die sogenannte Randleistenringbildung, ist noch nicht erkennbar.

Abb. 47: Im 6. bis 8. Lebensjahr ist die Wirbelsäulenentwicklung durch Stufenbildung an den vorderen Wirbelkörperkanten als Anlagebeginn der Wirbelkörperrandleiste noch knorplig. Die HAHNschen Gefäßkanäle sind noch zu erkennen.

Abb. 48: Im 9. bis 10. Lebensjahr sind die HAHNschen Gefäßkanäle geschlossen. Die Stufenbildung an den vorderen Wirbelkörperkanten als knorplige Randleistenanlage ist deutlich dargestellt und für dieses Stadium charakteristisch.

Abb. 49: Um das 10. bis 11. Lebensjahr, manchmal auch etwas später, setzt die Verknöcherung der Wirbelrandleiste ein. Durch ihre Knochenkerne sind die Randleisten deutlich zu sehen.

Abb. 50: Die Seitenaufnahme des Brustlendenübergangs einer 12jährigen Sportlerin läßt sowohl die Stufenbildung an den vorderen Wirbelkörperkanten als auch die sich bildenden knöchernen Randleisten sehr deutlich erkennen.

Um das 15. Lebensjahr beginnt im allgemeinen die Verschmelzung des Randleistenringes mit dem Wirbelkörper und schließt spätestens mit dem 25. Lebensjahr ab. Damit ist das Stadium der Erwachsenenwirbelsäule mit abgeschlossener Randleistenentwicklung und Synostosierung der Kreuzbeinwirbel erreicht.

4.1.1.3. Stadieneinteilung der Scheuermannschen Erkrankung

Im Interesse einer einheitlichen Bewertung von Befunden liegt der Beurteilung folgende *Stadieneinteilung* zugrunde, die sich in der Praxis bewährt hat.

Stadium 1 umfaßt isolierte geringfügige osteochondrotische Veränderungen an den Grund- und Deckplatten der Wirbelkörper, denen wir keinen echten Krankheitswert beimessen.

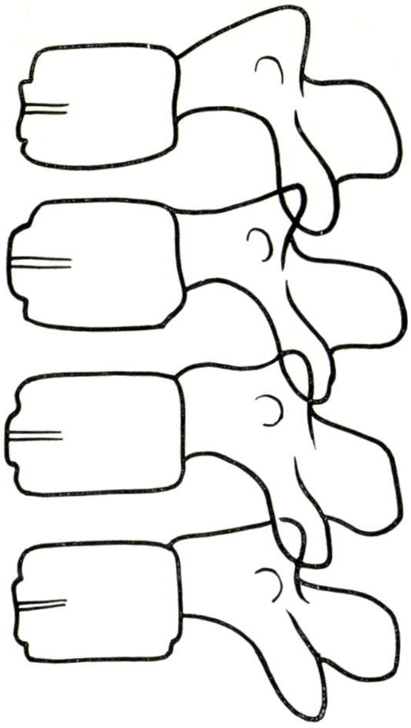

Abb. 46

Abb. 47

Abb. 46 Normale Wirbelsäulenentwicklung im 4. Lebensjahr
Abb. 47 Normale Wirbelsäulenentwicklung im 8. Lebensjahr

Abb. 48

Abb. 49

Abb. 48 Normale Wirbelsäulenentwicklung im 10. Lebensjahr
Abb. 49 Normale Wirbelsäulenentwicklung im 14. Lebensjahr

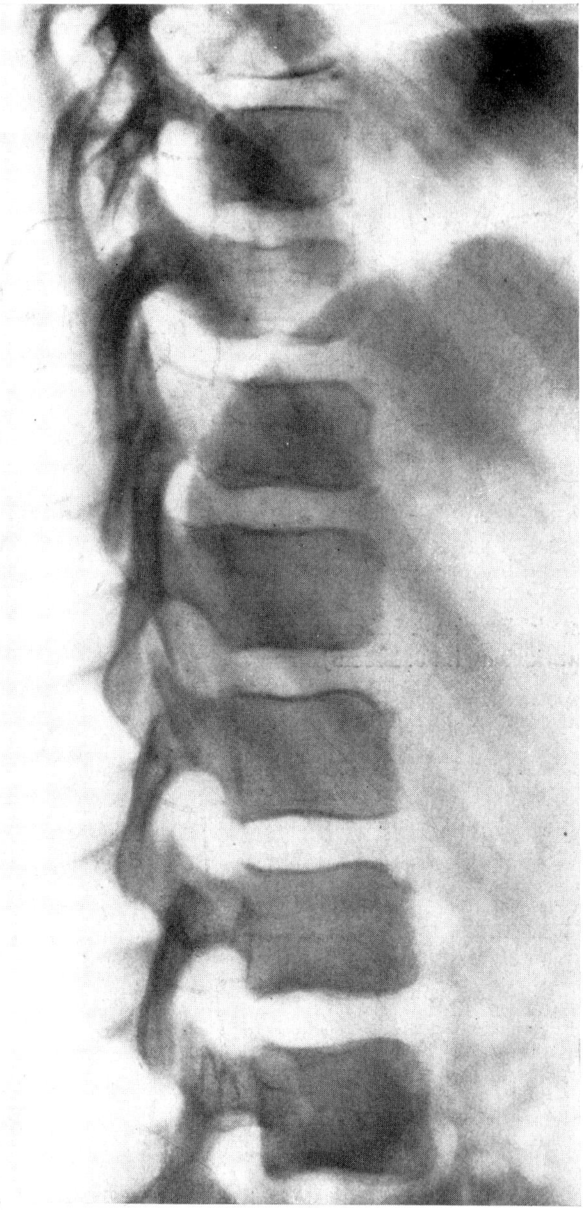

Abb. 50 Seitenaufnahme des Brustlendenübergangs einer 12jährigen Sportlerin als Beispiel einer normalen Wirbelsäulenentwicklung

Abb. 51: Die Röntgenuntersuchung einer 18jährigen Sportlerin läßt auf der a. p. Aufnahme isolierte kleine Knorpeleinbrüche an den Grund- und Deckplatten erkennen. Die Seitenaufnahme der Brustwirbelsäule ist normal.

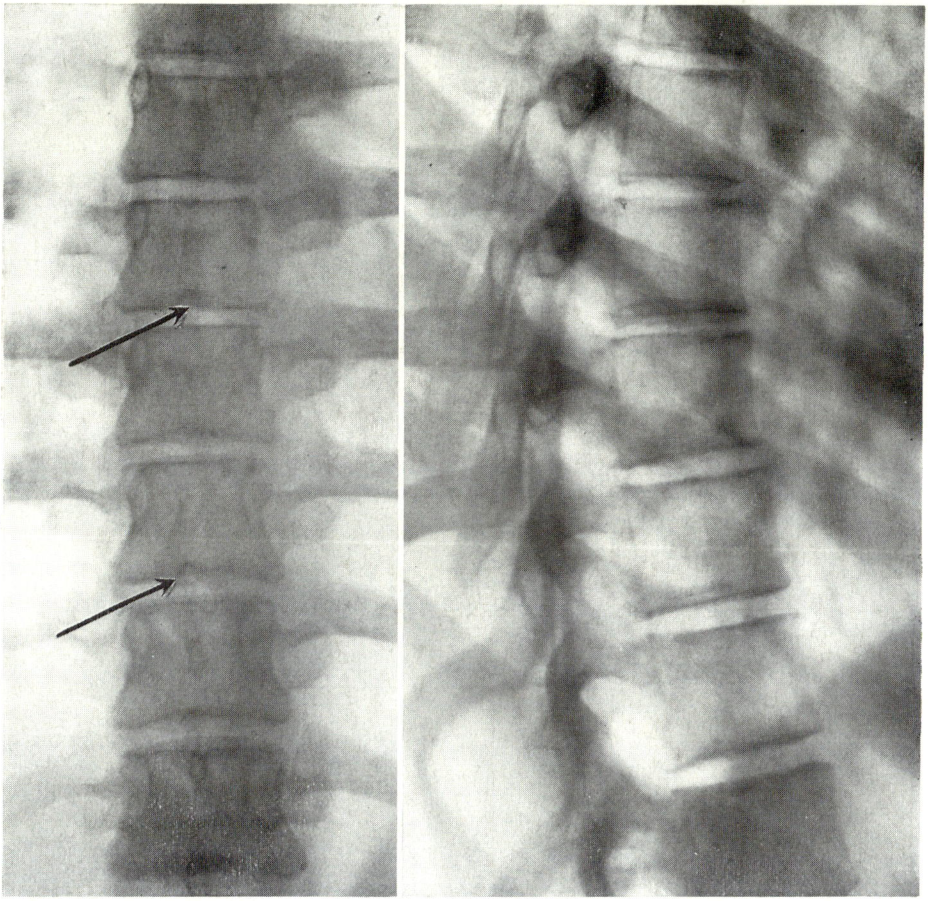

Abb. 51 Röntgenaufnahmen der Brustwirbelsäule (a. p. und seitlich) einer 18jährigen Sportlerin

Abb. 52: Auf der Röntgenseitenaufnahme des Brustlendenübergangs einer 12jährigen Wasserspringerin fallen unregelmäßig entwickelte Randleisten und leichte Grund- und Deckplattenunregelmäßigkeiten auf.

Abb. 53: Ebenso läßt die Röntgenseitenaufnahme der Brustwirbelsäule eines 14jährigen Turners leichte Auffaserungen der Grund- und Deckplatten erkennen. Außerdem sind die Randleisten unregelmäßig entwickelt.

Stadium 2 kennzeichnet die Wirbelkörperveränderungen, die einer beginnenden SCHEUERMANNschen Erkrankung entsprechen. In diesem Stadium ist noch nicht sicher auszusagen, ob die Veränderungen nur Folge einer anormalen Entwicklung sind, die sich allmählich von selbst ausgleichen oder ob eine bleibende pathologische Veränderung sich hinter diesen röntgenologischen Zeichen verbirgt. SCHEUERMANN selbst sprach in diesen Fällen von Grenzfällen.

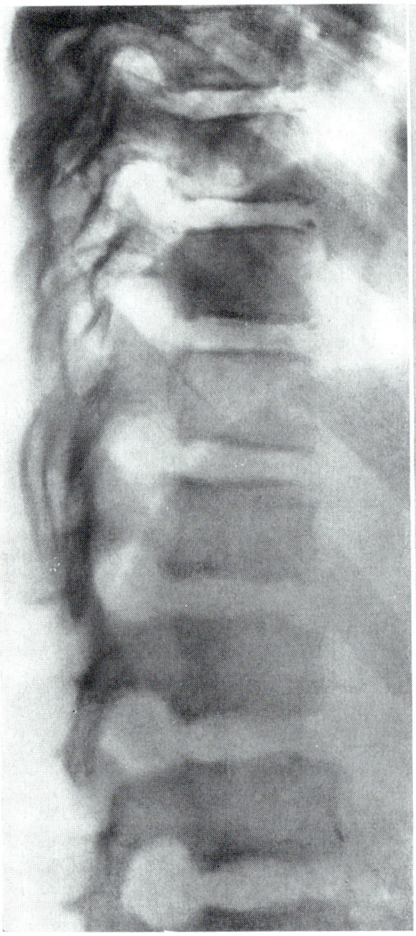

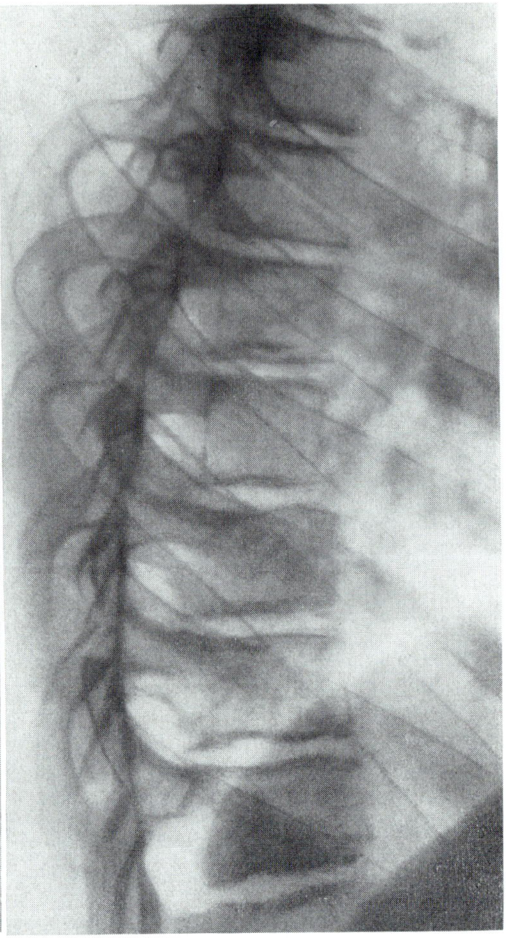

Abb. 52 Röntgenseitenaufnahme des Brustlendenübergangs einer 12jährigen Wasserspringerin

Abb. 53 Röntgenseitenaufnahme der Brustwirbelsäule eines 14jährigen Turners

Abb. 54: Das Röntgenseitenbild der Brust- und Lendenwirbelsäule einer 13jährigen Turnerin zeigt Abscherungen der Vorderoberkanten von Th_{12} und L_1.

Abb. 55: Bei L_3 ist auf der Röntgenseitenaufnahme der Lendenwirbelsäule eines 15jährigen Turners ein isolierter Knorpeleinbruch an der Vorderoberkante zu erkennen.

Stadium 3 ist charakteristisch für Fälle mit dem klassischen Bild eines Morbus Scheuermann. Die röntgenologischen Veränderungen fanden sich bei den von mir untersuchten Fällen zwischen Th_8 und L_2, wie auf Abbildung 8 schematisch dargestellt ist.

Abb. 56: Die Röntgenseitenaufnahme der Brustwirbelsäule eines 15jährigen Radsportlers läßt die für die Diagnose der Scheuermannschen Erkrankung wichtigen

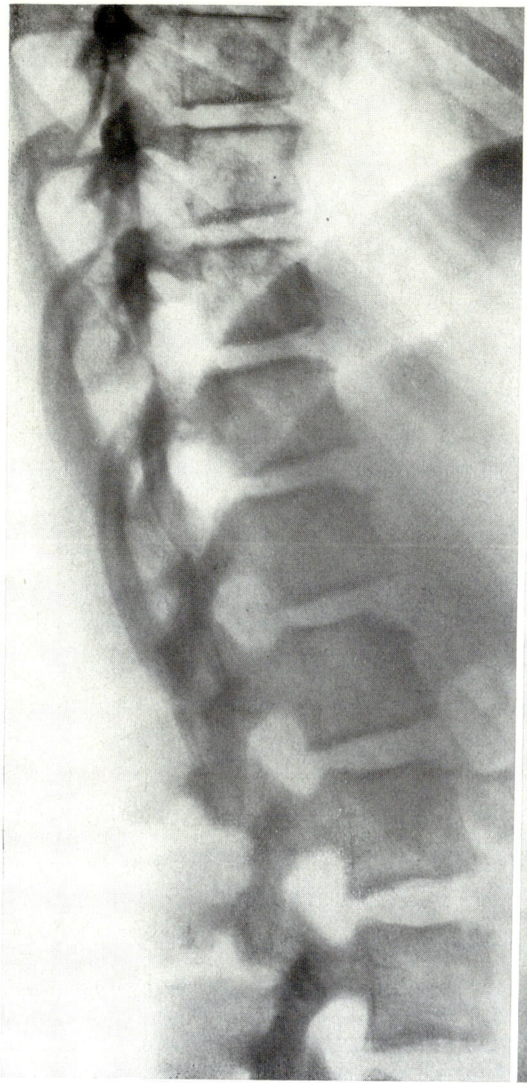

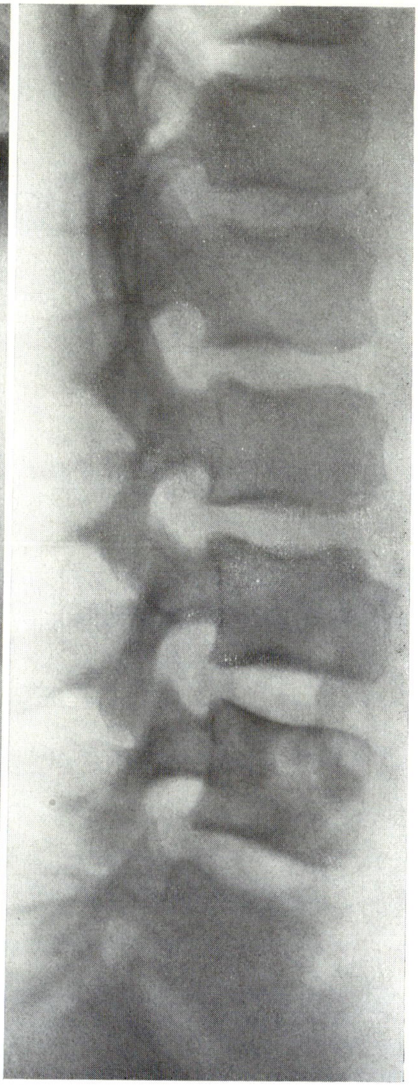

Abb. 54 Röntgenseitenaufnahme der Brust- und Lendenwirbelsäule einer 13jährigen Turnerin

Abb. 55 Röntgenseitenaufnahme der unteren Brust- und Lendenwirbelsäule eines 15jährigen Turners

röntgenologischen Zeichen erkennen: SCHMORLsche Knötchen, Verschmälerung der Bandscheiben und Keilwirbel. Der erkrankte Wirbelsäulenabschnitt ist versteift.

Stadium 4 stellt den Endzustand einer SCHEUERMANNschen Erkrankung dar, wie die Röntgenseitenaufnahme der Brustwirbelsäule eines 18jährigen, nicht Sport treibenden Patienten auf Abbildung 57 erkennen läßt.

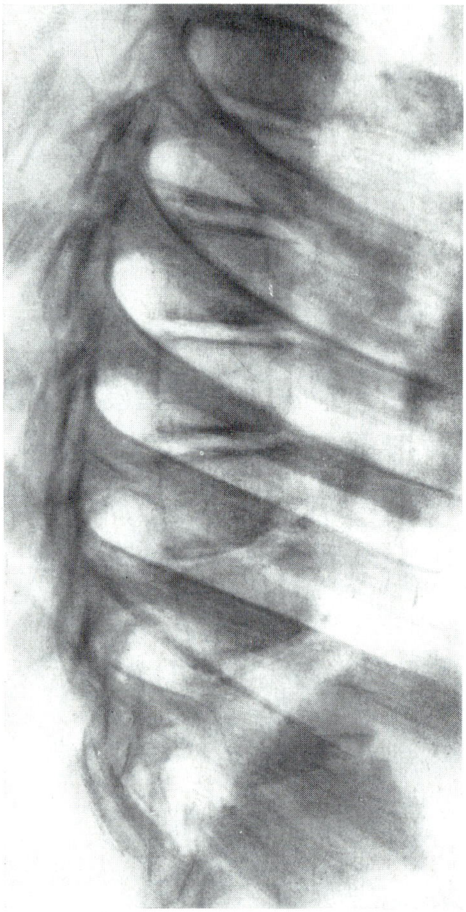 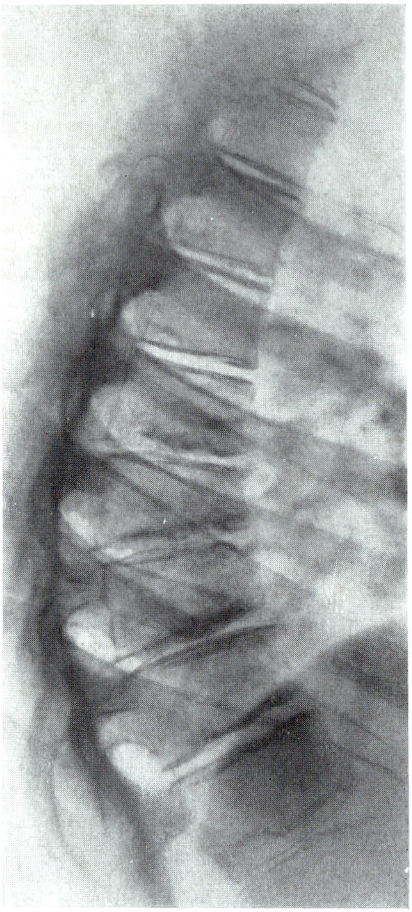

Abb. 56 Röntgenseitenaufnahme der Brustwirbelsäule eines 15jährigen Radsportlers

Abb. 57 Röntgenseitenaufnahme der Brustwirbelsäule eines 18jährigen Patienten mit dem Endzustand einer SCHEUERMANNschen Erkrankung

4.1.1.4. Einschätzung der sportlichen Belastbarkeit der Wirbelsäule bei der Scheuermannschen Erkrankung

Hierbei und bei Übergängen vom Physiologischen zum Pathologischen liegen Erfahrungswerte auf Grund von Längsschnittuntersuchungen in der Literatur nicht vor. An Hand von 7000 Wirbelsäulenaufnahmen, die zur orthopädischen Beurteilung von Sportlern während der letzten 5 Jahre von mir ausgewertet wurden, soll über eigene bisherige Erfahrungen berichtet werden.

Die SCHEUERMANNsche Erkrankung konnten wir im Sport nicht so häufig beobachten, wie wir anfangs angenommen hatten und wie man im allgemeinen dem Sport zur Last legt. Die Häufigkeit liegt nach unserem Material unter 1 %. Demgegenüber sind die entwicklungsbedingten Anomalien der Wirbelsäule und geringfügigen Wirbelkörperveränderungen verhältnismäßig häufig anzutreffen.

Unsere Stellungnahme zur sportlichen Belastbarkeit der Wirbelsäule im speziellen soll an praktischen Beispielen und Verlaufskontrollen demonstriert werden. Zur Vervollständigung von Verlaufskontrollen wurde zum Teil auf frühere Röntgenaufnahmen aus dem Archiv zurückgegriffen.

Sportler mit Wirbelsäulenbefunden, die dem Stadium 1 zuzuordnen waren (Abb. 51 bis 53), belasteten wir ohne Einschränkung, wenn sie sich auf Grund der klinischen Untersuchung in einem guten Allgemeinzustand befanden. In keinem Falle konnte röntgenologisch nach mehrjähriger sportlicher Belastung eine Befundverschlechterung nachgewiesen werden.

Die Turnerin, deren Röntgenbefund dem Stadium 2 entsprach (Abb. 54), befand sich zur Zeit der ersten orthopädischen Untersuchung in der Menarche und war im vergangenen Jahr 6 cm gewachsen. Der Allgemeinzustand war schlecht. In diesem Zusammenhang ist zu erwähnen, daß die Sportlerin infolge ihres großen Eifers dazu neigte, bis zur Erschöpfung zu trainieren. Wir entschieden uns zu keiner vollständigen Unterbrechung des sportlichen Trainings und sorgten sowohl durch ein individuelles sportliches Übungsprogramm als auch durch physiotherapeutische Behandlung zur Kräftigung und Pflege der Rückenmuskulatur in Verbindung mit Klimawechsel und Höhensonnenbestrahlungen sowie regelmäßigen Mittagspausen im Liegen für eine Besserung des Allgemeinzustandes. Nach zweijähriger Beobachtungszeit war keine Progredienz nachweisbar.

Bei dem 15jährigen Turner, dessen Röntgenbild (Stadium 2) auf Abbildung 55 zu erkennen ist, entschieden wir uns auch im Hinblick auf schulische Belange zu einer einjährigen Sportpause. Nach einem Jahr war eine geringfügige Verschlechterung des Röntgenbefundes nachweisbar.

Die Verlaufskontrolle einer 20jährigen Sportstudentin (Abb. 58 und 59), deren Befund wir noch dem Stadium 2 zuordnen möchten, zeigt nach 5 Jahren bei ununterbrochener sportlicher Belastung seit der Kindheit eine deutliche Normalisierung des Wirbelsäulenbefundes im Laufe des Wachstums.

Anläßlich einer Reihenuntersuchung der Turnerinnen fiel der für das Stadium 3 charakteristische Wirbelsäulenbefund eines Morbus SCHEUERMANN bei L_1 und L_2 auf (Abb. 60). Die Schichtaufnahmen (Abb. 61[1]) lassen sehr deutlich erkennen, daß der retromarginale Knorpeleinbruch in die Deckplatte von L_1 die Wirbelkörperrandleiste nach ventral verdrängt hat, so daß im Ausheilungsstadium eine ventrale Verbreiterung des betroffenen Wirbels sich anbahnt (Abb. 62). Es handelt sich um den Röntgenbefund einer 15jährigen Turnerin. Wir entschlossen uns zu einer vollständigen Sportpause von 3 Monaten und führten während dieser Zeit neben harter flacher Lagerung im Gipsbett krankengymnastische Übungsbehandlung durch. Anschließend erfolgte ein leichtes sportliches Training unter besonderer Berücksichtigung von Übungselementen, die ohne spezielles Leistungsziel zur Kräftigung der Rückenmuskulatur beitragen. Nach einer Beobachtungszeit von 2 Jahren haben wir der Sportlerin von einer Wiederaufnahme des vollen Trainingsprogrammes abgeraten. Insbesondere

1 Für die freundliche Überlassung der Schichtaufnahmen möchte ich Herrn Prof. Dr. OELSSNER den besten Dank aussprechen.

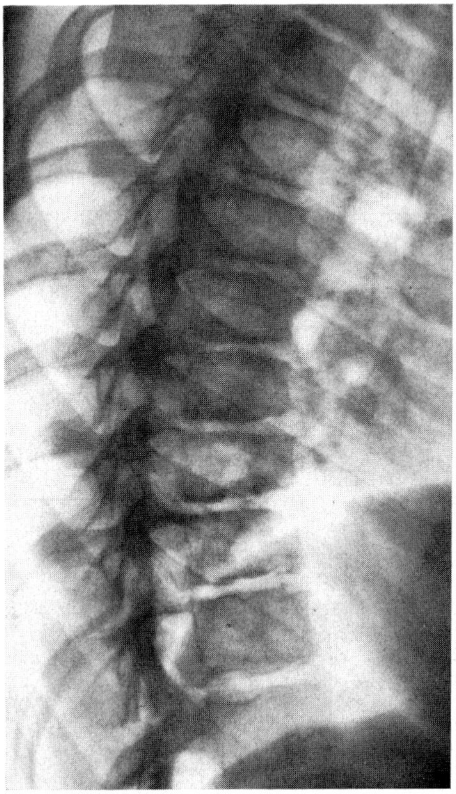

Abb. 58

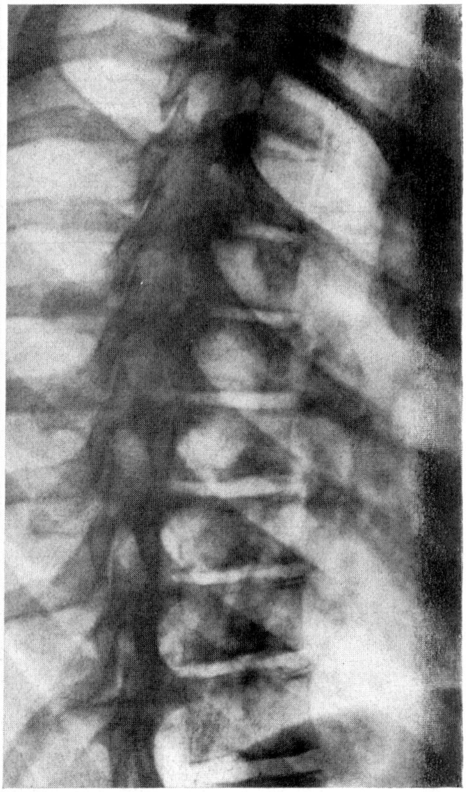

Abb. 59

Abb. 58 Röntgenseitenaufnahme der Brustwirbelsäule einer 15jährigen Sportlerin (SCHEUERMANN, Stadium 2)

Abb. 59 Röntgenkontrollaufnahme derselben Sportlerin 5 Jahre später

halten wir eine maximale Belastung der Wirbelsäule bei dem gleichzeitig bestehenden Flachrücken, der durch die minimale Gibbusbildung bei $L_1/_2$ zusätzlich statisch ungünstig beeinflußt wird, nicht für ratsam.

Sehr aufschlußreich erscheint uns die Verlaufskontrolle eines 19jährigen Turners, der im Alter von 14 Jahren für die SCHEUERMANNsche Erkrankung charakteristische röntgenologische Veränderungen (Stadium 3) insbesondere bei Th_{11} und Th_{12} aufwies (Abb. 63 bis 66). Die Röntgenaufnahme wurde dem Archiv entnommen und zu damaliger Zeit nicht orthopädisch ausgewertet. Das sportliche Training erfolgte ohne Unterbrechung seit dem 10. Lebensjahr und wurde ohne Einschränkung fortgesetzt. Die Zwischenkontrollen und insbesondere die letzte Aufnahme im 19. Lebensjahr lassen den fortlaufenden Wiederaufbau der betroffenen Wirbelkörper erkennen.

Obgleich Schwimmen zu den Sportarten gehört, die zu einer Verbesserung der Haltung beitragen, sind Schwimmer nicht frei von aseptischen Osteonekrosen, wie die Röntgenaufnahme einer 12jährigen Sportlerin beweist (Abb. 67). Die röntgenologische Untersuchung erfolgte ohne jede klinische Indikation im Rahmen einer Reihen-

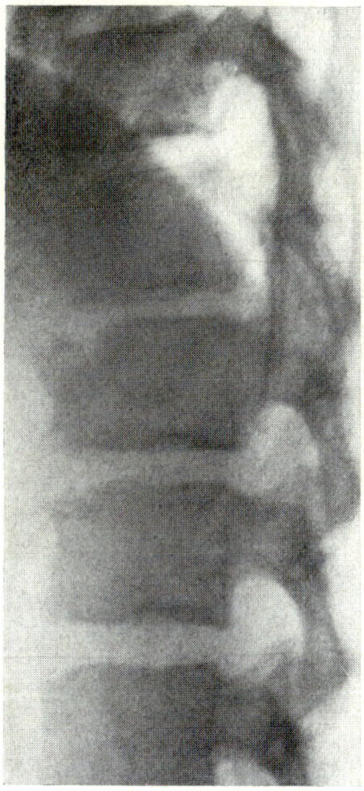
Abb. 60

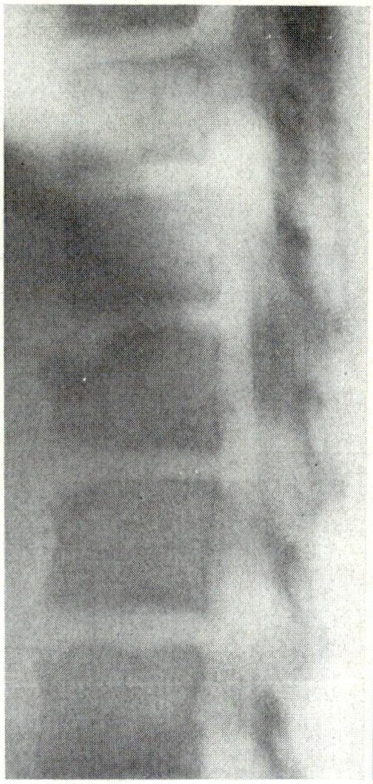
Abb. 61

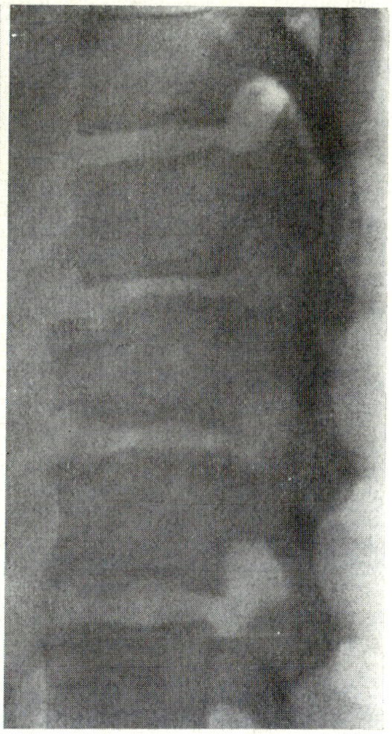
Abb. 62

Abb. 60 Röntgenseitenaufnahme des Brustlendenübergangs einer 15jährigen Turnerin (SCHEUERMANN, Stadium 3)

Abb. 61 Schichtaufnahme des 1. und 2. Lendenwirbelkörpers seitlich

Abb. 62 Röntgenseitenaufnahme des Brustlendenübergangs derselben Turnerin 2 Jahre später

untersuchung. Neben retromarginalen Knorpeleinbrüchen besonders bei Th_9 sind bei Th_{12} und L_4 Ablösungen der Vorderoberkanten infolge von Knorpeleinbrüchen zu erkennen. Die Röntgenkontrollen während einer Beobachtungszeit von 2 Jahren zeigen keinerlei Befundänderung. Die Sportlerin ist jährlich 6 bis 8 cm gewachsen und befand sich zur Zeit der Erstuntersuchung in der Menarche.

Auf Grund unserer bisherigen Erfahrungen sind wir hinsichtlich der Belastbarkeit der jugendlichen Wirbelsäule bei juvenilen Osteochondrosen zu folgender Stellungnahme gekommen (es sei jedoch ausdrücklich darauf hingewiesen, daß unsere Beobachtungen fortgesetzt werden, so daß wir in einigen Jahren möglicherweise neue Gesichtspunkte anführen müssen):

– Bei geringfügigen Wirbelkörperveränderungen (Stadium 1) hat die Fortsetzung des gewohnten sportlichen Trainings keine nachteiligen Folgen für die Wirbelsäulenentwicklung.
– Bei Wirbelkörperveränderungen, die für die SCHEUERMANNsche Erkrankung im Stadium 2 und 3 charakteristisch sind, führt ein gut aufgebautes und u. a. auf eine Kräftigung der Rückenmuskulatur ausgerichtetes sportliches Training unter Vermeidung von speziellen Übungen wie Rumpfbeuge vorwärts und rückwärts und

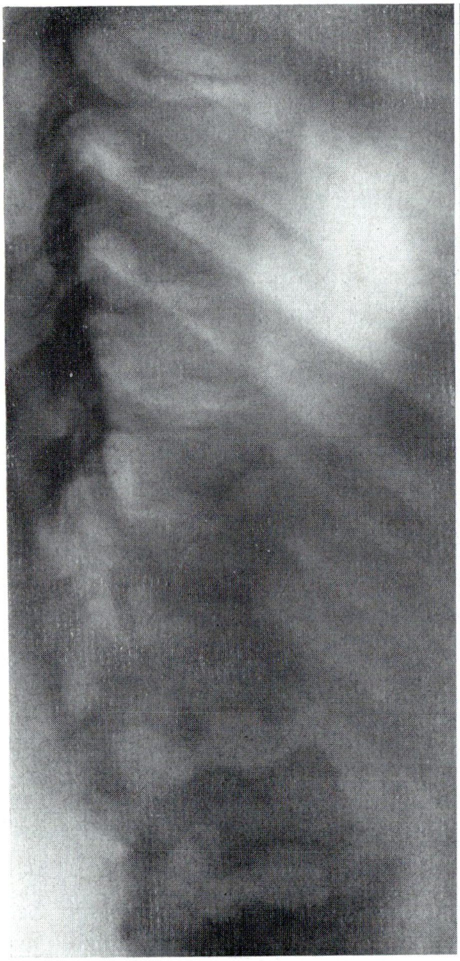

Abb. 63

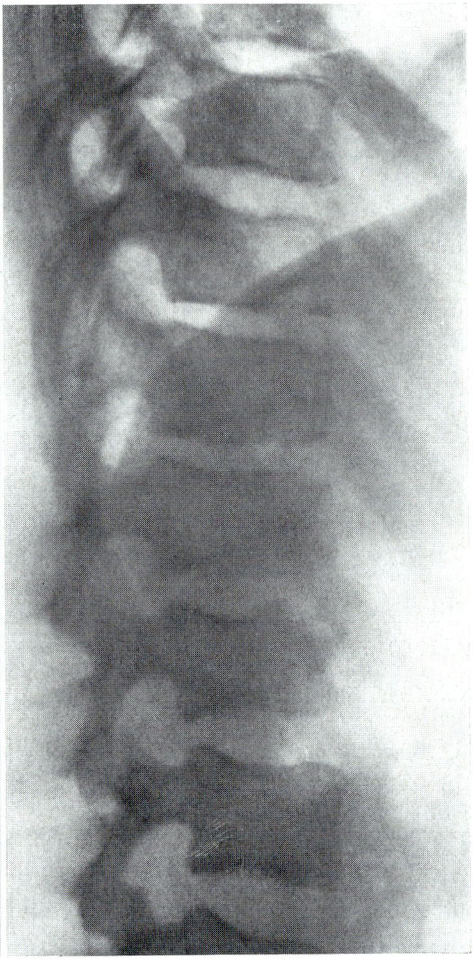

Abb. 64

Abb. 63 Röntgenseitenaufnahme des Brustlendenübergangs eines 15jährigen Turners (Scheuermann, Stadium 3)

Abb. 64 Röntgenkontrollaufnahme desselben Sportlers 2 Jahre später

sportlicher Ausdauerbelastung zu keiner Verschlechterung der morphologischen Befunde im Verhältnis zu den Ausheilungsergebnissen bei absoluter Sportpause.

– Die Sorge für einen guten Allgemeinzustand (u. a. durch Liegepausen besonders mittags, vitaminreiche Ernährung und Klimawechsel) erscheint von grundsätzlicher Bedeutung in der Behandlung der Scheuermannschen Erkrankung, da in den meisten Fällen das Auftreten der Erkrankung mit einem enormen Wachstumsschub in der Pubertät einhergeht und es in der Entwicklungsphase sehr leicht zu einem Mißverhältnis zwischen der geforderten Beanspruchung und der Leistungsfähigkeit kommt.

– Unsere Beobachtungen unterstreichen die bereits bekannte Annahme, daß anlagemäßige, vielleicht auch familiär- oder erbbedingte Faktoren für die mangelhafte Entwicklung der Deckplatten von entscheidender Bedeutung sind, so daß die sportliche Höchstbelastung nicht als ursächliches, sondern höchstens als auslösendes Moment zu bewerten ist.

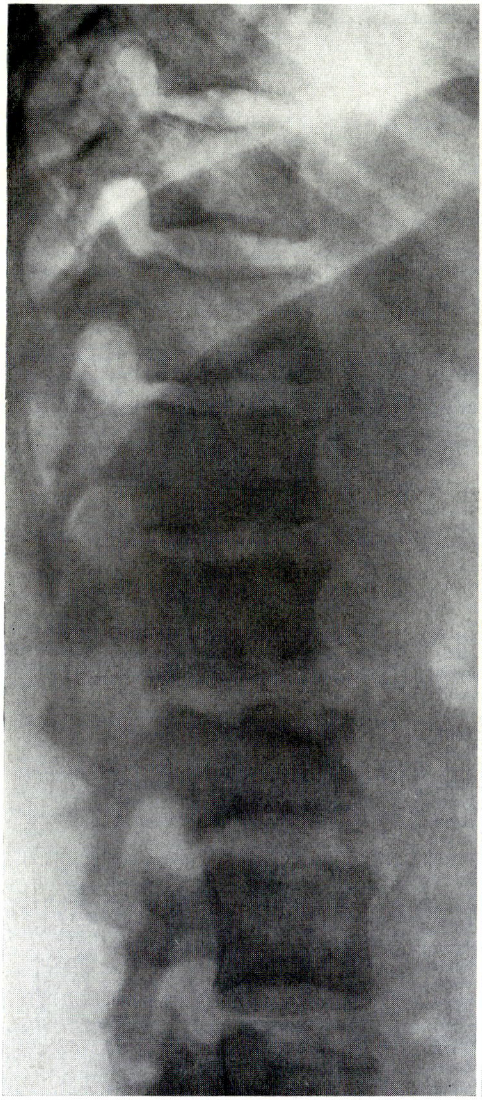

Abb. 65

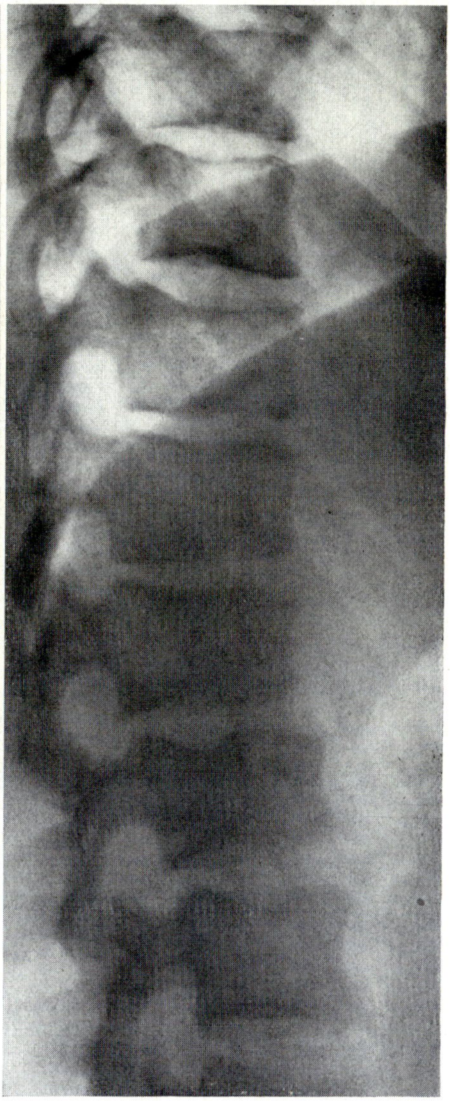

Abb. 66

Abb. 65 Röntgenkontrollaufnahme desselben Sportlers im 18. Lebensjahr
Abb. 66 Letzte Röntgenkontrollaufnahme desselben Sportlers im 19. Lebensjahr

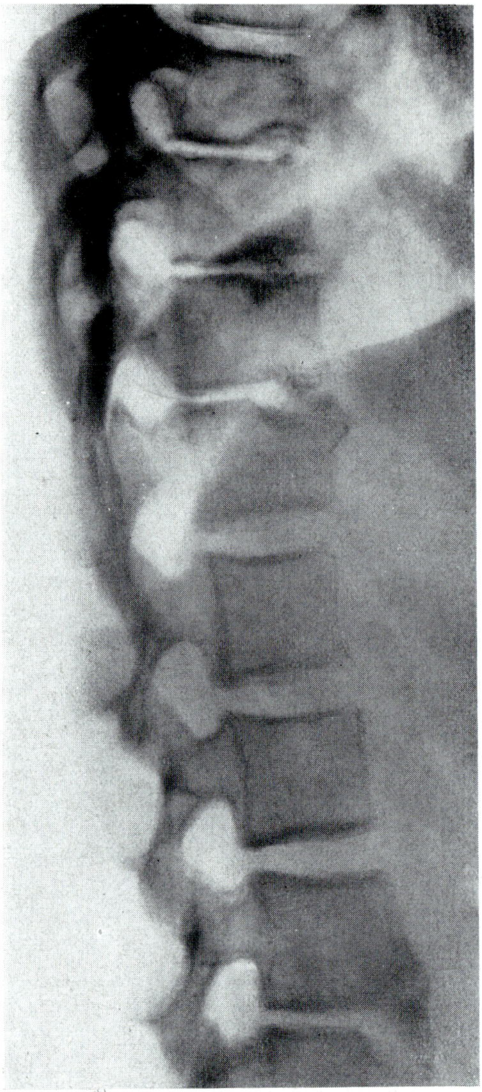

Abb. 67 Röntgenseitenaufnahme einer 12jährigen Schwimmerin (SCHEUERMANN, Stadium 3)

4.1.2. Osgood-Schlattersche Erkrankung

4.1.2.1. Krankheitsbild

1903 haben OSGOOD in Boston und SCHLATTER in Zürich unabhängig voneinander die morphologischen Veränderungen an der *Tuberositas tibiae* nach Einführung der Röntgendiagnostik näher aufgeklärt. Die klinische Symptomatologie hatte zuvor

LANNELONGUE 1878 eingehend dargestellt. Sie entspricht noch unseren heutigen Vorstellungen und Beobachtungen.

Hinsichtlich der *klinischen Symptome* stimmen die meisten Autoren, die sich mit der SCHLATTERschen Erkrankung befaßt haben, überein:

- umschriebener Druckschmerz über der *Tuberositas tibiae*;
- ziehender oder stechender Schmerz an der *Tuberositas tibiae* bei Belastung des Kniegelenkes;
- ödematöse Schwellung unterhalb der *Patella* in unterschiedlicher Ausdehnung, die auch fehlen kann.

Gelegentlich werden zusätzlich beobachtet:

- knöcherne Prominenz der *Tuberositas tibiae* und
- *Bursitis praepatellaris.*

Die Röntgendiagnostik dient zur Sicherung der klinisch gestellten Diagnose, worauf bereits 1908 SCHLATTER hingewiesen hat. Aus dem Röntgenbild allein ist die Diagnose nicht sicher zu stellen.

Als OSGOOD-SCHLATTERsche Krankheit im engeren Sinne dürfen nur jene Fälle bezeichnet werden, bei denen der Apophysenkern tatsächlich zerklüftet ist. Charakteristisch für die SCHLATTERsche Erkrankung ist eine grobe Zerklüftung des Knochenkerns, begleitet von osteoporotischen Herden in der angrenzenden Tibiametaphyse.

4.1.2.2. Abgrenzung von entwicklungsbedingten Veränderungen der Tuberositas tibiae

Die Kenntnis der normalen Entwicklung der *Tuberositas tibiae* ist für orthopädische Fragestellungen in der Sportmedizin bedeutungsvoll, um insbesondere entwicklungsbedingte Veränderungen der *Tuberositas tibiae* von der SCHLATTERschen Erkrankung abgrenzen zu können.

Abbildung 68a zeigt die knöchern angelegte Meta- und Diaphyse der Tibia und den Knochenkern der Epiphyse. Die proximale Tibiaepiphyse wächst in Form eines schnabelförmigen knorpligen Fortsatzes nach Ablauf des 1. Lebensjahres über die *Tuberositas tibiae* vor. Das periostale Knochenwachstum der vom Fortsatz überdeckten Tibiametaphyse geht weiter.

Abbildung 68b und 69 lassen den Entwicklungsstand zwischen 11. bis 13. Lebensjahr erkennen. Zu diesem Zeitpunkt setzt die Ossifikation des Fortsatzes ein. Diese erfolgt erstens von der Epiphyse her und zweitens von einem selbständigen Apophysenkern des Fortsatzes.

Abbildung 68c: Der selbständige Kern verschmilzt bald mit der Epiphyse. Die Stelle der Synostose ist in vielen Fällen an einer Delle zu erkennen.

Die vor der Verschmelzung bestehende Knorpelfuge zwischen Apophysenkern und Epiphyse darf nicht für eine Fissur gehalten werden (Abb. 70). Ebenso besteht infolge des häufig mehrfach geteilten Apophysenkernes, der eine Seitendifferenz aufweisen kann, die Verwechslung mit einem Morbus SCHLATTER (Abb. 71 und 72).

Abbildung 68d: Die Synostose des schnabelförmigen Fortsatzes mit der Diaphyse erfolgt im 18. bis 19., spätestens im 24. Lebensjahr. Ebensolange bleibt der Knorpel an der dem Tibiaschaft zugewandten Seite erhalten.

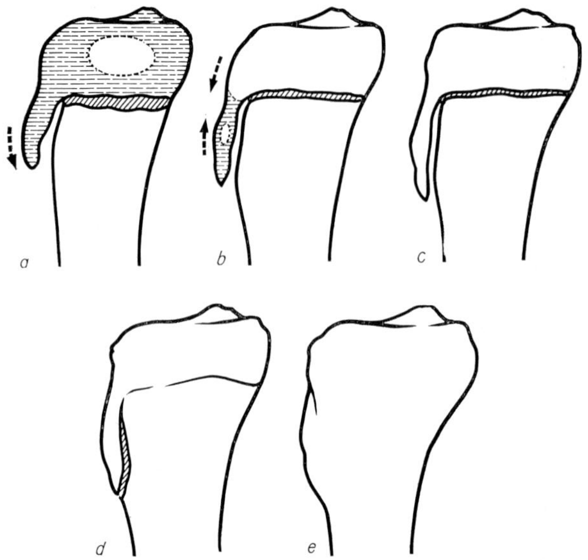

Abb. 68 *a* bis *e* normale Entwicklung der *Tuberositas tibiae*

Zur Zeit der Synostosierung kann der unterste Spitzenteil des Fortsatzes durch eine Furche von der Diaphyse noch für einige Zeit getrennt bleiben.

Abbildung 68e kennzeichnet den Zustand der abgeschlossenen Skelettentwicklung.

Durch Kenntnis der Entwicklungsstadien der *Tuberositas tibiae* können Fehldiagnosen einer SCHLATTERschen Erkrankung weitgehend vermieden werden.

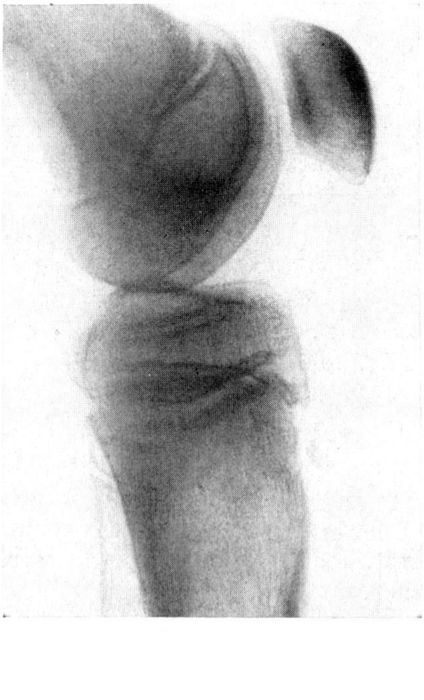

Abb. 69 Seitenaufnahme des rechten Kniegelenkes eines 12jährigen Sportlers. Der selbständige Apophysenkern des Fortsatzes darf nicht als beginnende SCHLATTERsche Erkrankung gedeutet werden

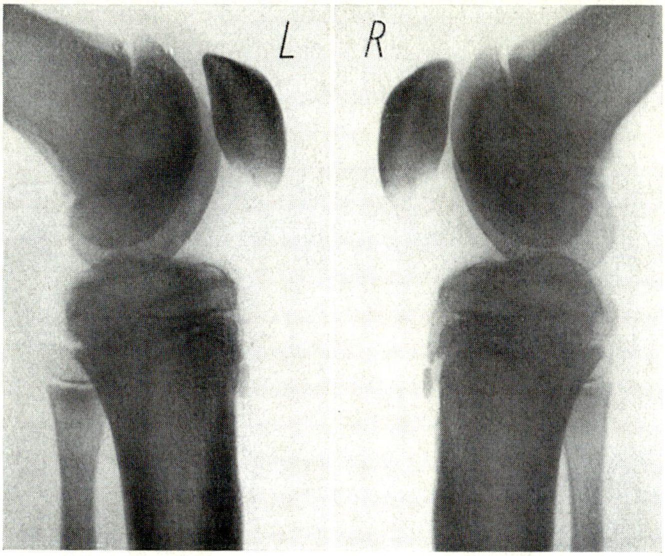

Abb. 70

Abb. 70 Seitenaufnahmen beider Kniegelenke eines 15jährigen Sportlers. Die vor der Verschmelzung bestehende Knorpelfuge zwischen Apophysenkern und Epiphyse darf nicht für eine Fissur gehalten werden

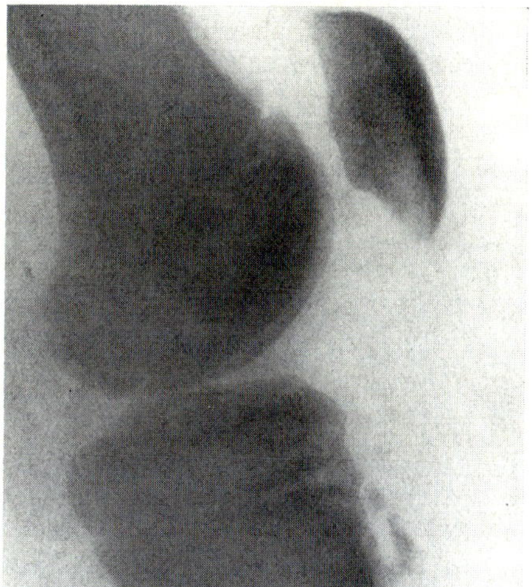

Abb. 71 Seitenaufnahme des rechten Kniegelenkes eines 13jährigen Sportlers. Der mehrfach geteilte Apophysenkern wurde als Morbus SCHLATTER beurteilt

Die Röntgenaufnahme einer 10jährigen Schwimmerin z. B. zeigt, entsprechend der schematischen Darstellung auf Abbildung 68b, die Bildung des selbständigen Apophysenkerns des Fortsatzes der *Tuberositas tibiae* (Abb. 73a und b). Dieser Befund wurde fälschlicherweise als Prädisposition eines Morbus SCHLATTER gedeutet. Auf der

Röntgenkontrolle nach 10 Monaten ist die vollzogene Verschmelzung des selbständigen Kernes mit der Epiphyse zu erkennen. Die Aufnahme läßt gleichzeitig eine *Osteochondritis dissecans* erkennen, die klinisch nicht in Erscheinung getreten war.

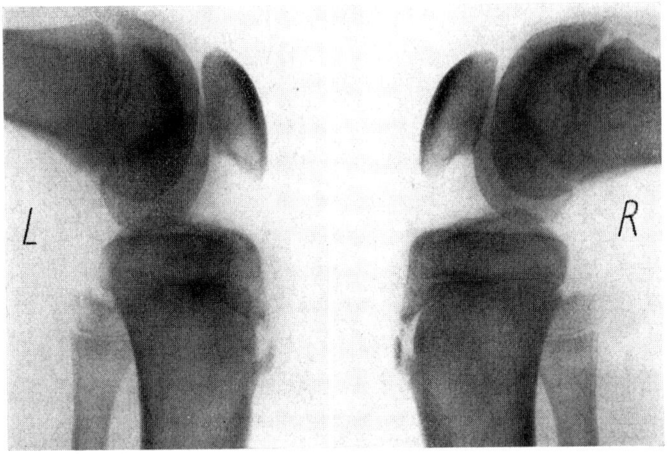

Abb. 72 Seitenaufnahmen beider Kniegelenke eines 12jährigen Sportlers. Die Zweiteilung des rechten Apophysenkerns wurde als SCHLATTERsche Erkrankung gedeutet

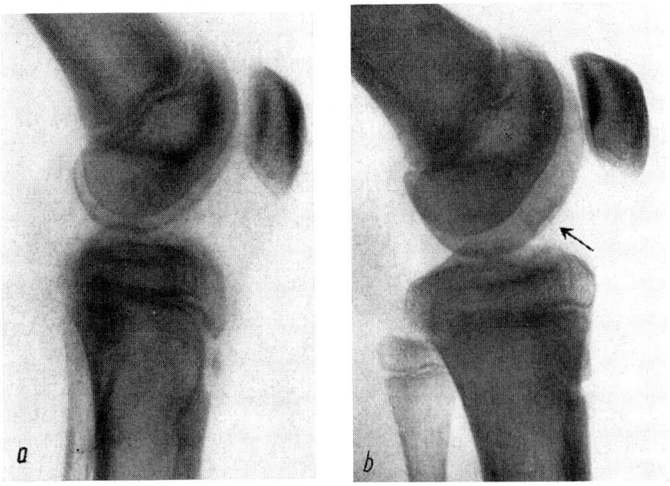

Abb. 73 *a* Seitenaufnahme des linken Kniegelenkes einer 10jährigen Schwimmerin. Die Bildung des selbständigen Apophysenkerns des Fortsatzes der *Tuberositas tibiae* wurde als Prädisposition eines Morbus SCHLATTER beurteilt. Ursächlich sind die Beschwerden auf eine *Osteochondritis dissecans* zurückzuführen, wie die Kontrollaufnahme (Abb. 73b) nach 10 Monaten erkennen läßt

4.1.2.3. Stadieneinteilung

Im Interesse einer einheitlichen Befunddokumentation hat sich eine Einteilung der morphologischen Veränderungen der *Tuberositas tibiae* bewährt (Abb. 74). Berücksichtigt werden dabei alle in Verbindung mit einer SCHLATTERschen Erkrankung zu beobachtenden Umbauvorgänge des Knochens. Die Möglichkeit, alle auftretenden Veränderungen der *Tuberositas tibiae* in festgelegte Stadien in *einem* Schema einordnen zu können, geht auf Kosten einer streng getrennten Stadieneinteilung im Sinne des Krankheitsverlaufs mit Charakterisierung von Beginn, Höhepunkt und Ende der Erkrankung.

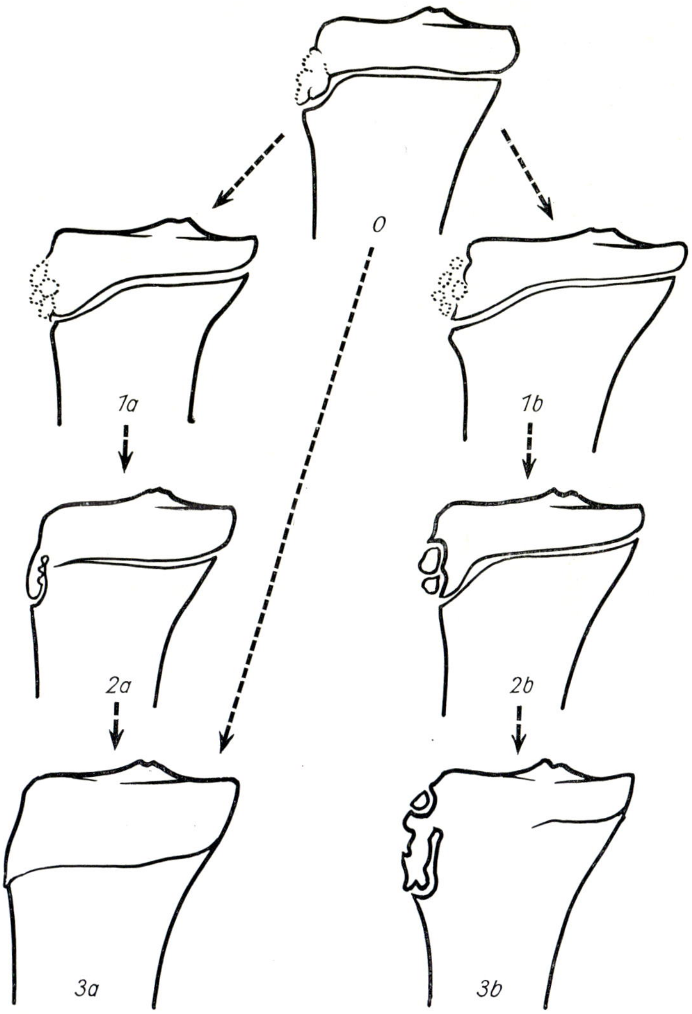

Abb. 74 Einteilung der röntgenologischen Veränderungen bei Morbus SCHLATTER

Wir unterscheiden folgende Stadien:

Stadium 0 = Stadium der Auflockerung der *Tuberositas tibiae.*
Mit diesem Stadium werden alle diejenigen Veränderungen der *Tuberositas tibiae* erfaßt, die eine Abweichung von der normalen Skelettentwicklung darstellen, jedoch noch nicht beweisend sind für die Diagnose eines Morbus SCHLATTER im engeren Sinne.

Stadium 1a = Stadium des scholligen Zerfalls.
Der Apophysenkern weist in diesem Stadium eine grobe Zerklüftung auf. Häufig ist eine gleichzeitige *Osteoporose* der benachbarten Tibiametaphyse zu beobachten. Dieser Röntgenbefund ist in Verbindung mit typischen klinischen Symptomen beweisend für eine SCHLATTERsche Erkrankung.

Stadium 1b = Stadium des scholligen Zerfalls mit beginnender Sequestrierung.
Abgesehen von dem scholligen Zerfall des Apophysenkerns (vgl. Stadium 1a), beginnen sich nekrotische Knochenteilchen aus dem Verband zu lösen. Dieser Befund spricht ebenfalls bei nachweisbarer klinischer Symptomatik für Morbus SCHLATTER.

Stadium 2a = Stadium der Konsolidation.
Der Wiedereinbau des nekrotischen Knochengewebes hat begonnen und ist im Röntgenbild durch eine sich anbahnende Normalisierung der Knochenstruktur zu erkennen.

Stadium 2b = Stadium der Sequestrierung.
Aus dem schollig zerfallenen Apophysenkern sondert sich nekrotisches Knochengewebe ab, so daß ein Wiedereinbau der abgestorbenen Teilchen durch innere Substitution und damit eine Wiederherstellung der ursprünglichen Struktur und Leistungsfähigkeit nicht erreicht werden kann.

Stadium 3a = Stadium der Ausheilung mit *Restitutio ad integrum.*
Ossifikationsfähiges Gewebe in der Nähe des nekrotischen Knochens hat die abgestorbenen Teilchen durch innere Substitution wieder vollständig in lebende umgewandelt. Die ursprüngliche Struktur und Leistungsfähigkeit ist erreicht.

Stadium 3b = Stadium der Ausheilung mit Defekt, d. h. mit Sequestrierung.
Das abgesonderte nekrotische Knochengewebe erscheint infolge bindegewebiger Abgrenzung vollständig sequestriert, so daß ein freier Körper vor der *Tuberositas tibiae* zu erkennen ist. Die *Tuberositas tibiae* selbst läßt trotz des entstandenen Defektes eine Normalisierung der Knochenstruktur erkennen.

4.1.2.4. Einschätzung der sportlichen Belastbarkeit

Für die Beurteilung der Sporttauglichkeit bei Morbus SCHLATTER ist von grundlegender Bedeutung, daß bei Kniegelenksbewegungen im Sport Druckkräfte des belasteten, gebeugten Kniegelenkes das 70fache des Gesamtkörpergewichtes betragen können. Das Kniegelenk, das bei jeder Belastung neben Druckkräften im gleichen Sinne auch Zugkräften unterliegt, wird somit bei intensiver sportlicher Betätigung maximal beansprucht. Unsere Erfahrungen sprechen dafür, daß eine Fortdauer des gewohnten sportlichen Trainings bei Auftreten einer SCHLATTERschen Erkrankung zu ungünstigen Spätergebnissen führt. Dabei muß in Betracht gezogen werden, daß besonders während des Auftretens der Knochenkerne und der Verschmelzung mit der Epiphyse eine herabgesetzte Widerstandsfähigkeit des Knochens sehr leicht zu einem Mißverhältnis zwischen Belastbarkeit und Belastung führen kann.

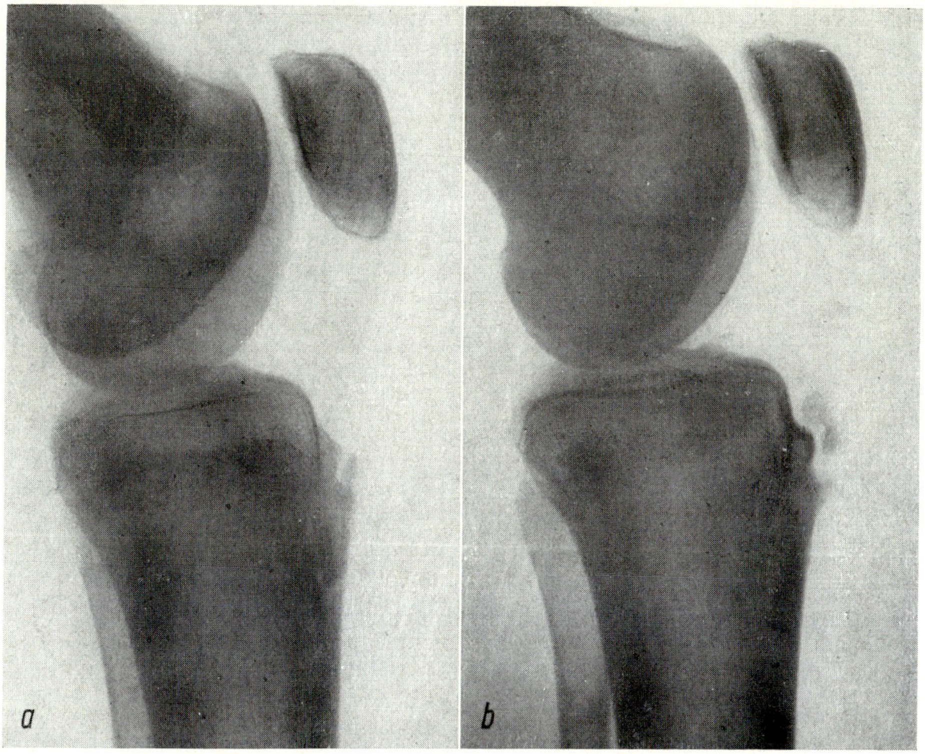

Abb. 75 *a* Seitenaufnahme des linken Kniegelenkes einer 14jährigen Volleyballspielerin zeigt für Morbus SCHLATTER charakteristische Veränderungen am oberen Pol der *Tuberositas tibiae*. *b* Verlaufskontrolle nach 2 Jahren: Sequestrierung von zwei Knochenkernen am oberen Pol der *Tuberositas tibiae*

Als Beispiel soll der Krankheitsverlauf einer Volleyballspielerin angeführt werden (Abb. 75).

1966 traten erstmals Schmerzen im Kniegelenk während des Trainings besonders bei Kniebeugung auf, die auf eine beginnende SCHLATTERsche Erkrankung zurückzuführen waren. Die eingeleitete Entlastung des Kniegelenkes durch einen Verband mit HOHMANN-Kreuz wurde nicht ernst genommen. Unser Rat, den Sport für zunächst 8 Wochen zu unterbrechen, wurde ebenfalls nicht beachtet. Die verspätete Einhaltung der Behandlungsvorschriften nach einem Jahr, als sich die Beschwerden verstärkten, konnte eine vollständige Sequestrierung des anfänglich zerklüfteten Apophysenkernes nicht mehr verhindern. Es besteht jetzt eine deutliche Prominenz der *Tuberositas tibiae*, die beim Knien Druckbeschwerden auslöst. Außerdem ist eine passive Verschieblichkeit des abgelösten Apophysenkernes nachweisbar.

Eine absolute Fixierung des Beines im Gipstutor halten wir im Hinblick auf günstigere Behandlungsergebnisse nicht für erforderlich. Sie sollte den Fällen vorbehalten bleiben, bei denen der Auflockerungsprozeß der *Tuberositas tibiae* sehr hochgradig und mit starken Schmerzen verbunden ist. In der Regel genügen Verbände mit HOHMANN-Kreuz oder der von PITZEN empfohlene Pflaster- oder Zinkleimverband.

Alle Verbände beruhen auf dem gleichen Prinzip. Sie ziehen die *Patella* nach kaudal, so daß über eine Verringerung der Zugwirkung an der *Tuberositas tibiae* eine Beschwerdefreiheit erreicht werden kann.

In den Fällen, in denen keine Gipsbehandlung erforderlich ist, kann bei Sicherung der Kniegelenke gegen Beuge- und Streckbewegungen z. B. durch wasserfeste Bandagen eine volle sportliche Betätigung in Form von Schwimmen als konditionserhaltendes und -förderndes Training durchgeführt werden.

Über eine mögliche Steigerung der sportlichen Belastbarkeit entscheiden dreimonatlich durchzuführende seitliche Röntgenkontrollen der Kniegelenke in Verbindung mit dem klinischen Befund.

Lokale Hydrokortisoninjektionen können zu einem rascheren Abklingen der anfänglichen Beschwerden und der örtlichen Entzündungserscheinungen führen, bewirken auf Grund unserer Beobachtungen aber keine schnellere Ausheilung des Skelettbefundes, so daß damit auch grundsätzlich keine schnellere Wiederherstellung der Sportfähigkeit gegeben ist. Durch die Kristalle können Fremdkörpergranulationszysten gelegentlich nach mehrfachen Injektionen beobachtet werden.

Zusammenfassend läßt sich feststellen, daß bei Auftreten der SCHLATTERschen Erkrankung eine funktionelle Entlastung des Kniegelenkes im Rahmen der Erstbehandlung entscheidend ist, um in der weiteren Entwicklung eine volle Sportfähigkeit wiederzuerlangen.

Die mehrfach geäußerte Meinung, Wettkampfsport im Jugendalter begünstige die Entwicklung einer SCHLATTERschen Erkrankung, können wir auf Grund unserer bisherigen Untersuchungsergebnisse nicht bestätigen.

4.1.3. Seltenere Formen von aseptischen Osteonekrosen im Bereich des Stammskeletts[1]

Ort	*Erstbeschreiber*
Wirbelkörper: *Vertebra plana*	CALVÉ
Dornfortsatzapophysen	WACHS, SCHMITT und WISSER
Apophyse der *Spina iliaca anterior superior*	SORRELL, DERIEUSE
Apophyse des *Tuber ossis ischii*	SORRELL
Apophyse des *Tuberculum ilicum*	SORRELL
Symphysis ossis pubis	PIERSON
Synchondrosis ischiopubica	VAN NECK

Diese selteneren Formen von aseptischen Knochennekrosen haben klinisch keine größere praktische Bedeutung. An die Möglichkeit des Bestehens einer solchen Osteonekrose muß jedoch bei unklaren Schmerzzuständen im Bereich der genannten Knochenabschnitte des Skeletts gedacht werden. In einigen Fällen konnten aseptische Nekrosen im Bereich der *Symphysis ossis pubis* als Ursache für ein Schambeinadduktorensyndrom röntgenologisch nachgewiesen werden. Betroffen sind davon vorzugsweise Fußballspieler und Hürdenläufer.

Abbildung 76 zeigt die für Morbus PIERSON typischen Knochenveränderungen in

1 In Anlehnung an MATZEN, Orthopädie für Studierende.

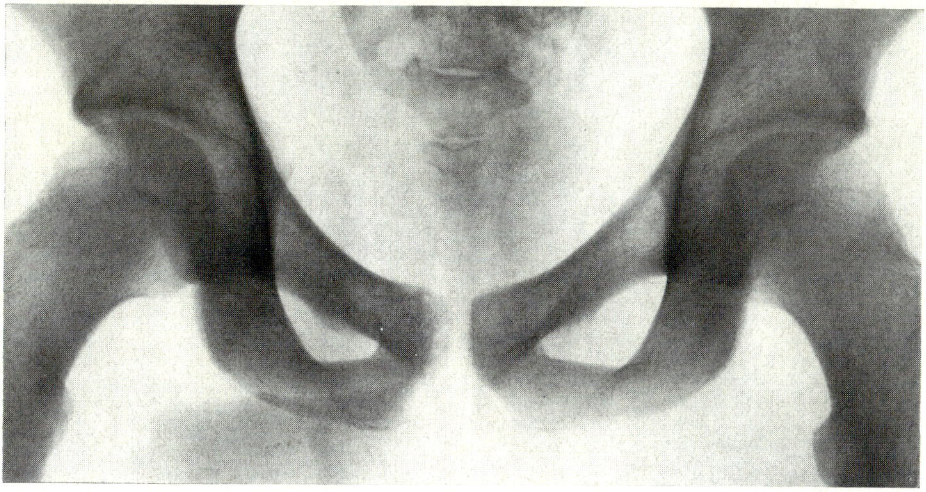

Abb. 76 Beckenübersichtsaufnahme eines 15jährigen Hürdenläufers mit den Zeichen einer aseptischen Nekrose im Bereich der *Symphysis ossis pubis* rechts (Morbus PIERSON)

der *Symphysis ossis pubis* rechts. Es besteht eine deutliche Aufhellung des Knochens bei angedeutetem scholligen Zerfall. Dieser Befund wurde bei einem 15jährigen Hürdenläufer nachgewiesen, der über Schmerzhaftigkeit am Ursprung der rechten Adduktoren klagte.

In einem weiteren Falle kam es bei einem ehemaligen 20jährigen Radsportler, der 3 Jahre zuvor wegen eines Morbus SCHEUERMANN die sportliche Laufbahn beendet hatte, ohne sportliches Training zu einem Schambeinadduktorensyndrom, das durch eine röntgenologisch nachweisbare aseptische Nekrose im Bereich der Symphyse zu erklären war.

4.1.4. Seltenere Formen von aseptischen Osteonekrosen im Bein- und Fußbereich[1]

Ort	*Erstbeschreiber*
Patella	SINDING-LARSEN, JOHANNSON
Tibiakopf	BLOUNT
Kalkaneusapophyse	HAGLUND
Os naviculare pedis	KOEHLER I
Köpfchen der *Metatarsalia* II oder III	KOEHLER II
Basis des *Metatarsale* V	ISELIN, STELLER
Ossa cuneiformia	BRINON, HICKS
Talus	VOGEL
Os tibiale externum	HAGLUND
Sesambeine des Großzehenbeugers	SMITH, LE POUTRE
Basis der Großzehengrundphalanx	THIEMANN

1 In Anlehnung an MATZEN, Orthopädie für Studierende.

Von diesen selteneren Formen ist bisher für den Sportmediziner die SINDING-LARSENsche Erkrankung neben der KOEHLERschen Erkrankung (KOEHLER II) ab und zu von praktischer Bedeutung gewesen.

Regelmäßig, allerdings nur während kurzer Zeit, etwa im 8. bis 11. Lebensjahr, tritt ein isolierter Kern an der Patellaspitze (unten) auf (Abb. 77). SINDING-LARSEN (1921)

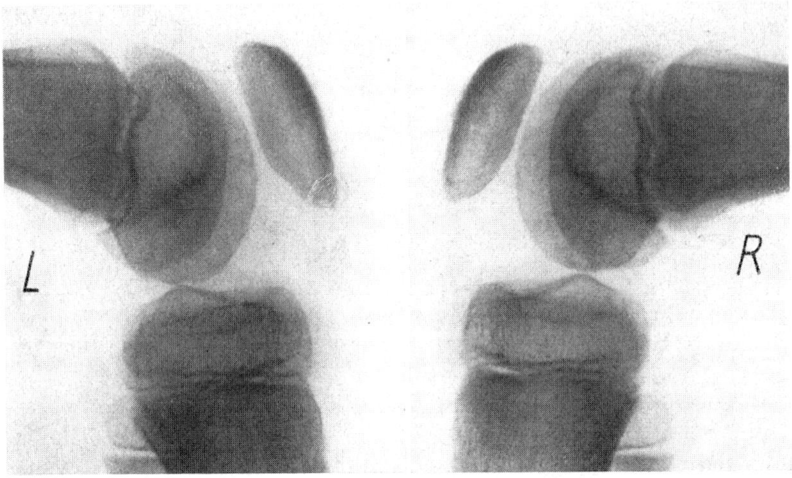

Abb. 77 Seitenaufnahmen beider Kniegelenke eines 11jährigen Sportlers: Patellaspitzenkern beiderseits, der links deutlicher als rechts in Erscheinung tritt

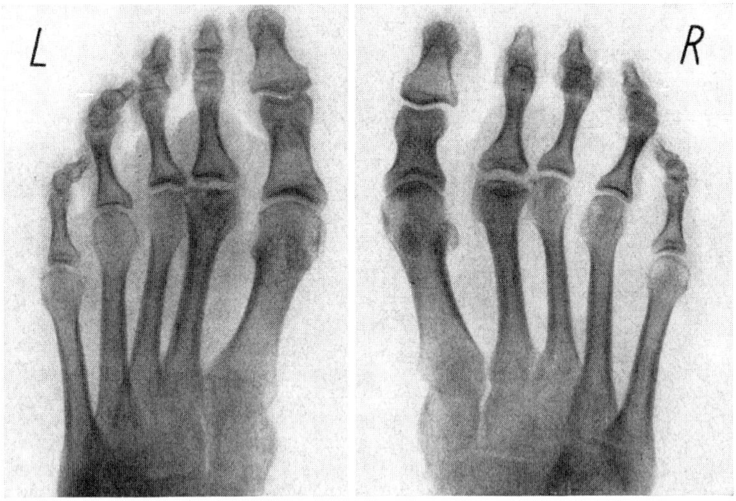

Abb. 78 a. p. Aufnahmen beider Füße einer 14jährigen Schwimmerin mit KÖHLER II beiderseits

und JOHANNSON (1922) haben darauf aufmerksam gemacht, daß dieser Kern hin und wieder zu persistieren scheint.

Bei der verschiedenen Art des Verknöcherungsmechanismus und der ungleichen Ausbildung der *Patella* sollte man solche Befunde nur dann als pathologische Affektion deuten, wenn positive klinische Symptome vorliegen und speziell, wenn die *Patella* darüber hinaus sklerotisch ist (KOEHLER-ZIMMER 1956).

Ein KOEHLER II wird häufig beim Spreizfuß beobachtet. Treten beim Kind jedoch nennenswerte Schmerzen bei der Belastung des Fußes auf, muß an einen KOEHLER II gedacht werden (Abb. 78).

Im akuten Stadium ist ebenso wie bei der SCHLATTERschen Erkrankung eine vollständige funktionelle Entlastung zu empfehlen. In den Fällen, in denen eine Ausheilung mit vollständiger Wiederherstellung erfolgt, verbleibt keine Einschränkung der Sportfähigkeit. Bleibt eine Deformierung des II. Mittelfußknochenköpfchens bestehen, ist eine Abstützung des Quergewölbes durch Einlage oder Fußbett auch in den Sportschuhen zu empfehlen. Auf diese Weise kann in Verbindung mit physikalischer Therapie und Fußgymnastik in vielen Fällen die Sportfähigkeit erhalten bzw. wiedererlangt werden, ohne daß orthopädischerseits nachteilige Folgen und Beschwerden beobachtet werden.

4.1.5. Aseptische Osteonekrosen im Bereich der oberen Gliedmaßen[1]

Ort	*Erstbeschreiber*
Klavikula, sternales bzw. akromiales Ende	FRIEDRICH, WERDER, ALNOR
Akromion	FRIEDRICH
Caput humeri	HASS
Capitulum humeri	PANNER
Trochlea humeri	HEGEMANN
distale Radiusepiphyse	DE CUVELAND
Radiusköpfchen	HEGEMANN
distale Ulnaepiphyse	BRUNS
Os naviculare	PREISSER
Os lunatum	KIENBOECK
Os triquetrum	ZIMMER
Os capitatum	JÖNSSON
Metakarpalköpfchen	DIETRICH
Sesambein des *Metacarpale V*	ZIMMER, LE POUTRE
Basen der Mittel- und Endglieder der Finger	THIEMANN

In der sportmedizinischen Praxis sind die angeführten aseptischen Osteonekrosen im Bereich der oberen Gliedmaßen außerordentlich selten. Als einzige Beobachtung der letzten 5 Jahre können wir eine aseptische Osteonekrose im Olekranonbereich bei einem 15jährigen Turner anführen (Abb. 79). Bei auftretenden Beschwerden und der Auswertung von Röntgenbildern sollte jedoch an die Möglichkeit von Osteochondrosen seltener Lokalisation gedacht werden.

1 In Anlehnung an MATZEN, Orthopädie für Studierende.

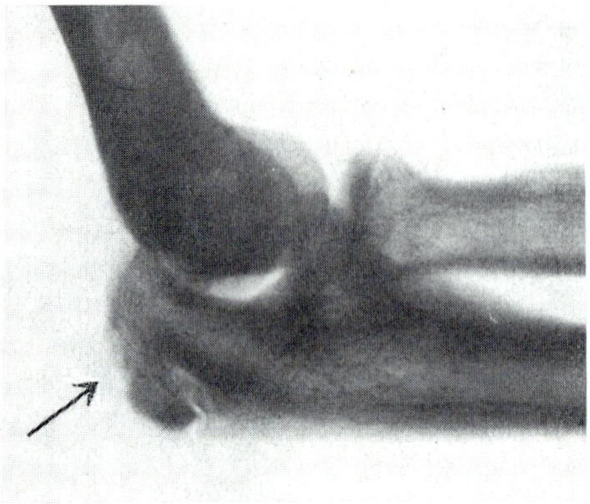

Abb. 79 Seitenaufnahme des rechten Ellenbogengelenkes eines 15jährigen Turners mit aseptischer Nekrose des *Olecranon*

Hinsichtlich der sportlichen Einsatzfähigkeit gelten die gleichen Gesichtspunkte, die wir im Zusammenhang mit aseptischen Nekrosen im Bereich der unteren Extremitäten dargelegt haben. Entscheidend ist eine funktionelle Entlastung der betroffenen Gliedmaßen in Verbindung mit einer Allgemeinbehandlung. Im Armbereich ist wegen der fehlenden statischen Belastung die Behandlung einfacher als bei aseptischen Osteonekrosen im Bereich der Beine durchzuführen. Mit einer bleibenden Sportunfähigkeit ist im allgemeinen nicht zu rechnen.

4.2. Frakturen einschließlich Ermüdungsfrakturen[1]

4.2.1. Frakturen

Unter *Knochenbrüchen* (*Frakturen*) versteht man die Zusammenhangstrennung des Knochens durch direkte oder indirekte Gewalteinwirkung.

Zusammenhangstrennungen ohne größere Gewalteinwirkung sind *pathologische* oder Spontanfrakturen. Ihnen liegt in jedem Fall ein Festigkeitsverlust des Knochens durch Tumor oder allgemeine Skeletterkrankung, z. B. *Osteoporose*, zugrunde.

Die *Diagnose von Knochenbrüchen* bietet im allgemeinen, wenn es sich um vollständige Brüche handelt, keine Schwierigkeiten.

Die *klinischen Frakturzeichen* (örtlicher Druckschmerz, Bluterguß, Krepitieren der Bruchenden, abnorme Beweglichkeit, gestörte Funktion) sind trotz Einführung der Röntgendiagnostik von Bedeutung. Sie bilden die Grundlage der Diagnostik bei Unfällen fern von Behandlungszentren auf Sportplätzen usw. und ermöglichen in der Klinik eine gezielte Einstelltechnik bei Röntgenaufnahmen. Leicht übersehen werden Navikularfrakturen, Frakturen im Kniegelenksbereich und Bogenbereich der Wirbelsäule, da zu ihrer Erkennung meist Spezialaufnahmen notwendig sind (Abb. 80). An

1 Der im klinischen Sprachgebrauch übliche Begriff »Ermüdungsfrakturen« entspricht nicht mehr unseren heutigen Erkenntnissen vom pathophysiologischen bzw. anatomischen Ablauf des Prozesses, da wir unter Ermüdung einen reversiblen Vorgang verstehen. Besser wäre der Begriff durch »Erschöpfungsfrakturen« zu ersetzen.

die Möglichkeit multipler Frakturen oder von Frakturen als zusätzliche Verletzungen (Abb. 81) muß auf Grund der Anamnese gedacht werden. Eine sofortige Knochenbruchbehandlung ist bei komplizierten Frakturen und bei gleichzeitig bestehenden Schädigungen von Nerven und Gefäßen unerläßlich.

Komplizierte Frakturen erfordern eine sofortige Wundausschneidung innerhalb der 6-Stunden-Grenze. Bei Vorliegen einer Nervenschädigung (z. B. einer Lähmung) hat man sofort dafür zu sorgen, daß die mutmaßliche Ursache des Drucks beseitigt wird. Das kann in vielen Fällen durch Maßnahmen der Lagerung auf dem Sportplatz geschehen. Bei Gefäßzerreißungen (Pulsieren!) ist am Unfallort häufig ein Abschnüren erforderlich, so daß eine operative Versorgung innerhalb kürzester Zeit erfolgen muß.

Unkomplizierte Frakturen ohne Nebenverletzungen können im allgemeinen durch eine vorläufige Lagerung versorgt werden. Die Entscheidung über konservative oder operative Behandlung hängt einerseits davon ab, ob eine exakte Einrichtung und Fixierung der Fragmente auf konservativem Wege erreicht werden kann. Andererseits ist im Interesse einer baldigen Wiederaufnahme eines Bewegungstrainings und zur Vermeidung einer bei Sportlern rasch einsetzenden Muskelatrophie abzuwägen, ob durch moderne Osteosyntheseverfahren die Wiederherstellung der Sportfähigkeit in kürzester Zeit erfolgen kann.

Die innere oder äußere Fixierung der Frakturstelle muß solange durchgeführt werden, bis das Röntgenbild den knöchernen Durchbau der Fraktur erkennen läßt. In diesem Zusammenhang erscheint der Hinweis erwähnenswert, daß Navikularfrakturen bei konservativer Behandlung einer Gipsbehandlung von mindestens 4 Monaten bedürfen, um nicht der Entstehung einer *Pseudarthrose* Vorschub zu leisten.

Die Heilung eines Knochenbruches braucht bei Sportlern die gleiche Zeit wie bei Nichtsportlern. Der Versuch einer vorzeitigen Belastung führt zu Mißerfolgen, so daß

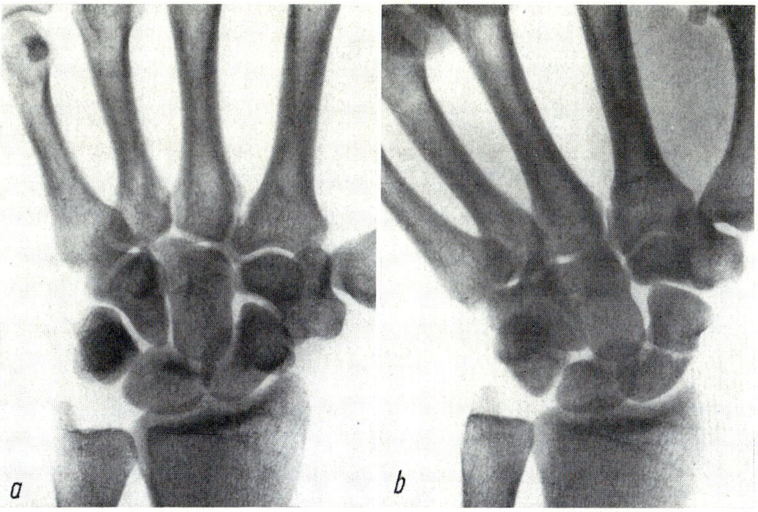

Abb. 80 *a* a.p. Aufnahme des linken Handgelenkes eines 23jährigen Sportstudenten ohne Anhalt für frische Knochenverletzung; *b* die Navikularspezialaufnahme des gleichen Patienten läßt eine frische Navikularquerfraktur erkennen

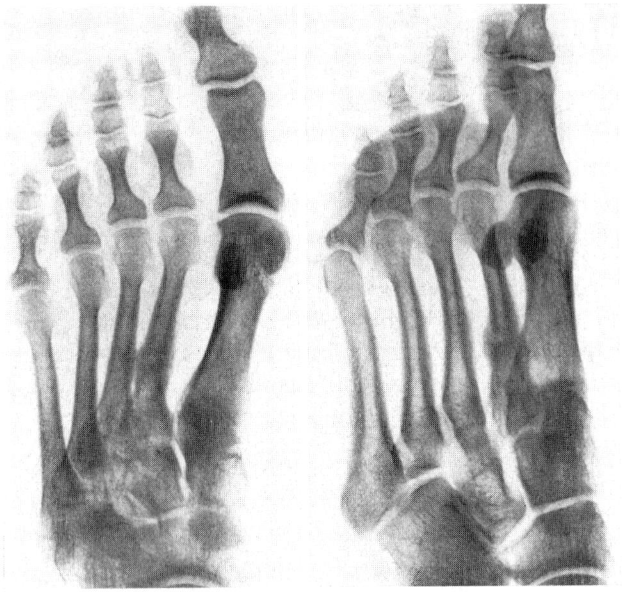

Abb. 81 Die Röntgenaufnahmen des linken Mittelfußes einer 24jährigen Sportstudentin vier Wochen nach einer Sehnenverletzung lassen eine nicht diagnostizierte Fraktur des II. *Metatarsale* als zusätzliche Verletzung erkennen

dadurch die Wiederherstellung der Sportfähigkeit nur verzögert wird. Als Beispiel soll der Krankheitsverlauf eines Handballspielers dienen (Abb. 82).

Ein 21jähriger Handballspieler erlitt im Oktober eine Querfraktur des rechten Oberschenkels. Die Einrichtung erfolgte operativ mit Hilfe von zwei RUSH-Pins. In der Annahme, daß das Osteosyntheseverfahren zu einer Übungsstabilität geführt hat, wurde frühzeitig mit aktiven Bewegungen gegen ständig sich steigernden Widerstand begonnen.

Im Januar war auf den Röntgenaufnahmen eine massive, teils zystische Kallusbildung zu erkennen.

Nach einem weiteren Monat konnte röntgenologisch ein deutlicher regressiver Umbau nachgewiesen werden, so daß eine absolute Ruhigstellung durch Beckengips erfolgen mußte. Erst nach 13 Wochen ließ das Röntgenbild den knöchernen Durchbau der Fraktur erkennen. Bis zur vollständigen Wiederherstellung der Sportfähigkeit vergingen weitere 8 Wochen.

Dieser Krankheitsverlauf ist gleichzeitig ein Beweis dafür, daß *Adaptationsosteosynthesen*, z. B. durch RUSH-Pins in dem vorliegenden Fall, nicht als *stabile Osteosynthesen* gelten können. Die Marknagelung, Druckplattenosteosynthese, Verschraubung usw. sind bewährte Osteosyntheseverfahren, die in den meisten Fällen zu einer stabilen Osteosynthese führen, wobei wiederum zwischen Bewegungs- und Belastungsstabilität unterschieden werden muß.

Dem Behandlungsprinzip von Sportverletzungen entsprechend, ist eine operative Knochenbruchbehandlung gelegentlich bei BENNETschen Frakturen (Abb. 83) erforderlich, wenn auf konservativem Wege keine exakte Reposition erreicht werden kann. Bei Absprengungen von Epikondylen des Oberarmes empfiehlt sich eine sofortige operative Verschraubung (Abb. 84), die im allgemeinen zu einer vollständigen Wiederherstellung der Sportfähigkeit nach 8 Wochen führt. Die postoperative Gipsbehandlung ist in den meisten Fällen nicht länger als 4 Wochen erforderlich.

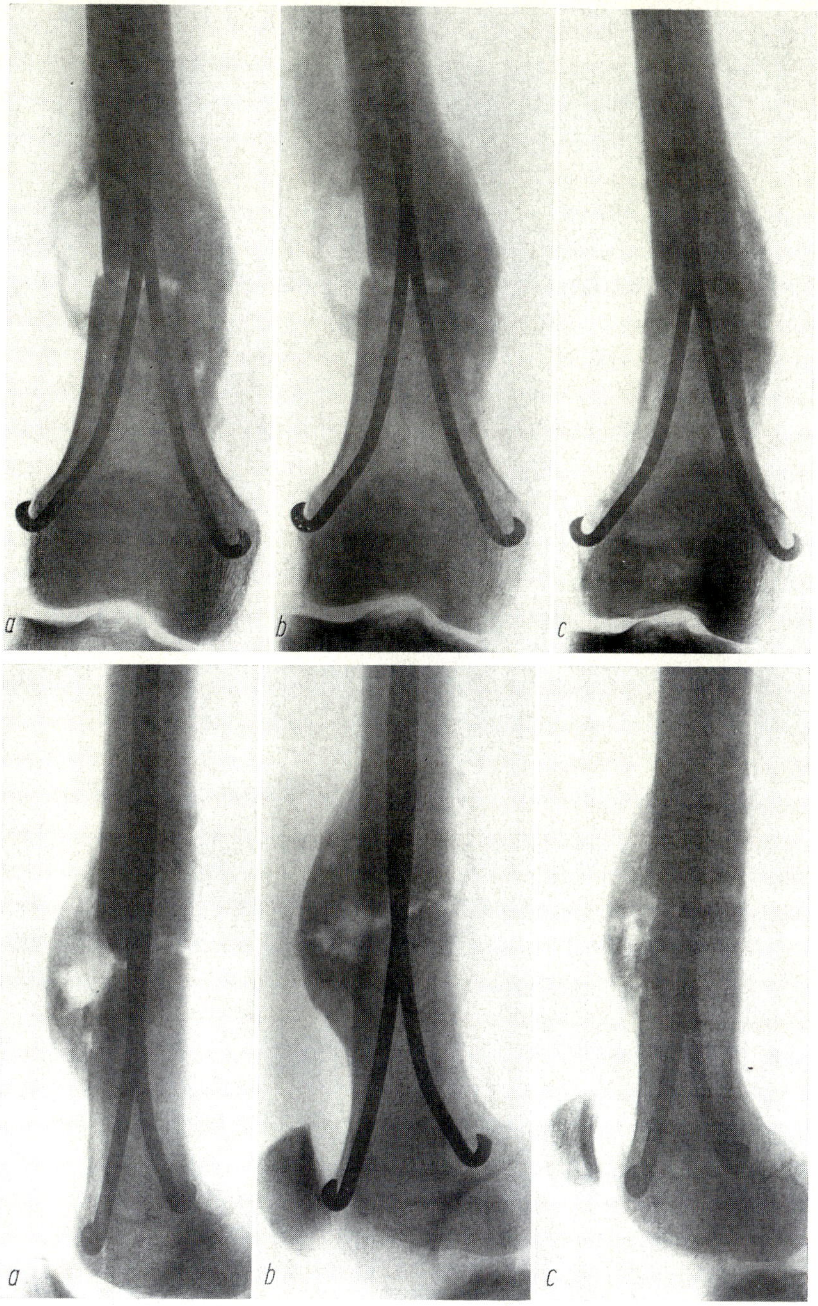

Abb. 82 Verlaufsserie einer mit Rush-Pins versorgten rechtsseitigen Oberschenkelquerfraktur eines 21jährigen Handballspielers: *a* a.p. und Seitenaufnahme des rechten Oberschenkels drei Monate nach operativer Knochenbruchbehandlung und Bettruhe ohne Ruhigstellung im Gipsverband; *b* Kontrollaufnahmen des gleichen Patienten einen Monat später nach aktiver Übungsbehandlung unter Einbeziehung von Widerstandsübungen. Regressiver Umbau im Frakturgebiet; *c* Kontrollaufnahme des gleichen Patienten nach Ruhigstellung im Beckengipsverband für 13 Wochen. Knöcherne Konsolidierung der Fraktur

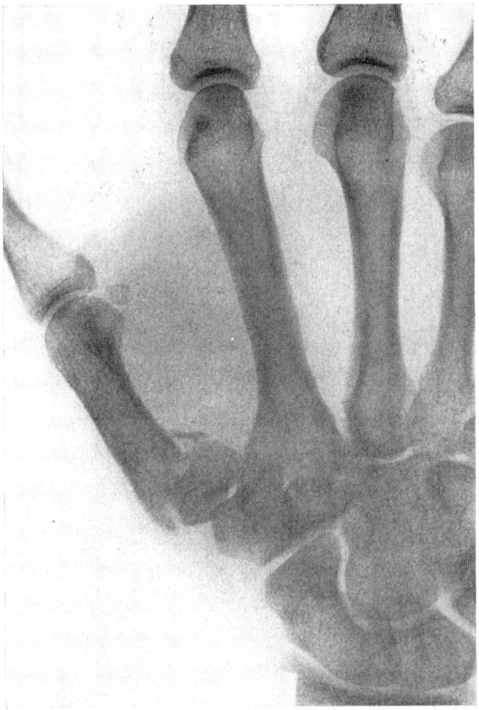

Abb. 83 Rechter Daumen: BENNETsche Fraktur bei 17jährigem Leichtathleten

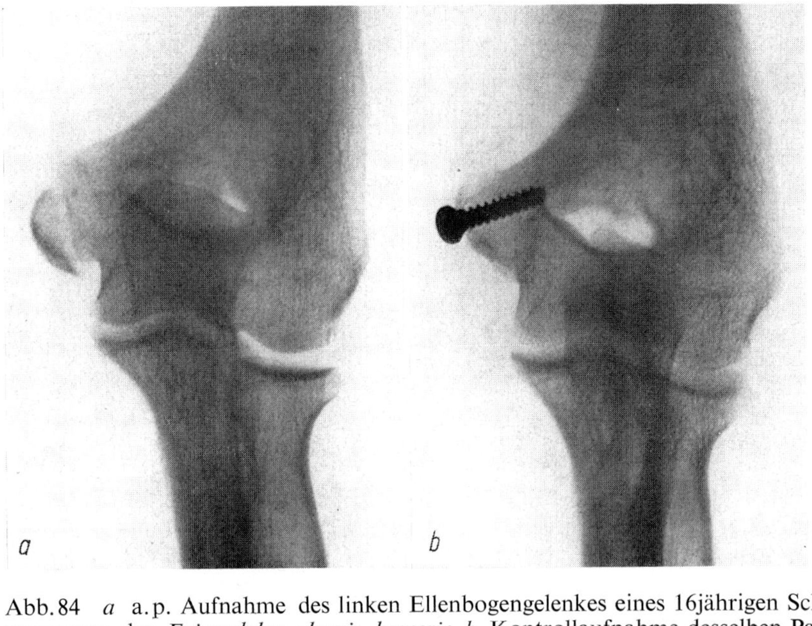

Abb. 84 *a* a.p. Aufnahme des linken Ellenbogengelenkes eines 16jährigen Schülers: Absprengung des *Epicondylus ulnaris humeri; b* Kontrollaufnahme desselben Patienten vier Wochen nach operativer Verschraubung

Kleinste Abrißfrakturen können von großer klinischer Bedeutung sein, wie das nachstehende Beispiel belegt.

Bei einer Wasserspringerin (Abb. 85) ging eine Abrißfraktur an der ulnaren Seite der Daumengrundphalanx mit einem vollständigen Ausriß des Seitenbandes einher. Infolge der Instabilität des Daumengrundgelenkes konnte der Daumen nicht in adduzierter Stellung gehalten werden, so daß das Turmspringen aus 10 m Höhe unmöglich war. Durch operative Fixierung des abgerissenen Bandes konnte eine volle Stabilität des Gelenkes erreicht und damit die Sportfähigkeit nach 8 Wochen wiedererlangt werden.

Im Gegensatz zu den beschriebenen Fällen führte die konservative Behandlung einer Abrißfraktur der fibularen Malleolenspitze zu einer bleibenden Sportunfähigkeit für sämtliche Lauf- und Sprungübungen (Abb. 86). Ebenso war das Behandlungsergebnis eines Radsportlers nach konservativer Behandlung einer Patellarfraktur völlig unbefriedigend (Abb. 87), so daß im Anschluß an den Unfall die sportliche Laufbahn abgebrochen werden mußte.

Voraussetzung für gute Resultate in der operativen Knochenbruchbehandlung sind einwandfreie Asepsis während der Operation, technisches Geschick des Operateurs

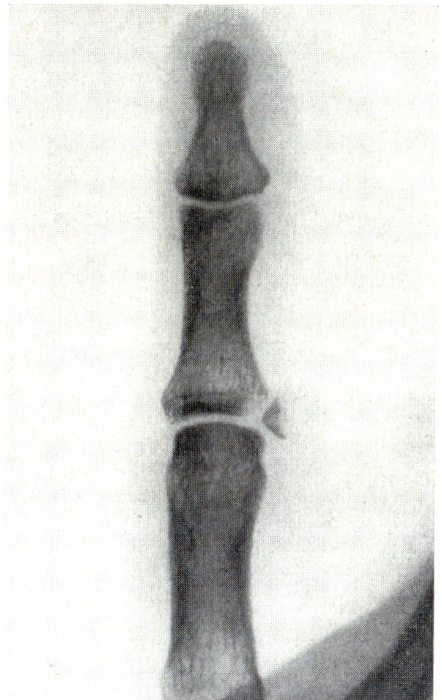

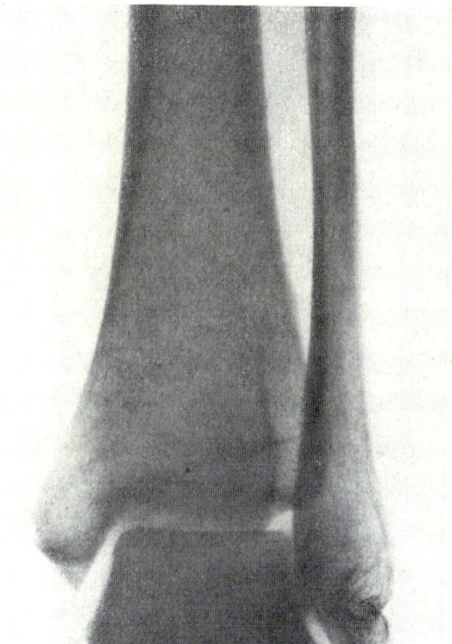

Abb. 86

Abb. 85 a. p. Aufnahme des linken Daumens einer 18jährigen Wasserspringerin: Abrißfraktur an der ulnaren Seite der Daumengrundphalanx mit vollständigem Ausriß des Seitenbandes

Abb. 86 a. p. Aufnahme des linken Sprunggelenkes einer 21jährigen Sportstudentin: Zustand nach Abrißfraktur des fibularen *Malleolus* ein Jahr nach dem Unfall

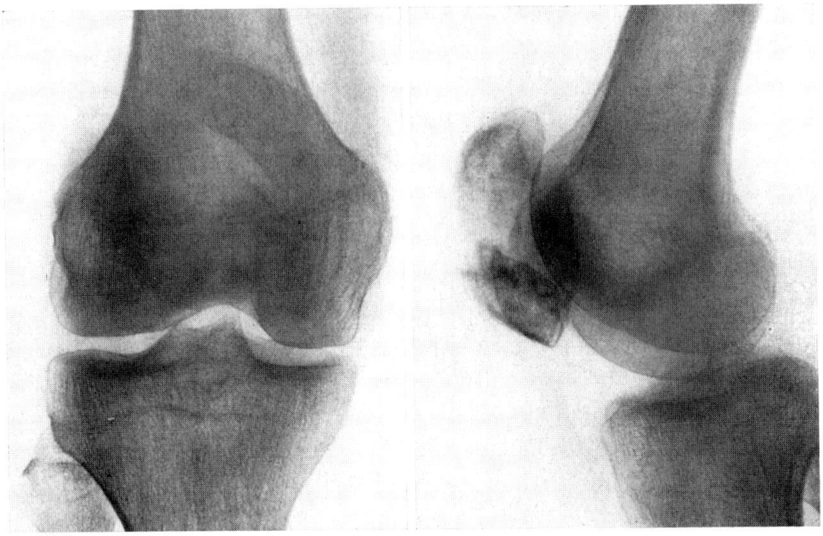

Abb. 87 a.p. Aufnahme des rechten Kniegelenkes eines 23jährigen Radsportlers: Zustand nach konservativ behandelter Patellarfraktur ein Jahr nach dem Unfall

und vollständiges Instrumentarium. Aus diesem Grunde bleiben die modernen Osteosyntheseverfahren größeren Kliniken vorbehalten. Am schlechtesten ist und bleibt die improvisierte Osteosynthese, da mißglückte Osteosynthesen zur Heilung längere Zeit brauchen als die zum Teil veraltete konservative Knochenbruchbehandlung.

4.2.2. Ermüdungsfrakturen[1]

Diese Frakturen entstehen durch eine einmalige oder in einem längeren Zeitraum wiederholt auftretende extreme Belastung.

Für eine einmalige extreme Belastung, die z. B. durch einen langen Marsch eines Untrainierten gegeben ist, sind Ermüdungsbrüche mit glatten Frakturenden charakteristisch. Bei mehrfachen extremen Belastungen entstehen Ermüdungsfrakturen mit überschießender Kallusbildung (Kugelkallus) infolge der gleichzeitig einsetzenden Regenerationsvorgänge.

Ermüdungsfrakturen des Mittelfußes bereiten keine diagnostischen Schwierigkeiten. Bei Auftreten an anderen Körperpartien, z. B. am Schenkelhals, an der Fibula usw., werden sie leicht übersehen.

In diesem Zusammenhang verdient eine Ermüdungsfraktur der Fibula, die wir bei einem Marathonläufer beobachteten, eine eingehendere Beschreibung.

Bereits 1965 wurde röntgenologisch eine Kortikalisverdickung der linken *Fibula* in Verbindung mit periostitischen Beschwerden nachgewiesen. Anfang 1966 waren auch an der rechten *Fibula* Kortikalisverdickungen aufgetreten. Seit September 1966 bestanden ständig stechende Schmerzen an der *Tibia* und *Fibula*, so daß wegen periostitischer Beschwerden physiotherapeutische Behandlungsmaßnahmen regelmäßig durchgeführt wurden. Röntgenologisch war im November 1966 keine Veränderung im Kortikalisbereich von *Tibia* und *Fibula*

[1] siehe Fußnote S. 82.

zu erkennen. Nach anfänglichem Nachlassen der Beschwerden verstärkten sich die Schmerzen, so daß von Januar bis März 1967 eine örtliche Injektionsbehandlung erfolgte. Im Juli 1967 begab sich der Patient in orthopädische Behandlung. In der Anamnese erwähnte er einen heftigen stechenden Schmerz im rechten Wadenbein, der beim Gehen zur Straßenbahn 6 Wochen zuvor aufgetreten war. Nach einigen Wochen bemerkte er eine Verdickung an der Außenseite des rechten Unterschenkels oberhalb des rechten Außenknöchels.

Röntgenologisch (Abb. 88a) stellte sich eine Fraktur der *Fibula* im distalen Drittel mit angedeuteter Kugelkallusbildung dar, so daß die Fraktur möglicherweise bereits vor 6 Wochen aufgetreten war. In Anbetracht des klinischen Befundes, der keine abnorme Beweglichkeit im Frakturgebiet erkennen ließ, hielten wir eine Gipsbehandlung nicht mehr für erforderlich. Das Lauftraining wurde um zwei Drittel reduziert. Die folgende Röntgenkontrolle nach 4 Wochen (Abb. 88b) wies einen fortschreitenden knöchernen Durchbau auf, der nach 10 Wochen (Abb. 88c) abgeschlossen war.

Dieser Fall ist u. a. ein Beweis dafür, daß Ermüdungsfrakturen nicht »aus heiterem Himmel« auftreten. Ein Schmerzsymptom in Form von Belastungsschmerzen geht in Übereinstimmung mit der Weltliteratur den röntgenologischen Veränderungen in allen Fällen voraus. Eine Unterbrechung des Schmerzes durch örtlich verabreichte Analgetika, wenn Schmerzen als alarmierende Zeichen gelten können, ist insbesondere unmittelbar vor dem Training als ärztlicher Kunstfehler zu werten.

Röntgenologisch sind leichte Fälle von Ermüdungsfrakturen u. a. an einem Sklerosierungssaum zu erkennen. Gelegentlich wird aber auch infolge des Umbauprozesses des Knochens eine Abgrenzung eines kleinen Fragmentes im Röntgenbild sichtbar,

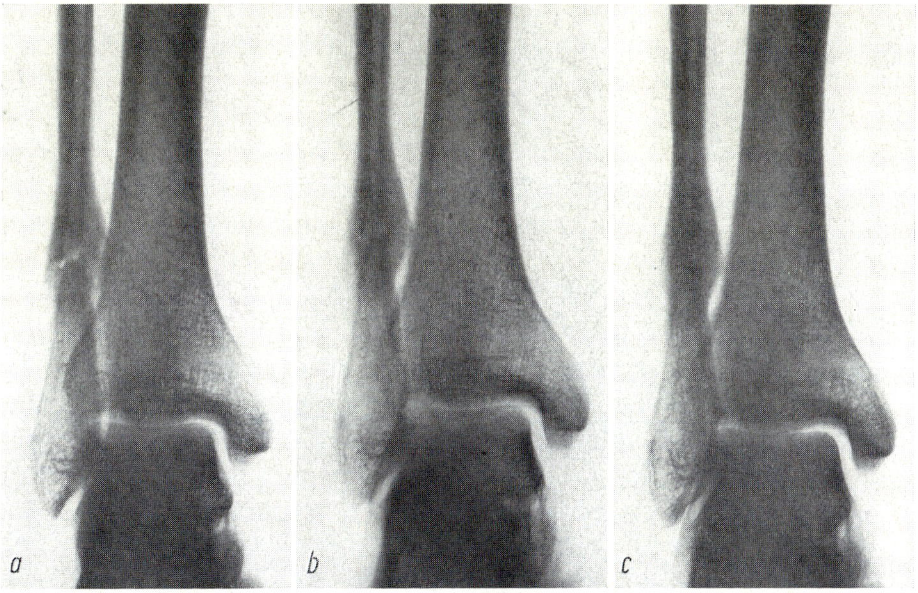

Abb. 88 *a* a.p. Aufnahme des rechten Unterschenkels eines 27jährigen Marathonläufers zeigt Ermüdungsfraktur der *Fibula* im distalen Drittel; *b* die Kontrollaufnahme desselben Patienten nach vier Wochen zeigt zunehmenden knöchernen Durchbau der Fraktur; *c* die Kontrollaufnahme desselben Patienten nach weiteren sechs Wochen läßt abgeschlossenen knöchernen Durchbau der Fraktur erkennen das sich durch Zugwirkung völlig ablösen kann. Bei schweren Fällen z. B. im Schenkelhalsbereich können erhebliche Fragmentverschiebungen beobachtet werden.

Abbildung 89 läßt eine Ermüdungsfraktur in Form einer feinen Resorptionszone am *Processus coronoides ulnae* bei einem Turner erkennen. Vor der röntgenologischen Untersuchung war der Sportler längere Zeit wegen Fehlbelastungsbeschwerden im Bereich des Ellenbogengelenkes behandelt worden.

Die Röntgenaufnahme des Ellenbogengelenkes einer Speerwerferin (Abb. 90a) zeigt eine Ermüdungsfraktur an der Olekranonspitze. Die anfänglichen stärkeren Beschwerden waren nach Ablösung des kleinen Knochenfragmentes weitgehend abgeklungen. Vier Wochen später hat sich das Fragment vollkommen aus dem Knochenverband gelöst (Abb. 90b). Erneute Beschwerden sind nicht aufgetreten.

Eine Frühbehandlung von Ermüdungsfrakturen ist außerordentlich wichtig. Das Ausmaß und der Schweregrad einer solchen Fraktur läßt sich im Anfangsstadium nicht voraussagen.

Bei auftretenden heftigen Belastungsschmerzen im Bereich der unteren Extremitäten, die klinisch als starker umschriebener Knochendruckschmerz oder Bewegungsschmerz der Gelenke objektiviert werden können, ist Bettruhe zu empfehlen, selbst wenn das Röntgenbild noch völlig normal ist. Bekanntlich treten die röntgenologischen Zeichen einer Ermüdungsfraktur oft erst zu einem späteren Zeitpunkt als die klinischen Symptome in Erscheinung.

Eine Gipsbehandlung ist in leichten Fällen meist nicht erforderlich. Die Indikation zur operativen Knochenbruchbehandlung kann bei eingetretenen Fragmentverschiebungen gegeben sein.

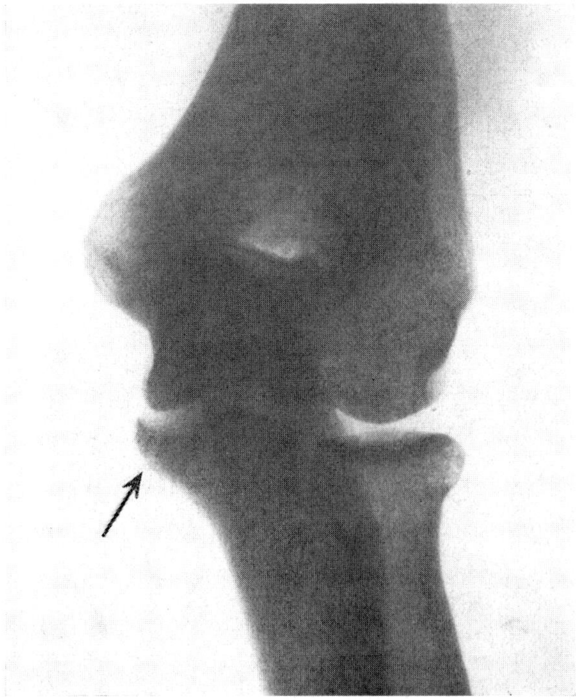

Abb. 89 Die a.p.-Aufnahme des linken Ellenbogengelenkes eines 26jährigen Turners läßt eine Resorptionszone am proximalen Ulnaende in der Gegend des *Processus coronoideus ulnae* erkennen

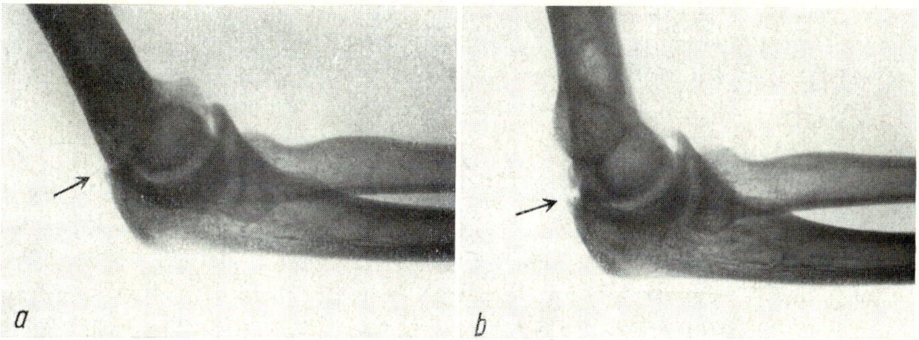

Abb. 90 *a* Die Seitenaufnahme des rechten Ellenbogengelenkes einer 27jährigen Speerwerferin läßt eine Ermüdungsfraktur an der Olekranonspitze erkennen; *b* Kontrollaufnahme derselben Patientin nach vier Wochen. Das kleine Fragment an der Olekranonspitze hat sich aus dem Knochenverband gelöst

Für Ermüdungsfrakturen im Bereich der oberen Extremitäten gelten die gleichen Behandlungsgrundsätze. Die Entlastung bedarf jedoch sinngemäß keiner Bettruhe. Ob bei weitgehender Reduzierung eine Fortsetzung des Trainings ohne nachteilige Folgen durchgeführt werden kann und sinnvoll ist, hängt vom Einzelfall ab. Auf jeden Fall erfordert eine funktionelle Behandlung von Ermüdungsfrakturen ständige ärztliche Beobachtung und viel Erfahrung sowohl von seiten des Arztes, des Physiotherapeuten, als auch des Trainers.

4.3. Luxationen und Bandverletzungen der Gelenke

Unter *Verrenkung* (*Luxation*) versteht man eine Störung des normalen Gefüges und des Zusammenhangs von zwei oder mehreren Knochen im Gelenk, die zu einer Verlagerung der Gelenkenden gegeneinander geführt hat.

Für die Sportmedizin sind die *traumatischen Luxationen* von vorrangiger Bedeutung. Sie können als vollständige, *totale Luxation* oder *Subluxation* auftreten.

An fast der Hälfte aller Luxationen ist das Schultergelenk beteiligt, der Ellenbogen mit 20 %. Luxationen sind klinisch an den *typischen Zeichen* zu erkennen (Deformität, federnde Fixation, leere Pfanne und verlagerter Kopf). Das Röntgenbild dient wie bei den Frakturen zur Sicherung der Diagnose und als dokumentarischer Beweis für die Luxation. Als *unsichere Zeichen* sind die gestörte Funktion, der Verrenkungsschmerz sowie der Bluterguß zu nennen. *Nebenverletzungen* werden gelegentlich beobachtet wie z. B. Absprengung des *Tuberculum majus*, Zerrungen und Quetschungen des *Plexus brachialis* bzw. Lähmungen des *N. axillaris* oder *musculocutaneus* bei Luxationen des Schultergelenkes.

Das *Behandlungsziel* liegt bei allen Luxationen in einer vollständigen anatomischen und funktionellen Wiederherstellung des Gelenkes, das durch sofortige Einrichtung, Ruhigstellung und anschließende Übungsbehandlung erreicht werden kann.

Die *Einrichtung* (Reposition) muß frühzeitig und schonend erfolgen. Der günstigste Zeitpunkt liegt innerhalb der ersten Stunde. In den meisten Fällen ist infolge des anfänglich bestehenden Muskelstupors sofort nach einer Luxation keine Entspannung der Muskulatur durch Allgemeinnarkose und Muskelrelaxantien erforderlich. Unter Berücksichtigung dieser Gesichtspunkte möchten wir die in der Sportmedizin häufig gestellte Frage, ob man eine Luxation sofort am Unfallort ohne vorherige Röntgenuntersuchung reponieren darf, wie folgt beantworten: Besteht die Möglichkeit, in kurzer Zeit Röntgenaufnahmen anzufertigen, so sollte man von dieser Untersuchungsmethode in Ergänzung zur klinischen Diagnostik insbesondere auch als dokumentarischen Beweis einer Sportverletzung Gebrauch machen. Liegt der Unfallort mehrere Stunden von einer größeren Behandlungsstätte mit Röntgeneinrichtung entfernt, ist nach gründlicher klinischer Untersuchung, insbesondere auch nach Ausschluß von Nebenverletzungen, eine sofortige Reposition zu empfehlen. Anschließend ist im Verband röntgenologisch die gelenkgerechte Stellung zu überprüfen.

Zur Reposition des Schultergelenkes werden ebenso wie bei allen anderen Einrenkungen jene Bewegungen, die zur Luxation führen, wiederholt, nur in umgekehrter Reihenfolge. Eine Hand zieht am Arm, während gleichzeitig die andere Hand versucht, von der Achselhöhle den Schultergelenkkopf hereinzudrücken.

Nach gelungener Einrichtung ist eine Ruhigstellung im Gipsverband in Mittelstellung erforderlich, damit der Reizzustand des Gelenkes abklingen und Kapsel-, Bänder- sowie Muskeleinrisse ungestört heilen können. Für das Schultergelenk ist eine Ruhigstellung für 3 bis 4 Wochen im Desault- oder Thoraxarmgipsverband zu empfehlen. Das Ellenbogengelenk bedarf einer Fixation im Oberarmgipsverband von durchschnittlich 2 Wochen.

Die exakte, genügend lange durchgeführte Ruhigstellung einer erstmaligen traumatischen Schulterluxation ist zur Verhütung einer daraus sich ergebenden habituellen Luxation von grundsätzlicher Bedeutung.

Ein Ringer zum Beispiel, bei dem die erste traumatische Schultergelenksluxation im Anschluß an die Reposition nicht fixiert worden war, erlitt beim Ringen ohne zusätzliches Trauma 4 und 6 Monate später erneute Luxationen des Schultergelenkes. Trotz nachfolgender Ruhigstellung im Gipsverband konnte das Gelenk seine Festigkeit nicht wiedererlangen, so daß wegen der bestehenden habituellen Schultergelenksluxation eine plastische Operation nach EDEN-HYBINETTE (1935) erforderlich war, die eine Sportunfähigkeit von 5 Monaten zur Folge hatte.

Nach Abnahme des Verbandes liegt das Schwergewicht auf einer *aktiven* Übungsbehandlung. Reize von außen, schmerzhafte Massagen und gewaltsame passive Bewegungen sind im Interesse einer vollständigen Wiederherstellung der Gelenkfunktion abzulehnen, da sie den Zustand sehr bald verschlechtern. Außerordentlich empfindlich ist insbesondere das Ellenbogengelenk.

Durch Massagen und passive gewaltsame Streckübungen, die bei einem Ringer unmittelbar nach Abschluß der Ruhigstellung 14 Tage nach der Luxation angesetzt worden waren, entstand eine Weichteilverkalkung sowie eine bleibende Streckhemmung des Ellenbogengelenkes bei 155°.

Bei schweren Zerreißungen der Bandverbindungen, die z. B. bei Kniegelenksluxationen und Luxationen des Akromio- und Sternoklavikulargelenkes beobachtet werden, ist eine sofortige operative Wiederherstellung durch primäre Naht der zer-

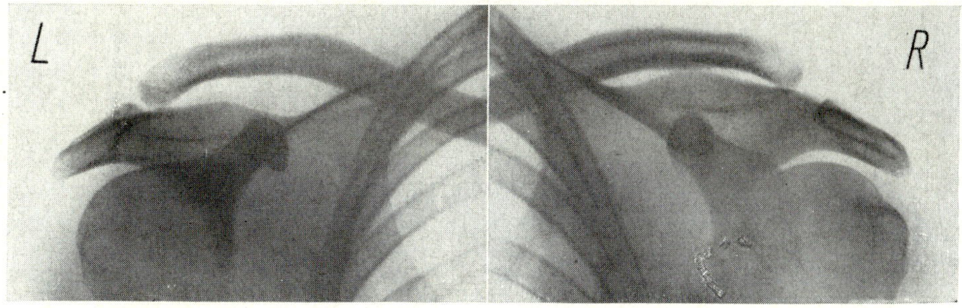

Abb. 91 a.p.-Aufnahmen beider Schultergelenke eines 22jährigen Handballspielers zeigen *rechts* den für eine Subluxation des Akromioklavikulargelenkes typischen Befund mit Verbreiterung des Gelenkspaltes; *linkes* Schultergelenk als Seitenvergleichsaufnahme

rissenen Kapsel- und Bandverbindungen mit innerer oder äußerer Fixation erforderlich. Die Entscheidung über konservative oder operative Behandlung bei Luxationen des Sterno- oder Akromioklavikulargelenkes hängt vom Ausmaß der Verletzung ab und von der Möglichkeit, die Gelenkenden in reponierter Stellung zu fixieren. Im Hinblick auf eine vollständige Wiederherstellung der Sportfähigkeit bedürfen auch Subluxationen in den genannten Gelenken einer sorgfältigen Behandlung (Abb. 91).

Ein Turner zum Beispiel, bei dem eine Luxation im Sternoklavikulargelenk nicht reponiert worden war, konnte auch nach einjähriger Sportpause noch nicht in seiner Spezialsportart zu Wettkämpfen eingesetzt werden. Insbesondere war er nicht in der Lage, einen Kreuzhang auszuführen (vgl. Abb. 135).

Voraussetzung für die richtige Behandlung ist, daß bei Schultergelenkstraumen an die Möglichkeit von Luxationen und Subluxationen des Sterno- und Akromioklavikulargelenkes gedacht wird.

In den Fällen, in denen eine sofortige Behandlung erfolgt war, konnte sowohl nach konservativer als auch nach operativer Therapie 8 Wochen nach der Verletzung ein umfangreiches allgemeines Konditionstraining wieder aufgenommen werden. Nach vollständiger Luxation wurde mit voller Armbelastung nicht vor Ende des 4. Monats begonnen.

Diagnostische Schwierigkeiten bereiten auch Luxationen einzelner Handwurzelknochen, von denen die *Lunatumluxation* die weitaus größte Rolle spielt. Diese Bezeichnung trifft allerdings nur für die Fälle zu, bei denen das Lunatum aus seinem Verband herausgesprungen ist (Abb. 92). In der Mehrzahl der Fälle liegt eine *perilunäre Verrenkung* (Abb. 93[1]) vor, weil das Mondbein an seinem Platz in Verbindung mit dem *Radius* stehenbleibt, während die übrigen Handwurzelknochen nach der Streckseite luxieren.

---

1 Für die Überlassung dieser Röntgenaufnahmen möchte ich Herrn MR Dr. SCHMIDT, Leitender Arzt der Chirurgischen Abteilung des Kreiskrankenhauses Zwenkau, herzlich danken.

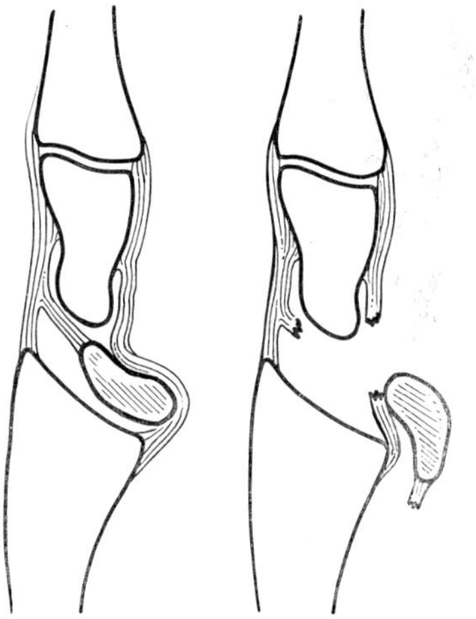

Abb. 92 Schematische Zeichnung der isolierten Mondbeinluxation: *a* normale Verhältnisse, *b* nach Abriß des dorsalen Bandes ist das Mondbein volarwärts luxiert und um 180° gekippt

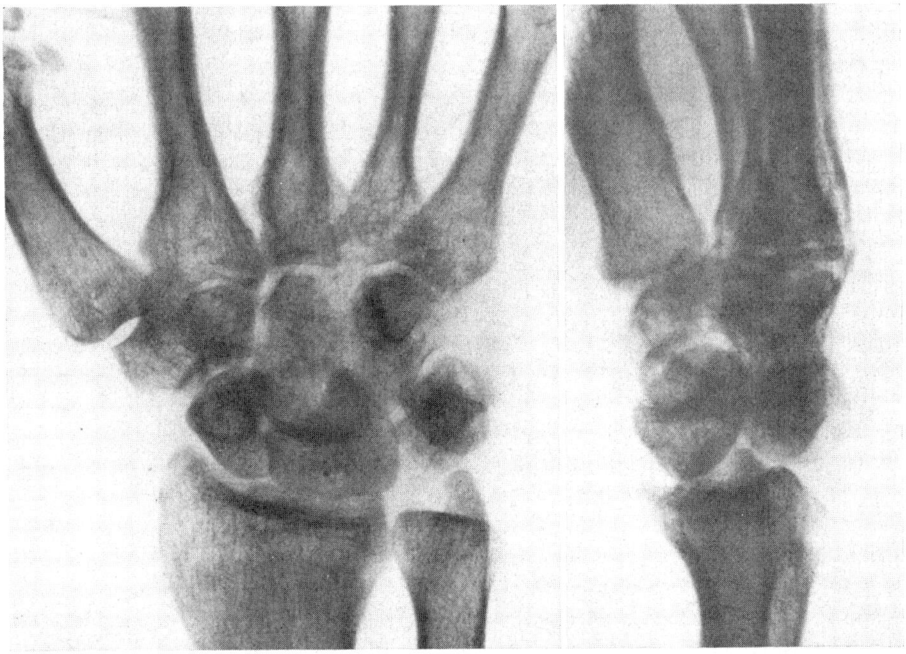

Abb. 93 a.p. und Seitenaufnahme des rechten Handgelenkes eines 22jährigen Boxers. Das *Os lunatum* ist um etwa 45° volarwärts gekippt und das *Os capitatum* nach dorsal luxiert

Luxationen von Handwurzelknochen müssen rasch erkannt und sofort eingerichtet werden, da sich frische Fälle im allgemeinen auf konservativem Wege reponieren lassen. Bei veralteten Fällen wird eine operative Einrenkung nötig. Reine Luxationen ohne zusätzliche Frakturen benachbarter Handwurzelknochen erfordern Ruhigstellung im Hand-Unterarm-Gipsverband für 4 Wochen.

Abschließend möchten wir noch einmal hervorheben, daß bei Luxationen eine vollständige Wiederherstellung in kürzester Zeit von der fachgerechten Sofortbehandlung abhängt, die sowohl bei konservativer als auch bei erforderlicher operativer Therapie den Schlüssel zum Erfolg darstellt.

4.4. Epiphysenverletzungen

Epiphysenverletzungen sind, nachdem sich immer mehr Kinder sportlichen Aufgaben zuwenden, von steigender Bedeutung.

Das Wachstum der Röhrenknochen ist an das Funktionieren der Epiphysenfuge gebunden. Die Epiphyse ist äußeren Einflüssen gegenüber hochempfindlich. Einmal gesetzte Schäden sind irreversibel. Wachstumsstörungen und Gelenkdeformierungen stehen als Folgen von Epiphysenverletzungen im Vordergrund des klinischen Bildes (Schmidt 1965 u. a.).

Bei Epiphysenschäden im Kindesalter sind Art und Ausmaß der Wachstumsstörungen nicht vorauszusehen. Erst wenn nach wiederholten Röntgenkontrollen in mehrmonatigen Abständen im Anschluß an eine Epiphysenverletzung ein gleichmäßiges Wachstum des betreffenden Knochens im Vergleich zur gesunden Seite nachgewiesen werden kann, darf angenommen werden, daß keine erhebliche Epiphysenschädigung stattgefunden hat und die Gefahr einer Wachstumsstörung nicht mehr gegeben ist. Regelmäßige Kontrolluntersuchungen, die das Knochenwachstum meßbar erfassen, sind somit nicht nur aus therapeutischen Gesichtspunkten, sondern auch zur Beurteilung der Sporttauglichkeit von großer Bedeutung.

Sobald auf diese Weise nachgewiesen werden kann, daß nach einer Epiphysenverletzung keine Wachstumsstörung oder Gelenkdeformierung mehr zu erwarten ist, darf das sportliche Training wieder aufgenommen werden.

Traumatisch bedingte epiphysäre Wachstumsstörungen sind nach *Epiphysenlösungen* und *Frakturen im Epiphysenbereich* zu beobachten, wobei hinsichtlich der Prognose diese beiden Verletzungsformen sich grundsätzlich unterscheiden. Neben Epiphysenlösungen werden auch Lösungen von *Apophysen* beobachtet.

Zusätzliche Verknöcherungsstellen, die mit dem Längenwachstum des Knochens nicht in Zusammenhang stehen, nennt man *Apophysen*. Derartige Apophysen kommen nicht an jedem Knochen vor, andererseits finden sie sich auch zu mehreren an einem Knochen (Boenig-Bertolini 1965).

Die *Diagnose* von Epiphysenverletzungen erfolgt durch klinische und röntgenologische Untersuchung. Im Gegensatz zu Epiphysenfrakturen, die diagnostisch im allgemeinen keine Schwierigkeiten bereiten, werden Epiphysenlösungen im Röntgenbild ohne Berücksichtigung der Anamnese und des klinischen Befundes leicht übersehen, wenn nicht eine stärkere Verschiebung der Diaphyse gegenüber der Epiphyse besteht (Abb. 94). Insbesondere können die Epiphysenlösungen, die ohne irgend eine andere nachweisbare Verletzung, sei es in Form einer Lamelle oder einer eigentlichen Fraktur, einhergehen, röntgenologisch schwer diagnostiziert werden. Gelegentlich können Epiphysenlösungen sowie Lösungen von Apophysen überhaupt nur auf Grund des klinischen Befundes (örtliche Druckschmerzhaftigkeit in der Epi- oder

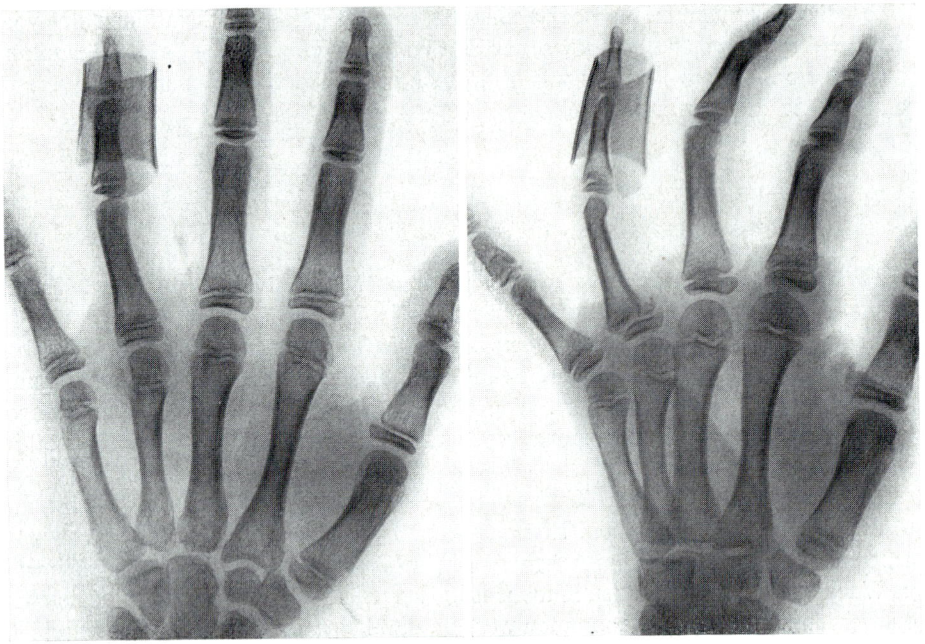

Abb. 94 a.p. und Schrägaufnahme der linken Hand einer 11jährigen Sportlerin. Epiphysenlösung an der Basis der 4. linken Fingergrundphalanx

Apophysengegend, Schwellung bzw. Bluterguß und möglicherweise abnorme Beweglichkeit) diagnostiziert werden. Das ist insbesondere der Fall, wenn im Anschluß an die Verletzung die gelöste Epi- oder Apophyse sofort von selbst in die richtige Lage zurückgeglitten ist.

Die häufigsten Epiphysenverletzungen bei sporttreibenden Kindern konnten wir im Bereich der distalen Radiusepiphyse, an den Humerusepikondylen (Abb. 95), der proximalen Tibiaepiphyse (Abb. 96) und an Fingerepiphysen (Abb. 94) beobachten. Auch an seltenere Formen von Apophysenlösungen wie z. B. der Apophyse der *Spina iliaca anterior superior* und des *Tuber ossis ischii* (Abb. 97) muß insbesondere bei jugendlichen Sprintern gedacht werden.

Hinsichtlich der Therapie ist eine sofortige exakte schonende Reposition von Bedeutung, um Wachstumsstörungen nach Möglichkeit zu vermeiden. Trotzdem ist eine völlige anatomische Reposition keine absolute Garantie gegen Wachstumshemmung, die auch bei Epiphysenlösungen ebenso wie bei Epiphysenfrakturen infolge einer Zerstörung des Intermediärknorpels durch das Trauma oder durch Bestehenbleiben einer starken Dislokation auftreten kann.

Ob bei einer nicht sofort reponierten Epiphysenlösung eine verspätete operative Reposition indiziert ist, muß von Fall zu Fall entschieden werden. Im Hinblick auf die nicht zu vermeidende zusätzliche Traumatisierung des Epiphysenknorpels ist die verspätete operative Reposition als Routinemethode grundsätzlich abzulehnen.

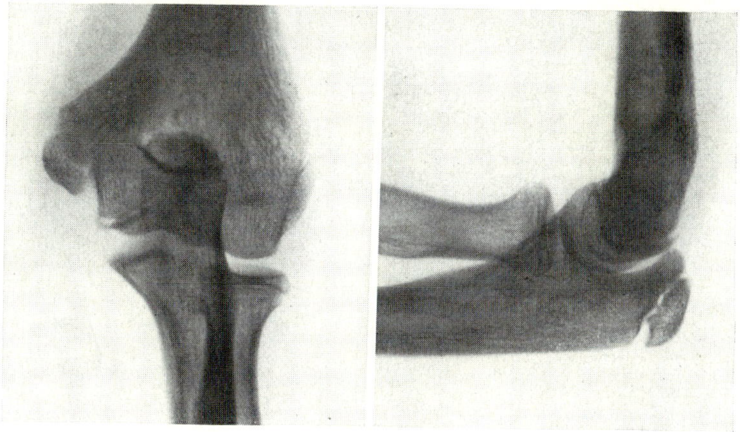

Abb. 95 a. p. und Seitenaufnahme des linken Ellenbogengelenkes einer 11jährigen Sportlerin. Lösung der Apophyse am *Epicondylus medialis humeri* mit unbedeutender Verschiebung

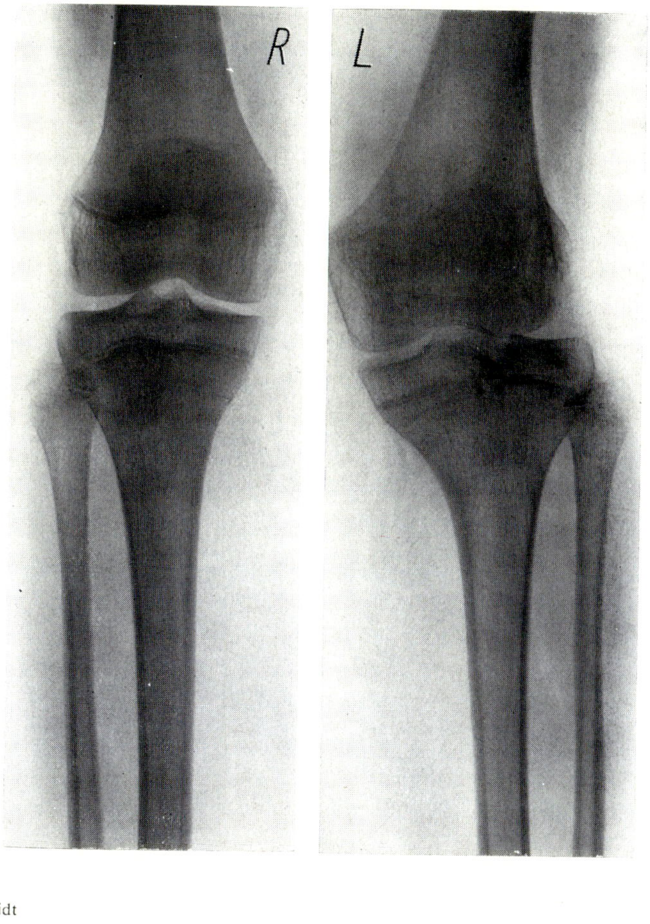

Abb. 96 a. p.-Aufnahme beider Kniegelenke einer 12jährigen Sportlerin. Zustand nach Verletzung der proximalen linken Tibiaepiphyse mit posttraumatischem *Genu valgum* links infolge Wachstumsstörung

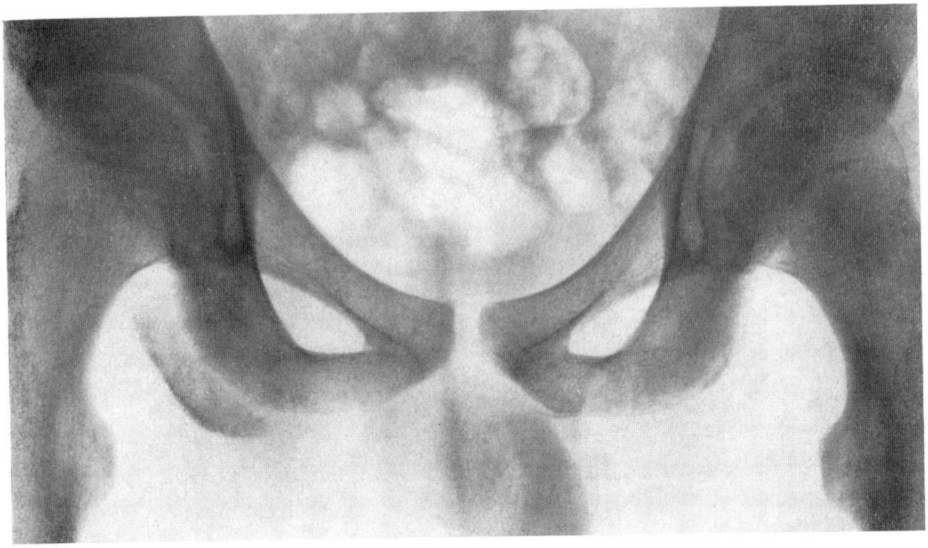

Abb. 97 Die Beckenübersichtsaufnahme eines 17jährigen Sprinters zeigt eine Lösung der Apophyse des rechten *Tuber ossis ischii*

In diesem Zusammenhang verdient ein Fall besonderer Erwähnung:

Ein 12jähriger Rodler, der durch Sturz auf die linke Hand eine Lösung der distalen Radiusepiphyse mit Verschiebung nach dorsal um halbe Schaftbreite erlitten hatte, kam ohne vorausgegangene Reposition zwei Monate nach dem Unfall in unsere Behandlung (Abb. 98a und b). Wegen interkurrenter Erkrankung verschob sich der Behandlungsbeginn um weitere 5 Monate. Die Röntgenkontrolle zeigte spontane Aufrichtung der abgerutschten Radiusepiphyse ohne Anzeichen für Wachstumsstörung (Abb. 98c und d).

Dieser Fall kann als Beweis für die Richtigkeit der Anschauung BLOUNTS (1957) gelten, der nach Verschiebung einer Epiphyse einen subperiostalen Ausgleich annimmt, wobei der Schaft der Epiphyse bald nachfolgt.

Von großer Bedeutung in der Behandlung von Epiphysenverletzungen ist eine genügend lange Ruhigstellung.

Wir können diese Forderung an Hand eines Falles einer Lösung der distalen Tibiaepiphyse mit Absprengung eines VOLKMANNschen Dreiecks bei einer 14jährigen Patientin unterstreichen. Nach sofortiger schonender Reposition und Anlegen eines Gipsverbandes war auf Grund der Röntgenkontrollen eine Ruhigstellung von 4 Monaten erforderlich. Die Nachuntersuchung 2 Jahre später ergab trotz der belassenen geringfügigen Verschiebung der Epiphyse nach dorsal vollständige Wiederherstellung von Form und Funktion.

In einem zweiten Fall wurde bei einem 7jährigen Mädchen nach Verkehrsunfall im Rahmen multipler Verletzungen die Lösung der distalen linken Femurepiphyse übersehen und eine Ruhigstellung unterlassen. Drei Jahre später war ein posttraumatisches O-Bein mit 5 cm Kondylenabstand und funktioneller Beinlängendifferenz von 4 cm nachweisbar, so daß eine Korrekturosteotomie des *Femurs* erfolgen mußte. Die Nachuntersuchung 2 Jahre später zeigte ein leichtes Rezidiv im Sinne eines O-Beines mit 2 cm Kondylenabstand bei gleicher Beinlängendifferenz.

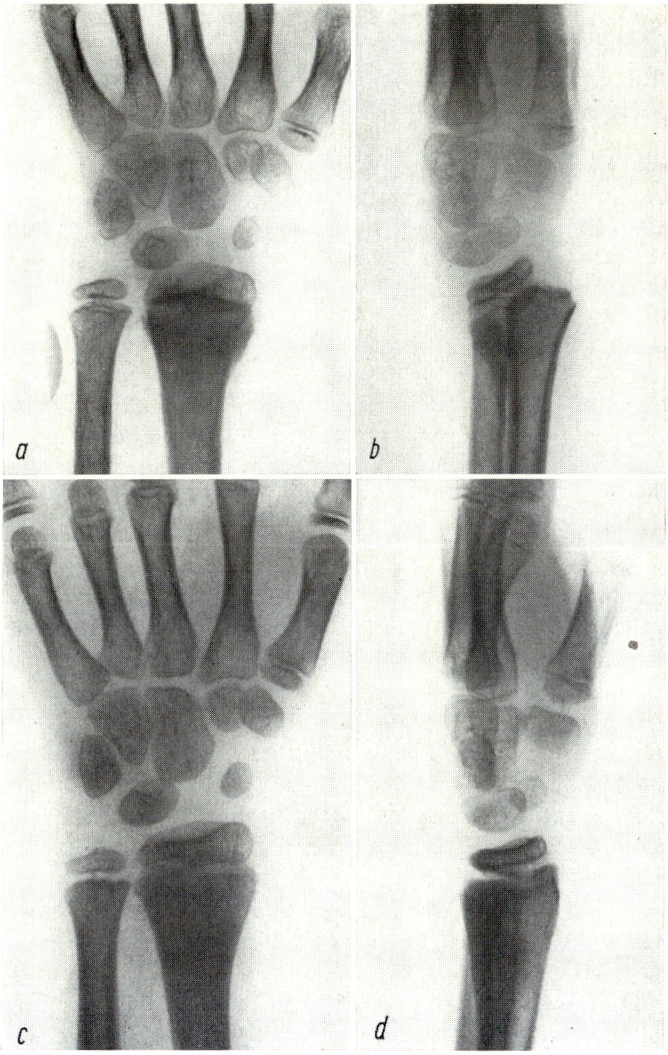

Abb. 98 *a* und *b* a.p. und Seitenaufnahme des linken Handgelenkes eines 12jährigen Rodlers zwei Monate nach Lösung der distalen Radiusepiphyse; *c* und *d* Röntgenkontrolle fünf Monate später. Die Radiusepiphyse hat sich auf den Schaft eingestellt

Epiphysenfrakturen sind gegenüber Epiphysenlösungen prognostisch ungünstiger. Epiphysenfrakturen, die durch Gewalteinwirkung hervorgerufen werden, gehen, ganz gleich, ob sie unvollständig, quer oder schräg verlaufen, mit einer Verletzung der Wachstumszellen der Epiphysenfuge einher und bedingen eine Wachstumsverzögerung oder Winkelfehlstellung. Transversale Abscherungen richten weniger Schaden an als in Längsrichtung wirkende Gewalt. Eine zusätzliche Schädigung des Epiphysenknorpels z. B. durch operative Reposition ist nach Möglichkeit zu vermeiden, weshalb die konservative Einrichtung als Methode der Wahl anzusehen ist. Gewaltsame und wiederholte Repositionen und besonders operative Repositionen einer Epiphysenfraktur, die mehr als 2 Wochen alt ist, sollten wegen der Gefahr einer zusätzlichen Schädigung des Epiphysenknorpels vermieden werden.

Rechtzeitiges Erkennen von Epiphysenschädigungen und frühzeitiger Behandlungsbeginn sind somit zur Vermeidung eines Dauerschadens erforderlich. Das therapeutische Vorgehen bedarf in jedem einzelnen Fall einer genauen Überlegung und Abwägung, um bei der Erstversorgung eine bleibende Epiphysenschädigung weitgehend zu vermeiden.

4.5. Verletzungen und Erkrankungen der Muskulatur, der Sehnen und des Sehnengleitgewebes

4.5.1. Muskelrisse

Muskelrisse als Begleiterscheinungen von schweren Unfallverletzungen in Verbindung mit Knochenbrüchen sind in der Sportmedizin außerordentlich selten im Verhältnis zu den zahlreichen Muskelfaserrissen, die für sich allein auftreten. Die teilweise geltende Ansicht, daß Muskelfaserrisse meist erst bei Sportlern nach dem 40. Lebensjahr als Folge einer Herabsetzung der Leistungsfähigkeit der Muskulatur zu finden sind, können wir nicht bestätigen. In vielen Fällen werden Muskelfaserrisse bei einer gesunden Muskulatur beobachtet. Dies ist vor allem der Fall, wenn eine Koordinationsstörung der Muskeln vorliegt. Sie kann durch Ermüdung bedingt sein, die zentral oder peripher in der Muskulatur ihren Sitz haben kann. Eine ungleichmäßige, unkoordinierte Beanspruchung der Muskulatur kann zu einem Einriß in einer Muskelgruppe führen. Ursächlich ist dafür eine Beanspruchung der Muskulatur über die augenblickliche Leistungsfähigkeit hinaus verantwortlich. Durch Tonusänderung und damit verbundene Änderung der Dehnbarkeit sowie Verlust der Harmonie der kinetischen Kette (Payr 1939) sind günstige Voraussetzungen für einen Muskelfaserriß gegeben.

Auch äußere Einflüsse (z. B. Nässe, Kälte) können über eine Störung der Durchblutung und Herabsetzung der Elastizität den gleichmäßigen Ablauf einer Muskelkontraktion stören und damit einen Muskelfaserriß begünstigen.

Diese ätiologischen und pathogenetischen Gesichtspunkte bilden die Grundlage für die Behandlung von Muskelfaserrissen, die differentialdiagnostisch von Muskelhärten abzugrenzen sind.

Ein Marathonläufer z. B. wurde längere Zeit wegen eines diagnostizierten Muskelfaserrisses erfolglos behandelt. In Wirklichkeit handelte es sich um Muskelhärten in den Adduktoren, die durch mehrere Massagen in Form von weichen Knetungen günstig beeinflußt werden konnten, so daß die drohende Sportunfähigkeit überwunden war.

Schmerz und gestörte Muskelfunktion sind sowohl nach Muskelfaserrissen als auch bei Muskelhärten klinisch nachweisbar. Unterschiede hinsichtlich Muskeltonus, Lokalisation und Verhalten bei elektrischer Reizung sind nachstehender Übersicht zu entnehmen.

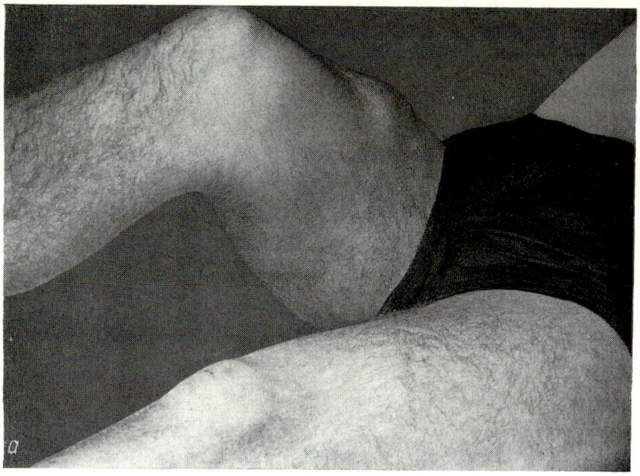

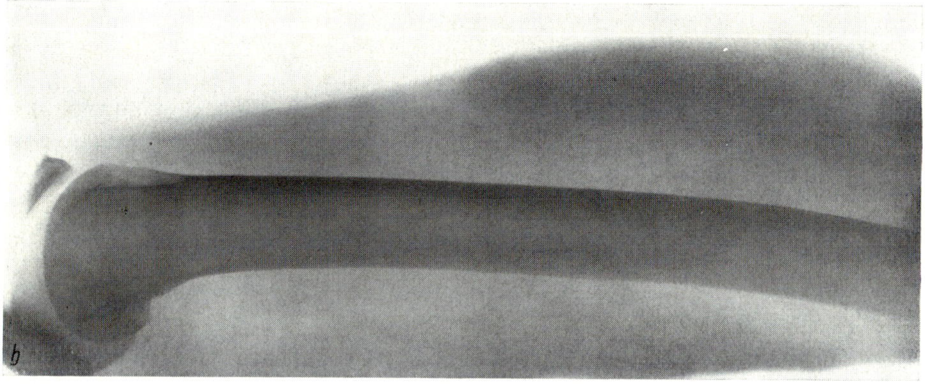

Abb. 99 *a* 25jähriger Fußballspieler. Zustand nach Riß des *M. rectus femoris* rechts 18 Monate nach dem Unfall. Es tritt ein starker Muskelwulst in der Mitte des Oberschenkels hervor, der durch den proximalen Anteil des gerissenen kontrahierten Muskels gebildet wird. Die erforderliche Operation sofort nach dem Unfall war nicht erfolgt; *b* die Weichteilaufnahme des rechten Oberschenkels seitlich desselben Patienten läßt den kontrahierten Muskelbauch des *M. rectus femoris* ebenfalls erkennen

	Muskelrisse (bzw. Muskelfaserrisse)	*Muskelhärten*
Lokalisation	querverlaufend zur Längsrichtung der Muskelfasern (evtl. Delle)	im Verlauf der Muskelfasern
Muskeltonus	herabgesetzt	erhöht (evtl. bis Hypertonus)
Verhalten bei elektrischer Reizung	Unterbrechung des Muskels wird deutlicher	Zunahme des Muskeltonus

Aus therapeutischen Gesichtspunkten ist zwischen *Muskelrissen* mit querer Zerreißung des ganzen Muskelbauches (Abb. 99a und b) und Muskeleinrissen (Muskelfaserrissen) zu unterscheiden, die im allgemeinen als *Muskelzerrungen* bezeichnet werden.

Bei der Muskelzerrung handelt es sich um eine Überdehnung einzelner Muskelfasern, die zerreißend aneinander vorbeigleiten. Das Flechtwerk des Muskels bleibt aber in seiner Kontinuität erhalten.

Die *Diagnose einer Muskelzerrung* (= Muskelfaserriß) wird gestellt durch Funktionsausfall, lokalen Spontan- und Druckschmerz, entspannende Schonhaltung und später auftretendes Hämatom.

Der *Muskelriß* weist die gleichen Krankheitszeichen auf, die jedoch wesentlich ernster und dramatischer auftreten. Die charakteristische Delle, die durch Auseinanderweichen der Muskelbruchstücke entsteht, kann durch Bluterguß verdeckt sein.

Die *Behandlung von Muskeleinrissen* ist im allgemeinen konservativ. Durch Ruhigstellung in Form von Bettruhe und Schienenverband bzw. Schienenlagerung oder Gips und Vermeidung jeder mechanischen Beunruhigung erreichen wir eine zarte, funktionstüchtige Narbe. Die physiotherapeutische Behandlung kann sofort nach dem Unfall mit Eiswürfeln, kühlen Umschlägen oder Kompressen aufgenommen werden. Nach 4 bis 14 Tagen ist in den meisten Fällen eine Steigerung der physiotherapeutischen Maßnahmen mit Wärmeanwendungen (z. B. Kurzwelle, warmen Bädern) und aktiven Bewegungsübungen möglich. Vor örtlichen Prokaininjektionen evtl. mit Kortisonpräparaten in der Absicht, ohne Unterbrechung die Sportfähigkeit zu erhalten, ist dringend zu warnen. Derbe unelastische Narben und die Gefahr einer *Myositis ossificans* sind die zu erwartende Folge, so daß dadurch die Wiederherstellung der sportlichen Höchstleistung in fahrlässiger Weise gefährdet wird.

Muskeldurchrisse werden operativ versorgt, z. B. der Abriß des *M. rectus femoris* (Abb. 99) oder große Bauchmuskelrisse. Auch bei Faszienrissen, die durch ein Hervortreten des angespannten Muskels aus der Faszienlücke gekennzeichnet sind, ist eine Naht der Faszienlücke zu empfehlen. Nach der Operation eines Muskel- oder Faszienrisses ist Ruhigstellung bis zur Wundheilung angezeigt.

4.5.2. Sehnenverletzungen und -risse

Von den offenen Sehnenverletzungen, die Folge einer Schnitt- oder Stichverletzung sind oder als Begleiterscheinung großer Weichteil- oder Knochenverletzungen auftreten, sind die sportmedizinisch wichtigen subkutanen Sehnenrupturen abzugrenzen. Dem Sehnenriß geht vielfach eine durch mechanische Überbeanspruchung bedingte Degeneration der Sehne voraus. Durch verminderte Elastizität und Gleitfähigkeit wird die Sehne rißgefährdet. Der Sehnenriß ist in diesen Fällen dann kein reiner Unfallriß, sondern es besteht ein fließender Übergang vom Spontanriß bis zur reinen durch Unfall bedingten Zerreißung. In jüngster Zeit konnte nachgewiesen werden, daß bei bestimmten Bewegungsabläufen im Sport auch gesunde Sehnen reißen können.

Außer Achillessehnenrissen werden bei Sportlern vorzugsweise Streckaponeurosenrisse des Fingerendgliedes, Daumenstrecksehnenrisse, Risse der langen Bizepssehne und der Quadrizepssehne beobachtet.

Streckaponeurosenrisse des Fingerendgliedes können operativ (vorübergehende Fixierung des Endgelenkes in Streckstellung durch KÜRSCHNER-Draht) oder konservativ versorgt werden.

Bei konservativer Behandlung mit Gips, der durch Beugung des Mittelgelenkes um 45 oder 90° eine Überstreckung im Endgelenk gewährleistet, ist eine Ruhigstellung von mindestens 4 Wochen erforderlich. Auf diese Weise kann eine vollständige Heilung der Aponeurose erreicht werden.

Alle anderen Sehnenverletzungen erfordern eine sofortige Operation, da innerhalb der ersten 6 Stunden in den meisten Fällen eine primäre Vereinigung der Sehnenenden durch Naht am besten möglich ist. Die Spannungsfreiheit der Sehnennaht wird durch Ruhigstellung im Gipsverband, beim Achillessehnenriß in leichter Spitzfußstellung, gewährleistet. Wichtig ist der frühzeitige Beginn mit physiotherapeutischer Behandlung.

Auf Grund unserer Erfahrungen in der krankengymnastischen Behandlung von operativ versorgten Achillessehnenrupturen bei Sportlern können wir die Bedeutung des isometrischen Muskeltrainings unterstreichen.

Wir beginnen mit isometrischen Spannungsübungen am ersten Tag nach der Operation und lassen, abgesehen von der gesamten Muskulatur des gesunden Beines, die Quadrizeps- und Gesäßmuskulatur des operierten Beines üben. Nach Abschluß der Wundheilung folgen am 10. Tage nach der Operation isometrische Spannungsübungen für die Unterschenkelstreck- und die Wadenmuskulatur.

Hinsichtlich der Ausführung der isometrischen Spannungsübungen legen wir Wert auf eine maximale Anspannung der Muskulatur bei einer Anspannungsdauer von 2 bis 3 Sekunden, wie von HETTINGER (1968) angegeben. In dieser Weise wird jede Muskelgruppe fünfmal täglich geübt. Von der richtigen Ausführung der isometrischen Spannungsübungen hängt es ab, ob eine Inaktivitätsatrophie während der Ruhigstellung im Gips weitgehend vermieden werden kann, da kurze Muskelkontraktionen ebenso wie Reflexkontraktionen keinen Trainingsreiz darstellen.

Drei Wochen nach der Operation werden Oberschenkel und Kniegelenk freigegeben, nach 6 Wochen wird der Gips vollständig entfernt.

Bei unseren auf diese Weise behandelten Fällen war nach Abnahme des Gipsverbandes die Inaktivitätsatrophie minimal, wie durch die Umfangsdifferenz im Bereich der Wade von maximal 1 cm zum Ausdruck kommt. Obgleich 10 Wochen nach der Operation der Gang unserer Patientin völlig symmetrisch war, erfolgte die Wiederaufnahme des vollen Trainingsprogramms für den Wettkampfsport erst 6 Monate nach der Operation.

Achillessehnenrisse werden häufig verkannt und mit einer *Achillodynie*, *Paratenonitis* bzw. einem Fehlbelastungsschaden verwechselt. Die infolge des unverletzten *M. plantaris* erhaltene aktive Plantarflexion kann die richtige Diagnosestellung erschweren. Als sicheres Zeichen ist die Unmöglichkeit des Zehenspitzenganges auf dem verletzten Bein zu bewerten.

Bei nicht rechtzeitiger Operation heilen Achillessehnenrisse mit erheblicher Sehnenverlängerung aus, so daß eine bleibende Schwächung der Sehne und damit der gesamten Wadenmuskulatur als Unfallfolge eintritt. Die Ergebnisse von plastischen Sehnenoperationen sind im Vergleich zur primären Naht wesentlich ungünstiger (vgl. Achillessehnensymposion 1966).

4.5.3. Myositis ossificans localisata

Nach BOEHLER (1951) ist die *Myositis ossificans* keine unabwendbare Unfallfolge, sondern eine vermeidbare Behandlungsfolge.

Abbildung 100 zeigt das Röntgenbild einer *Myositis ossificans localisata* einer 18jährigen Patientin, die wegen einer sekundären Versteifung des Ellenbogengelenkes nach Radiusschaftfraktur mit Heißluft und Massage behandelt worden war.

Die *Myositis ossificans* ist die gefürchtete Spätfolge der stumpfen Muskelverletzungen. Man kann sie verhüten, wenn man den verletzten Muskel ruhigstellt und während der gesamten Periode des Umbaus vor äußeren Einflüssen schützt. Im Einzelfall ist es nicht immer leicht, die erforderliche, aber unter Berücksichtigung der sportlichen Interessen auch nicht zu lange Dauer der Ruhigstellung zu bestimmen.

Einen Sportstudenten behandelten wir nach starker Prellung des *M. quadriceps femoris* z. B. mit 2 Wochen Bettruhe und anschließend mit warmen Bädern und aktiven Bewegungs-

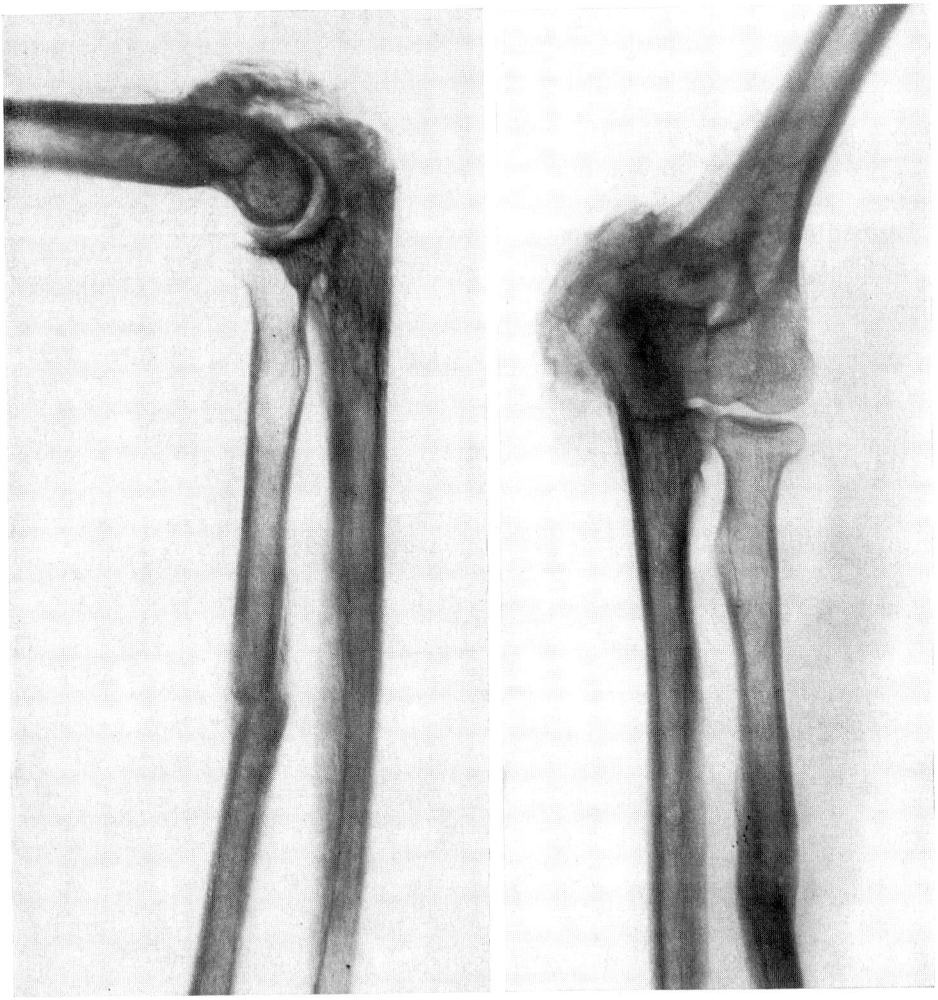

Abb. 100 a. p. und Seitenaufnahme des Ellenbogengelenkes einer 18jährigen Patientin bei Zustand nach *Radius*schaftfraktur mit ausgedehnter *Myositis ossificans localisata* im Bereich des Ellenbogengelenkes übungen. Trotzdem traten 10 Wochen nach der Verletzung Kalkschatten im *Vastus intermedius* des *M. quadriceps femoris* auf, so daß rückblickend betrachtet, die Zeitdauer der Ruhigstellung möglicherweise zu kurz gewesen war.

Die Periode des Umbaus kann sich über 3 bis 6 Wochen erstrecken, so daß in schweren Fällen während dieser Zeit der verletzte Muskel nicht beunruhigt werden darf. Schmerzhafte Massagen und schmerzhafte passive Bewegungsübungen sind grundsätzlich, auch zu einem späteren Zeitpunkt, zu vermeiden, da man damit praktisch in jedem Muskel eine *Myositis ossificans* erzeugen kann.

Zum Beispiel konnten wir eine Verkalkung der Hüftmuskulatur bei einer Sprinterin beobachten, die trotz einer nicht vollständig ausgeheilten Muskelzerrung chiropraktisch behandelt worden war.

In leichten Fällen einer *Myositis ossificans* kann man versuchen, durch örtliche Hylaseinjektionen und milde physiotherapeutische Anwendungen wie z. B. Prießnitzumschläge den Zustand zu bessern. Wird durch ausgedehnte Muskelverknöcherung eine operative Entfernung der Kalkspangen erforderlich, sollte man mit der Operation warten, bis der Prozeß abgeschlossen ist.

4.5.4. Tendinosen und Tendopathien

Unter *Tendinosen* versteht man schmerzhafte Reizzustände, die an den Ansatzstellen der verschiedensten Sehnen und Bänder lokalisiert sein können.

Tendinosen sind meist Folge einer einseitigen länger dauernden Überbeanspruchung der Sehne. Die Sehnenfasern sind am Übergang aus dem nachgiebigen Weichteilgewebe in den starren Knochen ganz besonderen Zugspannungen ausgesetzt. Bei unzweckmäßigem Trainingsaufbau oder einer anlagebedingten Disposition werden Tendinosen im Sport beobachtet. Wegen der Nachbarschaft des Periosts ist in einigen Fällen auch die Bezeichnung *Tendoperiostose* gebräuchlich.

Tendinosen können praktisch an allen Sehneninsertionen und Muskelansätzen entstehen. Es gibt jedoch bestimmte Stellen, die bevorzugt befallen werden.

Häufig sind Tendinosen im Bereich des radialen oder ulnaren Humeruskondylus (*Epicondylitis humeri radialis* oder *ulnaris*), denen man besonders bei Werfern und Tennisspielern begegnet. Gelegentlich treten Tendinosen auch als *Styloiditis radii* am *Processus styloideus radii* am Ansatz des *M. brachioradialis* in Erscheinung. Im Beinbereich kommen Tendinosen an der Ursprungssehne der Adduktoren am Schambein, am Ansatz des *Ligamentum patellae*, an der *Tuberositas tibiae* sowie am Achillessehnenansatz vor.

Neben einer Dauerbelastung werden Tendinosen auch durch unbewußte Koordinationsstörungen, die zu einer Verkrampfung bei bestimmten Bewegungsabläufen im Sport führen, verursacht. Für die Behandlung ist somit eine genaue Überprüfung des gewohnten Bewegungsablaufes sowie eine eventuelle Umstellung der Technik z. B. bei Speerwerfern oder Tennisspielern erforderlich. Außerdem sind örtliche durchblutungsfördernde Maßnahmen und Bewegungsübungen, die zu einer Herabsetzung des Muskeltonus führen, von Bedeutung. Die Behandlung kann mit einer einmaligen Injektion eines Kortisonpräparates mit Prokain in den Schmerzpunkt eingeleitet werden. Wiederholte bzw. zahlreiche derartige Injektionen sind insbesondere wegen der damit verbundenen Gefahr von Kristallablagerungen und örtlichen Gewebsreaktionen abzulehnen. Sind mehrfache Injektionen erforderlich, empfehlen wir die alleinige Anwendung von Prokain.

Günstige Behandlungsergebnisse konnten wir durch die Anwendung der *Iontophorese* beobachten. Bei frischen Fällen verwenden wir Hylase als Medikamentenlösung. Bei Fehlen jeglicher äußerer Entzündungserscheinungen hat sich die Histaminiontophorese bewährt. Beide Präparate sind anodisch wirksam, d. h., sie müssen an den positiven Pol angelegt werden. Wichtig ist, daß die Anode dem Schmerzgebiet unmittelbar aufliegt und gut gepolstert ist. Histamin verwenden wir in einer Verdünnung von 1:20000. Um der Eiweißverbindung Hylase, die sich elektrisch neutral verhält, eine Ladung zu geben, versetzen wir die Lösung gleichzeitig mit einem Azetatpuffer. Der Eiweißkomplex, der dadurch positiv reagiert, wandert von der Anode als Applikationselektrode zur Katode. Wichtig ist die täglich frische Zubereitung der Hylaselösung.

Rp. Histamindichlorhydrat 0,05
Aqu. ad 1000,0
S. Zur Histaminiontophorese
Rp. Natriumazetat 11,42
Eisessig 0,923 ml
Aqu. ad 1000,0
S. Pufferlösung zur Hylaseiontophorese

Von dieser Pufferlösung werden 450 ml mit 900 IE Hylase (= 6 Ampullen à 150 IE) versetzt, um die Lösung zur Hylaseiontophorese herzustellen (SCHWARZ 1955).

In jüngster Zeit wird über Erfolge mit hochdosierten intravenösen Hylaseinjektionen bei Tendinosen berichtet.

In diesem Zusammenhang sei darauf hingewiesen, daß auch einfach durchzuführende Maßnahmen der Hydrotherapie wie z. B. Prießnitzumschläge, Wechselbäder oder KNEIPPsche Güsse in einzelnen Fällen eine günstige Wirkung entfalten können. Regelmäßige Saunaanwendungen, die zu einer Reparation oxydativ geschädigter Gewebe und zur Muskelentspannung führen, dürfen im Rahmen einer Allgemeinbehandlung nicht vergessen werden.

Tendopathien sind degenerative Veränderungen in der Sehne selbst oder entzündliche Vorgänge im Sehnengleitgewebe.

Verantwortlich für das Auftreten von degenerativen Sehnenveränderungen bei Sportlern ist eine Mangeldurchblutung des Gewebes unter maximaler, einseitiger Belastung, die zu vorübergehenden oder dauernden Gewebsschäden führen kann. Gelegentlich werden Tendopathien auch durch pathologischen Druck von außen verursacht wie z. B. die *Paratenonitis* der Achillessehne durch Druck der Hinteroberkante des Skistiefels.

Wird im Verlauf einer erkrankten Sehne ein deutliches Reibegeräusch festgestellt, spricht man von einer *Paratenonitis crepitans.*

Da sogenannte Fehlbelastungsschäden von Sehnen meist auf degenerativen Sehnenveränderungen beruhen, ist bis zur vollständigen Wiederherstellung bei den oft hartnäckigen Beschwerden eine längere Behandlungszeit erforderlich.

Die Durchblutungsförderung des Gewebes während der Arbeit und in der Erholungsphase ist für eine erfolgreiche Behandlung von grundsätzlicher Bedeutung. Zu empfehlen sind alle Formen der Physiotherapie, wie Hydrotherapie, Iontophorese, klassische Massagen, Bindegewebs- und Unterwassermassagen, Sauna sowie aktive und passive Übungsbehandlung. Der Behandlungsaufbau und die Art, Intensität und zeitliche Folge der Anwendungen richten sich nach dem örtlichen Gewebsbefund, der für die gezielte Behandlung von ausschlaggebender Bedeutung ist. Auf Grund des klinischen Bildes ist zu entscheiden, ob während der Behandlung eine Unterbrechung oder Reduzierung des speziellen Trainings erforderlich ist.

Sowohl im Rahmen der physiotherapeutischen Behandlung als auch für den Trainingsaufbau ist u. a. das isometrische Muskeltraining von Bedeutung, das durch eine Hypertrophie der Muskelfasern und Vermehrung des interstitiellen Bindegewebes zu einer größeren Belastbarkeit des Muskel- und Sehnengewebes führt und auf diese Weise die Heilungsvorgänge bei sogenannten Fehlbelastungsschäden beschleunigt. Außerdem kann in Übereinstimmung mit den Erfahrungen der allgemeinen Krankengymnastik und den muskelphysiologischen Anschauungen GOEPFERTS (1966) durch gezielte, langsame isometrische Muskelkontraktionen über die maximale Anspannung eine vollständige Entspannung der Muskulatur erreicht werden. Die maximale Muskelentspannung wiederum ist bekanntlich die Voraussetzung für die im Sport erforderliche maximale Dehnungsfähigkeit von Sehnengewebe. Nach dem isometrischen Muskeltraining folgen Widerstandsübungen mit kleinem und größerem Bewegungsausmaß unter Ent- und Belastung. Die auf diese Weise aufgebaute aktive Übungsbehandlung ist besonders zur Behandlung therapieresistenter Fehlbelastungsschäden der Achillessehne in den Lauf- und Sprungdisziplinen zu empfehlen.

Die früher übliche Ruhigstellung im Gipsverband mit der insbesondere für den Sportler nachteiligen Inaktivitätsatrophie bei chronischen Fehlbelastungsschäden der Achillessehne kann durch die aufgezeigten physiotherapeutischen Behandlungsmöglichkeiten auf einzelne wenige Fälle beschränkt werden. Bei der *Paratenonitis* muß die Sehne entlastet werden, das kann z. B. bei der Achillessehne durch Erhöhung des Absatzes erfolgen.

Bei akut auftretenden Beschwerden können Ichthyolsalbenverbände oder gelegentlich Prokain- oder Hylaseinfiltrationen des *Paratenons* mit kurzfristiger Unterbrechung des speziellen Trainings nützlich sein.

Abgesehen von Tendopathien der Achillessehne werden im Sport auch Sehnenveränderungen in der langen Bizepssehne und der Sehne des *M. extensor pollicis longus* beobachtet.

4.6. Orthopädische Erkrankungen und Veränderungen einschließlich Verletzungen im Rumpfbereich

4.6.1. Haltungs-, Stellungs- und Formfehler der Wirbelsäule

Die Einschätzung der sportlichen Belastbarkeit des jugendlichen Organismus bei Haltungs-, Stellungs- und Formfehlern der Wirbelsäule läßt sich folgerichtig aus den Grundlagen für die aufrechte Körperhaltung ableiten.

Charakteristisch für jede Haltung ist ein Gleichgewichtszustand zwischen Schwerkraft und den eigentlichen Haltekräften, die von dem aktiven (arbeitende Muskulatur) und passiven Halteapparat (Knochenvorsprünge, Bänder und Tonus der ruhenden Muskulatur) gebildet werden. Die Muskulatur ermöglicht uns unzählige Haltungsformen. Dem Vorteil der Vielseitigkeit der Haltungsformen steht die Ermüdbarkeit der arbeitenden Muskulatur als Nachteil gegenüber. Zwischen den beiden Extremen, der Ruhehaltung und der vollen Aufrichtung, liegen zahlreiche Haltungsmöglichkeiten, die Ausdruck des Spannungszustandes der Muskulatur sind. Überwiegt die Muskelkraft, bietet sich uns das Bild der aufrechten Haltung, überwiegt die Schwerkraft, haben wir das Bild der Ruhehaltung vor uns.

Charakteristisch für alle Formen der Ruhehaltung sind
- die vermehrte Kyphose der Brustwirbelsäule,
- die kompensatorische Rückneigung des Rumpfes,
- die Erschlaffung der Strecker der Brustwirbelsäule, der Bauch- und Gesäßmuskulatur.

Für den Haltungsbegriff sind außerdem die Zusammenhänge zwischen *Haltung* und *Atmung* von Bedeutung. Eine tiefe Einatmung ist nur bei voller Aufrichtung möglich, andererseits ist die volle Ausatmung abhängig von einer intakten Bauchmuskulatur. Verharrt der Körper längere Zeit in der Ruhehaltung, kommt es zu einer Verflachung der Atmung und damit zu einer Verlangsamung der Blutzirkulation.

4.6.1.1. Haltungsfehler

Für den Haltungsfehler liegen somit die Aufgaben von Körperkultur und Sport und die sportliche Belastbarkeit klar vor uns.

Kinder und Jugendliche mit einem Haltungsfehler, der mit einer Häufigkeit von z. T. 70% angegeben wird, sind sowohl im Wettkampf- als auch im Schulsport voll einsatzfähig, wenn beim Trainingsaufbau beachtet wird, daß sie als Bindegewebsschwächlinge, um die es sich meistens handelt, rascher ermüden und eine längere schöpferische Pause zur Wiederherstellung benötigen. Wegen des darniederliegenden Gewebsturgors ist für sie der Sport als Entwicklungsreiz von außerordentlich großer Bedeutung, so daß es auf alle Fälle zweckmäßig ist, beim Aufbau der Trainingspläne den Besonderheiten hinsichtlich der Belastbarkeit Rechnung zu tragen. Durch Sportarten, die zu einer Förderung der Atmung und Aufrichtung der Körperhaltung führen, z. B. Schwimmen, Handball, Basketball usw. gelingt es in vielen Fällen sehr schnell, den Haltungsfehler als Insuffizienz der aktiven und passiven Haltevorrichtungen der Wirbelsäule zu überwinden. Außerdem ist zu empfehlen, Übungen zur Kräftigung von Rücken-, Bauch- und Gesäßmuskulatur in das tägliche Trainingsprogramm aufzunehmen, so daß es möglich ist, ohne zusätzliche Behandlung, dem Haltungsfehler wirksam zu begegnen.

Die verschiedenen Haltungsformen (vgl. Abb. 1), die durch die normale Haltung, den hohlrunden Rücken, den totalrunden Rücken und den Flachrücken gekennzeichnet sind, werden nicht dem Begriff des Haltungsfehlers zugeordnet, solange sie nicht die Grenzen des Normalen überschreiten. Sie stellen auch im allgemeinen keinen leistungsbegrenzenden Faktor im Sport dar. Trotzdem erscheint der Hinweis erwähnenswert, daß ein Flachrücken funktionell als ungünstig zu betrachten ist und bei maximaler Wirbelsäulenbelastung frühzeitiger ermüdet. Das ist vor allem der Fall, wenn der Flachrücken mit einem Sitzbuckel einhergeht.

4.6.1.2. Stellungsfehler

Bei den Stellungsfehlern der Wirbelsäule hat im Interesse einer Wiederherstellung der aufrechten Haltung die orthopädische Behandlung vorzugsweise durch physiotherapeutische Maßnahmen im Vordergrund zu stehen. Zusätzlich zu dieser Spezialbehandlung kann der Sport bei geeigneter Übungsauswahl und Dosierung zur Therapie beitragen. In diesem Zusammenhang ist das Schwimmen als Brust- und Rückenschwimmen von Bedeutung, da über eine Förderung der Atmung und ein aktives Muskeltraining das Haltungsgefühl wesentlich verbessert wird. Gelingt es, den Stellungsfehler frühzeitig vollständig zu beheben, bestehen keine Bedenken gegen einen späteren Einsatz im Wettkampfsport.

4.6.1.3. Formfehler

4.6.1.3.1. Skoliosen

Die Skoliose als Formfehler der Wirbelsäule bedarf einer eingehenderen Betrachtung. Wichtig ist die Abgrenzung der skoliotischen Haltung, einem Haltungsfehler, von der echten Skoliose als Formfehler der Wirbelsäule. In diesem Zusammenhang ist in Ergänzung zum klinischen Befund die röntgenologische Beurteilung der Wirbelsäule unerläßlich. Zu empfehlen sind standardisierte Ganzaufnahmen der Wirbelsäule am stehenden Patienten bei 2 m Fokus-Filmabstand im a.p. Strahlengang. Durch Vergleichsaufnahmen im Stehen einerseits bei völliger Muskelerschlaffung und andererseits unter starkem Längszug am Kopf ist eine genaue Abgrenzung eines Haltungsfehlers von einer Skoliose möglich und außerdem das Ausmaß der Aufrichtbarkeit der Skoliose festzustellen (Abb. 101).

Man unterscheidet einfache, C-förmige Skoliosen und zusammengesetzte S-förmige und Dreifachskoliosen (Tripelskoliosen) (Abb. 102). Neben der seitlichen Verbiegung ist die Wirbelsäule gegen den Krümmungsscheitel rotiert. Der Einzelwirbel ist in sich torquiert. Durch die Rotation der Wirbelsäule und die Torsion des Einzelwirbels kommt es auf der Konvexseite der Brustwirbelsäule zum Rippenbuckel und auf der Konkavseite zum Rippental. Die Konvexseite einer Lumbalskoliose ist durch einen Lendenwulst gekennzeichnet. Da Rotation und Torsion in ihrem Ausmaß der seitlichen Verbiegung nicht proportional sind, können Rotation und Torsion trotz starker seitlicher Ausbiegung gering sein und umgekehrt.

Bei der *Beurteilung der Sportfähigkeit bei Skoliosen* muß man ebenso wie bei der Behandlung individuell verfahren und den Gesamtzustand des Patienten genau beachten. Die Gefahr der Progredienz ist bei der Beurteilung ausschlaggebend. Warum im Einzelfall eine Skoliose fortschreitet, ist bis heute noch unbekannt und kann nur vermutet werden. Die Wachstumsphase der Pubertät als Zeit des zunehmenden Längenwachstums ist als besonders kritisch anzusehen. Nach Abschluß des Wirbelkörperwachstums ist im allgemeinen auch die Gefahr der Progredienz überwunden. Der knöcherne Durchbau der Darmbeinkammapophysen gilt als ziemlich sicherer Test dafür, daß eine weitere Verschlimmerung der Skoliose nicht mehr zu erwarten ist (Abb. 103).

Da es nicht einfach ist, im Beginn der Entwicklung diejenigen Skoliosen zu erkennen, bei denen mit einer unaufhaltsamen Progredienz gerechnet werden muß, gehört die Einschätzung der Sportfähigkeit bei Skoliosen zu den schwierigsten Beurteilungen überhaupt. Andererseits kann jede Skoliose in jedem Stadium ihrer Entwicklung stationär bleiben.

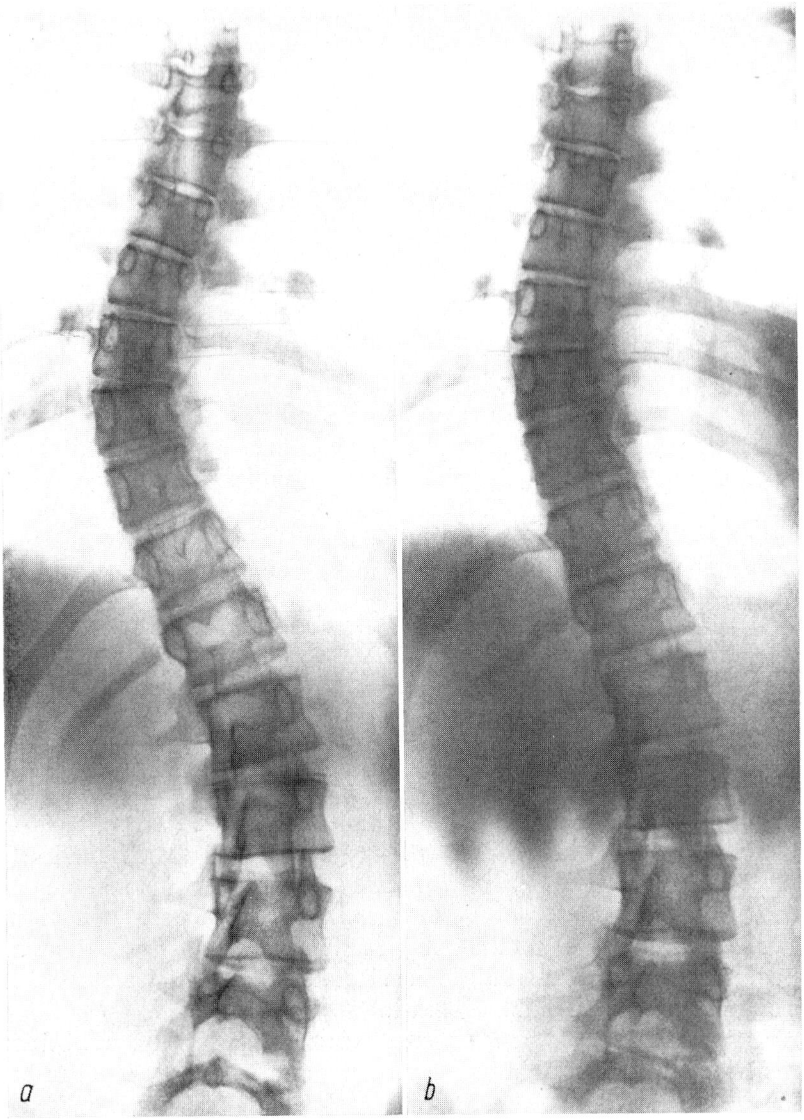

Abb. 101 Ganzaufnahme der Wirbelsäule eines 13jährigen Kindes: *a* das Kind steht völlig entspannt, *b* die Wirbelsäule ist maximal aufgerichtet

In der Praxis haben wir uns bisher wie folgt entschieden:

Beispiel 1: Eine 16jährige Sportlerin, die im Hochspringen sehr gute Leistungen aufzuweisen hatte, beabsichtigte die Aufnahme des Hochsprungs als Wettkampfsport. Es bestand eine deutliche rechtskonvexe Dorsalskoliose mit linkskonvexer lumbaler Gegenkrümmung. Die Darmbeinkammapophysen waren noch nicht geschlossen. Während des vergangenen Jahres war die Sportlerin 6 cm gewachsen.

Da in diesem Falle die Gefahr des Fortschreitens der Skoliose noch gegeben war, lehnten wir die Aufnahme ab.

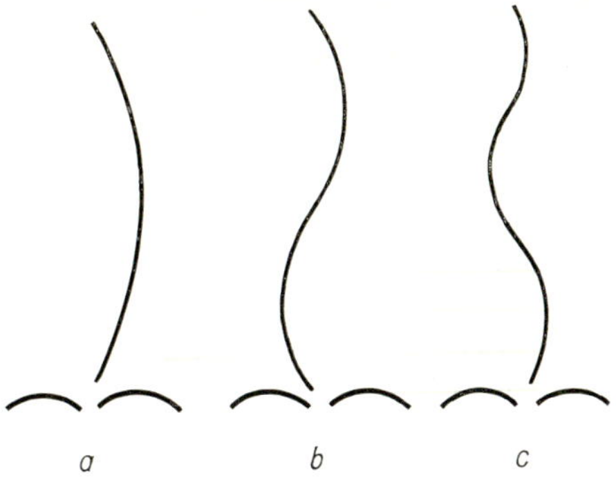

Abb. 102 Schematische Darstellung der Formen der idiopathischen Skoliose: *a* C-förmige Skoliose, *b* S-förmige Skoliose, *c* Dreifachskoliose (*Tripelskoliose*)

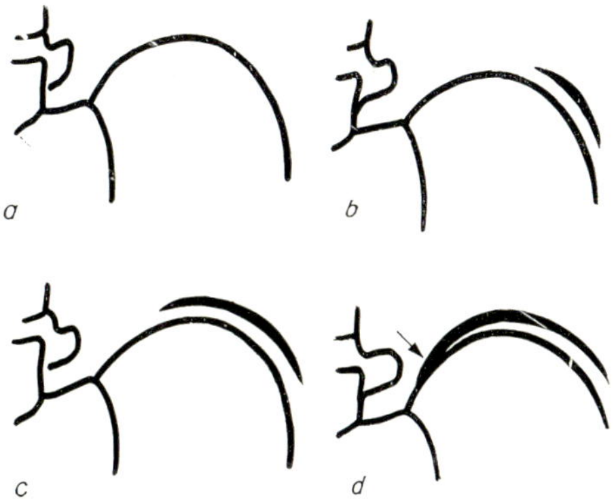

Abb. 103 *a* bis *d* Entwicklung der Darmbeinkammapophysen (nach Risser): *a* 1. Stadium: Die Apophyse ist noch nicht sichtbar, *b* 2. Stadium: Sie beginnt sich lateral zu entwickeln, *c* 3. Stadium: Sie erstreckt sich über die Hälfte des Darmbeinkammes, *d* 4. Stadium: Sie ist voll ausgebildet und zeigt beginnende Verschmelzung mit dem *Os ilium* am hinteren Ende

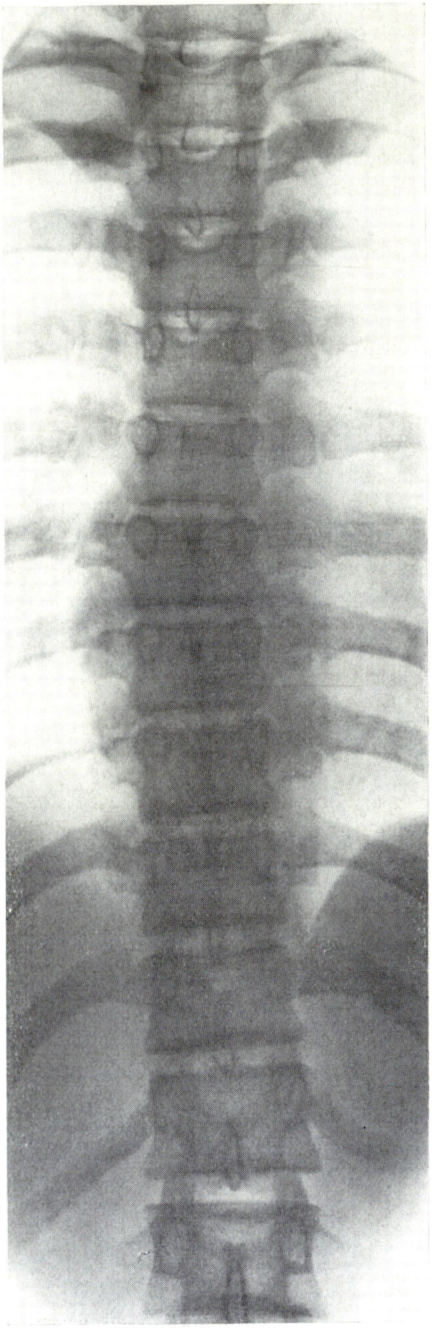

Abb. 104 Skoliosenübersichtsaufnahme einer 15jährigen Turnerin

Beispiel 2: Bei einer 15jährigen Turnerin beobachten wir seit mehreren Jahren regelmäßig eine flachbogige rechtskonvexe Dorsalskoliose (Abb. 104). Die Darmbeinkammapophysen

waren ebenfalls noch nicht geschlossen. Da die Sportlerin zum Zeitpunkt der ersten orthopädischen Untersuchung bereits mehrere Jahre trainiert hatte und sich in einem sehr guten Allgemeinzustand befand, stimmten wir einer Fortsetzung des Trainings zu.
Bei einer Beobachtungszeit von 5 Jahren ist keine Verschlechterung der Skoliose eingetreten.

In derartigen Fällen, in denen wir trotz einer leichten Skoliose die Fortsetzung des sportlichen Trainings zulassen, führen wir in dreimonatigen Abständen regelmäßige orthopädische Kontrolluntersuchungen durch, um im Falle eines Fortschreitens der Skoliose sofort die erforderliche orthopädische Behandlung aufnehmen und das sportliche Hochleistungstraining unterbrechen zu können. Im Schwimmsport sind wir mit der Zulassung bei leichten Skoliosen großzügiger. Jedoch setzen wir uns für eine Reduzierung der athletischen Ausbildung ein, wenn es der Befund erfordert. Vom Delphinschwimmen raten wir wegen der Gefahr der Auflockerung bei Skoliosen grundsätzlich ab.

Die bisherigen Ausführungen beziehen sich auf die *idiopathischen Skoliosen*, deren Ursache ungeklärt ist. Neben den genannten Skolioseformen gibt es *statische Skoliosen*, die durch eine reelle oder scheinbare Beinverkürzung hervorgerufen werden, *Lähmungsskoliosen*, *professionelle Skoliosen* durch die mit manchen Berufen verbundene Schiefhaltung des Rumpfes, *Schmerzskoliosen* z. B. als Symptom eines Bandscheibenprolapses in der Lendenwirbelsäule und *angeborene Skoliosen*, z. B. durch einseitigen Schaltwirbel oder einseitige Verblockung der Wirbelsäule verursacht.

Die *statischen Skoliosen* sind in vielen Fällen, wenn regelmäßig eine Absatzerhöhung zum Ausgleich des Beckenschiefstandes getragen wird, nicht progredient, so daß in dieser Hinsicht die Zulassung zum Wettkampfsport in leichteren Fällen gegeben werden kann.

Beispiel 3: Ein Patient bedarf in diesem Zusammenhang besonderer Erwähnung. Es handelt sich um einen 2,07 m großen Basketballspieler, der eine Beinlängendifferenz von 4 cm mit Beckenschiefstand und Gefahr einer statischen Skoliose aufwies. Durch eine Verkürzungsosteotomie des Oberschenkels, auf die die unterschiedliche Beinlänge zurückzuführen war, wurde ein Beckengeradstand erreicht. Ein Jahr nach der Operation war eine vollständige Wiederherstellung erzielt, so daß eine Einschränkung der Sportfähigkeit nicht mehr bestand.

Bei Hochspringern konnten wir häufig eine geringe Beinlängendifferenz mit einer angedeuteten statischen Skoliose beobachten.

Zu den *professionellen Skoliosen* sind auch die seitlichen Wirbelsäulenverbiegungen zu zählen, die wir häufig bei den Kanadierfahrern im Kanusport beobachten. Bei dieser Sportart ist ein systematischer allgemeiner Trainingsaufbau sowie ein Ausgleichstraining zur Verhütung stärkerer Skoliosen außerordentlich wichtig.

Die *angeborenen Skoliosen* neigen im allgemeinen nicht zur Progredienz. Bei der sportlichen Belastung ist jedoch zu vermeiden, daß man durch auflockernde Übungen dem Wirbelsäulengefüge seinen Halt nimmt.

Patienten mit *Lähmungsskoliosen* sind für den Wettkampfsport nicht einsatzfähig. Zu empfehlen ist Schwimmen im Rahmen des Versehrtensportes.

Obgleich wir in diesem Zusammenhang nicht auf Einzelheiten hinsichtlich der sportlichen Belastbarkeit von Skoliosen im Schulsport eingehen möchten, da sich die Sportfähigkeit aus den bisherigen Ausführungen ableiten läßt, erscheint ein Hinweis zur *sportlichen Belastbarkeit nach Skoliosenoperationen* auf Grund unserer praktischen Erfahrungen unerläßlich.

Als Standardmethode der Skolioseoperation hat sich heute die *Wirbelsäulenversteifung* nach größtmöglicher vorheriger passiver Korrektur ziemlich allgemein durchgesetzt. Die Größe des Wirbelsäulenbezirkes, der in die Versteifung einzubeziehen ist, umfaßt teilweise 12 bis 14 Wirbelsäulensegmente. Die operative Behandlung der Skoliose bedeutet somit einen weitgehenden Verzicht auf Beweglichkeit der Wirbelsäule. Eine Mobilisation des versteiften Wirbelsäulenanteils ist unter allen Umständen zu vermeiden, um nicht das Operationsresultat zu gefährden. Nach Abschluß der postoperativen Behandlung und der damit verbundenen Korsettversorgung ist es zweckmäßig, die sportliche Betätigung auf Brust- und Rückenschwimmen zu beschränken. Gymnastische Übungen sollten allein der auf diesem Gebiet erfahrenen Physiotherapeutin vorbehalten bleiben. Die gleichen Gesichtspunkte gelten auch für die Beurteilung im Hinblick auf Freizeit- und Erholungssport.

Der vielfach gebräuchliche Ausdruck *Kyphoskoliose* ist für die Mehrzahl der Skoliosen falsch. Die Kyphose wird durch den Rippenbuckel auf der Konvexität der Krümmung vorgetäuscht. Bei der Mehrzahl der skoliotischen Wirbelsäulen ist im Gegenteil eine Abflachung der normalen Brustkyphose oder sogar eine Lordose nachweisbar. Aus sportmedizinischer Sicht ist bei der Beurteilung einer derartigen schweren Skoliose die damit verbundene bzw. sich daraus ergebende Rechtsherzinsuffizienz zu beachten, so daß für alle Ausdauerbelastungen eine absolute Sportunfähigkeit gegeben ist.

4.6.1.3.2. Kyphosen

Neben der Skoliose stellt die Kyphose den wichtigsten Formfehler der Wirbelsäule dar. Sportmedizinisch bedeutungsvoll sind die *Kyphosen der Brustwirbelsäule*, die entweder durch typische Zwischenwirbelscheiben- und Wirbelkörperveränderungen im Rahmen einer SCHEUERMANNschen Erkrankung (vgl. 4.1.1.) hervorgerufen werden oder durch Fixierung einer Haltungskyphose entstehen. Außerdem sind die Folgen des sogenannten rachitischen Sitzbuckels in der Lendenwirbelsäule oder am Brust-Lenden-Übergang mit seiner fortschreitenden Fixierung und den zwangsläufig einsetzenden Kompensationsvorgängen an den übrigen Wirbelsäulenabschnitten zu beachten (Abb. 105). Daß sich hinter einem Sitzbuckel eine SCHEUERMANNsche Erkrankung mit lumbaler Lokalisation verbergen kann, ist ebenfalls von Bedeutung.

Als Ausgleich der dorsalen Kyphose entsteht oft eine vermehrte Lendenlordose, die durch Schwäche der Bauch-, Gesäß- und Beinmuskulatur begünstigt wird. Beim Sitzbuckel wird die Kyphose am Brustlendenübergang durch eine Lordosierung in der unteren bis mittleren Brustwirbelsäule kompensiert. Die verstärkte Lendenlordose bzw. kompensatorische Lordose der Brustwirbelsäule ist als *Locus minoris resistentiae* anzusehen, da bei unphysiologischer Wirbelsäulenbelastung (Abb. 106) eine Lockerung einzelner Bewegungssegmente in diesen Wirbelsäulenabschnitten zu beobachten ist. Die Folge sind schmerzhafte muskuläre Verspannungen der Rückenstreckmuskulatur und osteochondrotische Veränderungen.

Bei Sportarten, bei denen die Höchstleistung von einer guten Beweglichkeit der gesamten Wirbelsäule sowohl im Sinne der Rumpfbeuge vorwärts und rückwärts abhängt, z. B. Turnen, ist durch die bestehende Fixierung bei der dorsalen oder lum-

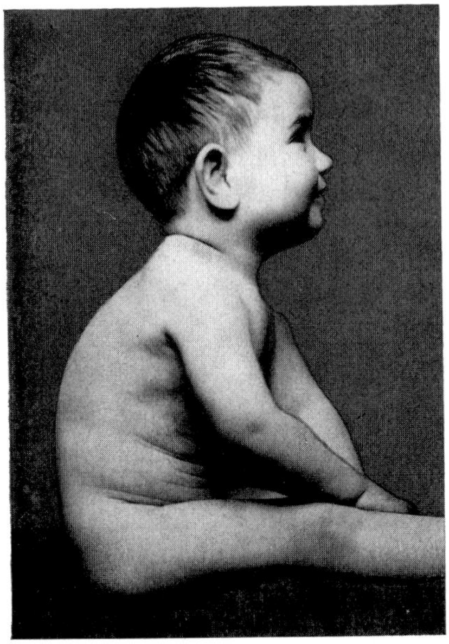

Abb. 105 Kleinkind mit rachitischem Sitzbuckel

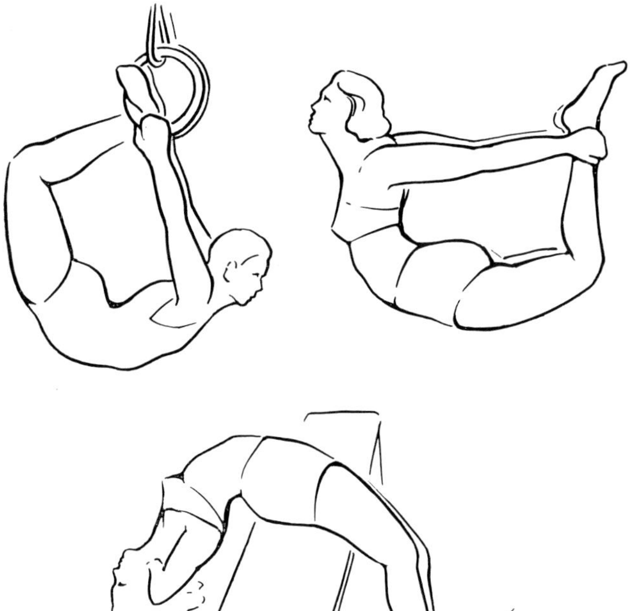

Abb. 106 Übungselemente, die bei Rundrücken verboten sind: Nesthang, Rumpfbeuge rückwärts, bogenliegende Haltung

balen Kyphose mit einer erheblichen Leistungsminderung und einem frühzeitigen Eintreten von Beschwerden zu rechnen. Außerdem sind schwere Kyphosen nicht für sportliche Ausdauerbelastungen geeignet. Aus diesem Grunde empfehlen wir Sportlern, die einen derartigen Befund bei der Aufnahmeuntersuchung zum Wettkampfsport aufweisen, sich für andere Sportarten zu entscheiden bzw. sich im Rahmen des Freizeit- und Erholungssportes zu betätigen.

4.6.2. Variationen der Wirbelsäule

Variationen der Wirbelsäule sind häufiger als man allgemein annehmen möchte. Ohne einen strengen Maßstab anzulegen und feinste Merkmale der Wirbel zu bewerten, gelangt man zu folgenden statistischen Angaben: 40% normale Wirbelsäulen, 26% Kranialtypen und 34% Kaudaltypen (KUEHNE 1950). Unter Kranial- oder Kaudaltyp der Wirbelsäule versteht man eine Verschiebung der Regionengrenzen der Wirbelsäule nach kranial oder kaudal. An der Wirbelsäule bestehen 5 Regionengrenzen:

1. okzipito-zervikal, 2. zerviko-thorakal, 3. thorako-lumbal, 4. lumbo-sakral und 5. sakro-kaudal. Die 1. Regionengrenze beteiligt sich als einzige nicht an einer Verschiebung. Die Variationsrichtung ist vererbt (KUEHNE).

Zu den Hauptmerkmalen der Kranialvariation gehören:

1. Halsrippe oder nach deren Assimilation langer Querfortsatz am 7. Halswirbelkörper, er ist dann länger als der Querfortsatz des 1. Brustwirbels (bei Jugendlichen findet sich öfter eine kleine Rippe am 7. Halswirbel; sie verschmilzt während des Wachstums mit dem Querfortsatz des Wirbels).
2. kurze 12. Rippe (1 bis 7 cm) oder Fehlen der Rippe;
3. kleiner Querfortsatz am 4. Lendenwirbel;
4. Sakralisation des 5. Lendenwirbels.

Zu den Hauptmerkmalen der Kaudalvariation gehören:

1. kurzer Querfortsatz des 7. Halswirbels;
2. lange 12. Rippe (14 bis 18 cm);
3. Rippe am 1. Lendenwirbel;
4. langer Querfortsatz am 4. Lendenwirbel;
5. Lumbalisation des 1. Kreuzwirbels;
6. Sakralisation des 1. Steißwirbels.

Die Zahlenvermehrung der Wirbel der einzelnen Regionen geht auf Kosten anderer Regionen.

Röntgendiagnostisch wichtig ist die *Variation der Querfortsätze der Lendenwirbelsäule*, um bei Übergangswirbeln an der dorsolumbalen und lumbosakralen Grenze bestimmen zu können, welche Variation vorliegt. Normalerweise ist der Querfortsatz L_4 kürzer und schmaler als der Querfortsatz L_3 und L_5. Er kann als Ausgangspunkt für die Wirbelzählung benutzt werden.

Für die sportmedizinische Praxis ist wichtig, daß die Variationen der Wirbelsäule etwas *Normales* darstellen und nicht als Fehlbildung bewertet werden. Bei der Vielzahl der zu befundenden Röntgenaufnahmen gesunder Kinder und Jugendlicher ist man sehr leicht geneigt, derartige Variationen beim Auftreten der geringsten klinischen Erscheinungen ursächlich verantwortlich zu machen. Schwierigkeiten im Training

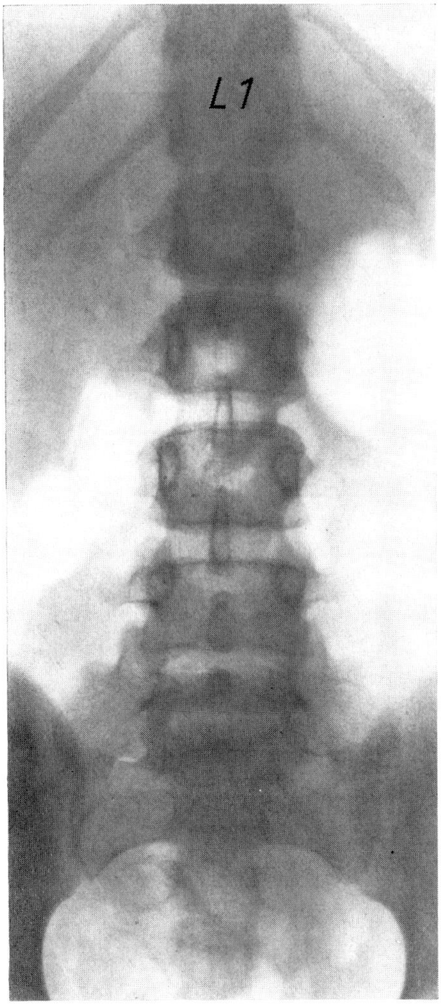

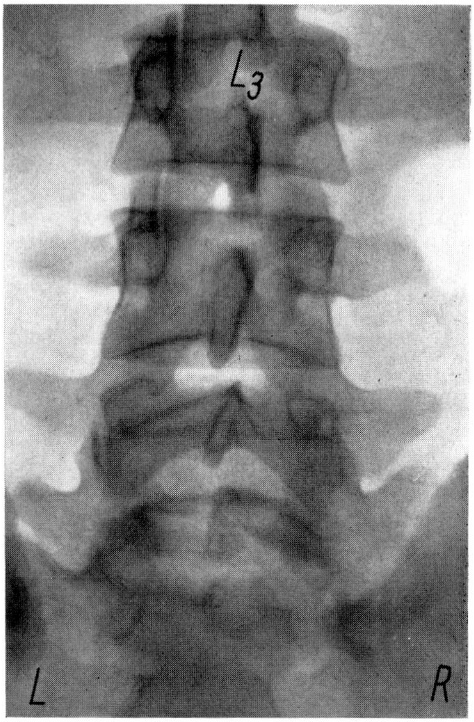

Abb. 108 a. p.-Aufnahme der Lendenwirbelsäule eines 21jährigen Sportstudenten mit Lumbalisation von S_1 einseitig

Abb. 107 a. p.-Aufnahme der Lendenwirbelsäule und des Kreuzbeines einer 11jährigen Wasserspringerin, Kaudalvariation mit langen 12. Rippen, kleinen Rippen bei L_1 und Lumbalisation von S_1

treten insbesondere in den Fällen erstmalig auf, in denen ein ärztlicher Kollege dem Sportler gegenüber diese Variationen überbewertet.

Bei einer unserer besten Turnerinnen waren z. B. stark verbreiterte Querfortsätze bei C_7 beiderseits nachweisbar. Eine Beeinträchtigung der Leistungsfähigkeit bestand während einer Beobachtungszeit von 10 Jahren nicht. Zu erwähnen ist lediglich eine Neigung zu Verspannungen der Halsmuskulatur, besonders nach ausgedehntem Training.

Auf Grund unserer bisherigen Erfahrungen im Sport und in Übereinstimmung mit den Angaben in der Literatur, sind Halsrippen in mehr als 90 % der Fälle symptomlos, so daß wir bei Vorliegen eines derartigen Röntgenbefundes ohne klinische Zeichen die Sportfähigkeit bejahen.

Die im Röntgenbild gut sichtbaren Merkmale der Kaudalvariation sind eine lange 12. Rippe, eine kleine Rippe an L_1 und eine Lumbalisation von S_1. Die Lumbalisation ist selten so hochgradig, daß der Kreuzwirbel einem Lendenwirbel ähnlich wird. Öfter ist der 1. Kreuzwirbel vom Kreuzbein abgetrennt, ohne seine Form zu ändern.

Abbildung 107 zeigt auf der a.p. Röntgenaufnahme der LWS einer 11jährigen Wasserspringerin die für eine Kaudalvariation typischen Veränderungen. Klinisch sind diese Veränderungen symptomlos. Der Befund wurde anläßlich einer Röntgenuntersuchung nach Prellung der Lendenwirbelsäule aufgedeckt.

Gelegentlich erfolgt die Lumbalisation von S_1 nur einseitig (Teillumbalisation), so daß eine Asymmetrie des Übergangswirbels besteht (Abb. 108).

Hinsichtlich der Frage, ob man derartige Variationen, die sich z. B. bei Reihenuntersuchungen herausstellen, dem Sportler mitteilen soll oder nicht, besteht unter den Sportmedizinern keine einheitliche Meinung. Wir vertreten auf Grund unserer bisherigen Erfahrungen die Ansicht, daß man Variationen, die als etwas Normales zu bewerten sind, nicht mit dem Sportler besprechen soll und muß. Bei der großen Anzahl von Variationen, die allein im Bereich des Wirbelsäulenskeletts, wie bereits erwähnt, mit 60% angegeben werden, würde unbeabsichtigt der Eindruck entstehen, daß sich davon spätere Beschwerden ableiten lassen.

4.6.3. Fehlbildungen und Anomalien der Wirbelsäule

Fehlbildungen und Anomalien der Wirbelsäule sind sportmedizinisch bedeutungsvoll, da insbesondere bei Einstellungsuntersuchungen zu entscheiden ist, ob bei Vorliegen einer der genannten Veränderungen die Sportfähigkeit im Laufe der gesamten sportlichen Entwicklung in der auserwählten Sportart beeinträchtigt sein wird.

Wir unterscheiden:

- Fehlbildungen und Anomalien der Wirbelkörper,
- Fehlbildungen und Anomalien der Wirbelbogen,
- Fehlbildungen und Anomalien der Wirbelgelenke und der Wirbelfortsätze,
- Morbus Klippel-Feil als kombinierte Wirbelbrustkorbfehlbildung.

4.6.3.1. Fehlbildungen und Anomalien der Wirbelkörper

Die häufigsten Fehlbildungen der Wirbelkörper sind der *Spaltwirbel*, der *Halbwirbel* und der *Blockwirbel* (Abb. 109). Diese drei Fehlbildungen kommen gelegentlich an ein- und demselben Wirbelsäulenabschnitt vor.

Spaltwirbel: Der Wirbel besteht aus einer rechten und linken Hälfte. Der Spalt ist mit Bandscheibengewebe ausgefüllt. Man hat den Wirbel mit einem fliegenden Schmetterling verglichen (Schmetterlingswirbel). Sind die beiden Wirbelhälften ungleich hoch, so resultiert eine Skoliose.

Halbwirbel: Es hat sich nur eine Wirbelhälfte entwickelt. Der Halbwirbel ist meist ein überzähliger Wirbel. Unter der Belastung wird er keilförmig. Die Folge ist eine Skoliose oder Kyphose.

Blockwirbel: Zwei oder mehrere Wirbel verknöchern miteinander. Dies ist physiologisch an den Kreuzwirbeln. Die Synostose beginnt allgemein ebenso wie an den Kreuzwirbeln im Bereich der Wirbelränder und schreitet von da auf die Zwischenwirbelscheibe fort. Die Synostose erfolgt oft erst gegen Ende des Wachstums. Die Wirbel haben dann normale Höhe. Erfolgt die Synostose frühzeitig, so bleiben die

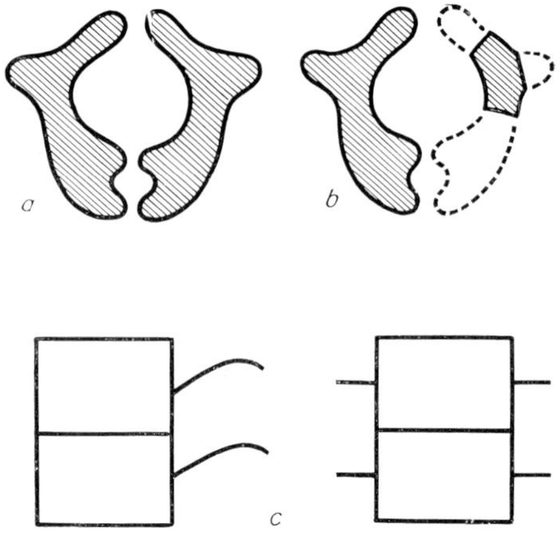

Abb. 109 Schematische Darstellung der häufigsten Fehlbildungen der Wirbelkörper: *a* Spaltwirbel, *b* Halbwirbel rechts, rudimentärer Wirbelbogen links, *c* Blockwirbel

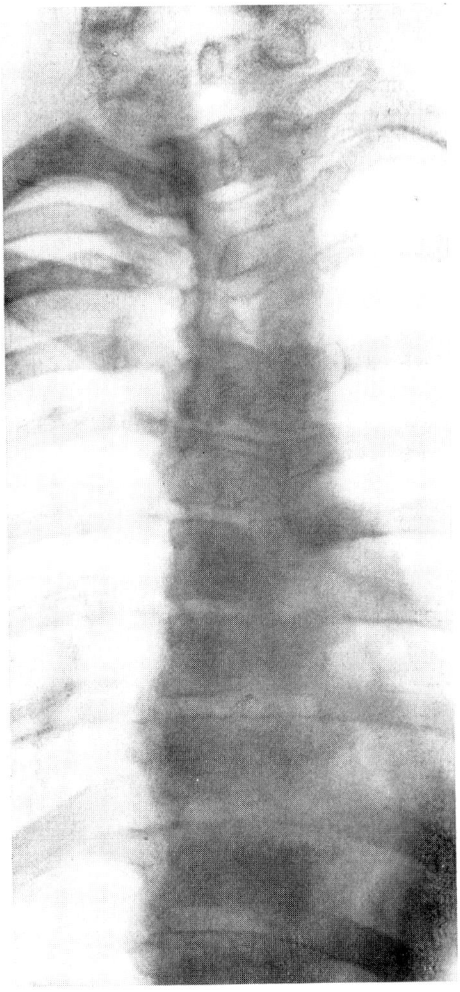

Abb. 110 a.p.-Aufnahme der oberen Brustwirbelsäule einer 15jährigen Sportlerin; Spaltwirbelbildung bei Th_3 mit dadurch bedingter hochsitzender linkskonvexer Dorsalskoliose

Wirbel niedrig, da mit der Synostose das Höhenwachstum des Wirbels aufhört. Oft synostosieren auch die Bogen. Die Ursache der Fehlbildung ist anscheinend eine mangelhafte Anlage der Bandscheibe.

Die beschriebenen Wirbelkörperfehlbildungen sind bei isoliertem Vorkommen auf Grund unserer Erfahrungen für die sportliche Belastbarkeit der Wirbelsäule ohne Bedeutung. Sind von den Fehlbildungen mehrere Wirbelkörper betroffen, so richtet sich die Belastbarkeit nach der Schwere der angeborenen bzw. durch das Wachstum entstandenen Deformität. Die Sportler, deren Wirbelkörperfehlbildungen wir auf Abbildung 110 und 111 zeigen, waren ohne Beschwerden bei jahrelangem Training voll belastbar. Für angeborene Skoliosen (Abb. 112) gelten die in dem speziellen Kapitel unter 4.6.1.3.1. aufgeführten Gesichtspunkte.

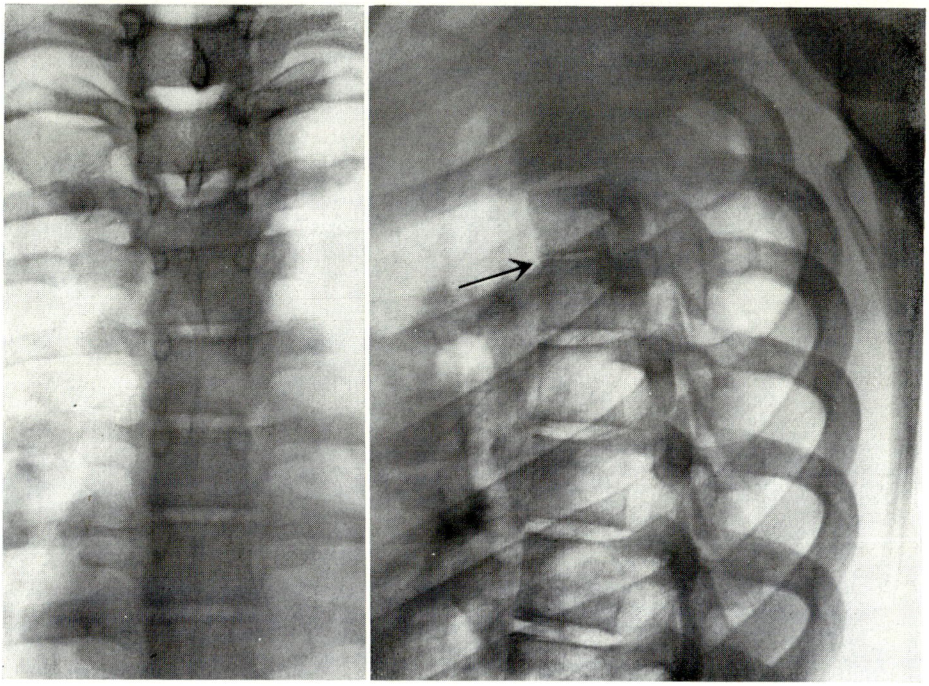

Abb. 111 a.p. und Seitenaufnahme der oberen Brustwirbelsäule einer 15jährigen Sportlerin mit hochgradiger Verschmälerung des Zwischenwirbelraumes zwischen Th 3/4 als Zeichen einer partiellen Blockwirbelbildung

4.6.3.2. Fehlbildungen und Anomalien der Wirbelbogen

Die häufigste Fehlbildung ist die *Bogenspalte*. Bogenspalten kommen vorwiegend in der Mittellinie im Bereich des Dornfortsatzes vor. Außerdem sind sie im Zwischengelenkstück der Bogenplatte und sehr selten an den Bogenwurzeln nachweisbar (Abb. 113).

Bogenspalten im Bereich des Dornfortsatzes (*Spina bifida*) kommen fast täglich zur Beobachtung. Früher, als man die Häufigkeitsziffer (rund 20%) noch nicht genau kannte, machte man die *Spina bifida* in Zusammenhang mit Myelodysplasien auch für andere Störungen verantwortlich. Am meisten sind der 1. Sakral- und der 5. Lumbalwirbel befallen. Gelegentlich kommt eine *Spina bifida* aber auch am Hals-Brust- oder Brust-Lenden-Übergang vor (Abb. 114). Bei solchen atypischen Lokalisationen kann sie sich klinisch bemerkbar machen. In einigen Fällen weist ein Haarschopf im Wirbelsäulenbereich auf eine *Spina bifida* hin.

Ist der Spalt breit, dann fehlt der Dornfortsatz. Außerdem können die entsprechenden Bogen vollständig fehlen. Der Abstand der beiden Bogenwurzeln der betreffenden Wirbel ist in diesen Fällen infolge Erweiterung des Wirbelkanals vergrößert (Abb. 115).

Die Bogenspalten in der Mittellinie im Bereich des Dornfortsatzes sind aus sportmedizinischer Sicht harmlose Anomalien. Eine Beeinträchtigung oder Minderung der

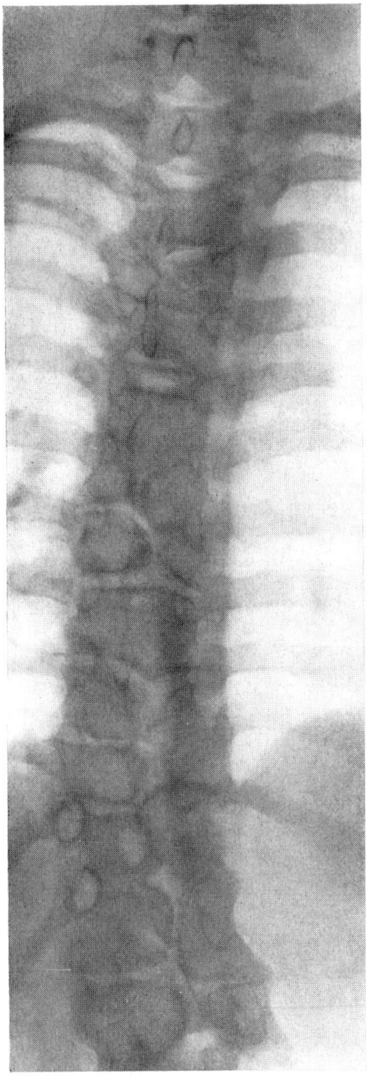

Abb. 112

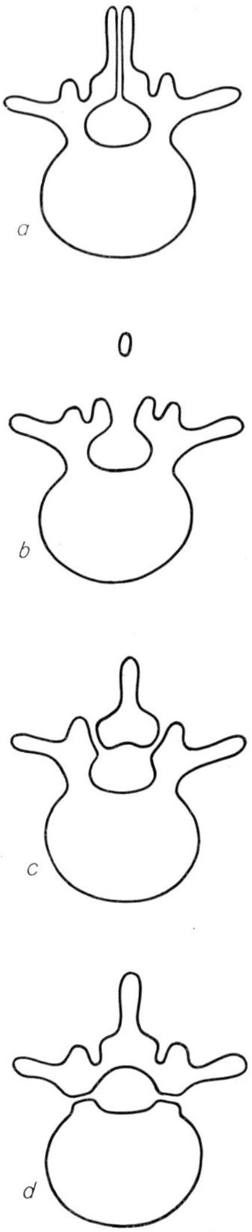

Abb. 113

Abb. 112 a.p.-Aufnahme der Brustwirbelsäule einer 14jährigen Schülerin; rechtskonvexe dorsale angeborene Skoliose mit Spalt- und Halbwirbelbildungen

Abb. 113 Wirbelbogenspalten: *a* schmaler medianer Spalt (*Spina bifida*), *b* breiter medianer Spalt mit hypoplastischer Apophyse des Dornfortsatzes (hinterer Wirbelbogendefekt), *c* Spaltbildung in der Interartikularportion (*Spondylolyse*), *d* Spalt in beiden Bogenwurzeln (Bogenwurzelfuge)

sportlichen Leistungsfähigkeit konnten wir in keinem der sehr häufig zu beobachtenden Fälle nachweisen. In diesem Zusammenhang ist ein Begutachtungsfall von Interesse, bei dem man anfangs die Leistungsminderung in der Lendenwirbelsäule auf die röntgenologisch nachweisbare *Spina bifida* bei S_1 zurückführte. Eine eingehende

Abb. 114 a.p. Aufnahme des Hals-Brust-Überganges einer 16jährigen Sportlerin mit *Spina bifida* bei Th_1 ohne klinisch nachweisbare Symptome

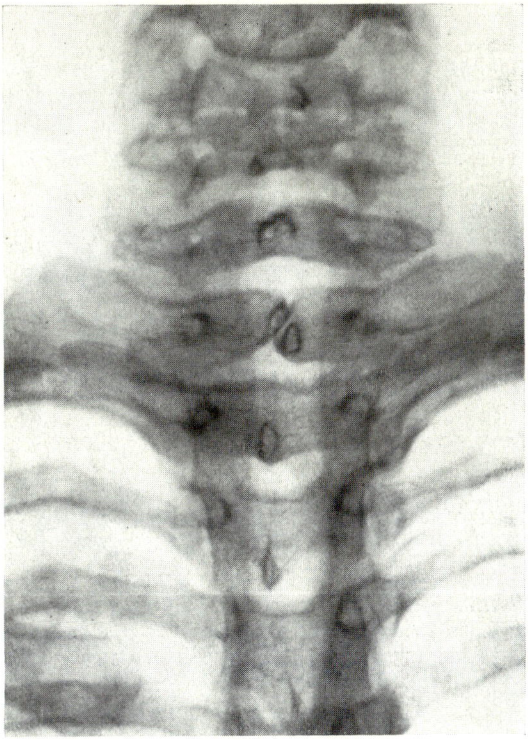

Abb. 115 Die Beckenübersichtsaufnahme einer 20jährigen Turnerin zeigt breiten medianen Bogenspalt bei S_1

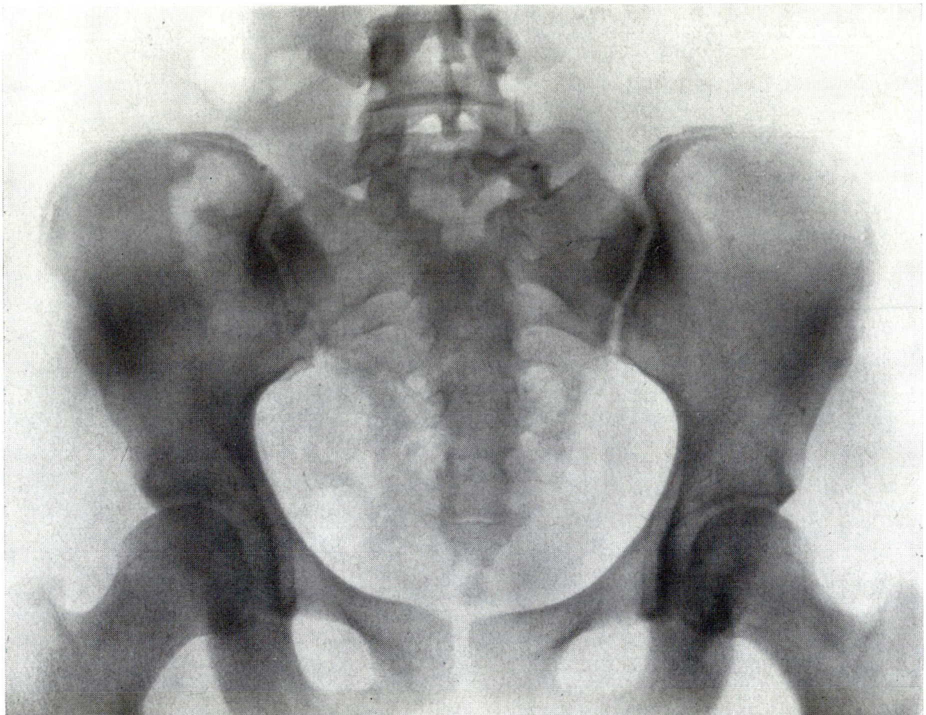

orthopädische Untersuchung einschließlich Röntgenspezialaufnahme des lumbosakralen Überganges ließ bei der Turnerin einen Spondylolysenspalt in der Interartikularportion von L_5/S_1 beiderseits erkennen, der für den Beschwerdekomplex verantwortlich ist. Damit konnte widerlegt werden, daß das isolierte Vorkommen einer *Spina bifida*, wie anfangs angenommen, eine Leistungsminderung der Wirbelsäule zur Folge hat.

Bogenspalten im Zwischengelenkstück (*Spondylolyse*): Eine Spaltbildung im Zwischengelenkstück des Bogens bezeichnet man als Spondylolyse (siehe Abb. 113c). Sie ist die Ursache einer *Spondylolisthesis*, die im Kapitel 4.6.4. abgehandelt wird.

4.6.3.3. Fehlbildungen und Anomalien der Wirbelgelenke und Wirbelfortsätze

Fehlbildungen und Anomalien an den Wirbelgelenken sind nicht häufig. Abgesehen von einer Asymmetrie der Stellung *der kleinen Wirbelgelenke* in der Lendenwirbelsäule (Abb. 116), haben sie in der Sportmedizin keine praktische Bedeutung. Die Asymmetrie der Stellung der kleinen Wirbelgelenke läßt sich bei einem entwicklungsgeschichtlichen Rückblick leicht verstehen.

Beim Neugeborenen ist der Gelenkspalt der kleinen Wirbelgelenke frontal gestellt. Die Schrägstellung der Gelenkspaltrichtung mit vorwiegend sagittaler Orientierung, die auch beim Erwachsenen besteht, tritt bis zum 18. Lebensmonat ein. Durch Hemmung der Entwicklung der Richtungsänderung des Gelenkspaltes einseitig, ist die asymmetrische Gelenkspaltrichtung zu erklären.

Durch die paarweise Anordnung der Intervertebralgelenke wird die normale Funktion garantiert. Weicht die Stellung der Gelenke wegen einer Variation der Gesamtrichtung der Gelenkflächen oder der Form der Gelenkflächen voneinander ab, so ist die paarige Funktion nicht mehr möglich. Es kommt somit in diesen Gelenken bei starker funktioneller Beanspruchung infolge Fehlbelastung zu chronischen Distorsionen als Vorstufe einer *Arthrosis deformans*. Bei Sportarten, wie z. B. Turnen, die mit häufiger Lordosierung in der Wirbelsäule besonders am lumbosakralen Übergang verbunden sind, konnten wir bei asymmetrischer Gelenkspaltrichtung der Intervertebralgelenke mehrfach Kreuzschmerzen beobachten. Die Rumpfbeuge rückwärts (Brücke) gehört zu den Übungselementen, die sich bei den beschriebenen Veränderungen zum Teil ungünstig auswirken. Eine Sportunfähigkeit konnten wir allerdings in keinem der von uns beobachteten Fälle feststellen. Bei Sportlern, die jahrelang bei Vorliegen einer derartigen Anomalie trainiert hatten, ließen sich stärkere degenerative Veränderungen an den kleinen Wirbelgelenken ebenfalls nicht nachweisen, so daß wir in diesen Fällen die Sportfähigkeit nicht grundsätzlich verneinen.

Fehlbildungen und Anomalien an den Wirbelfortsätzen sind meist harmlose Veränderungen. Sie sind jedoch differentialdiagnostisch von Bedeutung.

An allen Fortsätzen treten in typischer Weise Knochenkerne (*Apophysen*) im allgemeinen um das 16. Lebensjahr auf. Sie verschmelzen dann um das 25. Lebensjahr mit dem Hauptkörper. Im Dornfortsatz erscheinen sie an der Spitze, weshalb man von Dornfortsatzspitzenapophysen spricht. Bleibt die Verschmelzung der Apophysen mit dem Quer- bzw. Dornfortsatz aus, spricht man von *persistierenden Apophysen*, die nicht für eine Fraktur gehalten werden dürfen.

---

1 Für die Überlassung der Röntgenaufnahme, die 1967 im Institut für Sportmedizin der DHfK angefertigt wurde, möchte ich Herrn Prof. Dr. Tittel herzlich danken.

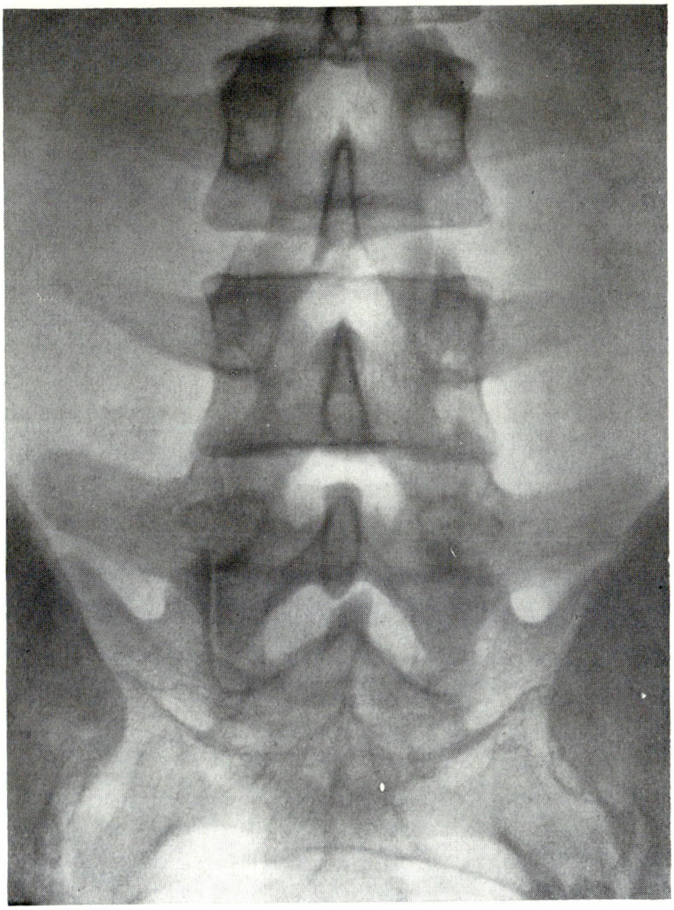

Abb. 116 a. p.-Aufnahme der Lendenwirbelsäule einer 16jährigen Ruderin mit Asymmetrie der Stellung der kleinen Wirbelgelenke bei L_5/S_1 mit frontaler Gelenkspaltrichtung links und sagittaler rechts

Von sportmedizinischer Bedeutung sind *verbreiterte Querfortsätze von* L_5, wenn sie mit dem Darmbein bzw. der *Massa lateralis* des Kreuzbeines artikulieren (Abb. 117). In derartigen Fällen wurden mehrfach Kreuzschmerzen beobachtet, die sich beim Training erheblich verstärkten. Ursächlich sind die Beschwerden durch eine Nearthrosenbildung mit osteochondrotischen Veränderungen im Bereich der gebildeten Gelenkflächen zu erklären. Hinsichtlich der Belastbarkeit im Sport ist zu entscheiden, ob ein intensives sportliches Training, das mit einer ständigen Beanspruchung der Lendenwirbelsäule verbunden ist, unterbleiben soll oder ob auf operativem Wege durch Resektion des verbreiterten Querfortsatzes eine Ausheilung angestrebt werden kann.

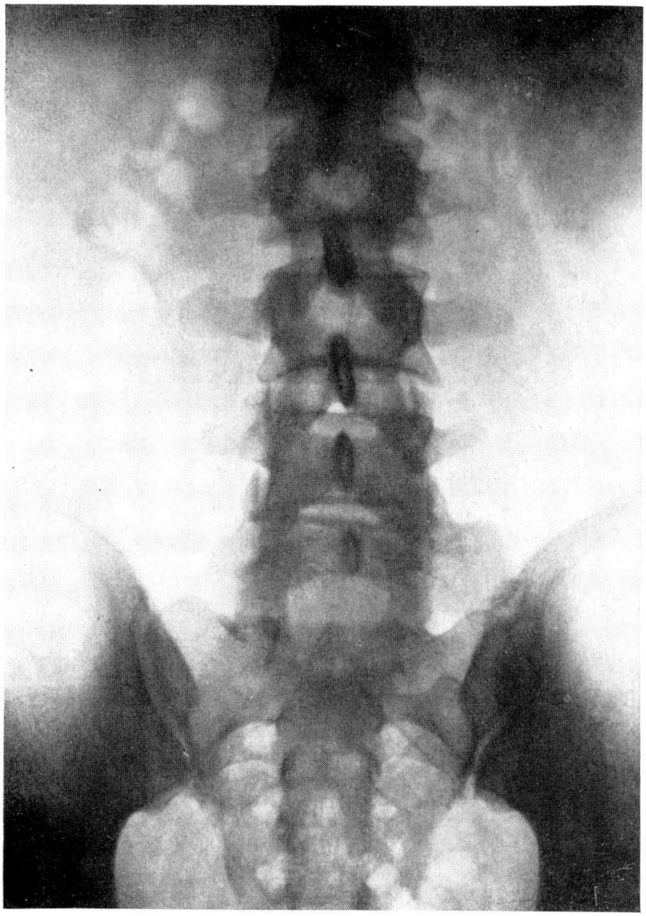

Abb. 117 a. p.-Aufnahme der Lendenwirbelsäule eines 24jährigen Sportlers mit Verbreiterung des Querfortsatzes von L_5 links, der mit der *Massa lateralis* des Kreuzbeines und dem Darmbein artikuliert

4.6.3.4. Morbus Klippel-Feil

Als Morbus Klippel-Feil (1956) bezeichnet man eine kombinierte Wirbelbrustkorbfehlbildung (Abb. 118). Der Wirbelsäulenabschnitt ist verkürzt, kyphotisch oder skoliotisch. Hauptlokalisation sind die zervikodorsale und dorsolumbale Region. Als Morbus Klippel-Feil bezeichnete man ursprünglich nur die Fehlbildungen an der Halswirbelsäule. Der Hals ist kurz und breit.

Trotz der äußerlich erheblich ins Auge fallenden Deformität sollte man keine allzu große Angst vor sportlicher Betätigung wie Schwimmen, Ballspielen usw. als Freizeit- und Erholungssport haben. Allgemein gelten hinsichtlich der sportlichen Belastbarkeit die unter angeborenen Skoliosen angeführten Gesichtspunkte. In den Wettkampfsport nehmen wir keine Sportler mit der beschriebenen Deformität auf.

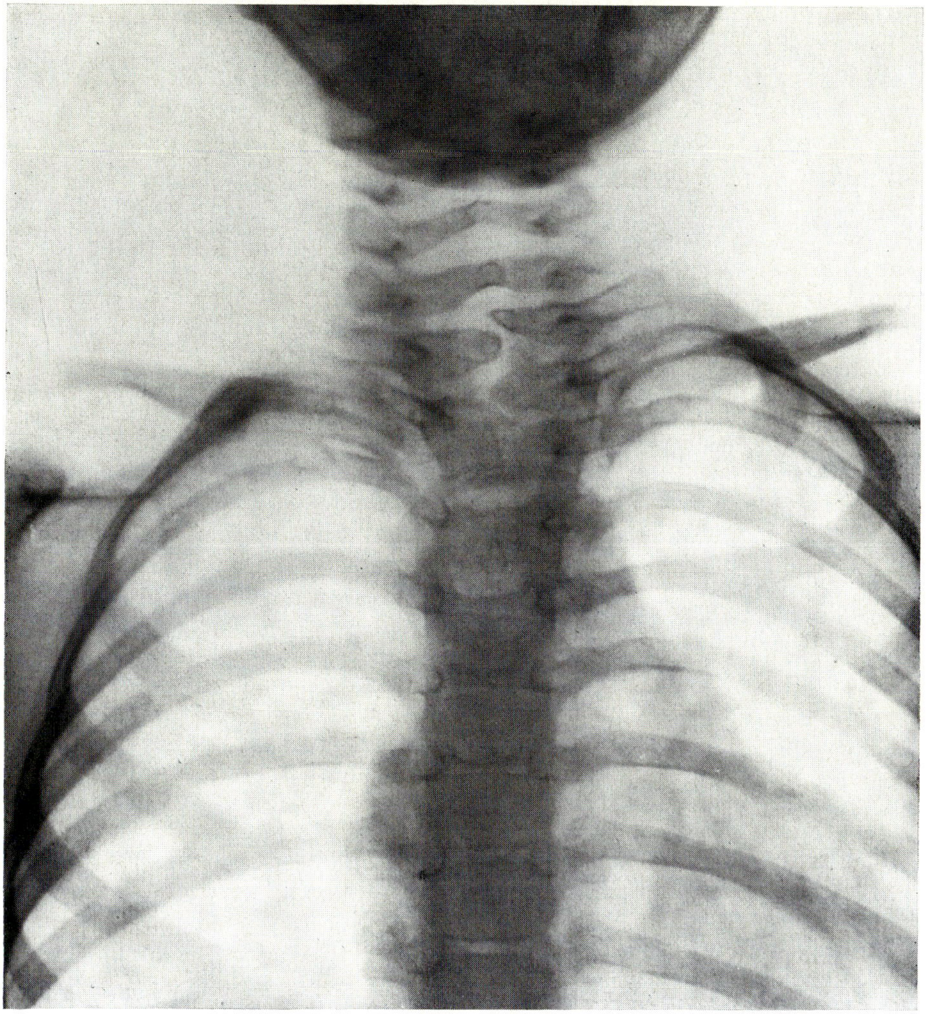

Abb. 118 a. p.-Aufnahme des Hals-Brust-Übergangs einer 5jährigen Patientin mit KLIPPEL-FEILschem Syndrom: angeborene linkskonvexe Skoliose, auf Mißbildung der WS beruhend, Synostose der 1. und 2. rechten Rippen, Hochstand der linken Schulter

4.6.4. Wirbelverschiebungen

4.6.4.1. Spondylolisthesis – Pseudospondylolisthesis – Retrolisthesis

Die Wirbelverschiebungen stellen eine ernste Komplikation eines degenerativen Prozesses der Zwischenwirbelscheibe dar. Ausgehend von der Überlegung, daß nur die unversehrte Zwischenwirbelscheibe eine physiologische Wirbelbeweglichkeit erlaubt, muß man jede leichte erkennbare Verschiebung als pathologischen Vorgang deuten.

Die sportmedizinisch bedeutungsvollste Wirbelverschiebung ist die *Spondylolisthesis* (Abb. 119).

Mit FRANCILLON (1966) bezeichnen wir als *Spondylolisthesis* alle diejenigen Ventralverschiebungen des Wirbelkörpers mit den kranialen Gelenkfortsätzen und den Querfortsätzen, die durch eine Kontinuitätsunterbrechung oder eine Verlängerung der Interartikularportion bedingt sind.

Bei einer Spondylolisthesis gleitet ein (selten mehrere) Wirbelkörper über den nächstunteren nach ventral. Das Abgleiten findet am häufigsten zwischen L_5 und S_1 statt. Der spondylolytische Spalt im knöchernen Zwischengelenkstück in Höhe des Wirbelbogens ist bindegewebig ausgefüllt und weist nicht dieselbe Stabilität auf wie

Abb. 119 *a Spondylolisthesis, b Pseudospondylolisthesis*

der knöchern solide Wirbelbogen. BROCHER (1958) bemerkt, daß neben der Spaltbildung fast regelmäßig eine Verlängerung des Zwischengelenkstücks nachzuweisen ist. Außerdem besteht oft eine abnorme Form oder atypische Stellung der Gelenkfortsätze.

Hinsichtlich der Ätiologie hat sich heute die dysplastische Theorie, die an die Stelle der kongenitalen getreten ist, weitgehend durchgesetzt. Sie besagt, daß eine Dysplasie im Bereich des Isthmus zur Zeit der Geburt vorliegt. Dadurch wird die Ausbildung des Spondylolysenspaltes im postfötalen Leben bei der Belastung sowie beim aufrechten Gang begünstigt. Die Dysplasie ist angeboren, aber das Krankheitsbild selbst entwickelt sich erst im Laufe des Lebens (im allgemeinen zwischen 1. und 2. Lebensjahrzehnt). Dazu paßt der Hinweis von BROCHER (1958), daß bei der Verschiebung nach vorn neben der Lyse nahezu immer gleichzeitig Veränderungen im Bogengebiet nachweisbar sind.

Ein Schema über die Wirbelverschiebung hat MEYERDING (1931) angegeben mit einer Einteilung in vier verschiedene Grade (Abb. 120). Eine Zunahme des Gleitens nach dem 20. Lebensjahr kommt im allgemeinen nicht vor. In diesem Zusammenhang erscheint der Hinweis wichtig, daß keine direkte Parallelität zwischen dem Grad des Gleitvorgangs und den klinischen Beschwerden besteht.

Klinisch ist eine *Spondylolisthesis* teilweise durch eine tastbare Stufe in der Dornfortsatzreihe der unteren Lendenwirbelsäule zu diagnostizieren. Die Rückenstreck-

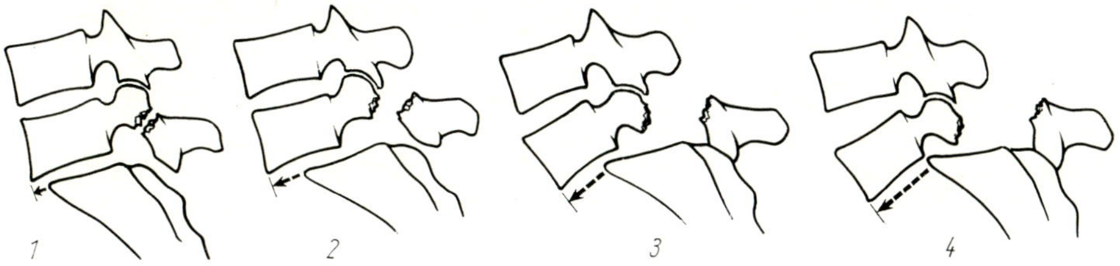

Abb. 120 Grade der Spondylolisthesis: Der 1. Grad bedeutet den Beginn, der 4. den des vollzogenen Abgleitens des Wirbelkörpers mit Umkippen nach vorn unten

muskulatur ist oft bretthart. Der Hypertonus ist als Schutz gegen Schmerzen und gegen eine weitere Verschiebung anzusehen. In vielen Fällen ist das Becken gekippt. Die neurologische Untersuchung ist außerordentlich wichtig. Dabei ist zwischen Wurzelreizerscheinungen und Wurzelkompressionssyndromen zu unterscheiden. In vielen Fällen lassen die neurologischen Zeichen erst den Verdacht auf eine *Spondylolisthesis* aufkommen.

Bei Verdacht auf *Spondylolyse* und *Spondylolisthesis* sind bei der *Röntgenuntersuchung* außer einer a. p. und Seitenaufnahme des lumbosakralen Überganges Schrägaufnahmen bei Drehung um 45° um die Körperachse anzufertigen. Im Seitbild ist der

Abb. 121

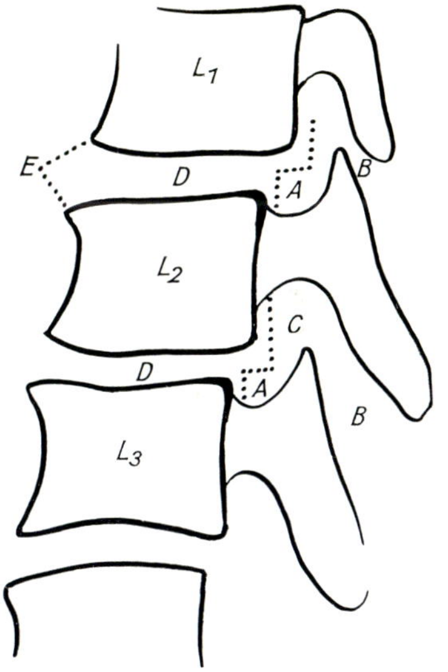

Abb. 122

Abb. 121 Schrägaufnahme der Lendenwirbelsäule (schematisch) mit dem „Bild eines Hundes“

Abb. 122 *Retrolisthesis* und ihre Zeichen (nach DE SEZE): *A* Treppenbildung, *B* Diastase der Gelenkfortsätze, *C* Deformation der Zwischenwirbellöcher, *D* Bandscheibenverschmälerung, *E* Randleisten-*Osteophytose*

Grad des Gleitvorganges zu erfassen. Im Schrägbild sieht man die spaltförmige Unterbrechung (*Spondylolyse*) der Interartikularportion besonders gut.

LACHAPÈLE (1956) hatte den lustigen Einfall, den Spondylolysenspalt auf Schrägaufnahmen am Beispiel des Halsbandes eines Hundes zu verdeutlichen. Das Maul des Hundes entspricht dem Querfortsatz, seine Ohren dem oberen, die Vorderfüße dem unteren Gelenkfortsatz, der Hals dem Interartikularsegment, sein Körper dem Wirbelbogen. Die hintere Partie stellt den Wirbelbogen und die Gelenkfortsätze der gegenüberliegenden Seite dar. Weist der Hals des Hundes ein »Halsband« auf, so spricht man von einer *Spondylolyse* (Abb. 121).

Eine *Pseudospondylolisthesis* ist durch eine Verschiebung des ganzen Wirbels nach ventral gekennzeichnet. Die Dislokation ist nur unbedeutend, so daß BROCHER (1958) von einer »geringen Wirbelverschiebung nach vorn« spricht. Die Spaltbildung in der Interartikularportion fehlt.

Die Wirbelverschiebung nach hinten (*Retrolisthesis*) ist die Folge eines Elastizitätsverlustes der Zwischenwirbelscheibe sowie des vorderen Längsbandes.

Für die Diagnose einer Dorsaldislokation ist die Röntgenuntersuchung im Stehen oder Sitzen wesentlich, da im Liegen solche Veränderungen häufig der Beobachtung entgehen. Die Wirbelverschiebung ist manchmal so minimal, daß sie nicht diagnostiziert wird. Man erkennt sie am besten, wenn man das Röntgenbild der seitlichen Aufnahme um 90° dreht. Man verfolgt die Konturlinien der hinteren Ecken der Wirbel. In Höhe des verschobenen Segmentes zeigt sich eine Abwinkelung bzw. eine Konturunterbrechung (Abb. 122).

4.6.4.2. Spondylolisthesis und Unfall

Eine Klärung der Zusammenhangsbeziehung ist schwierig, weil in den seltensten Fällen Röntgenaufnahmen mit exakter Darstellung des lumbosakralen Überganges *vor* dem angeschuldigten Unfallereignis vorliegen. In einzelnen Fällen kann eine differenzierte Röntgendiagnostik weiterhelfen. Konsolenbildung am *Promontorium* beweist, daß der Gleitprozeß bei L_5 schon alt ist. Gelegentlich findet man auch im Gebiet der Dornfortsätze Eindellungen oder ähnliche Symptome, die darauf hinweisen, daß die Veränderungen schon älteren Datums sind.

Grundsätzlich sind bei der Klärung eines Unfallzusammenhangs die *Luxationsfrakturen* durch ein schweres Trauma im Bereich der Lendenwirbelsäule mit doppeltem Wirbelbogenbruch und Verschiebung des Wirbelkörpers nach vorne von den Fällen mit einer echten *Spondylolisthesis* abzugrenzen. Unter Berücksichtigung der Tatsache, daß die traumatischen Veränderungen der dorsalen Wirbelanteile regelmäßig ein völlig abweichendes Bild von der echten *Spondylolyse* ergeben, wird von den meisten Autoren eine traumatische Genese einer *Spondylolyse* abgelehnt.

Die Frage, ob durch ein adäquates Trauma eine Verschlimmerung einer *Spondylolisthesis* eintreten kann, möchten wir folgendermaßen beantworten: In der Weltliteratur wurden zwar einzelne Fälle beschrieben, bei denen eine Verschlechterung nach dem Unfall zu bejahen ist. Die Zahl der Fälle ist allerdings sehr klein. Bei diesen Veröffentlichungen handelt es sich um Beispiele für den Übergang einer *Lysis* in eine *Spondylolisthesis* oder für eine Zunahme der Wirbelverschiebung um nur wenige Millimeter.

In diesem Zusammenhang ist ein Gutachten erwähnenswert, das zur Erläuterung der Problematik dienen kann.

Ein 30jähriger Sportler (Turner) stellte einen Antrag auf unfallbedingten Sportschaden auf Grund eines Unfalls vom Februar 1962. Er stauchte beim Abgang vom Reck (Unterschwung – Salto) mit stark lordosierter Wirbelsäule auf. Seit dieser Zeit bestanden Schmerzen in der Lendenwirbelsäule mit Ausstrahlung in die rechte Wade, so daß eine orthopädische Behandlung erforderlich war. Im Februar 1963 wurde das Training wieder aufgenommen. Der Sportler berichtet, daß er, abgesehen von dem beschriebenen Sturz, mehrfach Stauchungen der Wirbelsäule während des sportlichen Trainings erlitten hatte. 1965 schied er wegen bestehender Rückenschmerzen aus der aktiven Laufbahn aus. Im März 1967 wurde er wegen eines hochsitzenden Uretersteins in Intubationsnarkose operiert. Bei der Umlagerung vom Operationstisch auf das Fahrbett verspürte er plötzlich einen Schlag im Rücken, der sich in das gesamte rechte Bein bis in die Zehen ausdehnte. Nach der Krankenhausentlassung kam es zu einem Gefühl des Absterbens an der Außenseite des rechten Unterschenkels und Fußes. Im April 1967 wurde die ambulante orthopädische Behandlung mit dem PERLschen Gerät und mit Übungen zur Kräftigung der Rumpfmuskulatur in Verbindung mit eigenem Training (Yogaübungen) fortgesetzt. Nach 3 Monaten trat eine deutliche subjektive Besserung ein.

Bei der *klinischen Untersuchung* fiel eine maximale Lordosierung der LWS auf. Am lumbosakralen Übergang war eine leichte Stufenbildung im Bereich der Dornfortsätze L_5/S_1 zu tasten. VALLEIXsche Druckpunkte waren rechts vorhanden, der PSR beiderseits abgeschwächt und der ASR beiderseits lebhaft. Eine hypästhetische Zone fand sich an der Außenseite des rechten Ober- und Unterschenkels. *Röntgenbefund:* Unmittelbar nach dem Unfall wurden

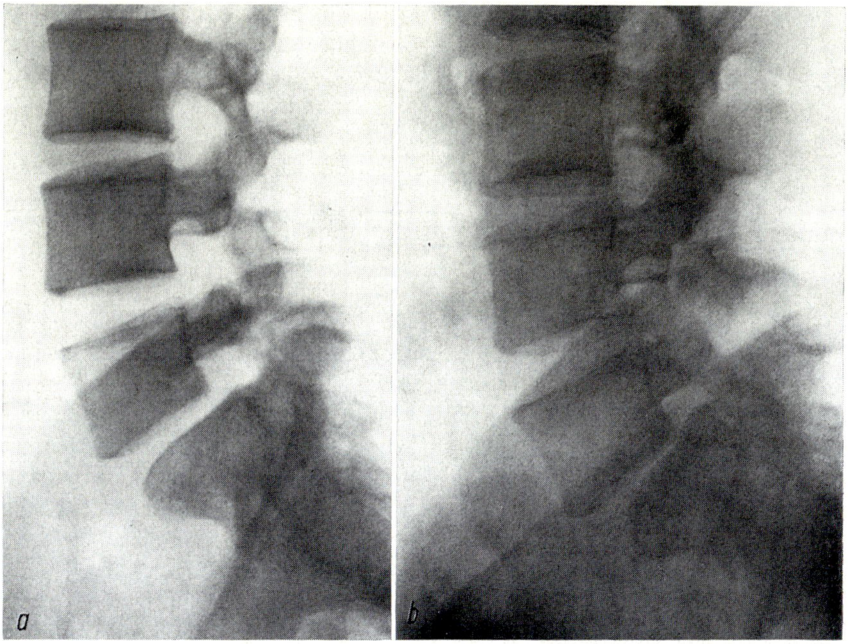

Abb. 123 *a* Seitenaufnahme der Lendenwirbelsäule eines 25jährigen Turners, *Spondylolisthesis* bei L_5/S_1; *b* Seitenaufnahme der Lendenwirbelsäule des gleichen Patienten sieben Jahre später; geringe Zunahme des Wirbelgleitens und Verschmälerung des Zwischenwirbelraumes bei L_5/S_1

keine Röntgenaufnahmen angefertigt. Im Juli 1962 stellte sich die *Spondylolisthesis* von L_5 über S_1 mit Verschmälerung des Zwischenwirbelraumes, deutlichem Spondylolysenspalt und Wirbelgleiten nach ventral um etwa 5 mm röntgenologisch dar (Abb. 123a). Die Röntgenaufnahmen 7 Jahre später zeigen deutliche Zunahme der Zwischenwirbelraumverschmälerung zwischen L_5/S_1 im dorsalen Wirbelkörperabschnitt mit Sklerosierung der Grundplatte von L_5 und Deckplatte von S_1 (Abb. 123b). Die rechten und linken Schrägaufnahmen der LWS lassen, abgesehen von dem beschriebenen Befund, zusätzlich einen Spondylolysenspalt in der Interartikularportion von L_4 erkennen.

Zusammenfassung und Beurteilung: Es handelt sich um eine *Spondylolisthesis* mit Spondylolysenspalt in der Interartikularportion von L_5 und Wirbelgleiten von L_5 über S_1 nach ventral mit Dermatom im Segment L_5/S_1 rechts. Außerdem ist röntgenologisch ein Spondylolysenspalt in der Interartikularportion von L_4 beiderseits nachweisbar. Der Lokalisation des Spondylolysenspaltes entsprechend, liegt dem Krankheitsbild eine Dysplasie der Interartikularportion zugrunde, so daß eine rein traumatische Genese abzulehnen ist. Nachweisbar ist eine Zunahme der Zwischenwirbelscheibendegeneration während und nach der sportlichen Betätigung. Die Verschlechterung nach der Operation mit maximaler Muskelerschlaffung stimmt mit den bisher mitgeteilten Beobachtungen von auftretenden Beschwerden bei muskulärer Insuffizienz überein.

Obgleich ein unmittelbarer ursächlicher Unfallzusammenhang nicht gegeben ist und mangels Röntgenaufnahmen ein exakter Beweis nicht geführt werden kann, vertreten wir die Ansicht, daß bei der Einschätzung der zur Zeit bestehenden prozentualen Erwerbsminderung die Hälfte der gesamten Erwerbsminderung im Sinne einer Verschlechterung eines bestehenden Leidens durch Ausübung des Sportes anerkannt werden kann. Somit ist die Hälfte der Gesamterwerbsminderung krankheitsbedingt und die weitere Hälfte als Sportschaden zu werten. Eine Nachuntersuchung in einem Jahr ist erforderlich.

Damit ist auch die Frage nach einer vorübergehenden Zunahme der Schmerzen bei einer bestehenden *Spondylolisthesis* im Anschluß an ein Wirbelsäulentrauma ohne Frakturzeichen beantwortet. Auf Grund der Erfahrung, daß in der Mehrzahl der Fälle eine *Spondylolyse* und eine *Spondylolisthesis* klinisch stumm bleiben kann und daß sich andererseits nach einem Trauma eine »Störung des funktionellen Gleichgewichts« (FRANCILLON 1966) einstellen kann, wird nach Übereinstimmung der Meinungen namhafter Autoren eine unfallbedingte Verschlimmerung von Spondylolisthesisbeschwerden vorübergehend anerkannt.

4.6.4.3. Einschätzung der sportlichen Belastbarkeit

Bei der Beurteilung der sportlichen Belastbarkeit sind zwei Gesichtspunkte in Betracht zu ziehen. Einerseits konnte festgestellt werden, daß bei gut trainierten Sportlern mit einer *Spondylolisthesis* nur selten Beschwerden auftreten (35 eigene Beobachtungsfälle), andererseits steht der Beweis an Hand von Längsschnittuntersuchungen noch aus, ob eine hohe sportliche Belastung im jugendlichen Alter den Übergang von einer *Lysis* in eine *Spondylolisthesis* oder eine Zunahme des Gleitprozesses begünstigt oder eventuell zu verhindern vermag. Eine Zunahme des Wirbelgleitens *während* des Hochleistungstrainings konnten wir bisher in keinem Fall nachweisen.

Unsere Stellungnahme, die abgesehen von den allgemein gültigen Richtlinien individuelle Gesichtspunkte insbesondere in Bezug auf Sportart, Konstitutionstyp und Dauer der sportlichen Betätigung berücksichtigt, soll an nachstehenden Beispielen veranschaulicht werden.

Bei einer 13jährigen Turnerin von asthenischem Habitus wurde bei einer Reihenuntersuchung eine *Spondylolisthesis* (Stadium I nach MEYERDING) festgestellt (Abb. 124). Anamnese

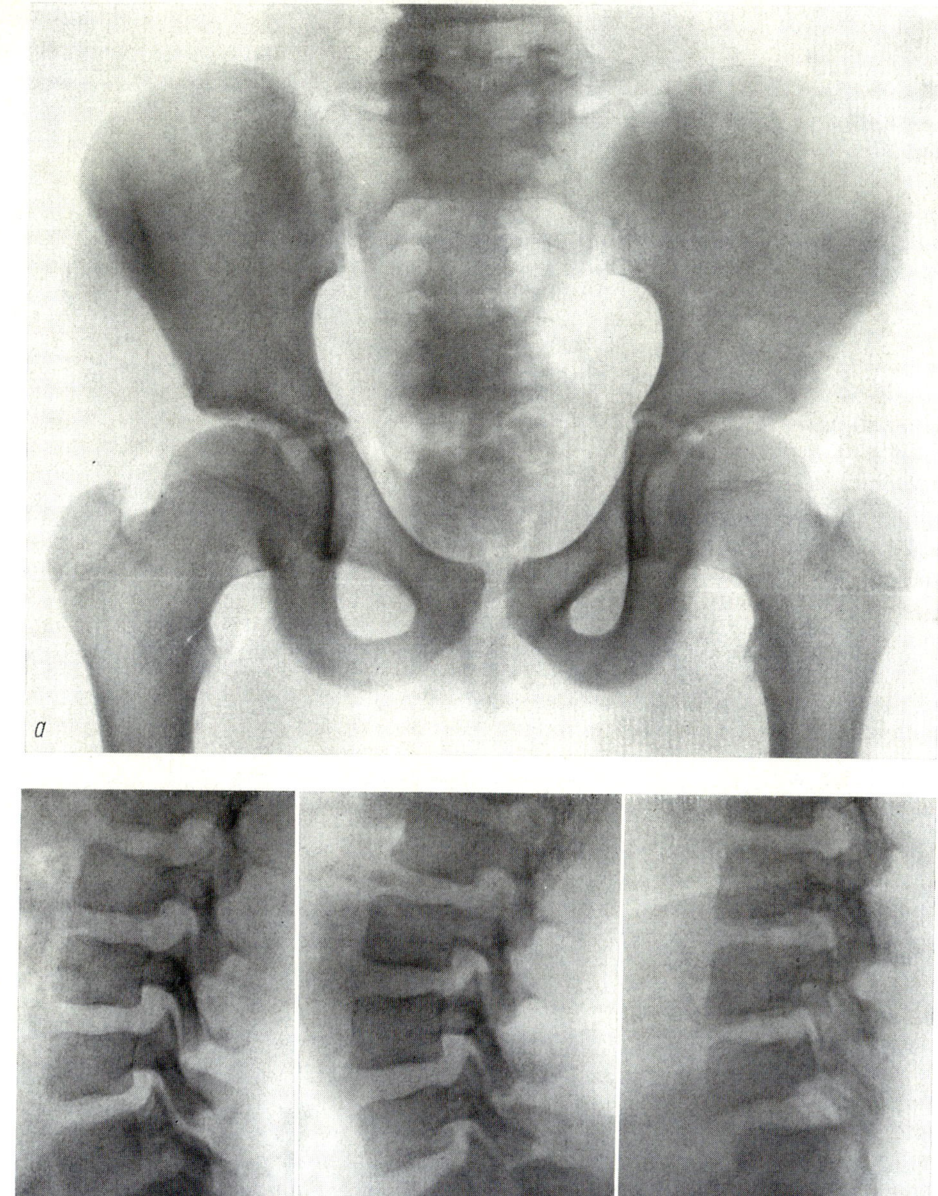

Abb. 124 Die Bcckenübersichtsaufnahme und Seitenaufnahme der Lendenwirbelsäule einer 13jährigen Turnerin (*a* und *b*) lassen *Spondylolisthesis* bei L_5/S_1 sowie Bogenschlußstörung von L_5 an abwärts erkennen. Auf den Funktionsaufnahmen der Lendenwirbelsäule seitlich in maximaler Lordosierung und Kyphosierung (*c* und *d*) tritt das Wirbelgleiten stärker als auf der Übersichtsaufnahme in Erscheinung

und klinischer Befund waren unauffällig. Trotzdem gaben wir den Rat, die sportliche Laufbahn im Turnen abzubrechen und versuchten, die sportlichen Interessen in andere Bahnen zu lenken.

Bei einer ebenfalls 13jährigen Turnerin fand sich bei einer Röntgenreihenuntersuchung eine linksseitige *Spondylolyse* in der Interartikularportion eines unvollständigen Übergangswirbels. Ein Wirbelgleiten war nicht nachweisbar. In Anbetracht der klinischen Beschwerdefreiheit, der gut trainierten Muskulatur und der großen Sportbegeisterung von seiten der Eltern und des Kindes, stimmten wir der Fortsetzung des Turntrainings zu. Während einer Beobachtungszeit von zweieinhalb Jahren sind weder klinisch noch röntgenologisch Veränderungen im Sinne einer Verschlechterung des Befundes zu erkennen.

Bei einem 29jährigen Volleyballspieler wurde eine *Spondylolisthesis* bei L_5/S_1 mit Wirbelgleiten um 5 mm (Stadium I nach MEYERDING) sowie eine Bogenschlußstörung von L_5 an abwärts nach 10jähriger intensiver sportlicher Betätigung bei einer Reihenuntersuchung im Februar 1966 röntgenologisch festgestellt. Im Juni 1966 traten erstmals Beschwerden in der LWS mit Ausstrahlung in das linke Hüftgelenk auf. Seit Juli 1968 klagt der Patient über Schmerzen im rechten Hüftgelenk. Die Beckenübersichtsaufnahme läßt eine vermehrte Sklerosierung beider Pfannendächer sowie eine erhebliche Arthrose beider Ileosakralgelenke erkennen, so daß die Beschwerden ursächlich nicht allein auf das Vorliegen einer *Spondylolisthesis* zurückgeführt werden können.

Bei einer 21jährigen Turnerin traten vor einem Jahr Schmerzen in der Lendengegend auf, die trotz physiotherapeutischer Maßnahmen nicht gebessert werden konnten. Seit dem 15. Lebensjahr hatte die Sportlerin voll trainiert, nachdem sie sich bereits seit der Kindheit am Turnen beteiligt hatte. Anfangs führte man die Beschwerden ursächlich auf eine Bogenschlußstörung bei S_1 zurück (Abb. 115). Ein Jahr später wurde uns die Sportlerin zur Begutachtung überwiesen, da sie wegen der starken Rückenschmerzen das sportliche Training beenden wollte. Auf Schrägaufnahmen des lumbosakralen Überganges war beiderseits ein Spondylolysenspalt zu erkennen (Abb. 125). Die Seitenaufnahme der Lendenwirbelsäule zeigte ein angedeutetes Wirbelgleiten von L_5 über S_1 im Sinne einer *Spondylolisthesis*. Bei Vergleich der Übersichtsaufnahmen war ersichtlich, daß bereits 1967 der Spondylolysenspalt bestanden hat.

Zusammenfassend haben wir uns dahingehend geäußert, daß ursächlich die *Spondylolisthesis* von L_5 über S_1 und nicht die bestehende Wirbelbogenspalte allein für die hartnäckigen Rückenbeschwerden verantwortlich ist, zumal die Sportlerin einen auffallend niedrigen Muskeltonus bei asthenischem Habitus aufweist.

Die bisher bei Bestehen einer *Spondylolisthesis* im Sport gesammelten Erfahrungen bilden die Grundlage für die Einschätzung der Sportfähigkeit.

Aus versicherungsrechtlichen Gründen und im Hinblick auf die möglicherweise später bei Nachlassen des Muskeltonus auftretenden Beschwerden halten wir bei röntgenologisch gesichertem Befund einer *Spondylolisthesis* eine Einstellung in den Wettkampfsport nicht für zweckmäßig. Ausnahmen sind nur in den Sportarten zu verantworten, die mit keiner speziellen Wirbelsäulenbelastung, z. B. Schwimmen, (Brust- und Rückenschwimmen) verbunden sind.

Die Sportfähigkeit für den Schulsport hängt vom speziellen Befund ab. Anträge auf Sportbefreiung wegen *Spondylolisthesis* sind eine Seltenheit, da Schüler in den meisten Fällen erst bei auftretenden Beschwerden bzw. bei nachweisbarem klinischen Befund geröntgt werden.

Für den Freizeit- und Erholungssport sind die bei Wettkampfsportlern gesammelten Erfahrungen aufschlußreich. Man sollte Patienten mit *Spondylolisthesis*, die keiner operativen Behandlung bedarf, den Rat geben, sich im Hinblick auf eine Kräftigung der Rücken-, Bauch- und Gesäßmuskulatur sportlich zu betätigen. Außer einer speziellen Gymnastik wird der Schwimmsport diesen Gesichtspunkten in jeder Beziehung gerecht.

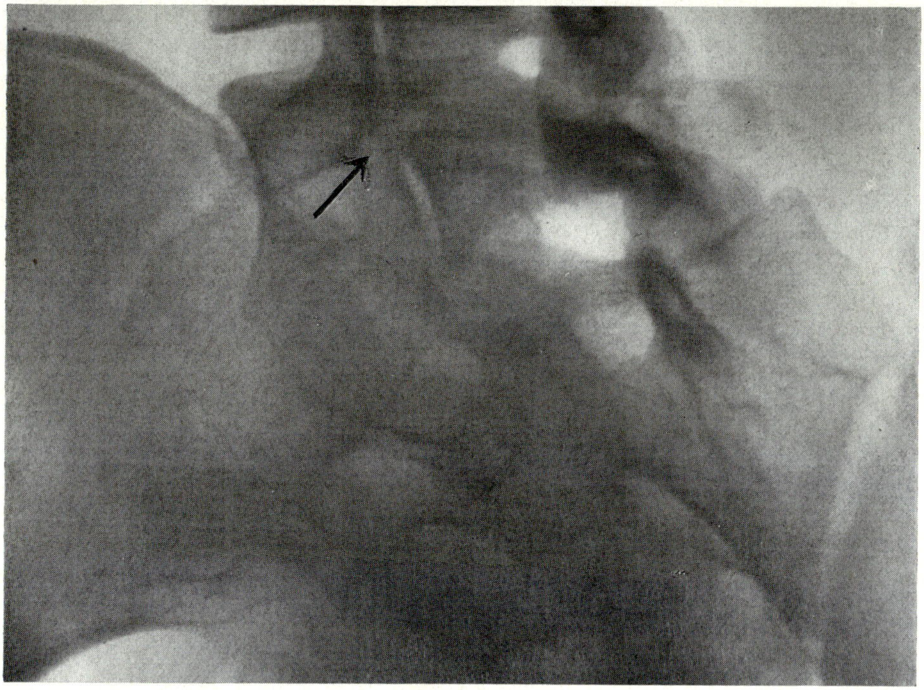

Abb. 125 Schrägaufnahme einer 21jährigen Turnerin zeigt *Spondylolisthesis* bei L_5/S_1 mit Spondylolysenspalt

Für die Einschätzung der Sportfähigkeit bei *Pseudospondylolisthesis* und *Retrolisthesis* sind klinische Gesichtspunkte in Verbindung mit den aufgezeigten allgemein gültigen Richtlinien ausschlaggebend.

4.6.5. Vertebragene Schmerzzustände

Aus funktionellen Erwägungen fassen wir in Anlehnung an Matzen (1968) unter diesem Begriff die *Chondrosis intervertebralis*, *Osteochondrosis vertebrae* sowie die *Spondylose* und *Spondylarthrose* zusammen.

4.6.5.1. Krankheitsbild

Unter *Chondrosis intervertebralis* versteht man die Degenerationserscheinungen im Bandscheibenbereich, unter *Osteochondrosis vertebrae* die gleichen Erscheinungen an den hyalinknorpligen Schlußplatten der Wirbelkörper einschließlich der angrenzenden subchondralen Abschnitte (Matzen 1968).

Als Charakteristikum und Folge der Osteochondrose tritt die *Osteophytenbildung* an den Wirbelkörpern, vor allem an deren Rändern, röntgenologisch in Erscheinung. Diese abstützenden Knochenneubildungen werden allgemein als *Spondylose* bezeichnet. Unter *Spondylarthrose* ist eine Gelenkfortsatzarthrose im Wirbelsäulenbereich zu verstehen (Abb. 126).

Es besteht kein Zweifel, daß derartige Degenerations- und Aufbraucherscheinungen Wirbelsäulenbeschwerden verursachen können. Insbesondere ist auch der Wirbelgelenkschmerz zu beachten, der durch mechanische Reizung der Gelenkkapsel, des Periosts am Gelenkfortsatz und am gegenüberliegenden Wirbelbogen bei pathologischer Abstandsminderung ausgelöst wird.

Im *Röntgenbild* ist die *Chondrosis intervertebralis* stärkeren Grades an einer Verschmälerung des Zwischenwirbelraumes zu erkennen. Die Lockerung des Gefüges im Zwischensegment ist auf Funktionsaufnahmen durch eine pathologische Verschieblichkeit der Wirbelkörper gegeneinander im Sinne einer *Pseudospondylolisthesis* nachweisbar oder gelegentlich auch in der durch Verkrampfung der Muskulatur verursachten Steifhaltung bestimmter Wirbelsäulenabschnitte. Im Halswirbelsäulenbereich sind neben der Verschmälerung des Zwischensegmentes im a.p. Röntgenbild die unkovertebralen Exostosen hinweisend.

Die *Osteochondrosis vertebrae* dokumentiert sich im Röntgenbild durch die Sklerosierung unter den Wirbeldeckplatten bei gleichzeitiger Verschmälerung des Zwischen-

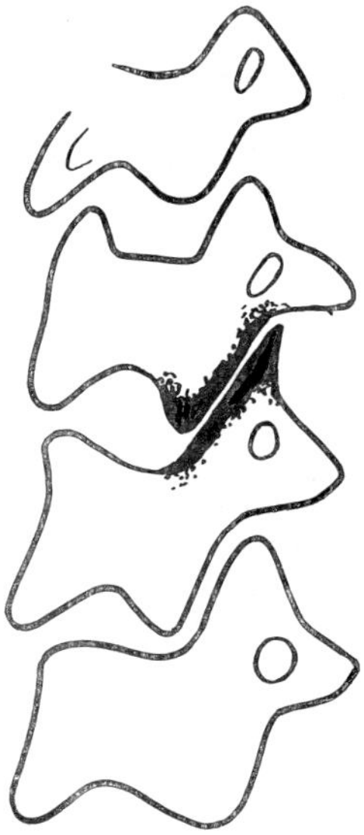

Abb. 126

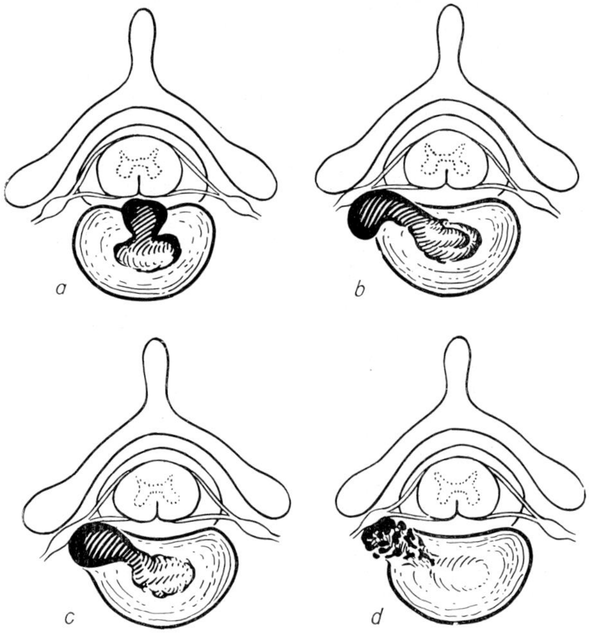

Abb. 127

Abb. 126 Gelenkfortsatzarthrose der Lendenwirbelsäule (45° Schrägaufnahme schematisch dargestellt); → *Nearthrose* infolge pathologischer Verbindung des oberen Gelenkfortsatzes von L_5 mit dem Querfortsatz von L_4 und des unteren Gelenkfortsatzes von L_4 mit der Wirbelkörperdeckplatte von L_5

Abb. 127 Lumbaler Bandscheibenprolaps (schematisch) nach REISCHAUER. *a* hinterer mittlerer Vorfall; *b* hinterer seitlicher Vorfall; *c* hintere seitliche Bandscheibenvorwölbung; *d* sequestrierter Vorfall. Je nachdem, ob nur eine leichte Vorwölbung oder ein kompletter Vorfall des Bandscheibengewebes gegen den Wirbelkanal besteht, spricht man von *Bandscheibenprotrusion* oder einem *Bandscheibenprolaps*. Erfolgt das Andrängen in der Mitte, löst es den akuten *Lumbago-* (*Hexenschuß-*) Anfall aus wirbelraumes. Diese Verschmälerung kann durch degenerative Veränderung und Schrumpfung der Wirbeldeckplatten oder durch Bandscheibendegeneration (= Degeneration der Zwischenwirbelscheibe) verursacht sein.

Die Unterscheidung zwischen primärer oder sekundärer *Chondrosis intervertebralis* und einer *Osteochondrosis vertebrae*, je nach Röntgenbefund, ist für das therapeutische Vorgehen von Bedeutung, obgleich klinisch eine Abgrenzung nicht allzu wesentlich ist. Die im Verlauf einer *Chondrosis intervertebralis* sich einstellende Zwischenwirbelraumverschmälerung führt neben der mit diesen Veränderungen verbundenen Auflockerung des Wirbelsäulengefüges zu einer Verschiebung der Flächen der kleinen Wirbelgelenke gegeneinander und kann deren Verschleiß (*Spondylarthrosis deformans*) bewirken oder vorantreiben.

Im *klinischen Bild* der *Chondrosis intervertebralis* und der *Osteochondrosis vertebrae* unterscheidet man zweckmäßigerweise zwischen Beschwerden, welche unmittelbar durch die krankhaften Veränderungen selbst hervorgerufen werden und Beschwerden, welche durch Raumbeengung oder mechanische Irritation der Nervenwurzel durch prolabierendes Zwischenwirbelscheibengewebe bzw. durch eine Einengung der *Foramina intervertebralia* verursacht sind.

Man nimmt im allgemeinen an, daß die häufig, aber keineswegs immer mit der *Chondrosis intervertebralis* und *Osteochondrosis vertebrae* einhergehenden Schmerzzustände durch den sinuvertebralen Nerven Luschkas (1968) geleitet werden, der den Intervertebralnerv unmittelbar nach Vereinigung der sensiblen und motorischen Wurzel verläßt und der neben dem hinteren Längsband vor allem auch die Kapsel der kleinen Wirbelgelenke sensibel versorgt. Dieser Nerv dürfte für den regelmäßig geklagten Nacken-, Rücken- oder Kreuzschmerz verantwortlich sein (Matzen 1968).

Schmerzen, die manchmal bei bestimmten Bewegungen schlagartig auftreten können (*Lumbago*, *Hexenschuß*), d. h. äußerst heftige Nacken- oder Kreuzschmerzen, werden von vielen Autoren durch ein Andrängen der degenerierten und erweichten Massen der Bandscheibe gegen das hintere Längsband erklärt, während andere die Schmerzen auf Einklemmung von Disken in den kleinen Wirbelgelenken zurückführen. Die Erklärung als reiner Muskelschmerz hat dagegen nur noch wenig Anhänger.

Die zweite Möglichkeit der Schmerzauslösung besteht darin, daß das degenerierte und erweichte Bandscheibengewebe gegen die sensible hintere Wurzel oder unmittelbar gegen die *Dura* und die in ihr enthaltenen nervalen Elemente angedrängt wird und so zu sensiblen und motorischen Ausfallserscheinungen führt (Abb. 127). Dabei entstehen meist einseitig ausstrahlende Schmerzen in Armen, Rumpf oder Beinen, segmental begrenzte an- und parästhetische Zonen, Störungen des Reflexverhaltens sowie motorische Ausfallserscheinungen, welche es ermöglichen, den Sitz der Störung genau zu lokalisieren. In Fällen, in denen trotz heftiger Schmerzen und Behinderung weder klinisch noch röntgenologisch krankhafte Veränderungen vorhanden sind, ist die präzise Angabe, daß sich der Schmerz an der Außenseite des Beins lokalisiert, als sogenanntes *Dermatomäquivalent* auch ohne daß eine hyperästhetische Zone festgestellt werden kann, verwertbar. Die vollentwickelte Symptomatik eines *zervikalen* oder *lumbalen* Bandscheibenprolaps ist kaum zu verkennen. Für die Diagnose eines lumbalen Bandscheibenprolaps im Speziellen sind folgende Symptome charakteristisch:

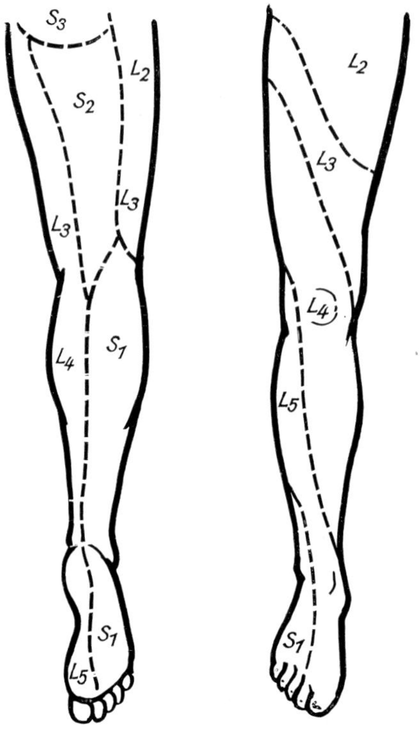

Abb. 128 Dermatomschema für den Lendenbereich

Motorische Ausfallserscheinungen: Schwäche der Dorsalflexion der Großzehe deutet auf die Nervenwurzel S_1 hin und ist als Motilitätsstörung zugleich ein Alarmsymptom.

Sensible Ausfallserscheinungen (Abb. 128): Für die Höhenlokalisation des lumbalen Bandscheibenprolapses ist die Dermatombestimmung von Bedeutung (= bandförmige neurologische Abweichung im Sinne einer Hypästhesie oder Parästhesie). Ein Dermatom oder Dermatomäquivalent an der Vorderseite des Beines spricht für Irritation der Nervenwurzel L_4, an der Außenseite (Generalstreifen) für L_5 und an der Hinteraußenseite des Beines für S_1.

Reflexanomalien: Fehlen des Patellarsehnenreflexes spricht für eine Irritation der Nervenwurzel L_4, Fehlen des Achillessehnenreflexes für Irritation der Nervenwurzel S_1. Bei einer Irritation der Nervenwurzel L_5 sind beide Reflexe erhalten. Die Diagnose wird in diesem Falle durch andere Bandscheibenzeichen gestellt.

Am häufigsten betroffen ist das Zwischensegment L_5/S_1, weniger häufig L_4/L_5 und verhältnismäßig selten L_3/L_4. Das gleichzeitige Bestehen eines Prolaps im Bereich mehrerer Segmente ist möglich.

4.6.5.2. Therapeutische Gesichtspunkte

Als erstes muß versucht werden, dem Patienten klar zu machen, daß es sich bei der Prolapskrankheit um ein zwar unangenehmes, manchmal quälendes, aber fast immer ungefährliches Leiden handelt und daß man mit einiger Härte gegen sich selbst vorgehen darf, daß es also durchaus erlaubt ist, den Schmerz im Rahmen des noch Erträglichen zu ignorieren (MATZEN 1968). Ernst zu nehmen sind Lähmungen. Sie stellen, wenn sie nicht in wenigen Tagen zurückgehen, eine absolute Indikation zur operativen Befreiung der Nervenwurzel aus ihrer mechanischen Einengung dar. Dem Patienten muß geraten werden, die Bewegungen und Körperhaltungen zu vermeiden, die nach seiner Erfahrung den Schmerz auslösen oder verschlimmern. Liegepausen bei harter flacher Lagerung der Wirbelsäule werden als angenehm empfunden. Beliebt sind das PERLsche Gerät und das Schrägbett. Schmerzlindernd wirken Massagen der reflektorischen Zonen sowie eine dosierte Übungsbehandlung, wobei allerdings die Bewegungen, die erfahrungsgemäß den Schmerz auslösen, vermieden werden sollen. Beim akuten Lumbago- oder Ischiasanfall kann durch eine manuelle Therapie in vielen Fällen die »Blockierung« und damit die reflektorische Verspannung gelöst und der Schmerz beseitigt oder gemindert werden. Nützlich sind heiße Bäder und Dampfduschen. Sehr sicher in ihrer Wirksamkeit sind paravertebrale oder präsakrale Prokaininjektionen.

Technik der paravertebralen Prokaininjektion nach REISCHAUER: Es empfiehlt sich, etwa ½ Stunde vor der Injektion eine Ampulle Atropin (0,0005 oder 0,001 g je nach Körpergewicht) zu verabfolgen, um Kollapserscheinungen zu vermeiden. Anschließend werden mit einer etwa 10 cm langen Injektionskanüle 10 bis 20 ml ½- bis 1%ige Prokainlösung in die Gegend der schmerzhaften Nervenwurzel im Lumbalbereich injiziert. In Höhe des erkrankten Zwischensegmentes wird 4 bis 6 cm seitlich der Wirbelsäule eingestochen. Die Kanüle dringt zwischen den Querfortsätzen auf die Außenfläche des Wirbelkörpers vor. Nähert sich die Spitze oder berührt sie eine Nervenwurzel, gibt der Patient eine segmentale Schmerzausstrahlung an. Entspricht dieser Schmerz seinem sonstigen Spontanschmerz, liegt die Kanüle richtig. Nachdem man sich durch Aspiration überzeugt hat (cave Blut- oder Liquoraspiration), daß die Kanüle korrekt liegt, kann die Prokainlösung langsam injiziert werden.

Außerdem hat sich die medikamentöse Therapie mit Pyrazolonderivaten bewährt.

Abgesehen von der absoluten Operationsindikation bei frischen Lähmungen, stellen hartnäckige therapieresistente, ständig rezidivierende Schmerzen eine relative Operationsindikation dar. Bei hartnäckigen Rückenschmerzen muß jedoch gleichzeitig oder in einer zweiten Sitzung eine Versteifung des krankhaft veränderten Segmentes vorgenommen werden.

4.6.5.3. Einschätzung der sportlichen Belastbarkeit

Hier sind Behandlungsfälle mit akuten Krankheitserscheinungen von den Fällen abzugrenzen, die durch sportliche Übungen wesentlich gebessert werden können. Da bekannt ist, daß starke Randwülste bei der *Spondylosis deformans* oft weniger Beschwerden verursachen als kleine, ist bei der Sporttauglichkeitsuntersuchung nicht allein das Röntgenbild, sondern der Allgemeinzustand in Verbindung mit dem speziellen klinischen Befund in Betracht zu ziehen. Unsere Erfahrungen sprechen dafür, daß bei Sportlern mit gut trainierter Muskulatur die beschriebenen Veränderungen oft erst anläßlich einer Röntgenuntersuchung festgestellt werden und klinisch nicht in Erscheinung treten und daß ein vielseitiges allgemeines Muskeltraining in vielen Erkrankungsfällen zu weitgehender Beschwerdefreiheit führen kann. Daher empfiehlt es sich auch, nach Abklingen von akuten Krankheitserscheinungen im Anschluß an die physiotherapeutische Behandlung, ein sportliches Übungsprogramm aufzubauen.

Abb. 129 Flick-Flack auf dem Schwebebalken

Diese Gesichtspunkte sind vor allem bei der Beurteilung der sportlichen Belastbarkeit für den Schulsport und den Freizeit- und Erholungssport von Bedeutung. Zur körperlichen Betätigung ist u. a. Schwimmen, Skilaufen, Tennisspielen, Wandern und Reiten zu empfehlen. Abzuraten ist vor allem von allen Sportarten, die mit einer starken Auflockerung der Wirbelsäule verbunden sind, z. B. Turnen (Abb. 129).

4.6.6. Wirbelsäulenverletzungen

Grundsätzlich ist bei jeder Wirbelsäulenverletzung, sei sie anfangs auch noch so banal, eine sorgfältige klinische und röntgenologische Diagnostik erforderlich, um Wirbelfrakturen von harmlosen Verletzungen abgrenzen zu können. Als Kuriosum sei der Krankheitsverlauf eines Radsportlers dargestellt:

Am 12. 1. 1964 erlitt der Sportler beim Skifahren eine »Wirbelsäulenprellung«. Der Trainer untersuchte die Wirbelsäule und veranlaßte Schlammbäder und Massagen! Der Patient empfand während der Rückenmassagen ein Krachen in der Wirbelsäule, das als Wiedereinrenkung im Sinne der Chiropraxis vom Masseur gedeutet wurde. Anfang Februar stellte sich der Radsportler zur Erlangung der neuen Startgenehmigung bei einem Sportarzt vor, der auf Grund eines Dornfortsatzklopfschmerzes eine Röntgenaufnahme der Wirbelsäule veranlaßte, die eine Kompressionsfraktur des 2. Lendenwirbelkörpers erkennen ließ. Wegen einer in der Zwischenzeit eingetretenen leichten Gibbusbildung bei L_2 entschlossen wir uns bei der Behandlungsübernahme, obgleich der Unfall bereits 3 Wochen zurücklag, trotzdem noch einen Repositionsversuch im ventralen Durchhang durchzuführen. Anschließend erfolgte eine Ruhigstellung im Gipskorsett für 8 Wochen, mit dem der Patient bereits nach wenigen Tagen aufstehen durfte. Nach physiotherapeutischer Behandlung und langsamem Wiederaufbau des Trainings war nach 6 Monaten die volle Sportfähigkeit für den Wettkampfsport wieder hergestellt. Röntgenologisch war eine weitgehende Verblockung des 1. und 2. LWK in ausreichender Stellung eingetreten (Abb. 130).

Nach *Prellungen, Zerrungen* und *Stauchungen* der Wirbelsäule ist der Sportler im allgemeinen nach 2 bis 4 Wochen wieder voll einsatzfähig.

Bei *Wirbelfrakturen* unterscheidet man Kompressionsfrakturen, Kantenabscherungen bzw. -abbrüche, Querfortsatz- und Dornfortsatzfrakturen sowie Abbrüche der Wirbelbogenseitenstücke. Kantenablösungen, wie sie bei einer juvenilen Osteochondrose vorkommen können, dürfen nicht mit Kantenabbrüchen, kongenitale Rippenrudimente nicht mit Querfortsatzfrakturen, Dornfortsatzspitzenapophysen nicht mit Dornfortsatzfrakturen und Spondylolysen nicht mit Bogen-Seitenstückfrakturen verwechselt werden (Abb. 131).

Im Interesse einer vollständigen Wiederherstellung der Sportfähigkeit ist bei der Behandlung von Wirbelfrakturen auf eine Wiederherstellung der Statik zu achten und nach diesen Gesichtspunkten die Behandlungsmethode (Aufrichtung im ventralen Durchhang nach BOEHLER (1951), Lagerung auf einer Rolle nach MAGNUS (1964) oder die rein funktionelle Behandlung) auszuwählen.

Ausschlaggebend für die Wiederaufnahme des sportlichen Trainings ist der Nachweis über den vollständigen knöchernen Durchbau der Fraktur und nicht die absolute Zeitdauer der Ruhigstellung. Durch frühzeitigen Beginn mit isometrischen Spannungsübungen für die Rumpfmuskulatur kann die durch die Ruhigstellung bedingte Inaktivitätsatrophie auf ein Minimum beschränkt werden, so daß günstige Voraussetzungen für den Wiederaufbau des sportlichen Trainings gegeben sind.

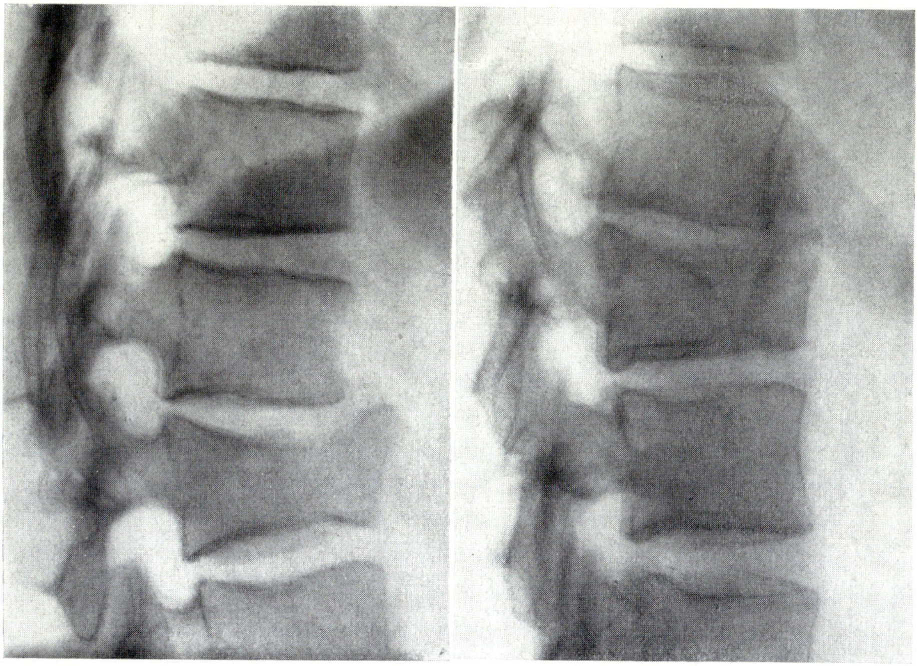

Abb. 130 links: Seitenaufnahme derLendenwirbelsäule eines 19jährigen Radsportlers zeigt Kompressionsfraktur bei L_2; rechts: Kontrollaufnahme desselben Patienten nach zehn Monaten mit weitgehender Verblockung des 1. und 2. LWK

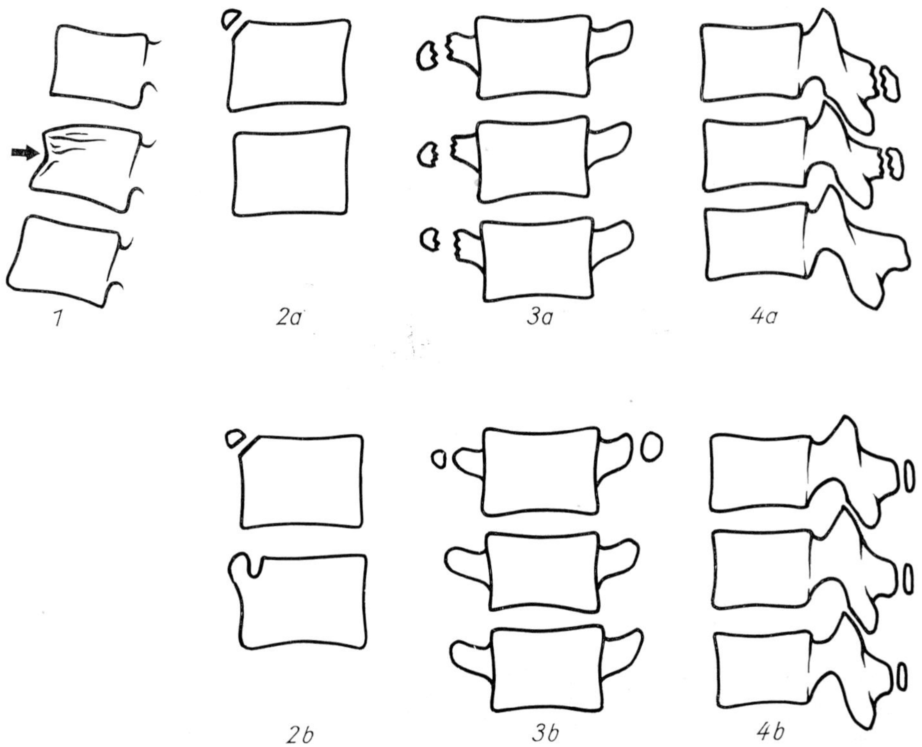

Abb. 131 Wirbelfrakturen und Möglichkeiten von Fehldiagnosen (schematisch): *1* Wirbelkörperkompressionsfraktur, *2a* Kantenabbruch, *2b* Kantenablösung, begünstigt von retromarginalen Bandscheibeneinbrüchen in die Wirbelkörperdeckplatte, *3a* Querfortsatzabbrüche, meist multipel, unilateral, *3b* kongenitale Rippenrudimente, meist bilateral in Höhe von L_1, *4a* Dornfortsatzfrakturen, *4b* Dornfortsatzspitzenapophysen

In den Fällen, in denen eine Wirbelsäulenverletzung eine bleibende Querschnittslähmung zur Folge hat, handelt es sich um außerordentlich schwere Verletzungen, die zu einer dauernden Sportunfähigkeit führen.

4.6.7. Veränderungen im Bereich des Brustkorbes

4.6.7.1. Brustkorbdeformitäten

Brustkorbdeformitäten, die mit einer Niveauerhöhung des Thorax einhergehen (Hühner- oder Kielbrust), führen zu keiner Minderung der sportlichen Leistungsfähigkeit. Bei Deformitäten, die durch eine Einengung des Thorax in Form einer Trichterbrust oder von HARRISONschen Furchen bedingt sind, wird die Sportfähigkeit auf Grund der leistungsphysiologischen und internistischen Untersuchungsergebnisse festgelegt, die Aufschluß über Kreislauf- oder Atemstörungen geben können.

Da in vielen Fällen Brustkorbdeformitäten mit einem Haltungs-, Stellungs- oder Formfehler der Wirbelsäule vergesellschaftet sind (Abb. 132), richtet sich die sportliche Belastbarkeit gleichzeitig nach dem Wirbelsäulenbefund.

4.6.7.2. Brustbeinvariationen

Das Brustbein (*Sternum*) zeigt in bezug auf Form, Lage, Zeitpunkt des Auftretens und Verschmelzung der Knochenkerne eine außerordentliche Mannigfaltigkeit. Vor allem die Wachstumsperiode zeichnet sich durch einen Reichtum an Variationen aus. Eine genaue zeitliche Abgrenzung der Verschmelzungsperioden scheitert an der mit als *sternum multipartitum* bezeichneten Brustbeinvariante, bei der sich die einzelnen Kerne überhaupt nicht miteinander vereinigen. Von der ausbleibenden bis zur totalen Verschmelzung aller Knochenkerne werden alle Übergänge beobachtet.

Die für die sportliche Belastbarkeit sich daraus ergebende Problematik soll an Hand des Röntgenbefundes eines Turners demonstriert werden.

Ein 20jähriger Leistungsturner klagte über heftige Schmerzen in der Gegend der Knorpelhaft zwischen *Manubrium* und *Korpus*. Röntgenologisch war außer einer unvollständigen Verschmelzung der Knochenkerne eine Ausbuchtung der kaudalen Gelenkfläche des *Manubriums* nach Art eines SCHMORLschen Knorpelknötchens zu erkennen (Abb. 133). Die

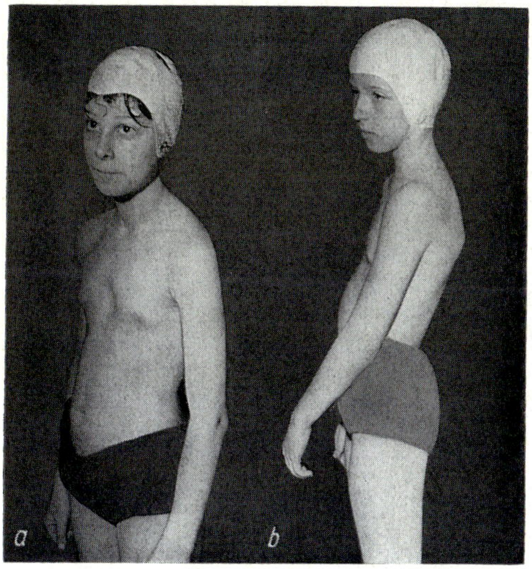

Abb. 132 *a* und *b* zwei 10jährige Patientinnen mit Trichterbrust und Haltungsfehler der Wirbelsäule

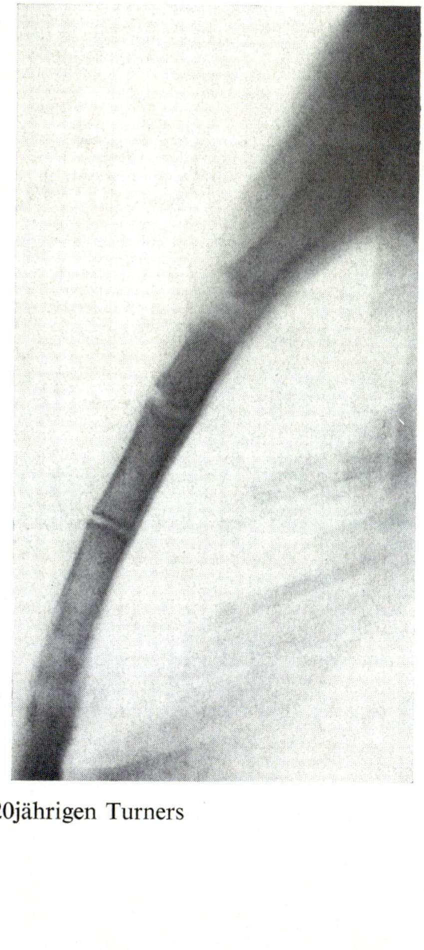

Abb. 133 Seitenaufnahme des Brustbeines eines 20jährigen Turners

Abb. 134 Leistungsturner in Hangwaage rücklings

Abb. 135 Leistungsturner im Kreuzhang mit Vorhebehalte der Beine

Entscheidung, ob es sich um ein Ausbleiben der Verschmelzung der Ossifikationskerne handelt, konnte noch nicht getroffen werden, da die Diagnose eines *Sternum multipartitum* erst nach dem 30. Lebensjahr gestellt werden darf. Die Beschwerden führten wir allerdings nicht auf die unvollständige Verschmelzung der Knochenkerne, sondern auf die bandscheibenartigen Veränderungen zurück.

Die *Synchondrosis sternalis superior* hat gewisse Ähnlichkeiten mit den Zwischenwirbelscheiben. Daher können auch Einbrüche nach Art von SCHMORLschen Knorpelknötchen beobachtet werden, die ähnliche Symptome verursachen.

Bei maximaler Belastung der Knorpelhaft zwischen *Manubrium* und *Korpus*, die bei dem täglichen Übungsprogramm der Turner gegeben ist (Abb. 134 und 135), können derartige morphologische Veränderungen sich klinisch in Form von Belastungsbeschwerden äußern, während sie bei fehlender Beanspruchung möglicherweise stumm bleiben.

4.6.8. Beckenringlockerung

4.6.8.1. Krankheitsbild

Unter einer *Beckenringlockerung* verstehen wir nach KAMIETH (1956) eine Unterbrechung der normalen festen Beckenverbindungen in der Symphyse und den Ileosakralgelenken.

Die *Diagnose* einer Beckenringlockerung wird durch den Röntgenbefund gesichert. Die klinische Untersuchung kann neben den uncharakteristischen Symptomen einer seitlichen Wirbelsäulenverbiegung in Verbindung mit einem Beckenschiefstand durch ein positives MENNELsches Zeichen den Verdacht auf eine Beckenringlockerung aufkommen lassen. Außerdem wird beim Stehen auf einem Bein auf eine Lockerung bzw. passive Bewegung im Bereich der Symphyse geachtet.

Zur *röntgenologischen Untersuchung* werden außer einer Beckenübersichtsaufnahme Spezialaufnahmen beider Ileosakralfugen angefertigt. Man hebt zu diesem Zweck das Becken des Patienten auf dem Röntgentisch um 25° an und stellt den Zentralstrahl auf die angehobene Beckenhälfte ein.

Die Lockerung im Bereich der Symphyse kann röntgenologisch durch Beckenaufnahmen beim Stehen auf dem rechten bzw. linken Bein mit Einstellung des Zentralstrahls auf die Symphysengegend objektiviert werden. Somit sind zur genauen Diagnostik von Symphyse und Ileosakralgelenken mindestens 5 Röntgenaufnahmen erforderlich. Man beschränkt sich jedoch in der Regel zur Vermeidung einer übermäßigen Strahlenbelastung auf eine Beckenübersichtsaufnahme. Die Spezialaufnahmen beider Ileosakralfugen und die Funktionsaufnahmen beim Stand auf einem Bein werden nur in den Fällen durchgeführt, wo entscheidende prophylaktische oder therapeutische Maßnahmen davon abhängen.

Charakteristisch für eine Beckenringlockerung sind eine röntgenologisch nachweisbare Verbreiterung des Symphysenspaltes, ein ungleicher Symphysenstand mit Verschiebung eines Schambeinastes nach kaudal sowie Spreizung bzw. Subluxation eines Ileosakralgelenkes. Besonders deutlich lassen sich die Veränderungen beim Stehen auf einem Bein darstellen.

Abbildung 136 läßt erkennen, daß beim Stand auf dem rechten Bein der linke Schambeinast stark nach kaudal verschoben und infolge Torsion etwas verschmälert ist. Beim Stand auf dem linken Bein (Abb. 137) ist der ungleiche Symphysenstand wieder ausgeglichen.

Die Verschieblichkeit nur eines Schambeinastes spricht für das Vorliegen einer einseitigen Beckenringlockerung, die in der Mehrzahl der Fälle vorkommt.

Bei den arthrotischen Randausziehungen der Ileosakralfugen, die wir häufig als sekundäre Veränderungen einer Beckenringlockerung beobachten, sind in Übereinstimmung mit KAMIETH (1956) grundsätzlich zwei Formen zu unterscheiden. Auf Abbildung 138 treten die arthrotischen Veränderungen als senkrechte Gelenkkontur-

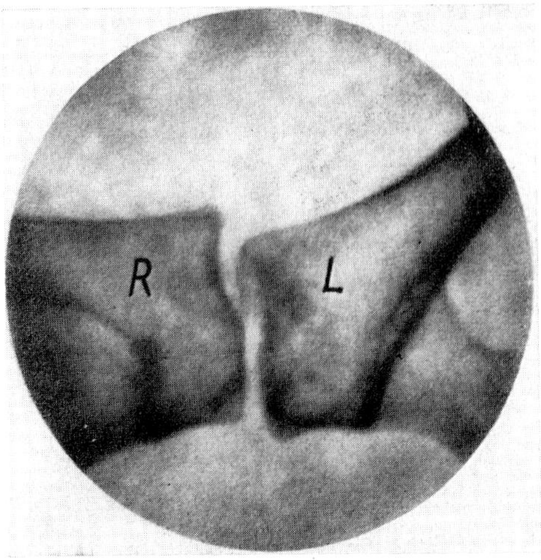

Abb. 136

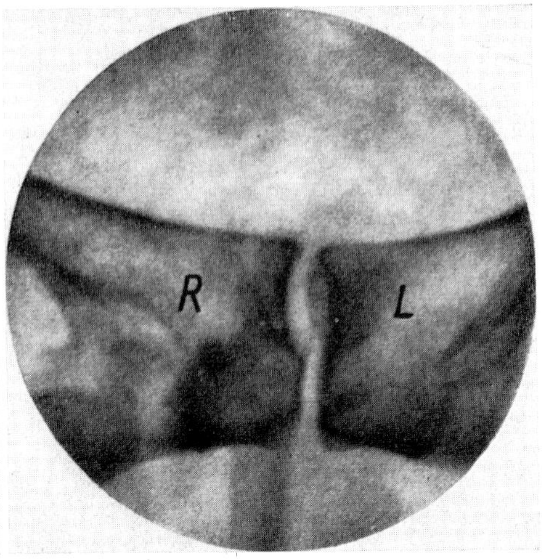

Abb. 137

Abb. 136 und 137 Mechanik der Beckenringlockerung im Symphysenbereich. Beim Stand auf dem rechten Bein ist der linke Schambeinast stark nach kaudal verschoben und infolge Torsion etwas verschmälert (Abb. 136); beim Stand auf dem linken Bein ist der ungleiche Symphysenstand wieder ausgeglichen (Abb. 137)

ausziehungen in Erscheinung. Abbildung 139 zeigt abstützende Randzackenbildung bei Subluxation am rechten Ileosakralgelenk.

Hinsichtlich der *Ätiologie* der Beckenringlockerung gibt die Einteilung nach Kamieth (1958) wertvolle Hinweise. Neben der physiologischen Beckenringlockerung in der Schwangerschaft und in geringerem Ausmaße während der Menstruation gibt es pathologische Formen, von denen die *primäre Beckenringlockerung* sportmedizinische Bedeutung hat. Die Grundlage bildet ein präinstabiler Zustand des Beckens infolge allgemeiner Bindegewebsschwäche, deren Diagnose u. a. aus Haltungsschäden der Wirbelsäule, Insuffizienzzeichen an den Extremitäten und Schlaffheit von Haut und Muskulatur gestellt werden kann. Für die Pathogenese der Beckenringlockerung sind geschlechtsspezifische Vorgänge verantwortlich. Dafür spricht die Tatsache, daß von einer primären Beckenringlockerung in 95 bis 97% der Fälle Frauen betroffen sind. Da von diesen ein großer Prozentsatz nicht geboren hat bzw. nicht schwanger war, kommt der Gravidität und dem Geburtsvorgang keine ausschließliche pathogenetische Bedeutung für die Entstehung einer unkomplizierten Beckenringlockerung zu. Nach

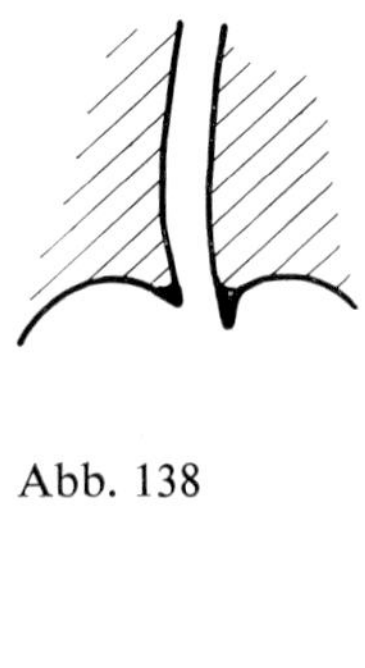

Abb. 138

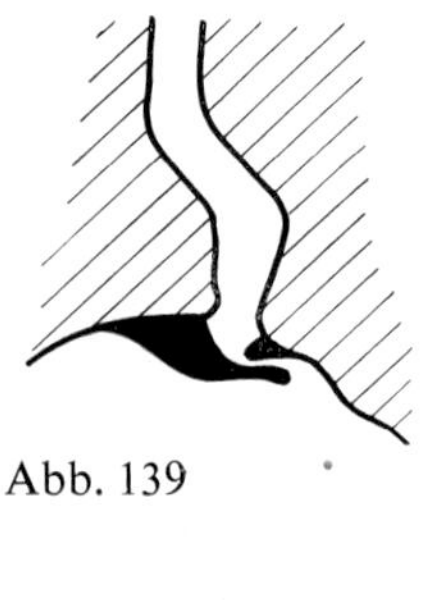

Abb. 139

Abb. 138 Senkrechte arthrotische Gelenkkonturausziehungen am unteren Pol einer Ileosakralfuge

Abb. 139 Subluxation im Bereich eines Ileosakralgelenkes mit Abstützung der sakralen Gelenkfläche durch Randzackenbildung

Kamieth (1957) wird der präinstabile Zustand am Becken durch Fehlbelastung infolge eines anatomischen Beckenschiefstandes oder infolge eines Haltungsschiefstandes des Beckens, der meist Folge einer seitlichen Verbiegung der Wirbelsäule ist, in einen instabilen übergeführt.

In der Praxis ist es wichtig, eine beginnende primäre Beckenringlockerung frühzeitig zu erkennen.

Die jüngste Patientin, bei der wir einen derartigen Befund nachweisen konnten, war eine 13jährige Balettänzerin. Sie wurde uns wegen Kreuzschmerzen mit Verdacht auf Bandscheibenprolaps überwiesen. Obgleich nicht alle klassischen Symptome, die Kamieth bei der Beckenringlockerung beschreibt, nachweisbar waren, sprachen die nachstehend angeführten klinischen und röntgenologischen Befunde doch mit an Sicherheit grenzender Wahrscheinlichkeit für das Vorliegen einer primären Beckenringlockerung:

1. asthenischer Typ der Patientin, der mit einer gewissen anlagebedingten allgemeinen Bindegewebsschwäche vergesellschaftet ist;

2. Haltungsschiefstand des Beckens mit Kreuzbeinschiefstand und tiefer stehendem, rechtsseitigem Darmbeinkamm;

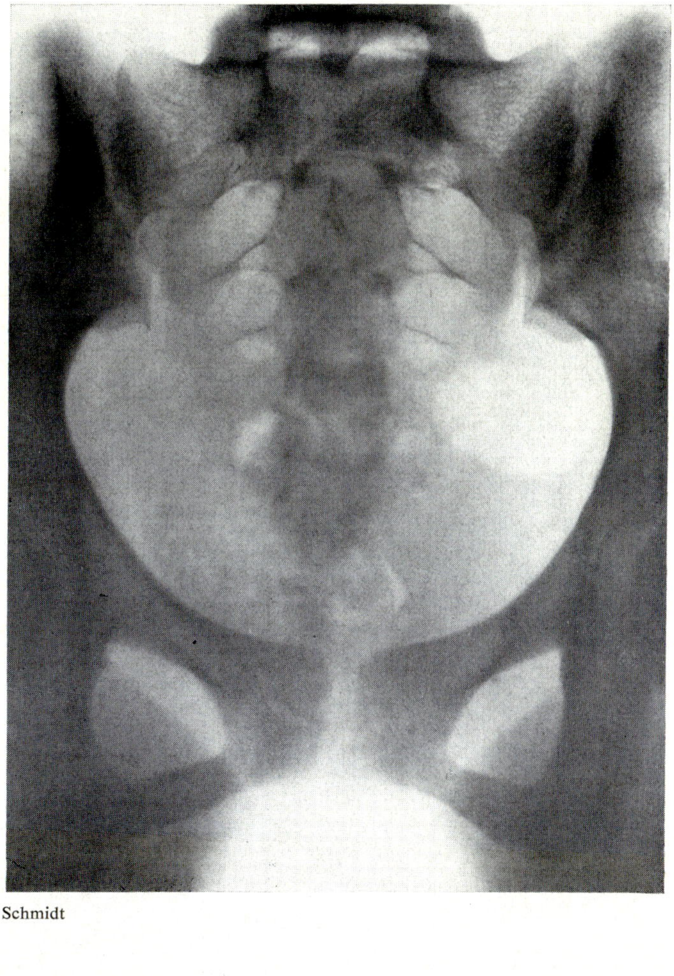

Abb. 140 Die Beckenübersichtsaufnahme einer 13jährigen Balettänzerin zeigt einen breiten Symphysenspalt und weite Ileosakralfugen. Spitze Ausziehung der kaudalen Gelenkflächen des rechten Ileosakralgelenkes

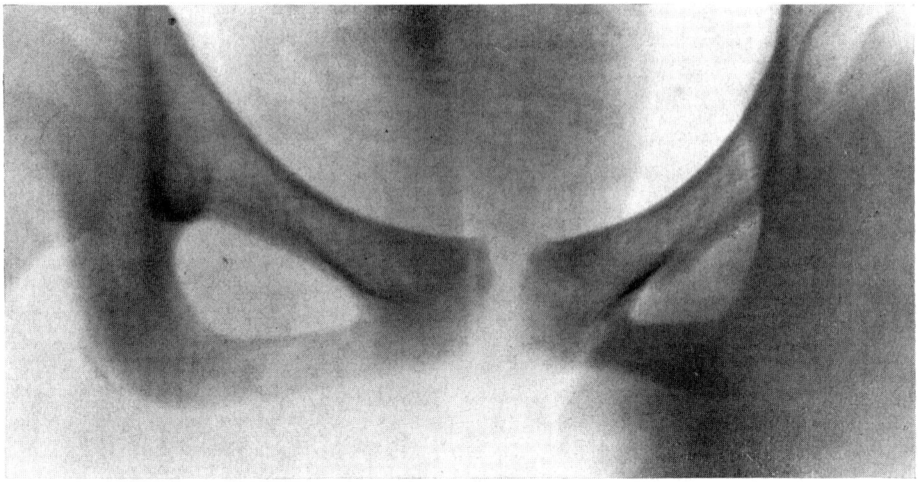

Abb. 141 Verschmälerung des linken Schambeinastes beim Stehen auf dem rechten Bein

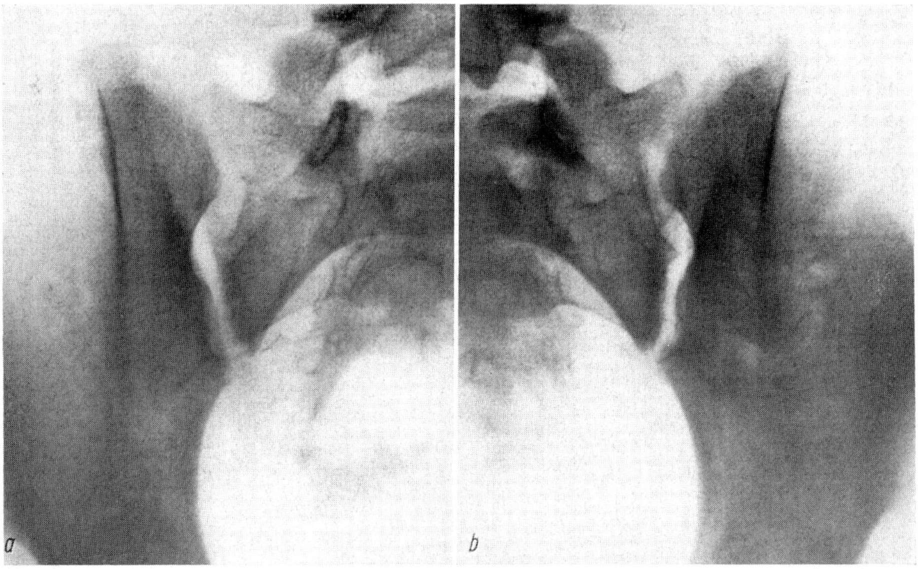

Abb. 142 *a* und *b* Spezialaufnahmen der rechten und linken Ileosakralfuge zeigen rechts mehr als links eine Spreizung des Gelenkes mit beginnenden arthrotischen Veränderungen

3. angedeutete rechtskonvexe Skoliose der Brustwirbelsäule mit hierdurch bedingtem rechtsseitigen Schulterblatthochstand um 1 cm bei erheblichem rachitischen Sitzbuckel;

4. MENNEL rechts positiv;

5. röntgenologisch nachweisbare Verbreiterung des Symphysenspaltes (Abb. 140);

6. Verschmälerung des linken Schambeinastes beim Stehen auf dem rechten Bein infolge Torsion (Abb. 141);

7. Spreizung insbesondere des rechten Ileosakralgelenkes sowie spitze Ausziehung an dessen unterem Ende (Abb. 142a und b).

Die Balettänzerin hatte seit 5 Jahren zusätzlich zu ihrem regelmäßigen Unterricht die für sie schwierigsten Übungen, insbesondere Spagat, intensiv zu Hause geübt.

Im Sport und Tanz werden die Beckenverbindungen, insbesondere die Symphyse, stärker als im täglichen Leben auf Zug, Druck und Abscherung beansprucht. Die Abbildungen 143 und 144 zeigen Übungen, bei denen die Beckenverbindungen maximaler Beanspruchung auf Zug und Abscherung unterliegen. Zum Abfangen des Horizontalschubs im Symphysenbereich wirken einerseits die Adduktoren, andererseits der Symphysenbandapparat.

In der Literatur werden Symphysensprengungen ohne äußere Gewalteinwirkung durch Muskelzug der Adduktoren beschrieben. Während die Symphysensprengung dabei die Antwort auf eine einmalige überstarke Zugwirkung ist, kann die Beckenringlockerung einschließlich der Lockerung der Symphyse als eine funktionelle Anpassung an einen immer wiederkehrenden maximalen Reiz in Form von Zug und Abscherung angesehen werden.

In der Symphyse, als dem vorderen Schlußstück des Beckenringes, laufen die Spannungslinien der Beckenarchitektur zusammen. Hyaliner und Faserknorpel sowie Bindegewebe bilden im Hinblick auf die gemeinsame Funktion eine Einheit. Zur Klärung der morphologischen Veränderungen im Symphysenbereich trugen eigene pathologisch-anatomische Untersuchungen bei. Auf Grund von Serienschnitten durch 20 Symphysen konnte bewiesen werden, daß die Lockerung in der Symphyse innerhalb des Faserknorpels durch Vergrößerung des Symphysenspaltes und durch Unterbrechung der Verbindung zwischen Hyalin- und Faserknorpel erfolgt, während die Knorpel-Knochen-Grenze stets fest bleibt. Auch das Symphysenbindegewebe, das der Zugbeanspruchung am meisten Widerstand leistet, kann bei einer bestehenden allgemeinen Bindegewebsschwäche gelockert werden, bleibt aber wie nach partieller Symphyseotomie als obere und untere Bremse erhalten.

Abb. 143 und 144 Übungselemente im Turnen, die die Beckenverbindungen maximal auf Zug und Abscherung beanspruchen

4.6.8.2. Einschätzung der sportlichen Belastbarkeit

Bei Vorliegen einer *primären Beckenringlockerung* können die Auswertungsergebnisse von 83 Beckenübersichtsaufnahmen junger Sportlerinnen im Alter von 13 bis 25 Jahren herangezogen werden.

In 32 Fällen, insbesondere bei Turnerinnen, Hochspringerinnen und Ballettänzerinnen fanden sich Hinweise für eine Lockerung der Beckenverbindungen, obgleich der klinische Befund auf Grund der orthopädischen Untersuchung nur bei 6 Patientinnen einen derartigen Befund vermuten ließ. Stärkere Beschwerden wurden von 2 Sportlerinnen angegeben, so daß in einem Fall der Sport nach 1 Jahr abgebrochen wurde. Die zweite Patientin wechselte in eine andere Sportart über. Es handelte sich in beiden Fällen um asthenisch-hypoplastische Typen.

Die allgemeine Diskrepanz zwischen röntgenologisch nachweisbaren Veränderungen im Bereich des Beckenringes und weitgehender subjektiver Beschwerdefreiheit führen wir auf den guten Trainingszustand von Bauch- und Gesäßmuskulatur zurück, so daß die Muskulatur trotz der bestehenden Lockerung der Beckenverbindungen die Haltefunktion übernimmt, obgleich den Beckenverbindungen eine direkte muskuläre Sicherung fehlt.

Für die sportmedizinische Beurteilung ergeben sich auf Grund dieser Beobachtungen folgende Gesichtspunkte. Vor Aufnahme des Sports ist eine gründliche orthopädische Untersuchung erforderlich. Bei Vorliegen von Zeichen einer allgemeinen Bindegewebsschwäche in Verbindung mit asthenischem Habitus, seitlicher Wirbel-

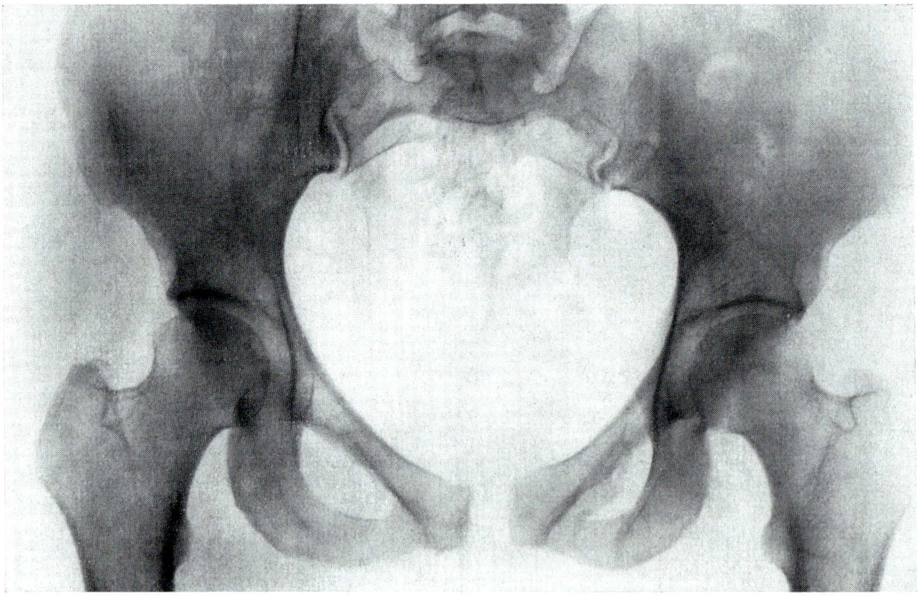

Abb. 145 Beckenübersichtsaufnahme einer 34jährigen Reiterin nach Beckenbruch und Symphysensprengung

säulenverbiegung und Beckenschiefstand ist von Sportarten, die die Beckenverbindungen maximal beanspruchen, grundsätzlich abzuraten. Während bei straffem Bindegewebe und kräftiger Muskulatur eine Lockerung der Beckenverbindungen klinisch stumm bleiben kann, stellt die Beckenringlockerung die bei weitem häufigste Ursache für Kreuzschmerzen der Frau dar. Bei Auftreten von Beschwerden ist im Training das Schwergewicht auf muskelkräftigende Übungen zu legen. Im gleichen Sinne ist das Übungsprogramm für Frauen mit vorwiegend sitzender Tätigkeit aufzubauen, die mit dem Befund einer Beckenringlockerung am Freizeit- und Erholungssport teilnehmen.

Die *sekundäre* Beckenringlockerung spielt in der Sportmedizin eine untergeordnete Rolle. Sie tritt als Folge der Belastung bei zerstörenden Prozessen in den Ileosakralgelenken oder bei verschiedenen Erkrankungen an den unteren Extremitäten, die mit einer Beinverkürzung einhergehen, auf. Auch traumatische Veränderungen am Becken können zu einer sekundären Beckenringlockerung führen, wie die Beckenübersichtsaufnahme einer Reiterin nach Beckenbruch und Symphysensprengung (Abb. 145) erkennen läßt.

Patienten mit einer sekundären Beckenringlockerung sind für alle Sportarten, die mit einer Belastung des Beckens einschließlich der Beine verbunden sind, absolut sportunfähig. Aus diesem Grunde ist die Erstbehandlung nach Verletzungen des Beckens entscheidend, um der Entstehung einer sekundären Beckenringlockerung vorzubeugen.

Durch Tragen eines Beckengurtes können die durch eine schwere Beckenringlockerung verursachten Beschwerden günstig beeinflußt werden.

4.7. Orthopädische Erkrankungen und Veränderungen einschließlich Verletzungen im Hüft-, Bein- und Fußbereich

4.7.1. Hüftgelenkserkrankungen

Die Spätergebnisse der konservativen Behandlung nach sogenannter *angeborener Hüftluxation* sind bedeutend schlechter als allgemein angenommen wurde. Die kleine Anzahl der anatomischen Heilungen (nach Hohmann [1951] durchschnittlich 7%, nach Roehlig [1963] bei Spätergebnissen 3,2%) und die Erfahrung, daß die Prognose bei behandelten Hüftluxationen mit nicht einwandfreiem primären Ergebnis im allgemeinen ungünstig ist, zwingt uns, die Luxationsfälle hinsichtlich der Sportfähigkeit kritisch zu beurteilen. Ob die Spätergebnisse nach operativer Reposition wesentlich besser sind, ist nach dem Schrifttum noch nicht endgültig festzustellen, da meist nur Frühergebnisse vorliegen. Ausschlaggebend für das Schicksal der Hüftgelenke ist nicht allein die Tatsache der gelungenen Einrenkung sondern die gewebliche Unterentwicklung. *Persistierende Valgität, vermehrte Antetorsion* und *Pfannendysplasie* sind die wesentlichen Dysplasiezeichen der Luxationshüfte. Da wir das Ausmaß des endogenen Faktors, der für die gewebliche Unterentwicklung verantwortlich ist, nicht kennen, wird versucht, durch korrigierende Eingriffe an den Gelenkkörpern die normale Gelenkmechanik wieder herzustellen und damit die Behandlungsergebnisse zu verbessern. Während früher die meisten Orthopäden entweder die Pfannendachplastik oder eine Korrekturosteotomie des proximalen *Femur* bevorzugten, findet sich in jüngster Zeit durch gleichzeitige Anwendung der beiden Verfahren oder durch Kombination der Beckenosteotomie mit der varisierenden und detorquierenden Osteotomie eine Synthese der beiden rivalisierenden Operationsmethoden.

Nachdem durch konservative und operative Maßnahmen der Gelenkschluß wiederhergestellt ist, kann die physiotherapeutische Behandlung zur Normalisierung der Gelenkfunktion beitragen. Neben der Wiederherstellung der aktiven Hüftgelenksbeweglichkeit ist die Schulung der pelvitrochanteren Muskulatur der Schlüssel für eine optimale Verarbeitung der operativen Maßnahmen. Zur Steigerung der physiotherapeutischen Behandlung empfiehlt es sich, außer Radfahren den Schwimmsport in das Übungsprogramm einzubeziehen. Die Beobachtungen lehren, daß Patienten mit funktionsfähiger gut trainierter Muskulatur den Zustand nach einer Hüftluxation besser verarbeiten als Patienten, die infolge Bewegungsmangel zur Adipositas neigen. Abgesehen von Schwimmen und Radfahren ist eine volle Sportfähigkeit für weitere Sportarten nur in den Fällen gegeben, in denen eine anatomische Heilung erfolgt ist. Aus diesem Grunde hat die Einschätzung der Sporttauglichkeit individuell und nach genauer klinischer und röntgenologischer Beurteilung zu erfolgen.

Dieser strenge Maßstab hinsichtlich der sportlichen Belastbarkeit der Hüftgelenke ist aber nur in den Fällen angezeigt, in denen es sich um eine echte Hüftluxation gehandelt hat. Die Anzahl der Säuglinge, die im 1. Lebensjahr wegen Verdacht auf Hüftluxation geröntgt und in vielen Fällen mit einer Spreizbandage behandelt werden, ist im Verhältnis zu den echten Luxationsfällen außerordentlich groß und darf nicht zu einer falschen Einschätzung der Luxationshäufigkeit führen. In diesem Zusammenhang ist die Beurteilung eines 14jährigen Patienten von Interesse, der sich zur Erneuerung einer Schulsportbefreiung in der orthopädischen Sprechstunde vorstellte.

Im ersten Lebensjahr wurde auf Veranlassung der Mütterberatung wegen Faltenasymmetrie eine orthopädische Untersuchung veranlaßt. Die Röntgenaufnahme des Beckens (Abb. 146a) zeigte pfannengerechten Stand beider proximaler Femurenden. Die Schenkelkopfknochenkerne waren beiderseits noch nicht zu erkennen. Obgleich der röntgenologische Befund nicht als pathologisch zu bewerten war, wurde auf Grund der klinischen Symptomatik eine Spreizbandage verordnet. Infolge ungenügender ärztlicher Aufklärung hielt die Mutter den Befund für eine Hüftluxation. Bei der zweiten orthopädischen Vorstellung war der Schenkelkopfknochenkern im Röntgenbild andeutungsweise zu erkennen, während er links noch fehlte (Abb. 146b). Die Behandlung mit Spreizbandage wurde fortgesetzt. Als das Kind laufen lernte, war die Mutter glücklich über das gute Behandlungsergebnis und vermied jede übermäßige Hüftgelenksbelastung des Kindes, um eine Verschlechterung zu vermeiden. Eine nochmalige orthopädische Beurteilung erfolgte nicht. Von Schulbeginn an wurde ohne gründliche Untersuchung auf Grund der Anamnese eine Vollsportbefreiung ausgestellt, die während einer Zeitdauer von 8 Jahren jährlich verlängert wurde. Als sich das Kind im 9. Schuljahr bei uns vorstellte, konnte sowohl klinisch als auch röntgenologisch ein völlig normaler Hüftgelenksbefund festgestellt werden (Abb. 146c). Eine Aussprache mit der Mutter führte zur Klärung nicht nur im Hinblick auf die volle Belastbarkeit der Hüftgelenke in Sport und Spiel, sondern auch hinsichtlich der beruflichen Entwicklungsmöglichkeiten. Dadurch konnte die körperliche und seelische Entwicklung des Kindes positiv beeinflußt werden.

Rückblickend betrachtet, handelte es sich in dem beschriebenen Falle um eine verzögerte Entwicklung der Schenkelkopfknochenkerne, die einer geringen *Hüftdysplasie* entspricht und nicht mit einer Hüftluxation verwechselt werden darf.

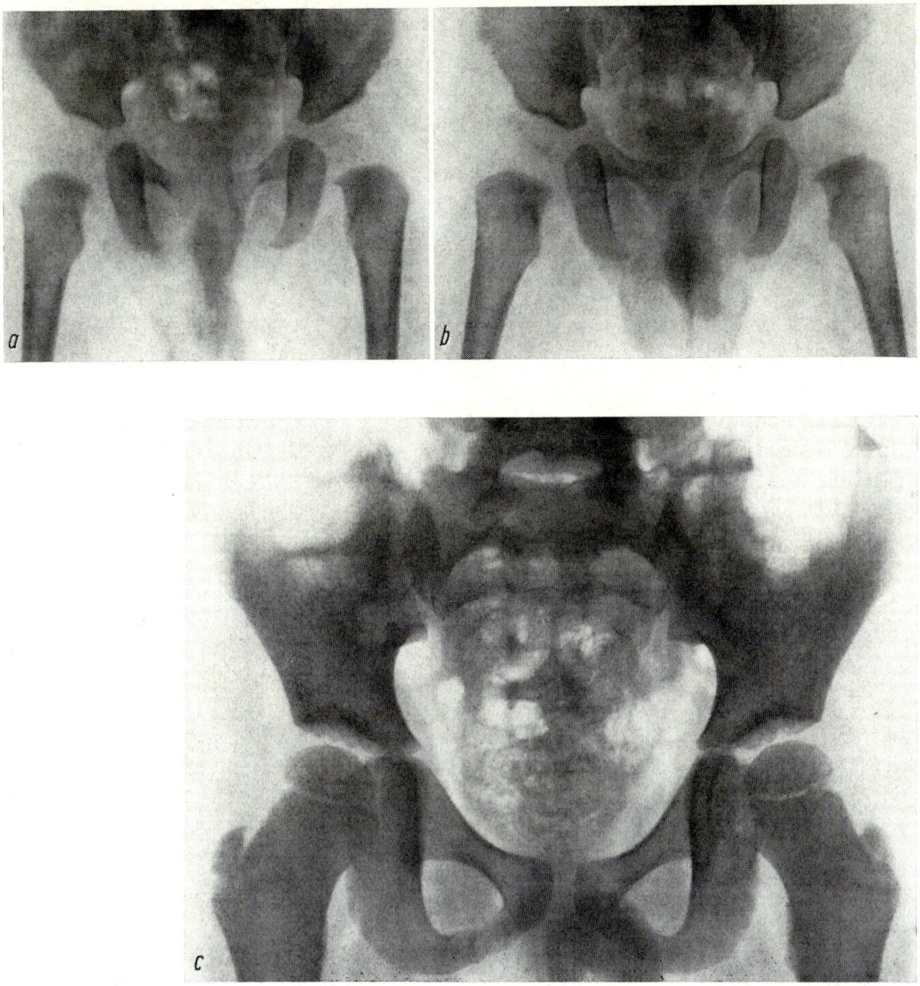

Abb. 146 *a* Beckenübersichtsaufnahme eines männlichen Säuglings im 5. Lebensmonat. Fehlen der Schenkelkopfknochenkerne bei pfannengerechtem Stand beider proximaler Femurenden; *b* Beckenübersichtsaufnahme desselben Patienten im 12. Lebensmonat. Der rechte Schenkelkopfknochenkern ist andeutungsweise zu erkennen, während der linke noch fehlt; *c* Beckenübersichtsaufnahme desselben Patienten im 8. Lebensjahr, röntgenologisch normaler Hüftgelenksbefund

Die Abgrenzung der echten Luxationsfälle von leichten Hüftdysplasien im Säuglingsalter, die in den meisten Fällen zu einer vollständigen Normalisierung der Hüftgelenksentwicklung führen, ist sowohl bei der Beurteilung für den Schulsport als auch für den Wettkampfsport von Bedeutung, um die sportliche Entwicklung von talentierten Kindern und Jugendlichen nicht durch eine falsche Auslegung der Anamnese zu hemmen.

In einzelnen Fällen wird eine Hüftdysplasie erst bei auftretenden Beschwerden im 2. oder 3. Lebensjahrzehnt festgestellt.

Infolge der für eine Hüftdysplasie charakteristischen Pfannendysplasie, persistierenden Valgität und Antetorsion kann die Druckbelastung pro Quadratzentimeter Fläche bei unvollständigem Hüftgelenksschluß vergrößert sein, so daß osteochondrotische Veränderungen an den Hauptbelastungsflächen entstehen, die bei maximaler Hüftgelenksbeanspruchung Beschwerden hervorrufen. Daher empfiehlt es sich, wenn nicht anläßlich der ersten sportärztlichen Untersuchung der Hüftgelenksbefund durch eine Beckenübersichtsaufnahme überprüft wurde, bei Auftreten von sogenannten Überlastungsbeschwerden in den Hüftgelenken insbesondere in den Lauf- und Sprungdisziplinen eine Hüftdysplasie röntgenologisch auszuschließen, um funktionelle Störungen von Veränderungen der Gelenkmechanik abgrenzen und fachgemäß behandeln zu können.

Bei einer unserer talentiertesten Hochspringerinnen konnten wir z. B. eine Hüftdysplasie mit Hüftgelenksbeschwerden im 18. Lebensjahr feststellen.

Die Sporttauglichkeitsuntersuchung kann in manchen Fällen, wenn sie nicht rein formal durchgeführt wird, auch dazu beitragen, behandlungsbedürftige Patienten bei Zustand nach Hüftluxation der erforderlichen orthopädischen Behandlung zuzuführen.

Ein 11jähriger Patient z. B. wurde wegen linksseitiger Hüftluxation im 1. Lebensjahr nach konservativer Reposition mit Beckengips behandelt. Im 7. Lebensjahr erfolgte eine varisie-

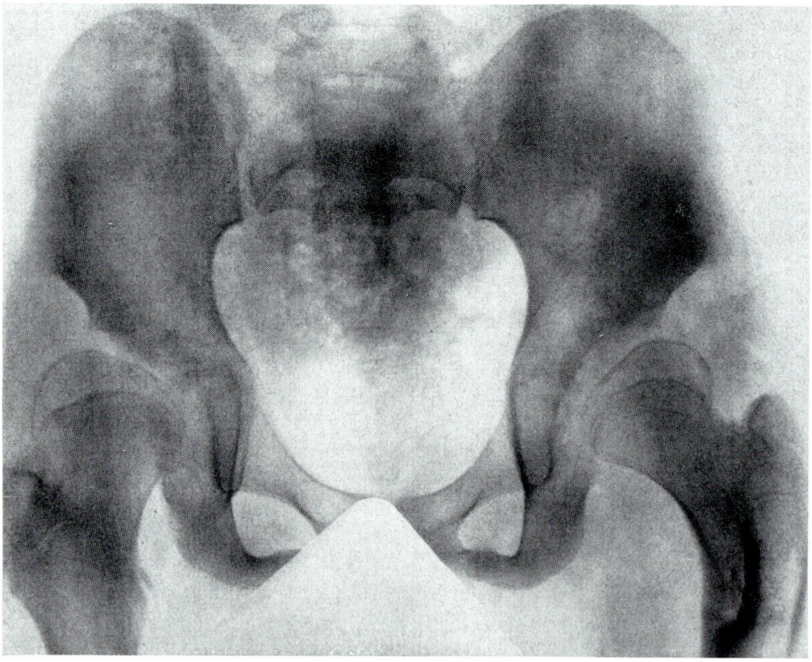

Abb. 147 Beckenübersichtsaufnahme eines 11jährigen Patienten bei Zustand nach linksseitiger Hüftluxation mit ungenügendem Hüftgelenksschluß beiderseits

rende und detorquierende Osteotomie links. Seit dieser Zeit hielt man die orthopädische Behandlung für abgeschlossen. Die Beckenübersichtsaufnahme (Abb. 147), die anläßlich einer Sporttauglichkeitsuntersuchung angefertigt wurde, zeigt persistierende Valgität rechts sowie vermehrte Antetorsion und Pfannendysplasie beiderseits, so daß eine operative Behandlung zur Verbesserung des Gelenkschlusses beider Hüftgelenke erforderlich ist und eingeleitet wurde.

Für die Beurteilung der sportlichen Belastbarkeit bei Hüftgelenkserkrankungen wie z. B. der PERTHES*schen Erkrankung*, einer aseptischen Osteonekrose des Schenkelkopfknochenkernes, der *Epiphyseolysis capitis femoris*, der *Coxa vara* usw. gelten sinngemäß die im Zusammenhang mit der Luxationshüfte aufgezeigten Gesichtspunkte. Die Einschätzung hat auf Grund des klinischen und röntgenologischen Befundes zu erfolgen. Behandlungsfälle sind von Endzuständen abzugrenzen, für die trotz erforderlicher Schonung ein funktioneller Reiz durch sportliche Betätigung z. B. in Form von Schwimmen notwendig ist. Kann der Nachweis einer anatomischen Heilung nach Behandlungsabschluß gebracht werden, sollte man in der Zulassung zum Sport großzügig sein, wie aus nachstehendem Krankheitsverlauf ersichtlich ist.

Eine 17jährige Patientin wurde uns vom Kreissportarzt zur Beurteilung der Sportfähigkeit überwiesen, da er trotz anamnestisch angeführter *Epiphyseolysis capitis femoris* einen unauffälligen Hüftgelenksbefund festgestellt hatte. Sowohl bei unserer klinischen als auch röntgenologischen Untersuchung, die wir mit einer Beckenübersichts- und LAUENSTEIN-Aufnahme beiderseits durchführten, fand sich ein völlig normaler Hüftgelenksbefund. Mangels früherer Röntgenaufnahmen konnte nicht geklärt werden, ob tatsächlich eine anatomische Heilung erfolgt ist oder ob nur die Gefahr einer beginnenden Epiphyseolyse bestanden hat. Ein Grund für eine Zurückhaltung im Sport bestand jedenfalls nicht mehr.

4.7.2. Pathologische Veränderungen der Beinachse

X- oder *O-Beine* überschreiten das Ausmaß des Physiologischen, wenn der Malleolen- bzw. Kondylenabstand bei Kindern nach dem 5. Lebensjahr größer als 5 cm ist. Diese Angabe kann jedoch nur als Anhaltspunkt dienen und muß in Beziehung zur Körpergröße bewertet werden.

Leichte X- oder O-Beine beeinträchtigen die Sportfähigkeit in keiner Weise. In schweren Fällen, in denen die konservative Behandlung nicht zum gewünschten Erfolg geführt hat, sollte man den Rat zur operativen Begradigung der Beinachse geben, um einer Früharthrose infolge der veränderten Statik vorzubeugen (Abb. 148). Eine verstärkte Belastung der Beine durch sportliches Training kann möglicherweise das frühzeitige Auftreten degenerativer Vorgänge begünstigen und ist daher nicht zu empfehlen. Sobald nach erfolgter Korrekturosteotomie im Röntgenbild ein vollständiger knöcherner Durchbau nachweisbar und nach Abschluß der Gipsbehandlung eine Wiederherstellung der Muskelkraft durch physiotherapeutische Behandlung und Sporttherapie erreicht ist, besteht keine Einschränkung der Sportfähigkeit mehr.

Bei stärkeren X- oder O-Beinen muß auch an die Möglichkeit einer Systemerkrankung des Knochens oder Wachstumsstörung nach Epiphysenschaden gedacht werden, die eine geringere Belastbarkeit des Skeletts bedingen. In diesen Fällen ist die Entscheidung über eine Korrekturosteotomie und die Belastbarkeit im Sport in Verbindung mit der Grundkrankheit zu treffen.

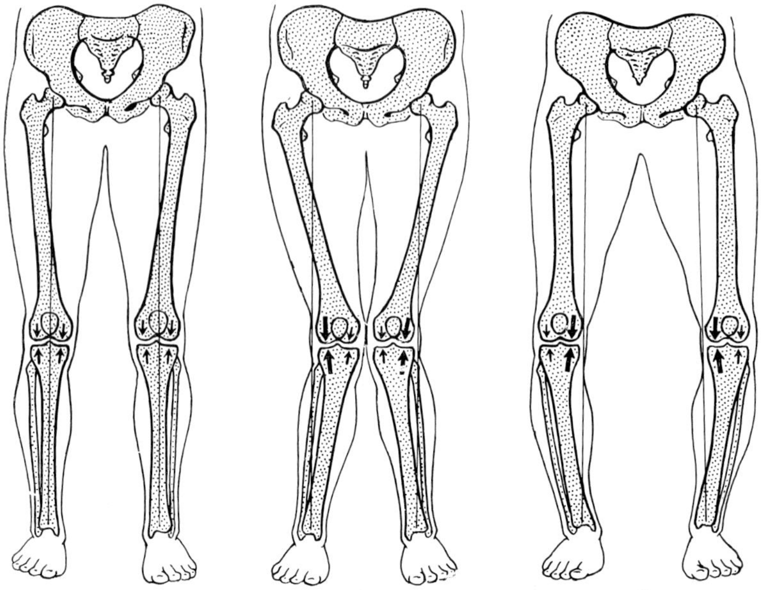

Abb. 148 Pathologische Veränderungen der Beinachse: *a* normales Bein: Gelenkflächen und Bänder des Kniegelenkes werden annähernd gleichmäßig belastet, *b Genu valgum:* Überlastung der fibularen Femur- und Tibiagelenkflächen und des lateralen Meniskus, Dehnung des inneren Seitenbandes, *c Genu varum:* Überlastung der tibialen Femur- und Tibiagelenkflächen und des medialen Meniskus, Dehnung des äußeren Seitenbandes

4.7.3. Geschlossene Kniegelenksverletzungen (ausgenommen Frakturen, Luxationen und Verletzungen des Streckapparates)

4.7.3.1. Prellungen und Quetschungen

In zahlreichen Fällen werden *Prellungen* und *Quetschungen* des Kniegelenkes als isolierte Verletzungen beobachtet. Diese Diagnose einer Kniegelenksverletzung darf aber erst dann gestellt werden, wenn durch eine gründliche klinische und röntgenologische Untersuchung Verletzungen von Bändern, Menisken und Knochen ausgeschlossen werden konnten.

Die Behandlung von Kniegelenksprellungen und -quetschungen richtet sich nach dem Ausmaß der Schädigung.

Einfache Schürfwunden, leichte Weichteilprellungen und kleine Synovialisverletzungen heilen bei Ruhigstellung des Kniegelenkes in wenigen Tagen ab. Nach 2 bis 3 Wochen ist das Kniegelenk wieder voll belastbar.

Bei Prellungen mit einem starken Kniegelenkserguß ist eine intensivere Behandlung erforderlich. Das verletzte Bein ist auf einer Schiene zu lagern. Der Gelenkerguß muß sofort abpunktiert werden. Dadurch wird die Kapsel entspannt, die Schmerzhaftigkeit läßt nach und eine Überdehnung von Kapsel und Bändern wird vermieden. Nach der Punktion wird durch Anlegen eines Kompressionsverbandes das Wiederauftreten eines Ergusses erschwert. In den meisten Fällen ist bei einem traumatischen Kniegelenkserguß das Punktat blutig (*Hämarthros*). Die Ruhigstellung des Kniegelenks durch Schienenlagerung und Bettruhe ist fortzusetzen, bis der Erguß vollständig abgeklungen ist. Im allgemeinen sind nochmalige Punktionen nach einigen Tagen erforderlich. Die Injektion von Medikamenten nach der Punktion, insbesondere von Antibiotika oder Kortisonpräparaten, ist nicht zu empfehlen. Zur Resorptionsförderung können feuchte Umschläge z. B. mit 3% Alkohol beitragen. Sobald der Erguß weitgehend resorbiert und der Reizzustand abgeklungen ist, kann im Bett eine aktive Übungsbehandlung, beginnend mit isometrischen Spannungsübungen, aufgenommen werden.

Bleibt nach einem massiven *Hämarthros* trotz aktiver Übungsbehandlung und Muskeltraining eine erhebliche Quadrizepsatrophie auch über längere Zeit bestehen, sollte man an die Möglichkeit einer nicht ausgeheilten Meniskusverletzung oder Lokkerung eines Meniskus denken.

In einem Falle bestanden, abgesehen von einer Atonie und leichten Atrophie der Quadrizepsmuskulatur, keinerlei Hinweise für eine Meniskusverletzung. Trotzdem war 10 Wochen nach vorschriftsmäßiger Behandlung eines *Hämarthros* die Belastbarkeit des Kniegelenkes beim Wasserballspielen herabgesetzt. Das Doppelkontrastarthrogramm, das wir zur diagnostischen Klärung durchführten, ließ in allen Zielebenen die Menisken ohne Konturunterbrechung einwandfrei erkennen. Wir entschlossen uns trotz des offenbar negativen Befundes zu einer Arthrotomie. Die Gelenkrevision ergab, abgesehen von leichten Segelbildungen, einen völlig intakten aber etwas lockeren medialen Meniskus, der total reseziert wurde. Vier Wochen nach der Operation bestand völlige Sicherheit im verletzten Kniegelenk bei guter Rückbildungstendenz der Quadrizepsatrophie.

Dieser Fall ist wiederum ein Beweis dafür, daß Befunde, die in der Allgemeinmedizin bedeutungslos sind, im Sport eine Beeinträchtigung der Einsatzfähigkeit zur Folge haben können und einer differenzierten Diagnostik und evtl. großzügigeren Operationsindikation bedürfen.

Sind Kniegelenksprellungen durch Bänder-, Meniskus- oder Knochenverletzungen kompliziert, richten sich die Behandlung und Dauer der Ruhigstellung nach der schwersten Verletzung.

Bei gleichzeitigem Bestehen von ausgedehnten, verschmutzten Weichteilwunden und Kniegelenkserguß, ist wegen der Gefahr einer Gelenkinfektion die Indikation zur Kniepunktion mit größter Vorsicht zu stellen.

4.7.3.2. Zerrungen

Von Kniegelenksdistorsionen sprechen wir, wenn durch direkte oder indirekte Gewalteinwirkung der physiologische Bewegungsumfang überschritten wurde, aber noch keine Zerreißung von Bändern oder Verletzung der Menisken eingetreten ist. Die Behandlung stimmt mit den bei Prellungen und Quetschungen aufgeführten Prinzipien im wesentlichen überein.

4.7.3.3. Seitenbandverletzungen

4.7.3.3.1. Diagnose

In der *Anamnese* werden bei einer Seitenbandverletzung, die medial am häufigsten auftritt, Bewegungsabläufe mit Außenrotation und Abduktion des Unterschenkels

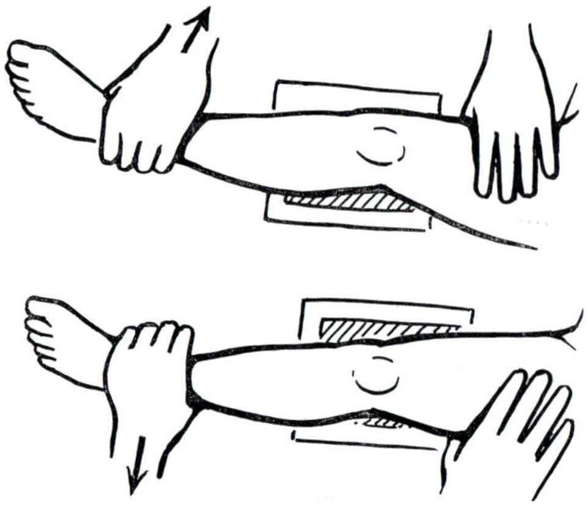

Abb. 149 Gehaltene Röntgenaufnahmen zur Prüfung der Aufklappbarkeit des äußeren und inneren Kniegelenksspaltes. Die eine Hand setzt am Oberschenkel an, während die andere den Unterschenkel adduziert oder abduziert

als indirektes Trauma, sowie Stöße gegen die Außenseite des Kniegelenkes als direktes Trauma angegeben.

Bei der *klinischen Untersuchung* ist ein umschriebener Druckschmerz unmittelbar oberhalb des medialen Kniegelenksspaltes nachweisbar. An der gleichen Stelle (Ursprung des Seitenbandes) wird ein Abduktionsschmerz angegeben. Die Aufklappbarkeit des medialen Gelenkspaltes richtet sich nach dem Ausmaß der Seitenbandverletzung (Zerrung, Dehnung oder Zerreißung) und kann durch gehaltene *Röntgenaufnahmen* objektiviert werden. Die Standardröntgenaufnahmen des Kniegelenkes a.p. und seitlich lassen außer bei Knochenausrissen an den Ansatzstellen der Bänder im allgemeinen keinen Anhalt für eine Bandverletzung erkennen, weil der Festigkeitsverlust infolge des Bandrisses durch Muskelzug kompensiert wird. Aus diesem Grunde ist die Anfertigung gehaltener Aufnahmen in maximaler Ab- oder Adduktion erforderlich (Abb. 149). Grundsätzlich sollen derartige Funktionsaufnahmen bei der frischen Verletzung nur am Tage des Unfalls durchgeführt werden, da sie später beginnende Verklebungen an der Rißstelle lösen. In der Regel erscheint der Bandschaden auf einer gehaltenen Aufnahme geringer als der tatsächlichen Verletzung entspricht. Die Zugwirkung beim Halten löst in Verbindung mit dem Auseinanderweichen der Bandstümpfe Schmerzen aus, die reflektorische Muskelkontraktionen hervorrufen. Gehaltene Aufnahmen sind daher nur befundgerecht, wenn sie sofort nach dem Unfall durchgeführt werden, solange durch den bestehenden Muskelstupor eine reflektorische Muskelkontraktion verhindert wird. Ist die Aufnahme erst mehrere Stunden nach dem Unfall möglich, kann man durch Injektion eines Lokalanästhetikums in den geschädigten Bandabschnitt die reflektorische Muskelanspannung vermeiden. Die Röntgenuntersuchung bei gehaltener Abduktion und Adduktion soll in einer leichten Beugestellung von 160 bis 170° im Kniegelenk vorgenommen werden und zum Seitenvergleich an beiden Kniegelenken erfolgen. Die bei leichter Kniebeugung nachweisbare vermehrte Aufklappbarkeit des Gelenkspaltes ist beweisend für eine Seitenbandschädigung. Läßt sich das Kniegelenk auch bei völliger Streckung durch Ab- und Adduktion des Unterschenkels aufklappen, sind außerdem die Kreuzbänder verletzt.

Nach dem Ausmaß der Schädigung unterscheidet BOEHLER (1951) vier Schweregrade:

1. Zerrung des tibialen Seitenbandes;
2. Dehnung des tibialen Seitenbandes;
3. Zerreißung des tibialen Seitenbandes;
4. Zerreißung des tibialen Seitenbandes mit gleichzeitiger Zerreißung eines oder beider Kreuzbänder und des hinteren Kapselanteils mit seinen Verstärkungsbändern.

4.7.3.3.2. Zerrung des tibialen Seitenbandes

Die Zerrung ist dadurch charakterisiert, daß einige Fasern des Bandes gedehnt werden, ohne daß eine Zerreißung eintritt. Anfangs sind die Verletzten gewöhnlich noch in der Lage, sich ohne fremde Hilfe fortzubewegen. Die allmählich zunehmende Schmerzhaftigkeit zwingt zur Ruhigstellung des Gelenkes.

Weder die klinische noch die röntgenologische Untersuchung einschließlich der gehaltenen Aufnahmen geben Hinweise für einen Festigkeitsverlust der Bandverbindungen. Charakteristisch sind ein Abduktionsschmerz sowie ein umschriebener Druckschmerz im proximalen Anteil des tibialen Seitenbandes, der in der Literatur auch als »Skipunkt« bezeichnet wird.

Die Behandlung erfolgt durch Bettruhe bei Lagerung des Kniegelenkes in leichter Beugestellung, die durch eine Rolle erreicht werden kann. Anfängliche, durch die Seitenbandzerrung verursachte Bewegungseinschränkungen, insbesondere bei der Streckung, bilden sich in 1 bis 2 Wochen vollständig zurück.

Bei dieser Verletzung kann man in leichten Fällen auch eine Behandlung ohne Bettruhe verantworten, wenn eine Bandagierung des Kniegelenkes z. B. durch HOHMANN-Kreuz durchgeführt wird. Eine funktionelle Behandlung, beginnend mit isometrischen Spannungsübungen ohne zusätzliche Dehnung des verletzten Seitenbandes, ist für alle Fälle zu empfehlen.

Im allgemeinen ist nach 4 Wochen die Verletzung vollständig ausgeheilt und das Kniegelenk wieder belastbar.

Als Folge von Zerrungen und Prellungen an der tibialen Seite des Kniegelenkes tritt in manchen Fällen ein STIEDA-PELLEGRINIscher Schatten (1909) auf (Abb. 150). Die schmale streifenförmige Knochenneubildung am Oberrand des tibialen Femurkondylus entspricht einer parossalen und periostalen Knochenneubildung und ist von Knochenabrissen (Abb. 151) abzugrenzen.

4.7.3.3.3. Dehnung des tibialen Seitenbandes

Die Dehnung ist im Verhältnis zur Seitenbandzerrung eine etwas schwerere Verletzung, die zwar mit einer Zerreißung einzelner Fasern des Bandes einhergehen kann, aber infolge des unverletzten Bandquerschnittes zu keinem größeren Festigkeitsverlust führt. Die Bandlockerung ist bei gestrecktem Kniegelenk nicht nachweisbar. Bei leichter Beugung ist eine minimale Aufklappbarkeit auf gehaltenen Aufnahmen andeutungsweise zu erkennen (Abb. 152).

Bei der klinischen Untersuchung sind zusätzlich zu den Symptomen einer Seitenbandzerrung Schwellungen im verletzten Bandabschnitt und in vielen Fällen ein blutiger Gelenkerguß nachweisbar. Infolge der stärkeren Beeinträchtigung des Bandes

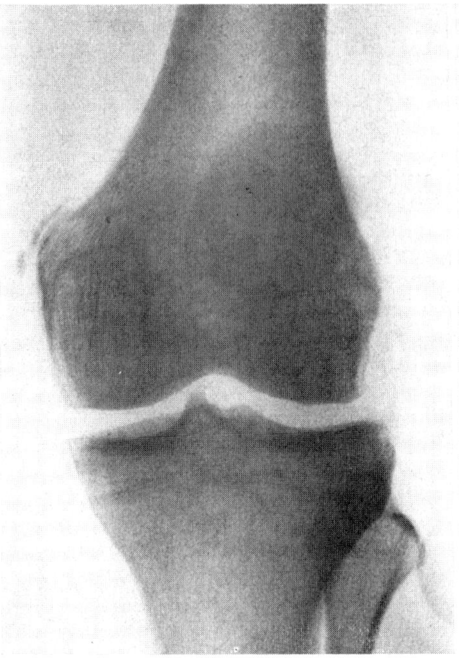

Abb. 150

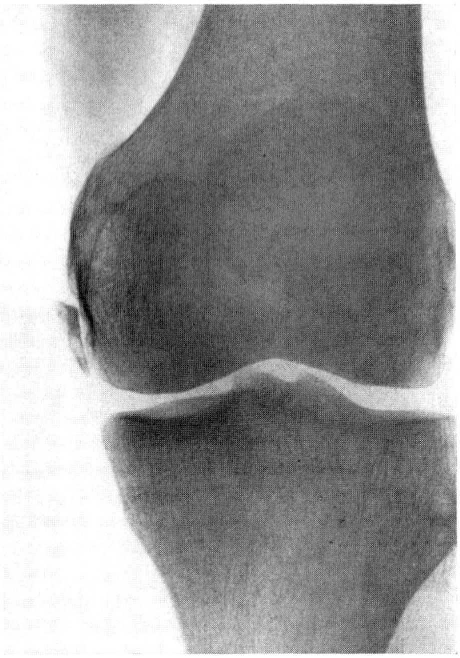

Abb. 151

Abb. 150 a.p.-Aufnahme des linken Kniegelenkes eines 27jährigen Sportlers mit STIEDA-PELLEGRINIschem Schatten bei Zustand nach Seitenbandverletzung

Abb. 151 a.p. und Seitenaufnahme des linken Kniegelenkes einer 29jährigen Sportlerin. Zustand nach Verletzung des medialen Seitenbandes mit Ausriß einer Knochenlamelle aus dem medialen Femurkondylus

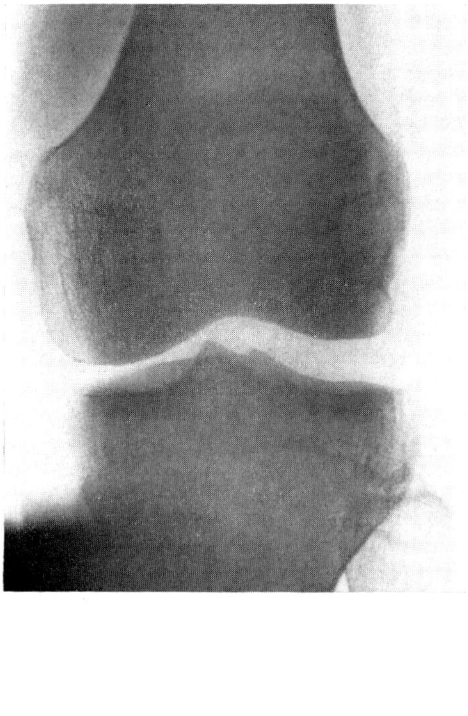

Abb. 152 Gehaltene a.p.-Aufnahme des Kniegelenkes eines 20jährigen Sportstudenten zeigt leichte Aufklappbarkeit des linken lateralen Kniegelenksspaltes

kann auch die Bewegungseinschränkung ein größeres Ausmaß annehmen. Die meist bestehende Streckhemmung, die während der Behandlung von selbst verschwindet, darf nicht mit einer Meniskuseinklemmung verwechselt werden.

Grundsätzlich ist die Behandlung die gleiche wie bei Seitenbandzerrungen, jedoch ist in allen Fällen Bettruhe erforderlich. Bei nachweisbarem Gelenkerguß ist eine Kniegelenkspunktion zu empfehlen. Eine Gipsbehandlung ist nicht erforderlich. Entscheidend ist die richtig und konsequent durchgeführte aktive Übungsbehandlung. Bis zur vollständigen Wiederherstellung vergehen bei Seitenbanddehnungen 6 bis 8 Wochen.

4.7.3.3.4. Zerreißung des tibialen Seitenbandes

Die Zerreißung entsteht durch ein dramatisches Unfallereignis und führt zu einem sofortigen Festigkeitsverlust im Kniegelenk. Häufig sind die Zerreißungen mit anderen Verletzungen (z. B. Ausriß einer Knochenlamelle am Bandansatz oder Meniskusabriß) kombiniert (Abb. 153).

Bei der klinischen Untersuchung ist die Aufklappbarkeit des inneren Kniegelenksspaltes führendes Symptom. Bei völlig gestrecktem Kniegelenk läßt sich der Unterschenkel geringgradig, bei leicht gebeugtem Kniegelenk stärker abduzieren. Ist eine starke Aufklappbarkeit auch bei gestrecktem Kniegelenk nachweisbar, geht die Seitenbandverletzung mit einem Kreuzbandriß einher. Das Ausmaß der Gelenkspaltverbreiterung wird durch gehaltene Röntgenaufnahmen objektiviert. Ebenso wie bei Seitenbanddehnungen werden örtliche Druckschmerzhaftigkeit der verletzten Bandstelle und Schmerzen im Verlauf des Seitenbandes bei passiver Abduktion festgestellt.

Die Untersuchungsmethoden zur Bestimmung von Nebenverletzungen sind ungenügend, so daß zusätzliche Verletzungen nicht sicher diagnostiziert werden können.

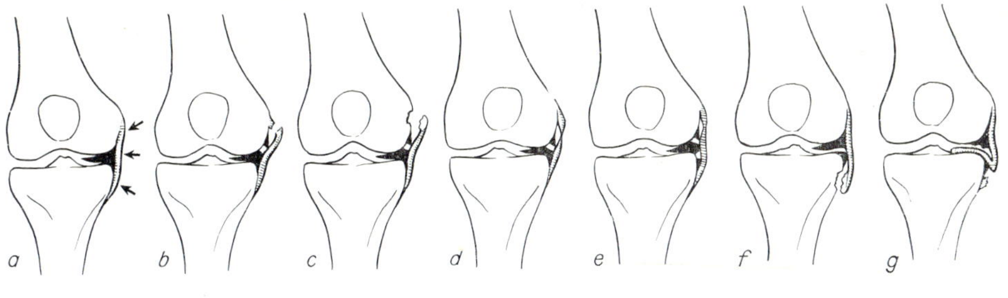

Abb. 153 *a* bis *g* *Verletzungen des tibialen Seitenbandes* (in Anlehnung an BAUMGARTL): *a* Lokalisation der Seitenbandrisse, *b* Riß des proximalen Bandansatzes mit proximaler Anheftungsstelle des Meniskus, *c* Ausriß einer Knochenlamelle mit dem Seitenband und Lösung der proximalen Anheftungsstelle des Meniskus, *d* Dehnung des tibialen Seitenbandes bei Lösung der darunterliegenden proximalen Meniskusanheftung, *e* Dehnung des tibialen Seitenbandes bei Lösung des Meniskus an der proximalen und distalen Anheftungsstelle, *f* Zerreißung des distalen Bandanteils mit Meniskusabriß an der distalen Anheftungsstelle, *g* Zerreißung des distalen Bandanteils sowie des distalen Meniskusansatzes. Das distal gelöste Seitenband ist in das Gelenk geschlagen

Zur Behandlung frischer Seitenbandrisse stehen konservative und operative Verfahren zur Verfügung. Die *konservative Behandlung* der Seitenbandzerreißung erfordert eine genügend lange ununterbrochene Ruhigstellung im Gips bei leichter Beugestellung von 170°. Wird die Gipshülse infolge Inaktivitätsatrophie zu weit, muß sie durch eine neue ersetzt werden, ohne dabei durch Festigkeitsprüfungen die Heilung des verletzten Bandes zu stören. Die Stärke der Aufklappbarkeit bestimmt die Dauer der Ruhigstellung, die nach Boehler bei einer Aufklappbarkeit des inneren Gelenkspaltes auf 10 bis 15 mm 9 bis 10 Wochen, bei 16 bis 20 mm 12 Wochen und über 20 mm 16 Wochen betragen soll. Die normale Breite des inneren Kniegelenksspaltes auf Röntgenaufnahmen in sagittalem Strahlengang wird mit 4 bis 6 mm angegeben.

Eine sofortige *operative Behandlung* mit primärer Naht der zerrissenen Bandverbindungen und Revision des Gelenkes verspricht bessere Resultate, wenn die Aufklappbarkeit über 10 mm beträgt, wenn dringender Verdacht auf Nebenverletzungen besteht und wenn auf Grund der klinischen Untersuchung (tastbare Dellenbildung im Verlauf des tibialen Seitenbandes) angenommen werden muß, daß die Bandstümpfe eingeschlagen sind und sich nicht genügend berühren.

4.7.3.3.5. Zerreißung des tibialen Seitenbandes mit Kreuzband- und Kapselverletzungen

Somit ist bei Zerreißung des tibialen Seitenbandes mit gleichzeitiger Zerreißung eines oder beider Kreuzbänder und des hinteren Kapselanteils mit seinen Verstärkungsbändern die sofortige operative Wiederherstellung innerhalb der ersten 6 Stunden zur Wiedererlangung der Sportfähigkeit zu empfehlen.

Sowohl bei konservativem als auch nach operativem Vorgehen ist der frühzeitige Beginn einer aktiven Übungsbehandlung schon im Gips bedeutungsvoll. Während der Nachbehandlung ist in den ersten Monaten durch eine Erhöhung des Schuhinnenrandes eine Entlastung des inneren Seitenbandes zu erreichen.

Wenn Seitenbandzerreißungen nicht mit festen, belastungsfähigen Bändern ausgeheilt sind, ist vor einer geplanten plastischen Operation zu versuchen, ob durch Kräftigung der Quadrizepsmuskulatur eine ausreichende Gelenkstabilität erreicht werden kann. Die Operationsindikation wird darnach auf Grund der auf gehaltenen Röntgenaufnahmen objektiv nachweisbaren Aufklappbarkeit des Gelenkspaltes gestellt.

4.7.3.3.6. Einschätzung der sportlichen Belastbarkeit nach Seitenbandverletzungen

Nach Abschluß aller konservativen bzw. operativen Maßnahmen richtet sich die Belastbarkeit im Sport nach dem Behandlungsergebnis. Die Wiederherstellung der Muskelkraft des *M. quadriceps* in Verbindung mit einer vollständigen Stabilisierung der Bandverbindungen ist Voraussetzung für eine uneingeschränkte sportliche Einsatz- und Leistungsfähigkeit. Ist es nicht gelungen, die ursprüngliche Festigkeit der Bandverbindungen wiederherzustellen, hängt die Sporttauglichkeit vom Ausmaß der Bandlockerung ab. Im allgemeinen ist in solchen Fällen von allen Lauf- und Sprungübungen abzuraten.

Ein frühzeitiges individuelles Trainingsprogramm, das den Gesichtspunkten der erforderlichen orthopädischen Behandlung Rechnung trägt, ist im Interesse der Erhaltung der Kondition zu empfehlen.

4.7.3.4. Kreuzbandverletzungen

Zur Diagnose von Kreuzbandverletzungen ist die Prüfung des *Schubladenphänomens* ausschlaggebend (Abb. 154). Dieses Zeichen beruht auf einer Funktionsprüfung der Kreuzbänder bei gebeugtem Kniegelenk, da die Kreuzbänder in dieser Stellung die Verschiebung des Unterschenkels in sagittaler Richtung verhindern.

Das *vordere Schubladenphänomen* ist bei Durchtrennung des vorderen Kreuzbandes positiv. Der Unterschenkel läßt sich bei gebeugtem Kniegelenk nach ventral verschieben.

Bei positivem *hinteren Schubladenphänomen*, das durch eine Dorsalverschieblichkeit des Unterschenkels bei gebeugtem Kniegelenk charakterisiert ist, besteht eine Durchtrennung des hinteren Kreuzbandes.

Sind beide Kreuzbänder durchtrennt, besteht eine sogenannte »*vordere und hintere Schublade*«.

Zur Beurteilung der Verschieblichkeit des Unterschenkels bei gebeugtem Kniegelenk in sagittaler Richtung sind die Untersuchungen stets an beiden Beinen durchzuführen, da in vielen Fällen eine leichte Verschieblichkeit des Unterschenkels infolge allgemeiner Bänderschwäche noch als physiologisch zu bewerten ist.

In den Fällen, in denen das vordere Kreuzband mit einem Kreuzbandhöcker ausgerissen ist, läßt sich die Diagnose außer dem röntgenologisch sichtbaren Ausriß der *Eminentia intercondylica* klinisch durch eine gleichzeitig bestehende *Streckhemmung* nachweisen. Sie ist durch Verlagerung des abgerissenen Knochenanteils ins Gelenk zu erklären. Auf die Aufklappbarkeit des Gelenkspaltes bei maximaler Kniestreckung, die für eine zusätzliche Seitenbandverletzung spricht, wurde bereits hingewiesen.

Für alle Kreuzbandverletzungen mit oder ohne Nebenverletzungen ist ein blutiger Kniegelenkserguß (*Hämarthros*) charakteristisch.

Röntgenologisch ist bei Kreuzbandverletzungen außer einer a.p. und Seitenaufnahme eine Brückenaufnahme des Kniegelenkes zur Beurteilung von Knochenausrissen im Bereich der *Eminentia intercondylica* aufschlußreich (Abb. 19).

Die *konservative Behandlung* ist bei unvollkommener Durchtrennung der Kreuzbänder und gut reponiblen Ausrissen aus der *Eminentia intercondylica* zu empfehlen. Nach Reposition in Narkose wird das Gelenk in Streckstellung von 180° für die

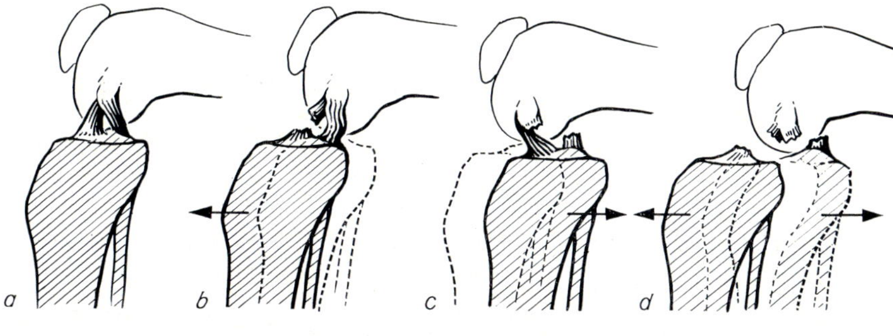

Abb. 154 *a* bis *d* Prüfung der Kreuzbänder: *a* schematische Darstellung der Kreuzbänder, *b* vordere Schublade, *c* hintere Schublade, *d* vordere und hintere Schublade

Dauer von 8 Wochen mit Gipstutor ruhiggestellt. Danach ist bei guter Rückbildungstendenz der Quadrizepsatrophie mit Bewegungsübungen und Belastungsversuchen zu beginnen.

Unvollständige Kreuzbandverletzungen, bei denen das Schubladenphänomen angedeutet positiv ist, werden in gleicher Weise bis zu 12 Wochen ruhiggestellt.

Eine *operative Behandlung* ist bei kombinierten Kreuz- und Seitenbandverletzungen, bei irreposiblen Knochenausrissen aus der *Eminentia intercondylica* mit starker Verschiebung des Knochenstücks und vollkommener Zerreißung eines oder beider Kreuzbänder mit maximaler Verschieblichkeit des Unterschenkels bei gebeugtem Kniegelenk in sagittaler Richtung erforderlich. Voraussetzung für gute operative Ergebnisse sind die sofortige Operation innerhalb der ersten 6 Stunden, lückenlose Asepsis in einem entsprechenden Operationssaal, technisches Geschick und Erfahrung des Operateurs speziell in gelenkchirurgischen Eingriffen. Aus diesen Gründen sollte auch die Erstversorgung, die entscheidend für das Endergebnis und die Wiederherstellung der Sportfähigkeit ist, großen Kliniken vorbehalten bleiben. Unter allen Umständen sind bei derartigen Verletzungen keine Mühe und Kosten für den sofortigen Abtransport in eine Spezialklinik zu scheuen.

Für die Einschätzung der *sportlichen Belastbarkeit* nach Kreuzbandverletzungen gelten die gleichen Gesichtspunkte, die für Seitenbandverletzungen im Kapitel 4.7.3.3.6. dargelegt wurden.

4.7.3.5. Meniskusverletzungen

4.7.3.5.1. Diagnose

Die Vorgeschichte spielt bei der Diagnose von Verletzungen und Erkrankungen des Meniskus eine ausschlaggebende Rolle. Der Unfallhergang muß im Hinblick auf den Bewegungsablauf vom Sportler genau rekonstruiert werden, um bestimmen zu können, ob der Meniskusschaden ursächlich auf die Verletzung zurückzuführen ist.

Die Ursache der »akuten Meniskusverletzung« ist in der Regel eine kraftvolle seitliche Drehbewegung des Rumpfes über dem gebeugtem Kniegelenk bei festaufstehendem Fuß. Der Bewegungsmechanismus kommt vor allem beim Fußballspiel vor, so daß Fußballspieler am häufigsten von Meniskusverletzungen betroffen sind, während Stürze beim Skilauf z. B. häufiger Seitenbandläsionen hervorrufen.

Abgerissene Teile des Meniskus können sich zwischen die Gelenkenden einklemmen und verursachen die für die Verletzung charakteristische totale Bewegungssperre. Wird trotz der Einklemmung bei fortwirkender Gewalt das Kniegelenk kraftvoll gestreckt, kann es gleichzeitig zum Abriß meist des medialen Seitenbandes und sogar der Kreuzbänder kommen (Trias der Kniebandverletzungen nach DE PALMA 1954).

Einklemmungserscheinungen, erstmalig oder gehäuft aufgetreten, deuten auf eine Verletzung des Meniskus hin und gehören zu den sichersten Meniskuszeichen, wenn ein freier Körper ausgeschlossen wurde. Wichtig ist eine Abgrenzung der schmerzhaften Bewegungseinschränkung nach dem Unfall von einer echten Einklemmung. Die Stellung des Gelenkes während der Einklemmung ist davon abhängig, wo der eingeklemmte Anteil sitzt (Abb. 155). Wenn es sich um einen Korbhenkelabriß handelt, bei dem der abgelöste Teil ins Gelenk hinein verlagert ist, ist das Kniegelenk in einer Stellung von 140 bis 150° federnd fixiert. Der Versuch, das Kniegelenk zu strecken, löst Schmerzen innerhalb des Gelenkes aus.

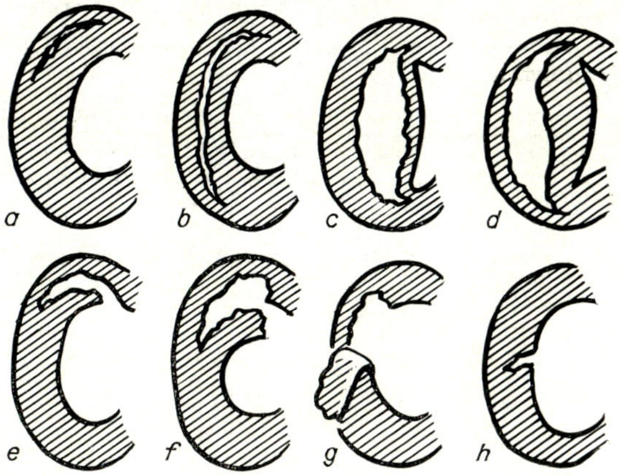

Abb. 155 Verschiedene Formen von Meniskusverletzungen. Typische Rißformen: *a* und *b* partieller und subtotaler Längsriß (Substanzriß), *c* und *d* totaler Längsriß (Korbhenkelriß) mit Luxation des abgelösten Meniskusteils ins Gelenkinnere, *e* und *f* Abrisse am Vorder- oder Hinterhornansatz (Entwurzelung), *g* lappenförmiger Riß mit Luxation nach außen, *h* Querriß. (nach RICKLIN, RÜTTIMANN und DEL BUONO, Die Meniskusläsion, Thieme, Stuttgart 1964)

Abgerissene Teile des Vorderhorns, die sich beim Strecken zwischen die Gelenkkörper verlagern, führen zu einer Streckhemmung von 10 bis 20°.

Beugehemmungen, die in einigen Fällen nur an einer Einschränkung der Beugung in Extremgraden zu erkennen sind, stellen oft das einzige Zeichen bei Abrissen aus dem Hinterhorn dar.

In einigen Fällen kann bei Meniskusverletzungen, auch wenn keine deutlichen Einklemmungserscheinungen bestehen, ein *Überstreckungsschmerz* beim Versuch einer ruckartigen Überstreckung ausgelöst werden.

Ein *Kniegelenkserguß* ist für die Diagnose einer Meniskusverletzung von Bedeutung. Die Art der Gelenkflüssigkeit (serös, blutig-serös oder blutig) hängt von der Lokalisation des Risses und der Beschaffenheit des Meniskus ab. Unfallmäßige Zerreißungen eines bisher gesunden Meniskus haben einen deutlichen bis starken Bluterguß zur Folge. Der Riß zieht dabei durch gefäßhaltige Anteile des Meniskus oder den Kapselansatz. Zerstört das Trauma nur gefäßlose, möglicherweise degenerierte Bezirke des Meniskus, so tritt der Erguß erst nach Tagen als Antwort des Gelenkes auf den bestehenden Reizzustand in Erscheinung und ist im allgemeinen serös.

Eine *Atrophie der Quadrizepsmuskulatur* gibt wertvolle Hinweise für eine Meniskusverletzung. Bei Unfallrissen, die sofort nach der Verletzung zur Untersuchung kommen, ist die Muskulatur seitengleich ausgebildet. Häufig ist bereits eine Woche nach der Verletzung die Atrophie nachweisbar. Sie kann manchmal das einzig sichere Zeichen für eine Meniskusschädigung sein, wenn der Unfall längere Zeit zurückliegt. Eine *Druckschmerzhaftigkeit im Gelenkspalt* ist bei Meniskusverletzungen konstant nachweisbar. Bei Verletzungen des medialen Meniskus ist der innere Gelenkspalt druckschmerzhaft, bei Verletzungen des lateralen Meniskus der äußere. Die Druckschmerzhaftigkeit ist streng auf den Gelenkspalt beschränkt.

Der Ort der maximalen Druckempfindlichkeit hängt ab von der jeweiligen Lage des Meniskus und diese wiederum von der Gelenkstellung. Auf dieser Tatsache beruhen folgende spezielle Meniskuszeichen:

STEINMANN I (1964): Durch schnelle rotierende Bewegungen des Unterschenkels bei gebeugtem Kniegelenk werden Schmerzen im betroffenen Gelenkabschnitt ausgelöst, die durch Verformung und Verlagerung der Menisken mit Zug an der Kapselanheftungsstelle verursacht werden (Rotationsschmerz).

STEINMANN II: Mit zunehmender Beugung des Kniegelenkes wandert die Druckempfindlichkeit des Gelenkspaltes nach hinten (Wandern des Druckschmerzes bei Beugung).

BRAGARD (1930): Nach Prüfung der Druckschmerzhaftigkeit des inneren und äußeren Gelenkspaltes wird der Unterschenkel bei gebeugtem Kniegelenk rotiert. Bei Innenrotation wird der mediale Meniskus nach vorn geschoben und dem tastenden Finger genähert. Dadurch wird bei einer Verletzung des medialen Meniskus die Druckschmerzhaftigkeit im inneren Gelenkspalt vermehrt. Bei verletztem lateralen Meniskus werden die Schmerzen im äußeren Gelenkspalt durch Außenrotation vermehrt (Vermehrung der Druckschmerzhaftigkeit des Gelenkspaltes bei Rotation).

BOEHLER (1951): Die Druckbelastung der verletzten Menisken ist schmerzhaft, so daß bei Verletzung des medialen Meniskus die Adduktion des Unterschenkels und bei Verletzung des lateralen Meniskus die Abduktion Schmerzen hervorruft. Die Schmerzen sind am deutlichsten nachweisbar, wenn der verletzte Meniskusanteil genau zwischen den Gelenkkörpern liegt, so daß man zweckmäßigerweise die Prüfung in verschiedenen Beugestellungen durchführt (Ab- und Adduktionsschmerz).

PAYR (1939) beobachtete, daß der Schneidersitz bei Verletzungen des Innenmeniskus schmerzhaft ist, weil der innere Gelenkspalt verengt wird.

Dem erfahrenen Untersucher gelingt es in den meisten Fällen, eine Meniskusverletzung durch die beschriebenen klinischen Untersuchungsmethoden zu erkennen.

Die *Röntgenleeraufnahme* des verletzten Kniegelenkes a.p. und seitlich dient vor allem zur differentialdiagnostischen Abgrenzung gegen eine *Osteochondritis dissecans* oder *Arthrose*. Bei etwas älteren Verletzungen des medialen Meniskus sind nicht selten kleine osteophytenartige Ausziehungen unterhalb des Gelenkspaltes (RAUPER*sches Zeichen*) nachweisbar, die jedoch nicht beweisend für eine Meniskusverletzung sind.

Die *Röntgenkontrastdarstellung* wird als ergänzende Untersuchungsmethode angewandt. Es ist nicht möglich, »jede anatomische Läsion genau mit dem Röntgenbild präzisieren zu können« (OBERHOLZER). Trotzdem schätzen wir die Methode als wertvolle Bereicherung der diagnostischen Möglichkeiten. Wesentlich ist, daß man die Grenzen der Aussagefähigkeit der Kontrastdarstellung kennt und sich bei der Entscheidung hinsichtlich der Therapie nicht allein vom Röntgenbefund leiten läßt. In der sportmedizinischen Praxis, in der sich die Fälle unklarer Kniegelenksbeschwerden häufen, hat uns diese Methode mehrfach diagnostisch wertvolle Hinweise gegeben:

Die Röntgenkontrastdarstellung ist auf dreierlei Weise möglich:

1. mit Kontrastmittel;
2. mit Gas, (Luft, Sauerstoff oder Stickstoff);
3. mit Gas und Kontrastmittel (= Doppelkontrastarthrogramm).

Technik: Wir wenden seit mehreren Jahren die Doppelkontrastmethode an. Dabei wird die Vorbereitung wie für eine Kniepunktion durchgeführt. Wichtig ist strengste Asepsis! Mit einer dünnen Kanüle wird das Lokalanästhetikum injiziert und zugleich die Punktion vorgenommen. Anschließend wird das Gelenk mit 50 ml reinem Sauerstoff, 2 ml Visotrast 290 und nochmals 50 bis 100 ml reinem Sauerstoff gefüllt und die Kanüle entfernt. Nachdem die Einstichstelle steril abgedeckt ist, wird das Gelenk leicht durchbewegt, damit sich Sauerstoff und Kontrastmittel gut verteilen können. Der obere Rezessus wird mit einer straff angelegten Binde ausgewickelt. Dadurch gelingt eine bessere Kontrastdarstellung im Gelenkspaltbereich.

Zur Untersuchung des *medialen* Meniskus werden Zielaufnahmen in folgenden 4 Stellungen des Kniegelenkes durchgeführt:

a.p.	– zur Darstellung des mittleren Meniskusanteils
20° Außenrotation 40° Außenrotation	– zur Darstellung des Hinterhorns
40° Innenrotation	– zur Darstellung des Vorderhorns

Bei der Untersuchung des *lateralen* Meniskus wird das Kniegelenk wie folgt gehalten:

a.p.	– zur Darstellung des mittleren Meniskusanteils
20° Innenrotation 40° Innenrotation	– zur Darstellung des Hinterhorns
40° Außenrotation	– zur Darstellung des Vorderhorns.

Der Patient befindet sich bei der Untersuchung in Bauchlage.

Eine untersuchende Person hält das leicht gebeugt gelagerte Kniegelenk nacheinander in den beschriebenen Stellungen und klappt dabei unter Durchleuchtungskontrolle den darzustellenden Gelenkspalt, der eingeblendet wird, maximal auf. Die zweite untersuchende Person schießt die Zielaufnahmen. Zusätzlich werden noch Übersichtsaufnahmen des Kniegelenkes *a.p.* und seitlich angefertigt. Nachdem man sich von einer guten Darstellung der Menisken auf den sofort entwickelten Aufnahmen überzeugt hat, werden durch eine zweite Punktion die Kontrastmittel, vorwiegend der Sauerstoff, aus der Gelenkhöhle abgelassen. Anschließend erfolgt ein Kompressionsverband mit HOHMANN-Kreuz, das 3 Tage belassen wird, bis sich der im Gelenk verbliebene Sauerstoffrest resorbiert hat. Während dieser 3 Tage wird das Gelenk nicht belastet, der Patient hält vorwiegend Bettruhe ein.

Der zur Gelenkfüllung verwendete Sauerstoff wird durch ein Schlauchsystem in eine halb mit *Aqua destillata* gefüllte sterile Flasche geleitet. Von der oberen Flaschenhälfte, in der sich der angefeuchtete Sauerstoff sammelt, kann man den Sauerstoff durch ein zweites Schlauchsystem nach Öffnung eines Hahnes in eine große Injektionsspritze strömen lassen.

Abbildung 156 zeigt die vier Zielaufnahmen von der Darstellung eines medialen Meniskus. Der vollständige Abriß ist auf der Aufnahme bei 20° Außenrotation zu erkennen. Bei 40° Außenrotation ist der Riß noch teilweise zu erkennen. Es handelt sich auf Grund des Doppelkontrastarthrogramms um einen Abriß des medialen Meniskus am Übergang vom mittleren Meniskusanteil zum Hinterhorn. Die Operation bestätigte den Röntgenbefund.

Ein Meniskusabriß ist in vielen Fällen nicht so deutlich dargestellt. Oft weist ein auffällig kurzer Meniskus auf die Verletzung hin. Das ist besonders bei einem Längsriß der Fall. Bei einem Korbhenkelabriß, bei dem man wegen der bestehenden Bewegungseinschränkung in vielen Fällen auf das Doppelkontrastarthrogramm verzichtet, gelingt es teilweise, den abgerissenen Meniskusanteil im mittleren Kniegelenksbereich neben einem kurzen Meniskusrest an der Basis zur Darstellung zu bringen (Abb. 157).

4.7.3.5.2. Therapie

Die operative Entfernung eines zerrissenen Meniskus ergibt gute Resultate und sollte bei gesicherter Diagnose unverzüglich erfolgen. Ist differentialdiagnostisch ein anderes

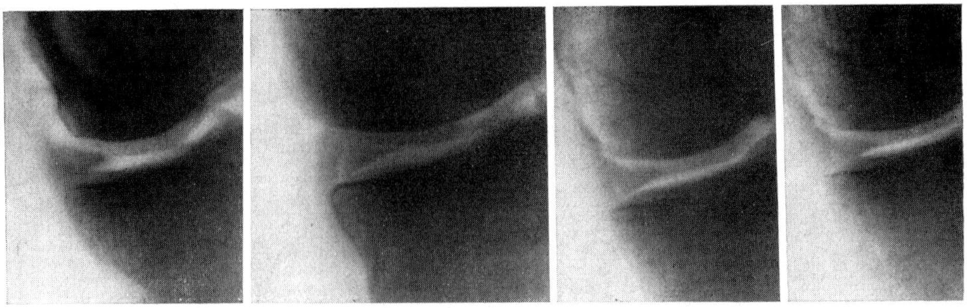

Abb. 156 Doppelkontrastarthrogramm des linken Kniegelenkes eines 22jährigen Sportlers. Vier Zielaufnahmen zur Darstellung des medialen Kniegelenksmeniskus (Hinterhornabriß)

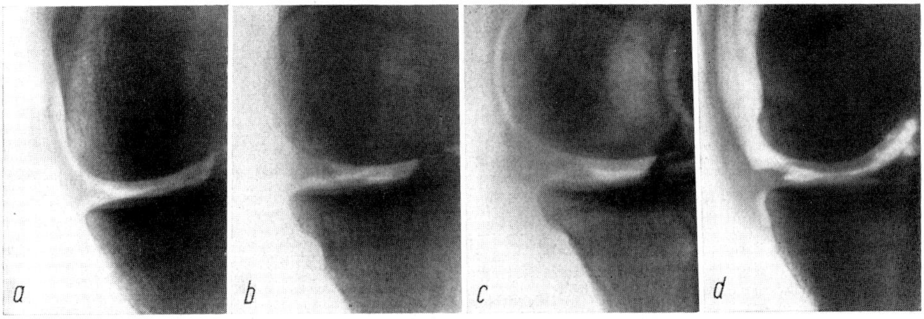

Abb. 157 Doppelkontrastarthrogramm des linken Kniegelenkes eines 20jährigen Sportlers (Korbhenkelabriß)

Kniegelenksleiden als Ursache für die Beschwerden in Betracht zu ziehen, sollte man sich nach eingehender Untersuchung entweder für eine konservative Therapie insbesondere durch aktive Muskelschulung des Quadrizeps entschließen oder eine Probearthrotomie durchführen. Von einer zwischenzeitlichen Ruhigstellung im Gipstutor sind wir vollständig abgekommen.

Irreponible eingeklemmte Meniskusanteile, wiederholte Meniskuseinklemmungen bzw. eine nach intensiver Muskelschulung nicht rückbildungsfähige Quadrizepsatrophie rechtfertigen eine Meniskusoperation. Der verletzte Meniskus soll von einem Schrägschnitt über dem Gelenkspalt aus vollständig entfernt werden, da auch bei Korbhenkelrissen in den meisten Fällen die verbliebene Basis degenerativ verändert und aufgefasert ist. Durch die totale Resektion werden außerdem günstige Voraussetzungen für die Bildung eines belastungsfähigen Regenerates geschaffen.

Auf Grund unserer Erfahrungen ist durch schonendes Operieren bei richtiger Indikationsstellung der postoperative Verlauf maßgeblich zu beeinflussen, so daß auf diese Weise z. B. Reizergüsse auf ein Minimum reduziert werden können. Diese Gesichtspunkte sind im Interesse einer vollständigen Wiederherstellung in kürzester Zeit ohne Risiko von grundsätzlicher Bedeutung.

Es gibt aber auch Fälle, in denen sich hinter einer scheinbar gesicherten Meniskussymptomatik ein anderer Kniegelenksbefund verbirgt. Daher empfiehlt es sich, bei

Meniskusoperationen das Gelenk genau zu revidieren und die wahre Ursache der Beschwerden zu beheben. Wir beobachteten bei geplanten Meniskusoperationen z. B. Einklemmungen von indurierten HOFFAschen Fettkörpern, röntgenologisch nicht nachweisbare, freie Körper infolge von *Osteochondritis dissecans* und in einem Falle einen Knorpelausbruch aus dem tibialen Femurkondylus. Eine prophylaktische Entfernung eines gesunden Meniskus ist in diesem Zusammenhang nicht gerechtfertigt.

Nach der Operation wird im allgemeinen am 2. oder 3. Tag mit isometrischen Spannungsübungen für die Quadrizepsmuskulatur begonnen, wenn keine Ergußbildung besteht. Nach Abschluß der Wundheilung folgen ab 10. bis 12. Tag aktive Bewegungsübungen. Sobald die aktive Beugung bis zu 90° erreicht ist, darf der Patient aufstehen. Das ist in der Regel 2 bis 3 Wochen nach der Operation der Fall. Das allgemeine sportliche Training kann im Bett sehr frühzeitig ohne Beunruhigung des operierten Kniegelenkes wieder aufgenommen werden.

4.7.3.5.3. Einschätzung der sportlichen Belastbarkeit

Die Entscheidung, wann nach einer Meniskusoperation eine Belastung des Kniegelenkes im Sport möglich ist, sollte man individuell unter Berücksichtigung der Sportart, des Operationsergebnisses und des postoperativen Verlaufs entscheiden. In der Literatur wird an Hand von großen Statistiken festgestellt, daß eine Sportpause von 6 Monaten im Anschluß an die Operation im Hinblick auf günstige Spätergebnisse zweckmäßig ist. Bei Sportarten wie z. B. Fußball, die mit einer maximalen Kniegelenksbelastung verbunden sind, möchten wir uns dieser Empfehlung weitestgehend anschließen, wenn unter Wiederaufnahme des Sports an ein volles Trainings- und Wettkampfprogramm gedacht wird. Andererseits halten wir, um insbesondere bei den Ausdauersportarten einen einschneidenden Konditionsverlust zu vermeiden, eine frühzeitige Wiederaufnahme von sportlicher Betätigung ohne Kniegelenksbelastung für zweckmäßig. Wir beginnen mit Schwimmen, besonders Kraulschwimmen, um neben dem Ausdauertraining zur Kräftigung der Beinmuskulatur beizutragen, ohne daß dabei weder durch statische Belastung noch durch Dehnung der Seitenbänder des Kniegelenkes die Gefahr einer Überbeanspruchung gegeben ist. In einzelnen Fällen mit völlig glattem postoperativem Verlauf kann mit Schwimmen bereits in der dritten Woche begonnen werden. Auf Grund unserer während der letzten 5 Jahre gesammelten Erfahrungen hat sich diese Form der Belastung bewährt. Die frühzeitige Wiederaufnahme des individuellen sportlichen Trainingsprogramms bleibt aber den Fällen vorbehalten, die nicht durch rezidivierende Kniegelenksergüsse nach der Operation beeinträchtigt waren. Die Entstehung eines chronischen Reizknies muß unbedingt vermieden werden, so daß bei Neigung zu Kniegelenksergüssen oder Restergüssen nach der Operation eine absolute Sportpause für das Kniegelenk erforderlich ist.

Die Entscheidung, in welcher Form die Kniegelenksbelastung bei frühzeitiger Wiederaufnahme eines individuellen Trainingsprogramms gesteigert werden kann, ist unter Berücksichtigung des klinischen Befundes und des Verlaufs zu treffen. Dabei kann die Rückbildungstendenz der Quadrizepsatrophie wertvolle Hinweise geben. Eine maximale Kniegelenksbelastung kann erst dann erfolgen, wenn die Muskelkraft des Quadrizeps die ursprünglichen Werte erreicht hat.

4.7.3.6. Veränderungen des Hoffaschen Fettkörpers

Die hypertrophische Synovitis im Sinne HOFFAS (1966) als selbständiges Krankheitsbild besteht nicht, hingegen findet sich häufig eine Mitbeteiligung des HOFFAschen Fettkörpers bei mechanischen Kniegelenkserkrankungen, bei Kreuzband- und Meniskusschäden, *Osteochondritis dissecans*, *Chondropathiae patellae* und *Arthrosen*.

Aus diesen Beobachtungen heraus ist verständlich, daß es keine selbständigen Untersuchungsmethoden zur Diagnostik für die so häufig als Verlegenheitsdiagnose bei unklaren Kniegelenksbeschwerden angeführte sogenannte »HOFFAITIS« geben kann. Das klinische Leitsymptom für einen Reiz- oder Entzündungszustand im Bereich des HOFFAschen Fettkörpers ist der Druck- und Bewegungsschmerz beiderseits neben dem *Ligamentum patellae*. Zuweilen steht dieser Schmerzpunkt so weit im Vordergrund, daß erst eine genauere klinische und röntgenologische Untersuchung den Zusammenhang mit einer anderen Kniegelenkserkrankung aufdeckt.

Da Einklemmungen des HOFFAschen Fettkörpers bei Arthrotomien beobachtet wurden, ist verständlich, daß Veränderungen des Fettkörpers sich hinter den Zeichen einer Meniskusverletzung verbergen können.

4.7.4. Veränderungen im Femoropatellargelenk

4.7.4.1. Patella partita

Bei der *Patella partita* handelt es sich entweder um eine Zweiteilung des Knochenkernes der Kniescheibe in einen meist großen medialen und einen kleinen lateralen kranialen Anteil (*Patella bipartita*) oder um eine mehrfache Teilung des Knochenkernes (*Patella tripartita* oder *multipartita*). Diese Fehlbildung ist außerordentlich selten und im allgemeinen ohne praktische Bedeutung. Differentialdiagnostisch ist eine Abgrenzung gegenüber Frakturen erforderlich.

4.7.4.2. Habituelle Patellarluxation und angeborener Hochstand der Kniescheibe

Die habituelle Patellarluxation ist durch ein Gleiten der Kniescheibe nach lateral über den fibularen Femurkondylus bei Kniebeugung gekennzeichnet. Bei Kniestreckung gleitet die Kniescheibe meist in die Gleitbahn zurück.

Infolge der Angst vor Schmerzen, die in einigen Fällen bei der Luxation und Wiedereinrenkung auftreten, verlieren die Patienten ihre Sicherheit im Kniegelenk. Außerdem sind osteochondrotische Veränderungen in der Patellagleitbahn die unausbleibliche Folge, so daß eine Sportfähigkeit nur dann besteht, wenn die Luxationsneigung meist auf operativem Wege behoben ist.

Eine 18jährige Abiturientin z. B., die sich für das Sportstudium bewarb, wurde von uns auf Grund einer bestehenden habituellen Patellarluxation bei der Einstellungsuntersuchung abgelehnt. Bei jeder Kniebeugung trat der Luxationsmechanismus unter deutlichem Knacken und Schnappen im Kniegelenk auf, so daß in Anbetracht der unvermeidbaren frühzeitigen degenerativen Veränderungen bei Belastung des Kniegelenkes ein voller Einsatz im Sport nicht zu verantworten ist. Mit einer operativen Behandlung war die Patientin nicht einverstanden.

Von der habituellen Luxation der Kniescheibe bis zu ihrem angeborenen Hochstand wurden alle Übergänge beobachtet. In schweren Fällen besteht eine Dysplasie

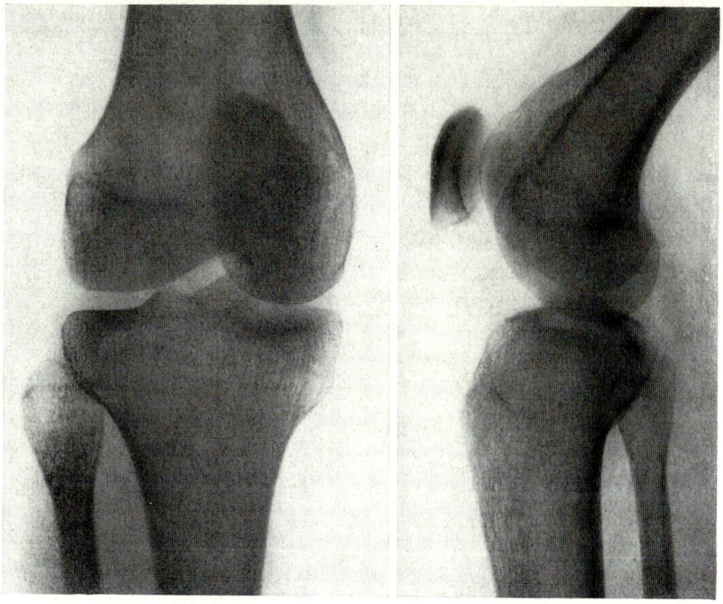

Abb. 158 a.p. und Seitenaufnahme des rechten Kniegelenkes einer 18jährigen Patientin. Habituelle Patellarluxation bei Dysplasie der Patella

der Patella, wie Abbildung 158 erkennen läßt. Nicht selten geht die Luxation mit einer Abflachung des fibularen Femurkondylus einher.

4.7.5. Degenerative Kniegelenksveränderungen

Für den Sportarzt, der vorwiegend Sportler jüngerer Jahrgänge zu untersuchen und behandeln hat, sind im allgemeinen nicht schwere arthrotische Gelenkveränderungen von Bedeutung, die diagnostisch keinerlei Schwierigkeiten bereiten. Er hat sich vielmehr mit beginnenden Abnutzungserscheinungen auseinanderzusetzen. Außerdem sind die *Präarthrosen* von Bedeutung, da sie als präarthrotische Deformität (HACKENBROCH 1957) die Entstehung einer Arthrose begünstigen.

Im Bereich des Kniegelenkes ist die Diagnostik folgender degenerativer Veränderungen und Präarthrosen von sportmedizinischer Bedeutung: *Arthrosis deformans*, Meniskusverkalkung, *Chondropathia patellae*, HAGLUNDsche Delle (Abb. 18), *Osteochondritis dissecans* (Abb. 181), Verkalkungen und Verknöcherungen der Bänder und Bandansätze.

Die Frühdiagnose ist wegen uncharakteristischer Beschwerden zu Beginn der Erkrankungen und der degenerativen Veränderungen außerordentlich schwierig. Sie kann nur unter Einbeziehung aller diagnostischen Möglichkeiten in den Untersuchungsablauf ermöglicht werden. Bei der klinischen Untersuchung ist besonders auf Formvarianten zu achten. Außerdem sind die statischen Verhältnisse in Beziehung zur Belastung zu bewerten. Bei anfänglichem negativen Röntgenbefund sind Röntgenkontrollen nach mehreren Wochen sowie Spezialaufnahmen in einigen Fällen angezeigt, wenn auf Grund des klinischen Befundes der Verdacht auf beginnende degenerative Veränderungen aufrechterhalten werden muß. Zur differentialdiagnostischen Abgrenzung und Lokalisation können auch Kontrastdarstellungen des Kniegelenkes aufschlußreich sein.

Das frühzeitige Erkennen von degenerativen Veränderungen ist entscheidend, um abgesehen von therapeutischen Maßnahmen, die Trainingsmethodik beeinflussen und lenken zu können.

Die wichtigsten degenerativen Kniegelenksveränderungen (*Osteochondritis dissecans* und *Arthrosis deformans*) werden im Kapitel 4.9.1. abgehandelt.

4.7.6. Skelettveränderungen und Deformitäten im Bereich von Unterschenkel und Fuß

4.7.6.1. Skelettveränderungen

Skelettveränderungen des Unterschenkels als Folge sportlicher Höchstbelastung treten klinisch meist unter den Zeichen einer *Periostitis* in Erscheinung. Aus diesem Grunde sind im Hinblick auf die sportliche Belastbarkeit bei hartnäckigen *Periostitiden* Röntgenaufnahmen des Unterschenkels unerläßlich.

Bei einer Turnerin z. B. traten im Anschluß an eine Prellung des rechten Unterschenkels, die am Stufenbarren durch Aufschlagen vom oberen auf den niederen Holm erfolgte, heftige Schmerzen im Bereich der vorderen Tibiakante auf. Das Training wurde fortgesetzt. Vier Wochen später war eine druckschmerzhafte Verwölbung im mittleren Drittel des rechten Unterschenkels ohne äußerlich nachweisbare Entzündungserscheinungen zu beobachten. Röntgenologisch war eine Verdickung der ventralen Kompakta im mittleren Tibiadrittel mit drei Aufhellungsbezirken zu erkennen. Im Bereich der unteren Aufhellungszone bestand offenbar eine Periostabhebung und eine horizontal verlaufende, etwa 1 mm breite Fissurlinie (Abb. 159). Die histologische Untersuchung des bei der operativen Ausräumung gewonnenen pathologischen Knochengewebes ergab Veränderungen im Sinne einer reaktiven *Ostitis* und *Periostitis*. Auf Grund dieses Befundes war eine Sportpause von mehreren Monaten erforderlich.

Leichte Periostreizungen in Verbindung mit Myogelosen im *M. tibialis anterior*, die besonders nach Sprungbelastung auftreten, bedürfen in den meisten Fällen keiner Unterbrechung des Trainings, wenn gleichzeitig eine systematische physiotherapeutische Behandlung durchgeführt wird.

Akzessorische Skelettelemente am Fuß begegnen uns bei der Auswertung der zahlreichen Röntgenaufnahmen des oberen Sprunggelenkes und Fußes von Sportlern außerordentlich häufig. Zur differentialdiagnostischen Abgrenzung gegenüber Frakturen sind sie aus sportmedizinischer Sicht von großer Bedeutung, so daß eine schematische Darstellung (Abb. 161[1] bis 163) zweckmäßig erscheint.

Als typische Skelettveränderungen am Fuß sind außerdem die *osteophytenartigen Ausziehungen* an Kapsel- und Bandansätzen zu nennen, die bei Sportlern sehr häufig beobachtet werden.

Eine Beeinträchtigung der sportlichen Leistungsfähigkeit ist weder durch akzessorische Skelettelemente noch durch Osteophytenbildung gegeben (Abb. 160, 164 und 165)

1 In Anlehnung an Grashey-Birkner, Atlas typischer Röntgenbilder vom normalen Menschen. 10. Auflage. Urban & Schwarzenberg, München-Berlin 1964.

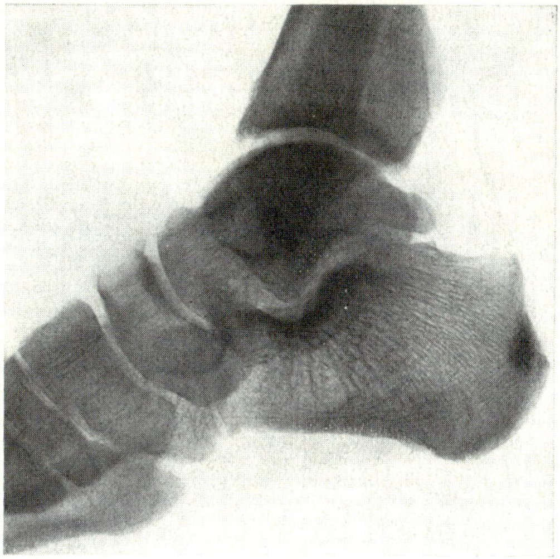

Abb. 160 Seitenaufnahme des Rückfußes eines 26jährigen Fußballspielers. Osteophytenartige Ausziehungen an der ventralen und dorsalen distalen Tibiakante sowie am *Os naviculare*, *Talus*nase und großes *Os trigonum*

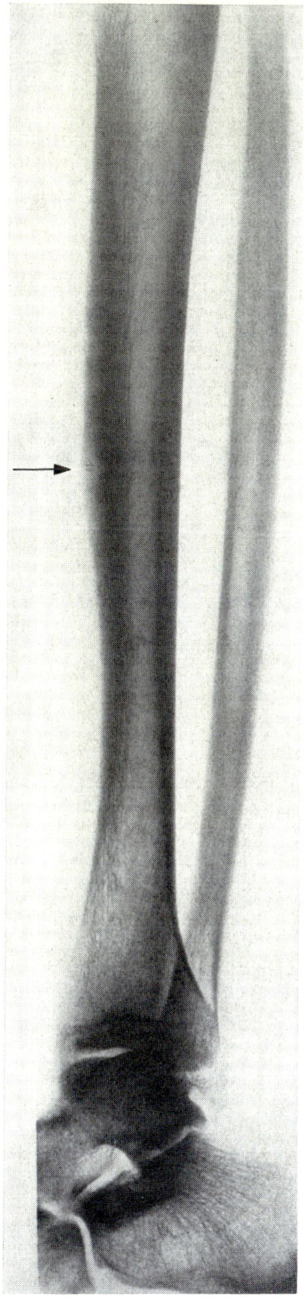

Abb. 159 Seitenaufnahme des Unterschenkels einer 18jährigen Turnerin mit röntgenologischem Zeichen einer Periostitis im mittleren Tibiadrittel ventral

Im Bereich des wachsenden Fußskeletts bietet die Röntgendiagnostik im allgemeinen keine Schwierigkeiten. Eine Ausnahme bildet die *Tuberositas ossis metatarsi V*, die sehr oft mit einer Fraktur verwechselt wird, insbesondere dann, wenn der klinische Befund für eine Prellung der Basis des 5. Mittelfußknochens spricht (Abb. 166).

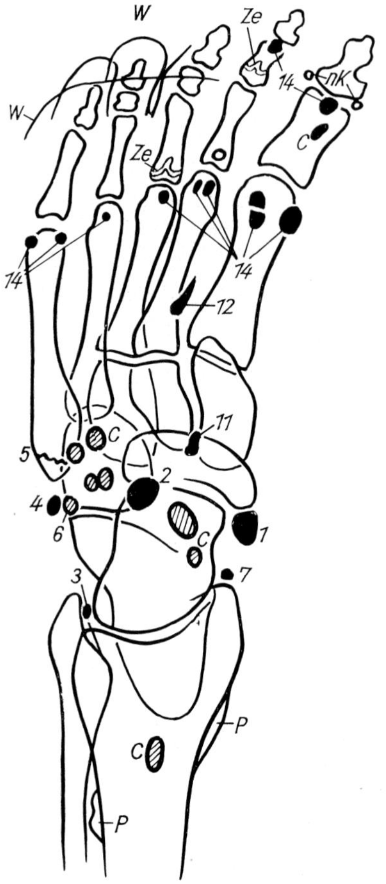

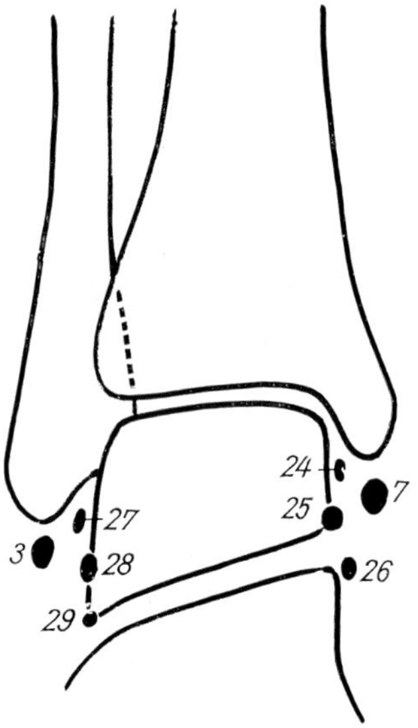

Abb. 162 Akzessorische Skelettelemente und Fehlerquellen auf einer a. p.-Aufnahme des Sprunggelenkes

Abb. 161 Akzessorische Skelettelemente und Fehlerquellen auf einer a. p.-Aufnahme des Fußes

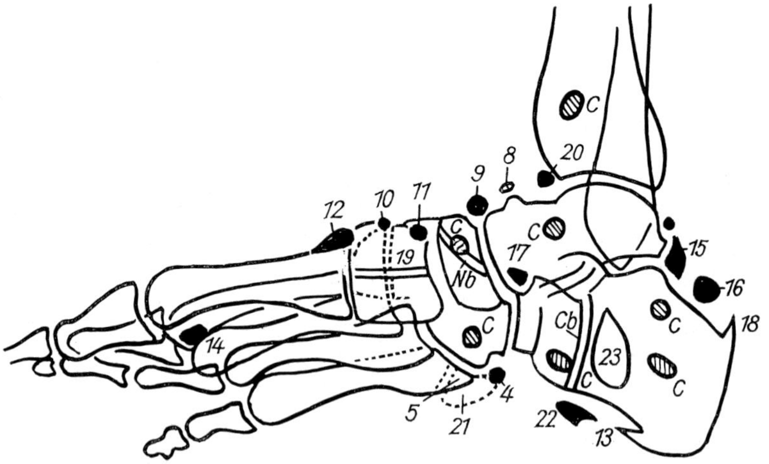

Abb. 163 Akzessorische Skelettelemente und Fehlerquellen auf einer Seitenaufnahme des Fußes

Erklärung zu den Abbildungen 161, 162 und 163 (in Anlehnung an GRASHEY-BIRKNER)

1 *Os tibiale externum*
(Kann geteilt sein, kann auch frakturieren)
2 *Os cuboideum secundarium*
3 *Os subfibulare*
4 *Os peroneum* (*Os cuboideum accessorium*)
(Kann mehrfach geteilt sein)
5 Apophysenpersistenz an der Basis des *Metatarsale V*
6 *Os calcaneo-cuboideum laterale*
7 *Os subtibiale*
8 *Os supratalare* (Kann auf einer *Talus*nase, aber auch ohne *Talus*nase auftreten)
9 *Os supranaviculare*
10 *Os cuneometatarsum* II *dorsale*
11 *Os intercuneiforme*
12 *Os intermetatarseum*
13 Unterer Kalkaneussporn
14 Sesambeine (mehrfache Teilungen, Krankheiten [aseptische Nekrose sowie] Verletzungen sind möglich)
15 *Os trigonum*
16 *Os accessorium supracalcaneum*
17 *Calcaneus secundarius*
18 Oberer Kalkaneussporn
19 *Os cuneiforme bipartitum* (Nur bei *Cuneiforme* I vorkommend)
20 *Os talotibiale*
21 *Os vesalianum* (Zu trennen von der Apophyse des *Os metatarsi* V, dem *Os peroneum* und traumatischen Veränderungen)
22 Verkalkung der Plantaraponeurose
23 Pseudozystisches Dreieck im normalen *Calcaneus*
C Kompaktainseln
P *Pseudoperiostitis*, häufig an den Haftstellen der Sehnen
Nb *Os naviculare bipartitum*
nk Nebenkerne
Ze Zapfenepiphysen
Cb *Calcaneus bifidus*
24 Schaltknochen (oder Sesambein) zwischen *Malleolus internus* und *Talus*
25 *Talus accessorius*
26 *Os sustentaculi*
27 Schaltknochen (oder Sesambein) zwischen *Malleolus externus* und *Talus*
28 *Talus secundarius*
29 *Os trochleare calcanei*

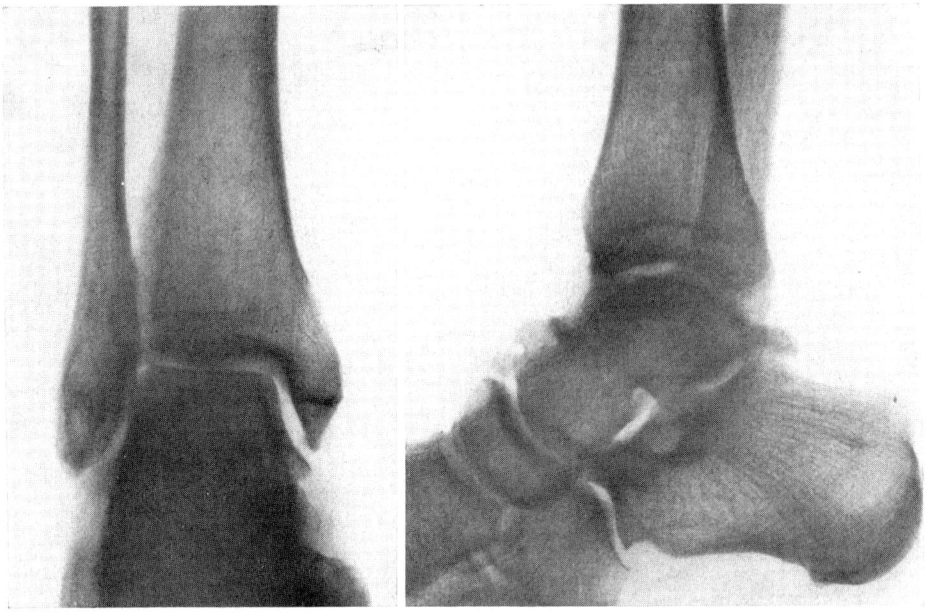

Abb. 164 a. p. und Seitenaufnahme des rechten Sprunggelenkes eines langjährigen Fußballspielers mit *Talus*nase, *Os supratalare*, *Os supranaviculare*, lang ausgezogenem *Processus posterior tali* und kleinem oberem Kalkaneussporn

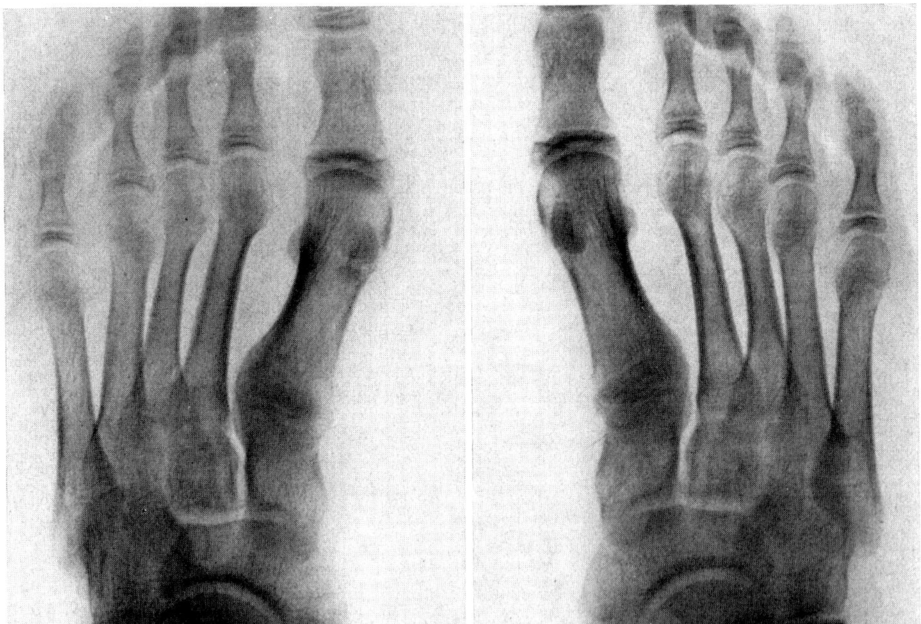

Abb. 165 a. p.-Aufnahmen beider Mittelfüße einer 13jährigen Turnerin mit *Os tibiale externum* beiderseits und geteiltem linken tibialen Großzehensesambein

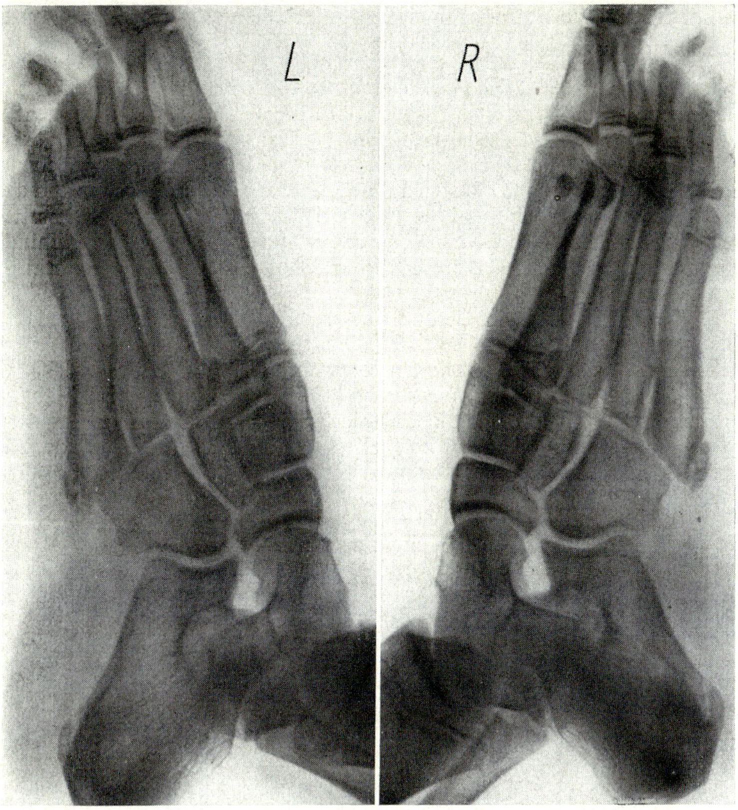

Abb. 166 a. p. und Seitenaufnahme einer 12jährigen Sportlerin mit Apophyse an der Basis des *Metatarsale* V beiderseits

4.7.6.2. Fußdeformitäten

Leichte, sehr häufig zu beobachtende Fußdeformitäten wie z. B. der *Knicksenkspreizfuß* im Sinne des Haltungsfehlers bedeuten keine wesentliche Beeinträchtigung der sportlichen Leistungsfähigkeit. Interessanterweise konnten wir auch bei Reihenuntersuchungen von Hoch- und Weitspringern sowie Mittelstreckenläufern mehrfach einen deutlichen *Hohlfuß* nachweisen, ohne daß die Belastbarkeit im Sport herabgesetzt war.

Auf Grund dieser Beobachtungen entschieden wir uns auch bei der orthopädischen Beurteilung für eine Teilnahme am Schulsport, als uns eine 17jährige Patientin vorgestellt wurde, die für die Dauer von 8 Jahren wegen eines leichten Knicksenkspreizfußes eine Vollsportbefreiung erhalten hatte.

Ausschlaggebend für die Beurteilung der sportlichen Belastbarkeit des Fußes sind nicht die Form und das Ausmaß der bestehenden Deformität, sondern die vorhandene Funktion. Dieser sportmedizinisch wichtige Grundsatz, die Funktion als Ausgangspunkt für unsere Betrachtungsweise anzusehen, soll an Hand von einigen Beispielen demonstriert werden.

Abbildung 167 zeigt das Fußskelett eines 16jährigen Handballspielers mit deutlichem *Pes metatarsus varus* beiderseits. Trotz des Formfehlers beider Füße besteht keine Beeinträchtigung der sportlichen Leistungsfähigkeit.

Auf Abbildung 168 ist eine präaxiale Polysyndaktylie beider Füße zu erkennen. Die Verdoppelungstendenz erstreckt sich auf beide erste Mittelfußknochen und das linke Großzehengrundglied. Als Nebenbefund stellt sich ein *Os tibiale externum* beiderseits dar. Die Fehlform des Fußes verursacht bei entsprechender Schuhversorgung keine Behinderung beim Gehen und Laufen, so daß eine Befreiung vom Schulsport von der Patientin nicht als notwendig erachtet wurde.

In gleicher Weise ist der Befund eines 17jährigen Schülers mit Syndaktylie im Bereich des linken Fußes zu beurteilen (Abb. 169). Die Funktion des linken Fußes ist in keiner Weise hinsichtlich der statischen Funktionen eingeschränkt.

Abbildung 170 zeigt einen extremen *Hallux valgus* bei einem 56jährigen aktiven Tennisspieler. Der Patient ließ sich nicht wegen einer Funktionsbehinderung der Füße beim Tennisspielen operieren, sondern aus kosmetischen Gründen. Auf Grund des *Hallux valgus* konnte er keine eleganten Tennisschuhe mehr tragen.

Daß wir in jedem einzelnen Fall die sportliche Leistungsfähigkeit bei bestehenden Fußdeformitäten befundgerecht einschätzen, versteht sich von selbst. Zum Beispiel

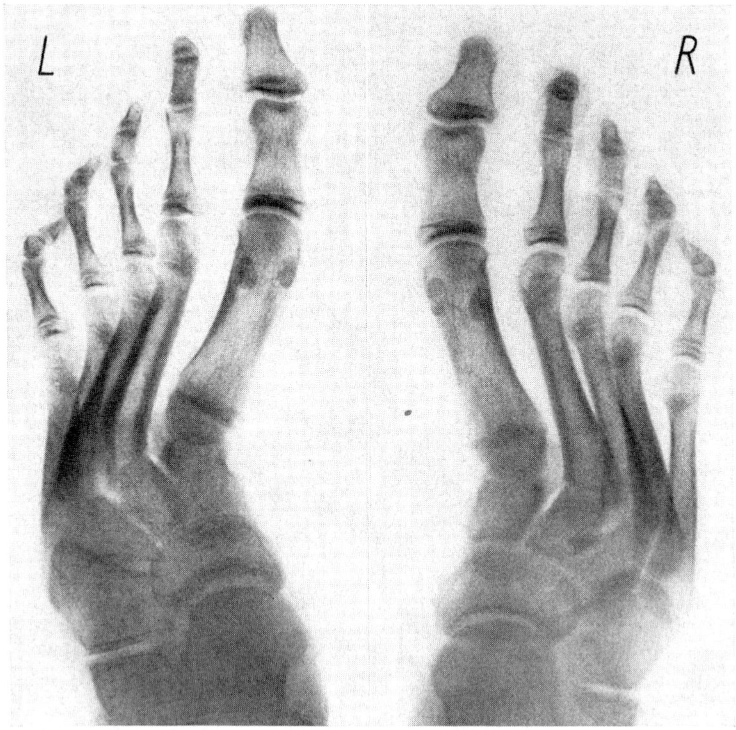

Abb. 167 a.p.-Aufnahme beider Füße eines 16jährigen Handballspielers mit *Pes metatarsus varus* beiderseits

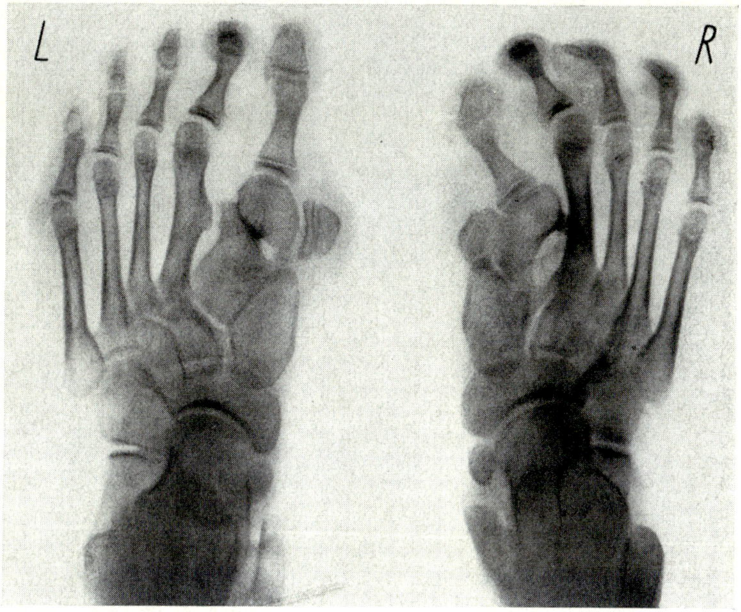

Abb. 168 a. p.-Aufnahme des Fußskeletts einer 13jährigen Schülerin mit präaxialer *Polysyndaktylie* beider Füße. *Os tibiale externum* beiderseits als Nebenbefund

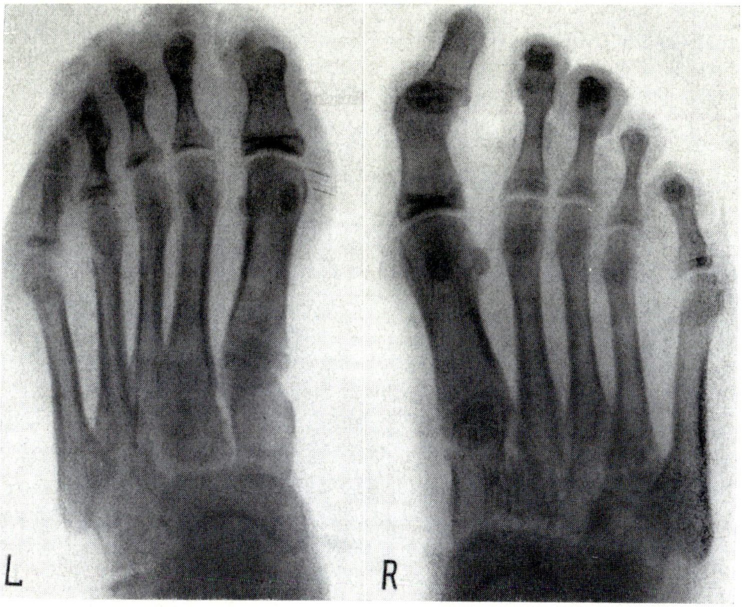

Abb. 169 a. p.-Aufnahme beider Füße einer 17jährigen Schülerin mit *Syndaktylie* im Bereich des linken Fußes

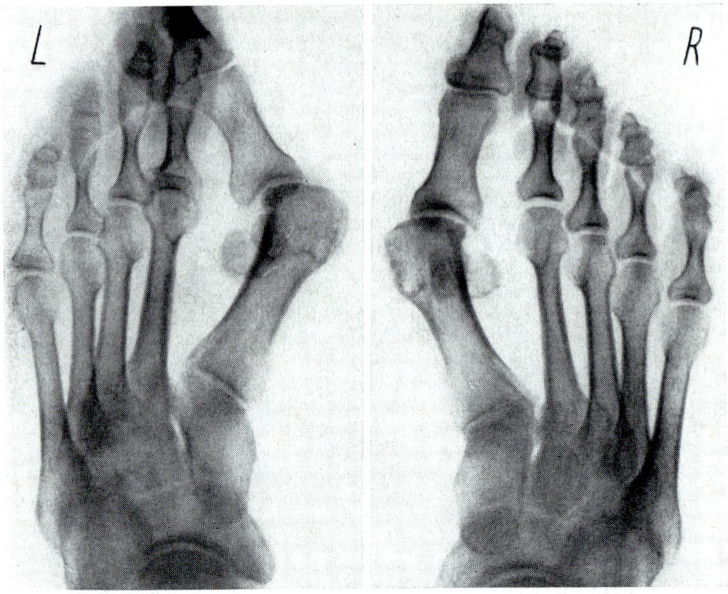

Abb. 170 Extremer *Hallux valgus* und Subluxation im Grundgelenk der 2. linken Zehe bei einem 56jährigen Tennisspieler (a.p.-Aufnahme beider Füße)

halten wir bei einem schweren Klumpfuß eine Vollsportbefreiung für gerechtfertigt. Trotzdem erscheint uns der Hinweis auf Grund unserer Erfahrungen wichtig, daß man sich bei Vorliegen einer Fußdeformität davor hüten soll, einem bereits viele Jahre lang trainierenden Sportler die Sporttauglichkeit abzusprechen.

4.7.7. Geschlossene Sprunggelenksverletzungen

4.7.7.1. Prellungen und Quetschungen des Sprunggelenkes

Ohne nachweisbare Schädigung des Kapselbandapparates erfordern sie keine Ruhigstellung im Gipsverband. Durch Punktion von ausgedehnten schwappenden Hämatomen und Kompressionsverband sofort nach der Verletzung kann der Heilungsprozeß wesentlich beschleunigt werden. Zur Resorptionsförderung tragen kühle Umschläge oder Kompressen bei. Außerdem hat sich die sofortige Behandlung mit Eiswürfeln gut bewährt. Wir beginnen bereits am 2. oder 3. Tag mit aktiver Dorsal- und Plantarflexion als geführte Bewegung. Die Dauer der Bettruhe richtet sich nach der Rückbildungstendenz des Hämatoms und den subjektiven Beschwerden. In leichten Fällen kann teilweise auf eine Entlastung des Gelenkes durch Bettruhe verzichtet werden.

4.7.7.2. Bandverletzungen des Sprunggelenkes

Zwei Behandlungsfälle sollen als Beispiel dafür dienen, daß eine exakte Diagnostik bei Distorsionen des oberen Sprunggelenkes (siehe Kapitel 2.2.2.3.) erforderlich ist, um die notwendige Therapie zur vollständigen Wiederherstellung der Sportfähigkeit in kürzester Zeit festlegen zu können.

1. Ein 23jähriger Radsportler knickte am 25. 11. 1968 während eines Basketballspiels mit dem linken Fuß um. Klinisch waren die Symptome einer Sprunggelenksdistorsion mit Schwellung, Hämatom und Druckschmerzhaftigkeit in der Umgebung des lateralen *Malleolus* nachweisbar. Röntgenologisch war die *a.p.* und Seitenaufnahme des linken Fußgelenkes, abgesehen von einem reichlich erbsgroßen Knochenschatten über der Spitze des lateralen *Malleolus*, o. B. (Abb. 171). Die zusätzlich angefertigte Funktionsaufnahme des Sprunggelenkes in maximaler Adduktion und Supination hingegen ließ eine deutliche Aufklappbarkeit des lateralen Sprunggelenksspaltes sowie ein kirschkerngroßes *Os subfibulare* erkennen (Abb. 172). Bei der sofort durchgeführten Operation wurde der Verdacht auf einen Riß des lateralen Sprunggelenksbandapparates bestätigt. Die zerrissenen Bandverbindungen wurden durch primäre Naht vereinigt. Anschließend erfolgte eine Ruhigstellung im Unterschenkelgips für 6 Wochen. Bei der Gipsabnahme am 6. 1. 1969 war der Patient beschwerdefrei und konnte sofort mit dem Spezialtraining beginnen.

2. Eine 20jährige Volleyballspielerin knickte am 19. 5. 1967 während des Trainings mit dem rechten Fuß um. Die Röntgenuntersuchung mit einer a.p. und Seitenaufnahme des oberen Sprunggelenkes, die sofort nach dem Unfall angefertigt worden war, ergab keinen pathologischen Befund. Die Behandlung erfolgte mit kühlen Umschlägen ohne exakte Ruhigstellung. Da die Schmerzen anhielten, wurden Ende Mai 1967 die Standardröntgenaufnahmen des rechten Sprunggelenkes wiederholt. Ein pathologischer Befund war wiederum nicht nachweisbar.

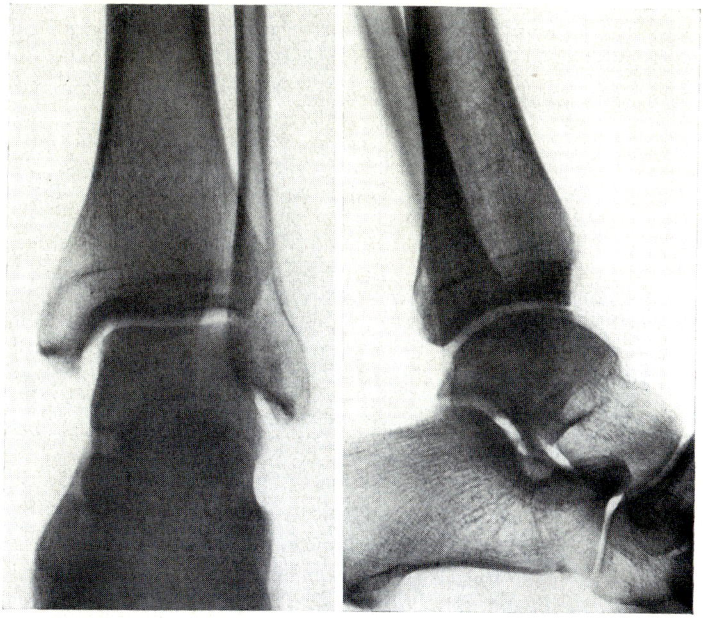

Abb. 171 a.p. und Seitenaufnahme des linken Fußgelenkes eines 23jährigen Radsportlers bei klinisch nachweisbarer Sprunggelenkdistorsion. Abgesehen von einem erbsgroßen Knochenschatten über der Spitze des lateralen *Malleolus* ist kein pathologischer Befund nachweisbar

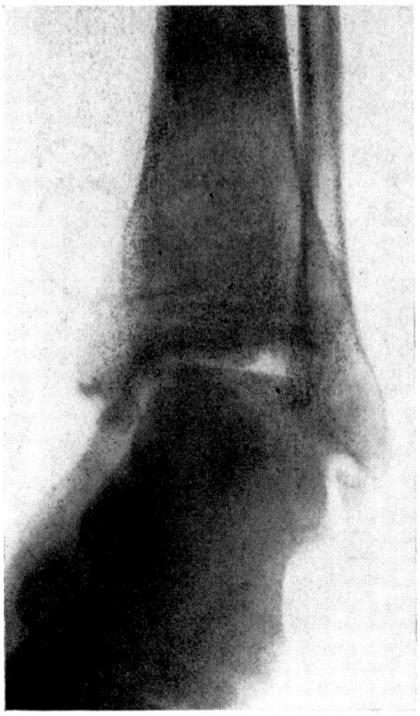

Abb. 172

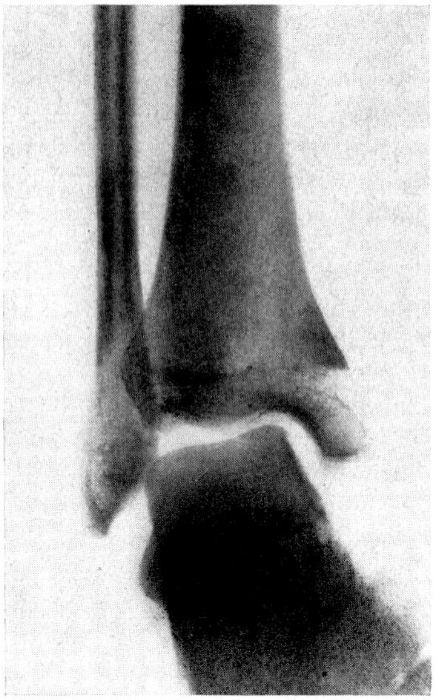

Abb. 173

Abb. 172 Die Funktionsaufnahme des linken Sprunggelenkes a.p. in maximaler Adduktion und Supination des gleichen Patienten mit deutlich aufklappbarem lateralem Sprunggelenksspalt und kirschgroßem *Os subfibulare*

Abb. 173 a.p.-Aufnahme des rechten Fußes einer 20jährigen Volleyballspielerin in maximaler Adduktion und Supination. Aufklappbarkeit des lateralen Sprunggelenksspaltes

Die orthopädische Untersuchung Anfang Juni 1967 ergab eine Schwellung über dem rechten Außenknöchel, eine Verdickung über dem distalen Tibiaende sowie eine leichte Bewegungseinschränkung im oberen Sprunggelenk. Die Funktionsaufnahmen des Sprunggelenkes in maximaler Adduktion und Supination zeigten, wie auf Abbildung 173 zu erkennen ist, eine Aufklappbarkeit des lateralen Sprunggelenksspaltes um 3 mm infolge Läsion des Bandapparates. Bis zur Wiederaufnahme des Wettkampfsportes am 28. 10. 1967 vergingen insgesamt über 5 Monate, während man bei sofortiger Beachtung der Bandverletzung mit einer Ausheilung nach etwa 6 Wochen hätte rechnen können. Eine vollständige Beschwerdefreiheit war auch zu diesem Zeitpunkt noch nicht erreicht.

Bandverletzungen des Sprunggelenkes werden entweder im Gipsverband oder durch primäre Naht zur Ausheilung gebracht. Bei Bandverletzungen mit einer nachweisbaren Aufklappbarkeit des Gelenkspaltes über 10 mm ist eine absolute Operationsindikation mit anschließender Ruhigstellung im Gipsverband für 6 Wochen gegeben. Bei konservativer Behandlung richtet sich die Dauer der Ruhigstellung nach dem Ausmaß der Aufklappbarkeit, die zwischen 3 bis 14 Wochen angegeben wird. Da wir in schweren Fällen für eine operative Versorgung der gerissenen Bandverbindungen eintreten, führen wir eine Behandlung im Unterschenkelgips bis zu maximal 8 Wochen bei einer Aufklappbarkeit bis zu 10 mm durch.

Die aufgezeigten Behandlungsgrundsätze tragen dazu bei, rezidivierende Schwellungen und Unsicherheit nach Sprunggelenksdistorsionen weitgehend zu vermeiden.

4.8. Orthopädische Erkrankungen und Veränderungen einschließlich Verletzungen im Bereich der oberen Gliedmaßen

4.8.1. Habituelle und veraltete Luxationen im Bereich der oberen Gliedmaßen

4.8.1.1. Habituelle Schulterluxation

Hier ist eine volle Sportfähigkeit, insbesondere wenn sie bei der Ausübung der Spezialsportart gehäuft auftritt, nicht gegeben. Durch eine plastische Operation kann in den meisten Fällen eine uneingeschränkte sportliche Leistungsfähigkeit wiederhergestellt werden. Wegen ihrer Erfolgssicherheit hat sich uns die Plastik nach EDEN-HYBINETTE als wirksam erwiesen. Sofort nach Abschluß der Gipsbehandlung mit Thoraxarmgips 4 bis 6 Wochen nach der Operation kann ein umfangreiches allgemeines Konditionstraining in Verbindung mit physiotherapeutischer Spezialbehandlung aufgenommen werden. Unter Berücksichtigung der überaus schnellen Wiederherstellung von Beweglichkeit des Schultergelenkes und Muskelkraft bei Sportlern ist im allgemeinen die volle Sportfähigkeit im 5. Monat nach der Operation erreicht.

4.8.1.2. Willkürliche Schulterluxation

Sie darf nicht mit einer habituellen Schulterluxation verwechselt werden. Durch willkürliche Innervation bei gleichzeitiger Entspannung anderer Muskelgruppen gelingt es einzelnen Patienten, unter Schnappen den Schultergelenkskopf in eine Subluxationsstellung zu bringen. Eine echte Luxation bei bestimmten Bewegungsabläufen, wie sie für die habituelle Schulterluxation charakteristisch ist, wird bei diesen Patienten nicht beobachtet. Somit entfällt bei willkürlichen Schulterluxationen die Notwendigkeit einer Operation, die bei falscher Indikationsstellung außerdem zu ungünstigen Ergebnissen führen würde. Eine nennenswerte Einschränkung der Sporttauglichkeit ist nicht gegeben, wenn nicht eine starke Überdehnbarkeit des Kapselbandapparates besteht.

4.8.1.3. Veraltete Luxationen des Schultergelenkes

In den meisten Fällen führen sie zu einer erheblichen Einschränkung der Schultergelenksbeweglichkeit in Verbindung mit starken Schmerzen und damit zu einer starken Behinderung im Sport. Die Wiederherstellung der Schultergelenksfunktion ist, wenn die Luxation länger als 3 bis 4 Wochen zurückliegt, nur auf operativem Wege zu erreichen.

Da auch durch operative Reposition veralteter Schulterluxationen die sportliche Belastbarkeit des Schultergelenkes herabgesetzt ist und somit die volle Sportfähigkeit nicht wiederhergestellt werden kann, dürfen Schulterluxationen keinesfalls übersehen werden. Es sei ausdrücklich darauf hingewiesen, daß Schulterluxationen nach hinten auch von Erfahrenen übersehen werden können, so daß zusätzlich zur a. p. Aufnahme eine vollständige Axialaufnahme (vgl. Kapitel 2.2.3.1.) unerläßlich ist.

4.8.1.4. Luxation des Radiusköpfchens

Sie kann angeboren sein, als isolierte Verletzung oder in Verbindung mit der Fraktur der proximalen Elle (MONTEGGIA Schaden) auftreten. Die angeborene Luxation

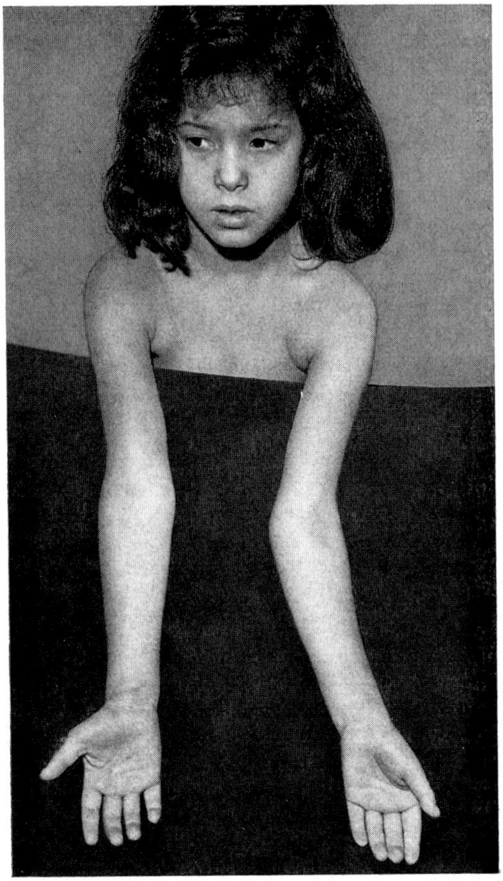

Abb. 174 9jährige Turnerin mit angeborener Radiusköpfchenluxation bei *Cubitus valgus* links

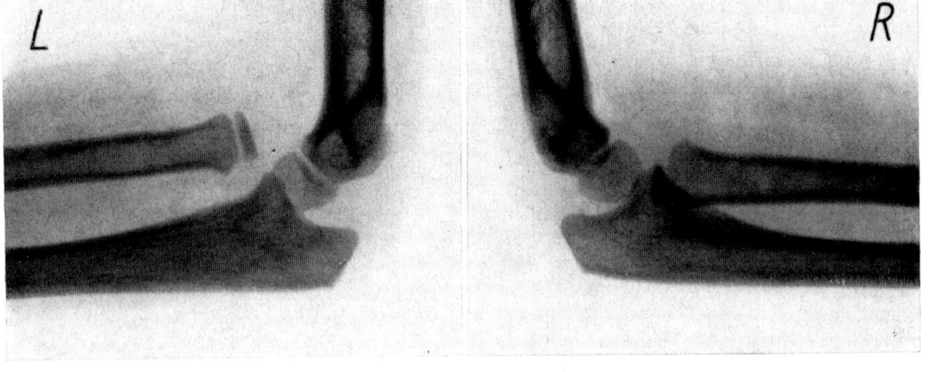

Abb. 175 Die Seitenaufnahmen beider Ellenbogengelenke derselben Patientin zeigen Radiusköpfchenluxation links

des Radiusköpfchens ist oft mit einem *Cubitus valgus* vergesellschaftet. Die Diagnose wird im allgemeinen zufällig gestellt.

Bei einer Turnerin (Abb. 174 und 175) z. B. fiel uns der Befund auf, als sie sich wegen einer Pneumonie in stationärer Behandlung befand. Vom Wettkampfsport rieten wir der Patientin ab, da trotz freier Beweglichkeit im Ellenbogengelenk mit einer herabgesetzten Belastbarkeit insbesondere bei Stützübungen zu rechnen ist und eine operative Beseitigung der Luxation keine größere Leistungsfähigkeit des Ellenbogengelenkes garantieren kann.

Als Verletzungsfolge bedarf die Radiusköpfchenluxation einer sofortigen Reposition, um die Sportfähigkeit zu erhalten. Die Versuche, veraltete Luxationen operativ zu reponieren, sind nur in einzelnen Fällen erfolgversprechend.

4.8.1.5. Federnde Elle

Dabei handelt es sich um eine federnde Subluxation des distalen Radioulnargelenkes. Ursächlich ist die federnde Elle auf eine allgemeine Bindegewebsschwäche oder eine echte traumatische Sprengung des distalen Radioulnargelenkes zurückzuführen. Röntgenologisch ist in einigen Fällen eine Steilstellung der distalen Radiuskonsole nachweisbar. Dieser Befund wird meist erst nach Auftreten von Überlastungsbeschwerden im Handgelenk aufgedeckt, die bei starker funktioneller Beanspruchung im Sport sehr bald beobachtet werden können. Von diesen meist therapeutisch wenig zu beeinflussenden Fällen einer konstitutionellen Minderwertigkeit, sind Schmerzzustände infolge Verletzung oder Verlagerung der Faserknorpelplatte abzugrenzen.

Inwieweit diese Schmerzzustände durch operative Maßnahmen im Sinne einer vollständigen Wiederherstellung für den Sport zu beheben sind, vermögen wir auf Grund unserer bisherigen Erfahrungen nicht zu entscheiden. Von großer Bedeutung im Hinblick auf eine volle Wiederherstellung der Sportfähigkeit ist die sorgfältige Einrichtung und Ruhigstellung nach Frakturen im distalen Unterarm- und Handgelenksbereich, um die Entstehung einer federnden Elle zu vermeiden.

In den meisten Fällen bedingt eine federnde Elle eine Einschränkung der Leistungsfähigkeit in Sportarten, die mit zahlreichen Stützübungen verbunden sind. Aus diesem Grunde empfehlen wir bei einem derartigen Befund zu Beginn einer sportlichen Laufbahn ein Überwechseln in eine verwandte Sportart wie z. B. in einem Falle vom Turnen in die künstlerische Gymnastik.

4.8.2. Fehlbildungen und Anomalien im Bereich der oberen Gliedmaßen

4.8.2.1. Madelungsche Deformität

MADELUNG (1879) beschrieb diese Deformität »als spontane Subluxation der Hand nach vorne«. Es handelt sich dabei um eine Wachstumsstörung des distalen Radiusendes. *Klinisch* besteht eine bajonettförmige volare Abknickung des Handrückens gegenüber dem Unterarm mit dorsalem Hervortreten des *Processus styloideus ulnae*. Die Radialabduktion der Hand ist teilweise oder vollständig aufgehoben, die Ulnarabduktion ist nicht eingeschränkt. *Röntgenologisch* ist eine starke Abkippung der distalen Gelenkfläche des *Radius* nach ulnar und volar zu erkennen.

Die Belastbarkeit des Handgelenkes ist bei diesem Zustand erheblich herabgesetzt, so daß insbesondere Stütz- und Hangübungen zu vermeiden sind.

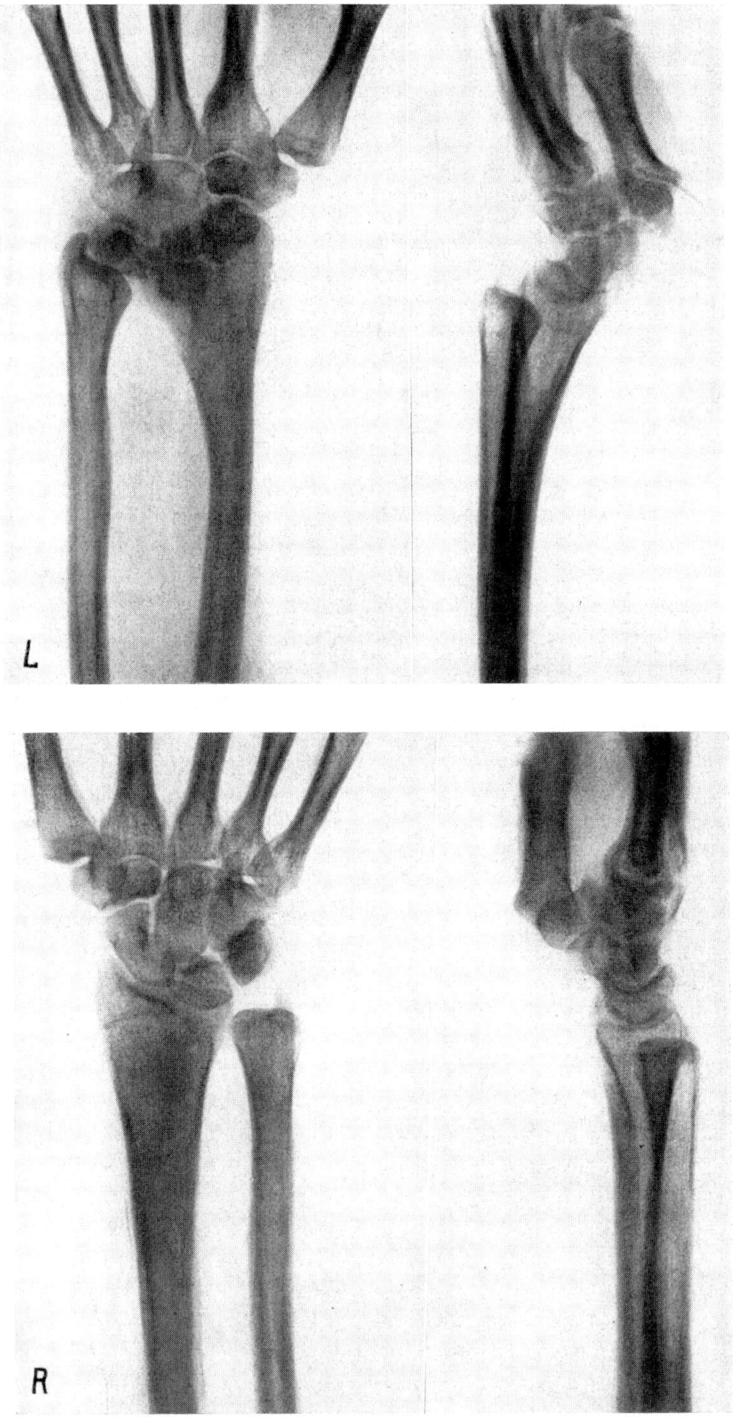

Abb. 176 a.p. und Seitenaufnahmen der Handgelenke einer 17jährigen Schülerin; MADELUNGsche Deformität linksseitig

Die Röntgenaufnahmen einer 17jährigen Patientin (Abb. 176) zeigen den für eine MADELUNGsche Deformität charakteristischen Befund am linken Handgelenk. Das rechte Handgelenk ist völlig normal, so daß die Patientin als Rechtshänderin auch gute Leistungen im Werfen und Stoßen aufweisen kann.

Therapeutisch kommen neben einer symptomatischen Behandlung nur operative Maßnahmen in Betracht, die in einer Korrekturosteotomie des *Radius* und Verkürzungsosteotomie der *Ulna* bestehen können. Trotzdem ist nach der Operation mit keiner vollen Belastbarkeit des betroffenen Handgelenkes im Sinne der sportlichen Höchstleistung zu rechnen, obgleich dadurch bestehende Schmerzen bei Handbewegungen gebessert werden können.

4.8.2.2. Abgrenzung von entwicklungsbedingten Skelettveränderungen

Die Kenntnis der normalen Skelettentwicklung ist für die Beurteilung von Sportlern, die sich in vielen Fällen noch im Wachstumsalter befinden, außerordentlich wichtig, um eine Verwechslung von entwicklungsbedingten Skelettveränderungen mit Fehlbildungen und Traumafolgen zu vermeiden.

Zahlreiche Fehldiagnosen wurden vorwiegend im Bereich des Akromion und des Ellenbogengelenkes beobachtet, so daß diese Skelettabschnitte herausgegriffen und eingehender besprochen werden sollen.

4.8.2.2.1. Akromion – Os acromiale

Am freien Ende des Akromion treten im 15. bis 18. Lebensjahr zwei, drei oder mehrere Knochenkerne auf, die zuerst miteinander und erst im 20. Lebensjahr mit der *Spina scapulae* verschmelzen. Somit kann das freie Ende des Akromion von einer großen Ossifikationszone umrandet sein, die durch einen mehr oder weniger breiten Saum von ihm getrennt ist. Diese Fuge kann bei jüngeren Individuen ziemlich stark klaffen. Von einem *Os acromiale* spricht man in den Fällen, in denen diese Kerne über das 25. Lebensjahr hinaus persistieren. Das *Os acromiale* artikuliert dann mit der Klavikula im Akromioklavikulargelenk und ist mit der Basis des Akromion durch den ursprünglichen Epiphysenknorpel in Form einer Synchondrose oder durch eine Diarthrose, also ein echtes Gelenk, verbunden.

Das *Os acromiale* kommt meist doppelseitig vor. Für die Beurteilung ausschlaggebend sind axiale Schulteraufnahmen. Nach einem Trauma muß bei auftretenden Beschwerden und röntgenologisch gesichertem Befund stets differentialdiagnostisch eine Akromionfraktur oder Pseudarthrosenbildung nach einer Fraktur ausgeschlossen werden.

Ein schmerzhaftes *Os acromiale* kann durch arthrotische Veränderungen bedingt sein. Als ungewöhnliche Schulterveränderung kann auch eine *Osteochondrose* des *Os acromiale* auftreten.

Der Krankheitsverlauf und Skelettbefund eines Turners erscheint in diesem Zusammenhang von Interesse.

Bei einem 24jährigen Turner traten im Dezember 1967 rechtsseitige Schulterschmerzen auf. Klinisch bestand eine deutliche Druckschmerzhaftigkeit über dem rechten Akromion. Die Abduktion im rechten Schultergelenk war als aktive Bewegung gegen Widerstand nicht möglich. Röntgenologisch war ein breiter Spalt im rechten Akromion mit unregelmäßiger Konturierung des akromialen Endes des Knochens zu erkennen (Abb. 177). Nach funktio-

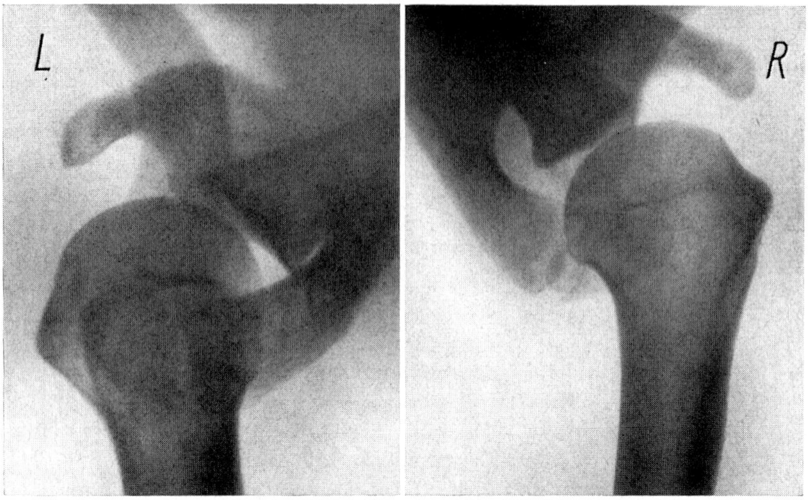

Abb. 177 Axialaufnahmen beider Schultergelenke eines 24jährigen Turners. Verzögerte Verknöcherung der Akromionepiphysen

neller Entlastung des Armes für die Dauer von 6 Wochen waren sowohl der Druckschmerz als auch die Bewegungsbehinderung nicht mehr nachweisbar. Der Kreuzhang war wegen einer Herabsetzung der groben Kraft im rechten Schultergelenk noch nicht möglich. Linksseitig war ebenfalls ein Spalt im Akromion zu erkennen, der im Vergleich zu rechts glatt konturiert erschien.

Der Skelettbefund ist als verzögerte Verknöcherung der Akromionepiphyse zu deuten. Von einer Persistenz der Knochenkerne und einem *Os acromiale* kann man in diesem Fall bei noch nicht abgeschlossenem 25. Lebensjahr bisher nicht sprechen. Die Beschwerden im rechten Schultergelenk glauben wir auf die Zeichen einer leichten juvenilen Osteochondrose im Bereich des akromialen Endes des Knochens zurückführen zu können. Dafür spricht auch die Beschwerdefreiheit des linken Schultergelenkes, die einen Epiphysenspalt ohne osteochondrotische Veränderungen aufweist. Interessanterweise wurden bei dem gleichen Patienten 1963 Zeichen einer leichten juvenilen Osteochondrose am Becken und 1965 am Sternum beobachtet.

Ähnliche Skelettveränderungen am Akromion haben wir bei Sportlern mehrfach nachweisen können. Wir vertreten die Ansicht, daß eine verzögerte Verknöcherung der Akromionepiphyse und die Bildung eines *Os acromiale* als harmlose Anomalie anzusehen ist. Diese Veränderungen dürfen nicht für eine Fraktur gehalten werden.

Bei einem älteren Patienten z. B. wurde ein *Os acromiale*, da sich der Spalt im Akromion infolge Überlagerung auf den Humeruskopf projizierte, für eine Längsfraktur des Humeruskopfes gehalten und somit ein Thoraxarmgipsverband angelegt.

Bei maximaler Belastung der Schultergelenke und des Schultergürtels können dann und wann auch ohne gleichzeitig bestehende osteochondrotische Veränderungen Schmerzen bei verzögerter Skelettreifung im Akromion auftreten, trotzdem ist auf Grund des beschriebenen Befundes von vornherein die Sporttauglichkeit nicht zu verneinen.

4.8.2.2.2. Ellenbogengelenk

Die Skelettentwicklung des Ellenbogengelenkes ist infolge der zahlreichen Knochenkerne und Epiphysen hinsichtlich der Beurteilung einerseits wichtig, andererseits aber auch schwierig. Auf Grund unserer Erfahrungen bildet der Entwicklungsstand im 10. Lebensjahr den Schlüssel für die Deutung aller wachstumsbedingten Skelettveränderungen des Ellenbogengelenkes, so daß wir aus didaktischen Gründen in diesem Zusammenhang näher darauf eingehen möchten. Auf Abbildung 178a und b sind alle Knochenkerne, Epi- und Apophysen des Ellenbogengelenkes im 10. Lebensjahr dargestellt.

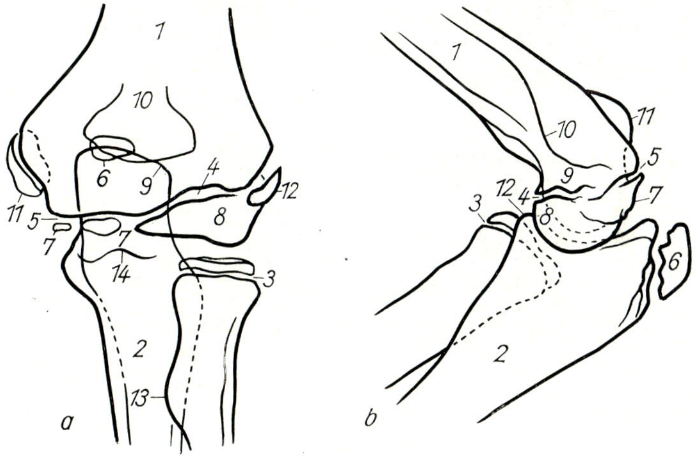

Abb. 178 *a* Skelettentwicklung des Ellenbogengelenkes im 10. Lebensjahr (schematisch als a.p.-Bild):
*1 Humerus*diaphyse, *2 Ulna*diaphyse, *3* Epiphysenfuge des *Caput radii*, *4* Epiphysenfuge des *Capitulum humeri*, *5* Epiphysenfuge der *Trochlea humeri*, *6* Knochenkerne des *Olekranons*, *7* Knochenkerne der *Trochlea humeri*, *8* Knochenkerne des *Capitulum humeri*, *9* proximales Ende der *Ulna*diaphyse, *10 Fossa olecrani*, *11* Kerne des *Epicondylus medialis*, *12* Kerne des *Epicondylus lateralis*, *13 Tuberositas radii*, *14 Processus coronoideus*.

Während im Seitenbild der Olekranonkern sichtbar wird, erkennt man im a.p.-Bild den nur für kurze Zeit isoliert erscheinenden Kern des *Epicondylus lateralis*. Er tritt gewöhnlich als letzter Kern im Ellenbogenbereich auf. Angedeutet ist auch schon der Kern der *Trochlea*, der sich im allgemeinen gleichzeitig mit dem Olekranonkern entwickelt. Damit sind sämtliche Kerne vorhanden.

b Skelettentwicklung des Ellenbogengelenkes im 12. Lebensjahr (schematisch als Seitenaufnahme):
*1 Humerus*diaphyse, *2 Ulna*diaphyse, *3* Epiphysenfuge des *Caput radii*, *4* Epiphysenfuge des *Capitulum humeri*, *5* Epiphysenfuge der *Trochlea humeri*, *6* Knochenkern des *Olekranons*, *7* Knochenkern der *Trochlea humeri*, *8* Knochenkern des *Capitulum humeri*, *9 Trochlea humeri*, *10 Fossa olecrani*, *11 Epicondylus medialis*, *12 Processus coronoideus*.

Der Kern des *Epicondylus lateralis* beginnt mit dem des *Capitulum humeri* zu verschmelzen. Alle anderen Kerne haben deutlich an Größe zugenommen.

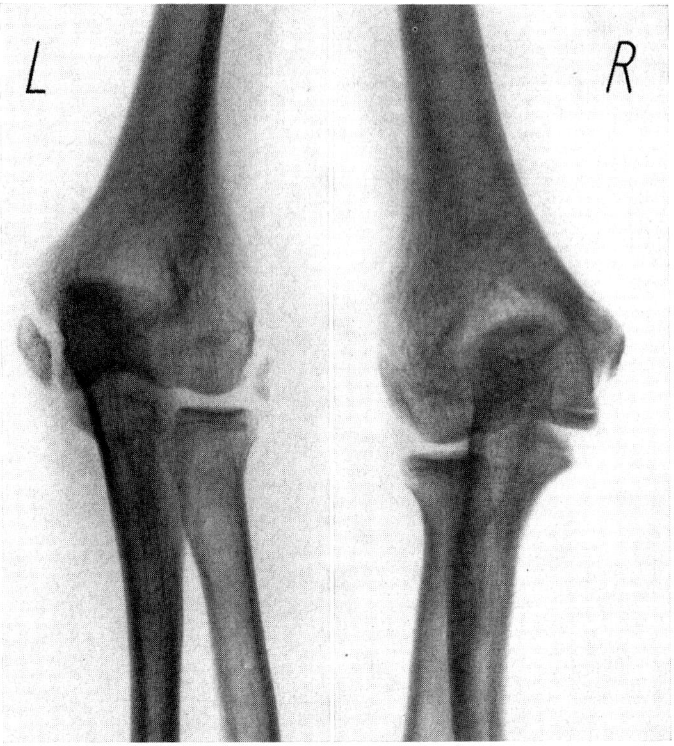

Abb. 179 a.p.-Aufnahmen beider Ellenbogengelenke einer 13jährigen Turnerin, links Zustand nach Ellenbogengelenksluxation, rechts im Seitenvergleich. Apophysenabriß am linken medialen *Humerus*epikondylus mit Weichteilverkalkung an der Radialseite des Gelenkes in Höhe des humero-radialen Gelenkspaltes

Bei Kenntnis des wachsenden Skeletts ist eindeutig, daß es sich in dem auf Abbildung 179 dargestellten Ellenbogengelenk (Zustand nach Ellenbogengelenksluxation) nicht um eine persistierende Apophyse am linken ulnaren Humerusepikondylus, sondern um einen gleichzeitigen Abriß der Apophyse gehandelt hat. Die Beurteilung als persistierende Apophyse ist als Fehldiagnose zu werten.

Apophysenlösungen im Ellenbogengelenksbereich sind im Sport außerordentlich häufig. Bei sofortiger konservativer Reposition und Fixierung im Gipsverband ist nach etwa 4 Wochen im allgemeinen eine vollständige Ausheilung erreicht, so daß keine Einschränkung der Sportfähigkeit bestehen bleibt.

4.9. Orthopädische Erkrankungen und Veränderungen mit verschiedenartiger Lokalisation einschließlich Allgemeinkrankheiten des Haltungs- und Bewegungsapparates und angeborene Systemerkrankungen des Skeletts

In diesem Kapitel werden alle diejenigen Krankheiten zusammengefaßt, die hinsichtlich ihrer Lokalisation nicht an einen bestimmten Körperabschnitt gebunden sind oder als Allgemeinerkrankung nicht im Rahmen der nach Körperregionen aufgebauten Gliederung abgehandelt werden können. Dazu gehören im einzelnen

- auf Mangelernährung oder Stoffwechselstörung zurückzuführende Skeletterkrankungen,
- entzündliche Knochen- und Gelenkerkrankungen,
- angeborene Systemerkrankungen des Skeletts,
- Lähmungen,
- degenerative Gelenkerkrankungen,
- Knochengeschwülste.

Obgleich das Ausmaß der einzelnen Erkrankungen und der sich daraus ergebende Grad der Behinderung recht unterschiedlich sein kann, halten wir im Hinblick auf die Einschätzung der sportlichen Belastbarkeit eine einheitliche Darstellung für sinnvoll. Für alle Erkrankungen gilt der gleiche Beurteilungsgrundsatz:

die Beurteilung nach der Funktion,

d. h. nach der funktionellen Leistungsfähigkeit des Haltungs- und Bewegungsapparates. Zum Beispiel können kartilaginäre Exostosen die Sportfähigkeit entweder kaum beeinträchtigen (Abb. 180) oder zu einer schweren Funktionsbehinderung führen, wenn sie mit örtlichen Wachstumsstörungen vergesellschaftet sind bzw. durch Druck auf benachbarte Nerven und Gefäße und Störung der Gelenkfunktion klinische Bedeutung gewinnen.

Ausgehend von einer exakten Diagnostik, ist in jedem einzelnen Erkrankungsfall zu prüfen, ob zur Sicherung der notwendigen Behandlung durch den Orthopäden bei dem bestehenden Befund eine sportliche Betätigung grundsätzlich abzulehnen bzw. unmöglich ist oder ob der Sport bei geeigneter Übungsauswahl und Dosierung mit in den Behandlungsplan einbezogen werden kann. Es gibt aber auch Fälle, bei denen die krankhaften Veränderungen unbemerkt bleiben oder kaum in Erscheinung treten, so daß die Sportfähigkeit nicht beeinträchtigt ist.

Aus der Vielzahl der Erkrankungen sollen die degenerativen Gelenkerkrankungen (*Osteochondritis dissecans*, *Arthrosis deformans*) und die Knochengeschwülste herausgegriffen werden, um an Hand von einigen Beispielen unsere Beurteilungsprinzipien zu erläutern.

4.9.1. Degenerative Gelenkerkrankungen

4.9.1.1. Osteochondritis dissecans

Unter *Osteochondritis dissecans* wird in Anlehnung an den Erstbeschreiber (Franz Koenig 1889) ein Krankheitsgeschehen verstanden, welches ohne sonstige nennenswerte Schädigung des Gelenkes beliebige Stücke der Gelenkoberfläche zur Lösung bringt. Dieses Geschehen wird heute von den meisten Autoren zu den *aseptischen Osteonekrosen* gezählt.

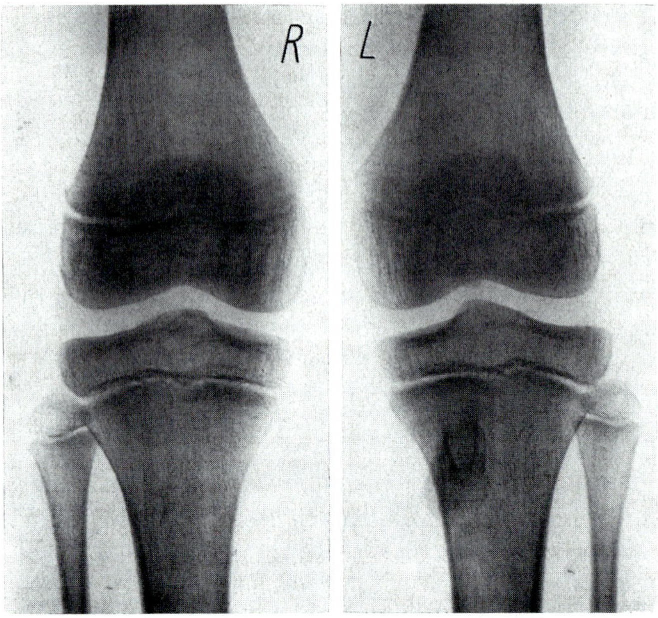

Abb. 180 a.p.-Aufnahmen beider Kniegelenke eines 12jährigen Sportlers mit kartilaginärer *Exostose* im Bereich der linken *Tibia*metaphyse

Hinsichtlich der Behandlung ist die Entlastung der betroffenen Gelenke von entscheidender Bedeutung. Da das Ellenbogen- und Kniegelenk bevorzugt erkranken, entfallen entweder alle Übungen für den betroffenen Arm oder bei Lokalisation im Kniegelenk praktisch alle sportlichen Übungen, die mit einer Belastung der unteren Extremitäten verbunden sind. Solange sich die Gelenkmaus noch nicht gelöst hat, kann versucht werden, den nekrotischen Knochenbezirk wieder zur Anheilung zu bringen, so daß während dieser Zeit mit Rücksicht auf die unbedingt notwendige Entlastung das aufgezeigte Sportverbot unter allen Umständen einzuhalten ist. Nach Abstoßung der Gelenkmaus und der dadurch erforderlichen operativen Entfernung des freien Körpers ist ebenfalls eine längere Sportpause zur Entlastung des betroffenen Gelenkes für 6 bis 12 Monate erforderlich, damit sich im Bereich des Defektes ein gut belastbares, faserknorpeliges Ersatzgewebe bilden kann. In den Fällen, in denen eine *Osteochondritis dissecans* am Anfang einer sportlichen Laufbahn festgestellt wird, raten wir von einer wettkampfmäßigen Sportausübung, insbesondere in den Lauf- und Sprungdisziplinen, grundsätzlich ab.

Als Beispiel möchten wir eine 14jährige Mittelstreckenläuferin anführen, die wegen leichter Belastungsbeschwerden im Kniegelenk sich in orthopädische Behandlung begab. Röntgenologisch war der für eine *Osteochondritis dissecans* charakteristische Befund am medialen Femurkondylus nachweisbar. Die Operation bestätigte den Röntgenbefund (Abb. 181), so daß eine Stichelung des haselnußgroßen nekrotischen Bezirkes vorgenommen wurde. Nach glattem postoperativem Verlauf und 6monatiger Kniegelenksentlastung bei Bettruhe und

Extension während einer 8wöchigen stationären Behandlung konnte eine vollständige subjektive Beschwerdefreiheit erzielt werden. Trotzdem gaben wir der Patientin den Rat, mit dem soeben begonnenen Wettkampfsport aufzuhören.

In einigen Fällen kann sich eine *Osteochondritis dissecans* auch vollständig dem klinischen und röntgenologischen Nachweis entziehen.

Ein chronischer Reizerguß, der sich auch bei absoluter Sportpause trotz Punktion und Bettruhe nicht vollständig zurückbildete, veranlaßte uns, trotz eines unauffälligen Röntgenbefundes auch auf dem Doppelkontrastarthrogramm, das Kniegelenk zu eröffnen. Dabei konnten 13 plättchenförmige linsen- bis pfenniggroße freie Körper entfernt werden.

Dieser Krankheitsverlauf ist u. a. ein Beweis dafür, daß die Einschätzung der sportlichen Belastbarkeit des Kniegelenkes eine gründliche Untersuchung des Patienten und große Erfahrung von seiten des Arztes voraussetzt, um weder schwerwiegende Krankheitsbilder zu leicht zu nehmen, noch aus Angst vor Schädigungen durch den Sport bei leichten Kniegelenkssymptomen den Sport grundsätzlich zu verbieten.

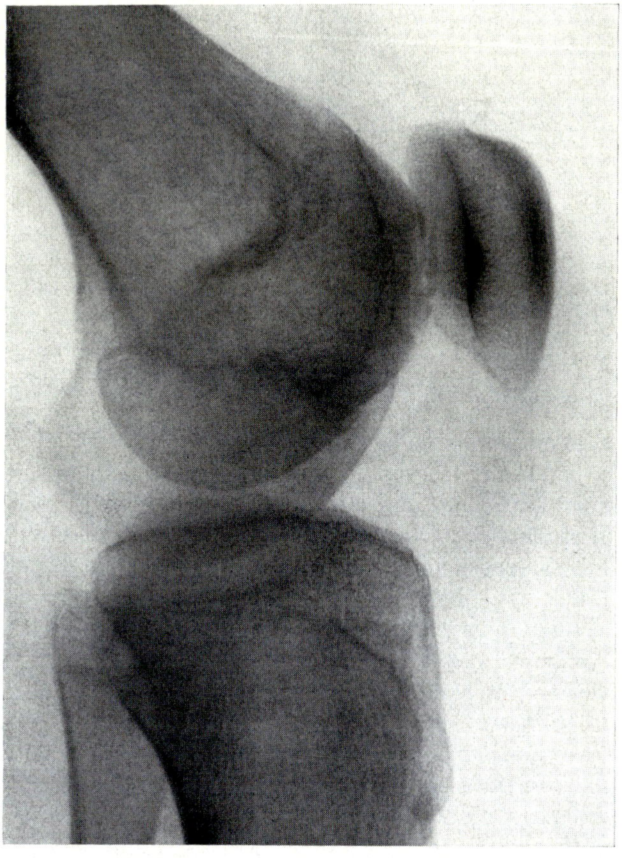

Abb. 181 Seitenaufnahme des linken Kniegelenkes einer 14jährigen Mittelstreckenläuferin. *Osteochondritis dissecans* am medialen Femurkondylus

4.9.1.2. Arthrosis deformans

Die *Arthrosis deformans* stellt eine Abnutzungs- und Aufbraucherscheinung des Gelenkknorpels dar.

Ursächlich kann neben einer Alterung eine chronische Überlastung des Gelenkes die Entstehung einer Arthrose begünstigen. Bei Fußballspielern treten z. B. frühzeitig arthrotische Veränderungen im Bereich der Sprunggelenke auf. Eine Überlastung der Gelenkknorpel ist durch ein Mißverhältnis zwischen Beanspruchung und Leistungsfähigkeit zu erklären, so daß auch ohne forcierte sportliche Belastung Arthrosen bei einer Minderwertigkeit des Gelenkknorpels frühzeitig entstehen können. Somit ist jede fehlerhafte Anlage der Gelenkkörper wie z. B. bei der angeborenen Hüftdysplasie und jedes nach einer durchgemachten Entzündung oder nicht ideal eingerichteten Fraktur vorgeschädigte Gelenk mit der Gefahr einer Früharthrose belastet. Das seltene Auftreten von Arthrosen im Bereich der oberen Extremitäten spricht für die vorrangige Bedeutung der statischen Belastung für die Entstehung von Arthrosen.

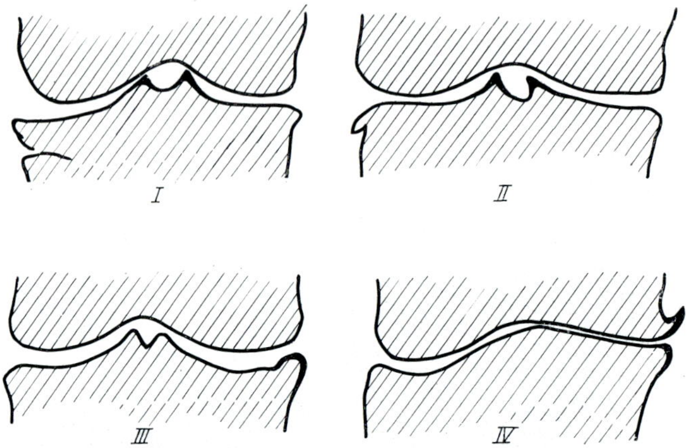

Abb. 182 Einteilung der Arthrose in 4 Schweregrade nach Jonasch

Im Hinblick auf die sportliche Belastbarkeit ergibt sich daraus, daß z. B. extreme Fehlstellungen im Bereich der oberen Gliedmaßen verhältnismäßig großzügig beurteilt werden können im Vergleich zu Fehlstellungen der unteren Extremitäten.

Klinisch ist der Schmerz am Anfang einer Bewegung charakteristisch für eine Arthrose. Nach Überwindung dieses Initialschmerzes kann in vielen Fällen die Bewegung fast unbehindert ablaufen. In schweren Fällen führt die Arthrose zu einer Einschränkung der Gelenksbeweglichkeit.

Röntgenologisch ist eine Arthrose durch Gelenkspaltverschmälerung, subchondrale Sklerose der Hauptbelastungsflächen des Gelenkes und Randwulstbildungen gekennzeichnet.

Jonasch (1958, 1964) hat eine Klassifizierung der röntgenologischen Veränderungen der Arthrose angegeben, um für die verschiedenen Stufen der Arthrose eine einheitliche Bezeichnung zu haben (Abb. 182):

1. Grad: Entrundung der Gelenkränder mit beginnender Ausziehung;
2. Grad: Randwulstbildung bis zu einem Breitendurchmesser von 5 mm;
3. Grad: Randwulstbildung mit einem Breitendurchmesser von über 5 mm, wobei der Gelenkspalt *nicht* verschmälert ist;
4. Grad: Verschmälerung des Gelenkspaltes unabhängig von der Größe der Randwulstbildung.

Wie wir bereits bei der Darstellung der *Spondylosis deformans* ausführten, können röntgenologischer Befund und Schmerzangabe des Patienten erheblich voneinander abweichen, so daß zur Einschätzung der sportlichen Belastbarkeit stets der röntgenologische Befund in Verbindung mit dem klinischen Bild gesehen werden muß. Obgleich wir auf jeden Fall für ein optimales Verhältnis zwischen Belastbarkeit und Belastung eines arthrotischen Gelenkes eintreten, möchten wir vor einer übertriebenen Angst vor sportlicher Betätigung bei Arthrosen warnen, da erfahrungsgemäß bei gut durchbluteter und trainierter Muskulatur die Beschwerden im Verhältnis zu den morphologischen Veränderungen wenig in Erscheinung treten. Bei Fußballspielern führen z. B. die arthrotischen Veränderungen der Sprunggelenke in den meisten Fällen erst nach Abschluß der aktiven Laufbahn bei fehlendem Trainingsreiz zu Beschwerden.

4.9.2. Knochengeschwülste

Von den Knochengeschwülsten sind, wenn überhaupt, nur die gutartigen von sportmedizinischer Bedeutung. Gelegentlich führen Spontanfrakturen (Abb. 183) oder Verletzungen benachbarter Gelenke (Abb. 184) zur Entdeckung *juveniler Knochenzysten*, die gewöhnlich zwischen 6. und 12. Lebensjahr auftreten.

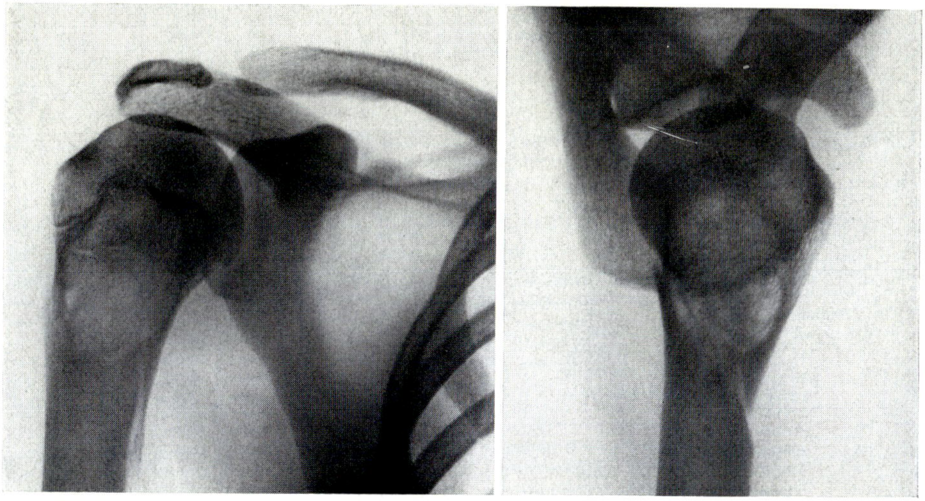

Abb. 183 a.p. und Seitenaufnahme des rechten Schultergelenkes eines 17jährigen Sportlers mit Spontanfraktur des Oberarmes bei juveniler Knochenzyste

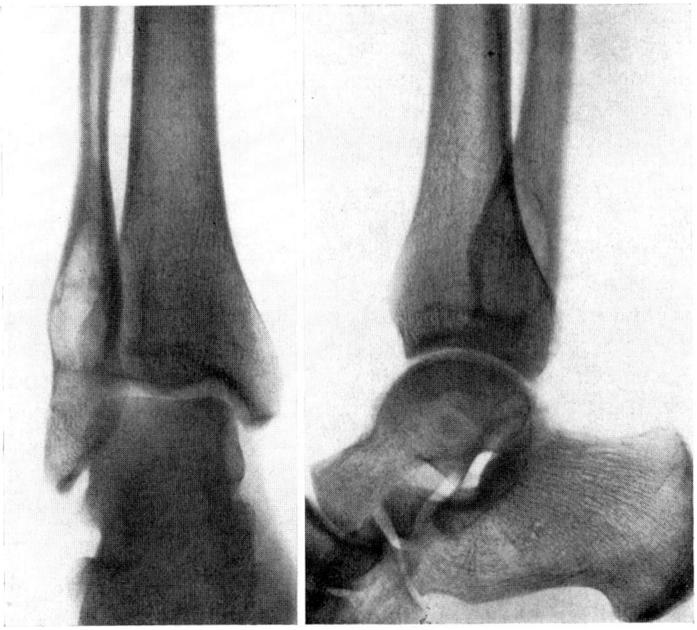

Abb. 184 a. p. und Seitenaufnahme des rechten Sprunggelenkes eines 16jährigen Radsportlers. Die juvenile Knochenzyste wurde anläßlich einer Verletzung des lateralen Sprunggelenksbandapparates als Nebenbefund diagnostiziert

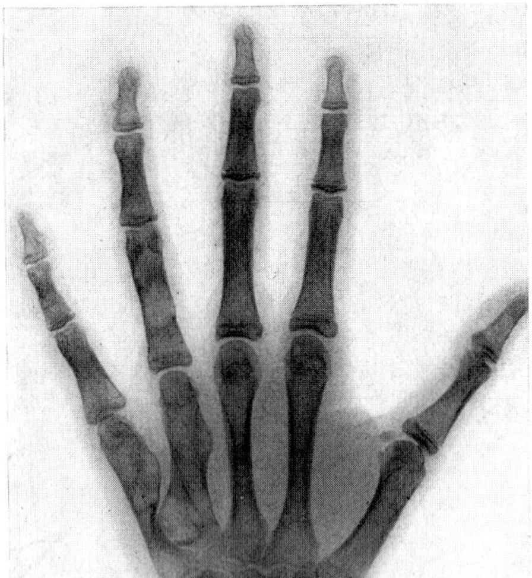

Abb. 185 a. p. Aufnahme der linken Hand einer 15jährigen Schülerin mit Eckchondromen der Metakarpalia IV und V

Röntgenologisch ist im Gegensatz zu Chondromen die scharfe Begrenzung der Zysten charakteristisch, die bei Größenzunahme die Kortikalis kolbig auftreiben. Die Beurteilung der Sportfähigkeit ist insbesondere in den Fällen schwierig, in denen wegen der Größenzunahme die Gefahr einer Spontanfraktur besteht. Obgleich die Patienten im allgemeinen völlig schmerzfrei sind, halten wir einen Einsatz im Wettkampfsport vor Ausheilung einer großen juvenilen Knochenzyste nicht für zweckmäßig.

Die Ausheilung juveniler Knochenzysten kann auf operativem Wege durch Ausräumung der Zysten und sorgfältige Ausfüllung mit Knochenspänen angeregt werden. In manchen Fällen heilen Knochenzysten auch im Anschluß an eine Fraktur ohne Operation aus. Nach erfolgtem knöchernen Durchbau kann die volle Sportfähigkeit wiedererlangt werden.

Wie bereits eingangs erwähnt, ist für alle Patienten mit Knochengeschwülsten die verbliebene Funktion ausschlaggebend für die Einschätzung der Sportfähigkeit.

Eine 15jährige Schülerin z. B. war bereits zweimal wegen eines Ekchondroms der Metakarpalia operiert worden. Abbildung 185 zeigt ein erneutes Rezidiv. In diesem Fall haben wir von sämtlichen Stütz- und Hangübungen abgeraten. Für Laufübungen ist die Patientin voll einsatzfähig.

5. Allgemeine Gesichtspunkte zur Prophylaxe von Sportverletzungen und Sportschäden

Ein hohes körperliches Training mit dem Ziel, sportliche Höchstleistungen zu vollbringen, kann nur dann wirksam werden, wenn es gelingt, unter Vermeidung von Erkrankungen, Verletzungen und Fehlbelastungsschäden den geplanten Trainingsaufbau ohne größere Unterbrechungen durchzuführen. Aus diesen Erwägungen heraus sollen im folgenden Kapitel einige Anregungen zur Prophylaxe von Sportverletzungen und Sportschäden gegeben werden.

Sportverletzungen, Sportschäden und Erkrankungen des Sportlers werden vorzugsweise verursacht

- durch leichtfertiges Verhalten und falsche Lebensweise,
- durch große Anfälligkeit bei hohen Belastungen und
- Fehler in der Trainingsmethodik.

Von den zahlreichen *Verletzungsmöglichkeiten durch leichtfertiges Verhalten* sollen einige Beispiele herausgegriffen werden.

Zahlreiche Sprunggelenksdistorsionen werden z. B. beim Kugelstoßen durch außerhalb des Ringes liegende Kugeln verursacht, über die der Sportler fallen kann, wenn er beim Stoßen infolge der Schwerkraft des Körpers über den Ring hinauskommt.

Während des Diskuswurfs können schwere Verletzungen, insbesondere Kopfverletzungen, auftreten, wenn bereits während des Werfens die Disken wieder gesammelt werden, da die Weite des einzelnen Wurfs nicht im voraus mit Sicherheit bestimmt werden kann.

Die meisten Sportunfälle treten nicht bei der Spezialsportart, sondern während des Ausgleichssports auf. Insbesondere ist das allgemein beliebte Fußballspiel mit Gefahren verbunden, wenn »Nichtfußballspieler« mit unzweckmäßigem Schuhwerk spielen.

Die schwersten Verletzungen werden durch Kopfsprung in unbekannte Gewässer verursacht. Bei ungenügender Wassertiefe kann der Aufprall des Kopfes zu Halswirbelkörperfrakturen oder -luxationen führen, die in den meisten Fällen eine komplette Querschnittslähmung zur Folge haben.

Eine *falsche Lebensweise des Sportlers* kann durch ungenügenden Schlaf, mangelnde Körperhygiene und Körperpflege sowie unzweckmäßige Kleidung und Ernährung zum Ausdruck kommen.

In diesem Zusammenhang ist auf die günstige Wirkung des *täglichen Trockenbürstens* als eine Form der Selbstmassage hinzuweisen. Dadurch erfolgt nicht nur eine Förderung des venösen Rückstroms und ein vermehrter Abtransport von Stoffwechselschlacken, sondern eine Verbesserung der arteriellen Durchblutung der Haut und das Unterhautfettgewebes auf Grund einer aktiven Hyperämie. Außerdem ist regelmäßige Zahnpflege und zahnärztliche Kontrolle unerläßlich. Es ist uns immer wieder aufgefallen, daß Sportler mit beherdeten Zähnen vermehrt mit Überlastungserscheinungen im Bereich von Binde- und Stützgeweben belastet sind, obgleich der Zusammenhang bisher nicht hinreichend bewiesen werden kann.

Neben der persönlichen Körperhygiene ist das ständige Sauberhalten der Sportkleidung von großer Bedeutung.

Zum Beispiel wird bei Radsportlern die Entstehung von Furunkeln in der Gesäßgegend durch verschmutzte und durchgeschwitzte Trainingsanzüge begünstigt.

Im Rahmen der Bekleidung ist auch auf die Bedeutung des entsprechenden Schuhwerks nicht nur im Training, sondern auch im täglichen Leben hinzuweisen. Bei Neigung zu Achillessehnenbeschwerden sollten z. B. keine flachen, absatzlosen Schuhe getragen werden.

Eine *große Anfälligkeit bei hohen Belastungen* äußert sich u. a. sowohl in einem gehäuften Auftreten von Verletzungen, insbesondere Muskelfaserrissen, als auch in einer erhöhten Infektanfälligkeit. Bei einer gesunden Muskulatur entstehen Muskelfaserrisse vor allem durch eine Koordinationsstörung, die durch zentrale oder periphere Ermüdung bedingt sein kann. Eine ungleichmäßige, unkoordinierte Beanspruchung der Muskulatur führt zu einem Einriß einer Muskelgruppe. Durch gestörte Koordination infolge zentraler oder peripherer Ermüdung ist auch das gehäufte Auftreten von Unfällen im Wintersport und in den Spielsportarten nach hoher Trainingsbelastung zu erklären. Ein Training ist demzufolge nur in dem Umfang sinnvoll, in dem ein ungestörtes Muskelspiel ablaufen kann.

Ob die große Infektanfälligkeit des hochentwickelten Wettkampfsportlers in bestimmten Trainingsabschnitten durch Vitaminmangel verursacht oder begünstigt wird, ist noch nicht bewiesen. Es kann jedoch als gesichert gelten, daß der tägliche Vitaminbedarf bei verschiedenen Sportarten unterschiedlich ist und bei einigen Vitaminen der Bedarf in Abhängigkeit von der Belastungsform (Kraft-, Schnellkraftübungen bzw. Dauerleistungen) erheblich ansteigt. Grundsätzlich soll angestrebt werden, durch eine entsprechende vollwertige Ernährung dem gesteigerten Mineralstoff- und Vitaminbedarf des Sportlers Rechnung zu tragen. Entgegen vielfach vertretener Ansichten kann heute als gesichert gelten, daß das Überschreiten des Vitaminoptimums zu keiner Leistungssteigerung führt. Eine Steigerung der Leistungsfähigkeit durch Vitamingaben ist nur dann zu erwarten, wenn ein Vitaminmangel bestand bzw. einem beginndenen Mangel vorgebeugt wird. Trotzdem ist eine ausreichende Versorgung mit Vitaminen bei hoher sportlicher Belastung zur Vermeidung von Infektanfälligkeit und Neigung zu Überlastungsschäden des Binde- und Stützgewebes bedeutungsvoll.

Nur in den Fällen, in denen auf Grund der jahreszeitlichen Verhältnisse der Vitaminbedarf nicht durch die Ernährung voll abgedeckt werden kann, halten wir aus prophylaktischen Gesichtspunkten eine medikamentöse Vitaminzufuhr für erforderlich.

Im Hinblick auf die Neigung zu Fehlbelastungserscheinungen im Bereich des Binde- und Stützgewebes soll auf die Vitamine A und D eingegangen werden.

Mangel an Vitamin A wurde mehrfach als Ursache von Skeletterkrankungen z. B. für die SCHEUERMANNsche Erkrankung angeschuldigt, obwohl ein Zusammenhang bisher nicht eindeutig nachgewiesen werden konnte.

Allgemein anerkannt ist heute die Bedeutung von Vitamin D für den Kalzium-Phosphor-Stoffwechsel, der die Grundlage für eine gesunde Skelettentwicklung darstellt.

D_2 bildet sich durch UV-Bestrahlung aus dem pflanzlichen Ergosterin, D_3 durch Bestrahlung des tierischen Dehydrocholesterins. Ein Mangel an Vitamin D führt beim Kind zur Rachitis.

Obgleich schwere Rachitisfälle kaum noch beobachtet werden, begegnen wir leichten rachitischen Skelettveränderungen bei Sporttauglichkeitsuntersuchungen von Kindern und Jugendlichen relativ häufig. Von großer Bedeutung z. B. für die Haltungsentwicklung des Kindes ist die auch mit geringfügigen rachitischen Veränderungen einhergehende und noch lange Zeit bestehende Hypotonie des Muskel-Bandapparates. Fehlende natürliche Sonneneinwirkung, die jahreszeitlich oder sportartspezifisch bedingt ist, z. B. bei den Turnern, kann durch ultraviolette Bestrahlung kompensiert werden, so daß auf diese Weise die Gewebsentwicklung bei bestehender sportlicher Belastung günstig beeinflußt wird.

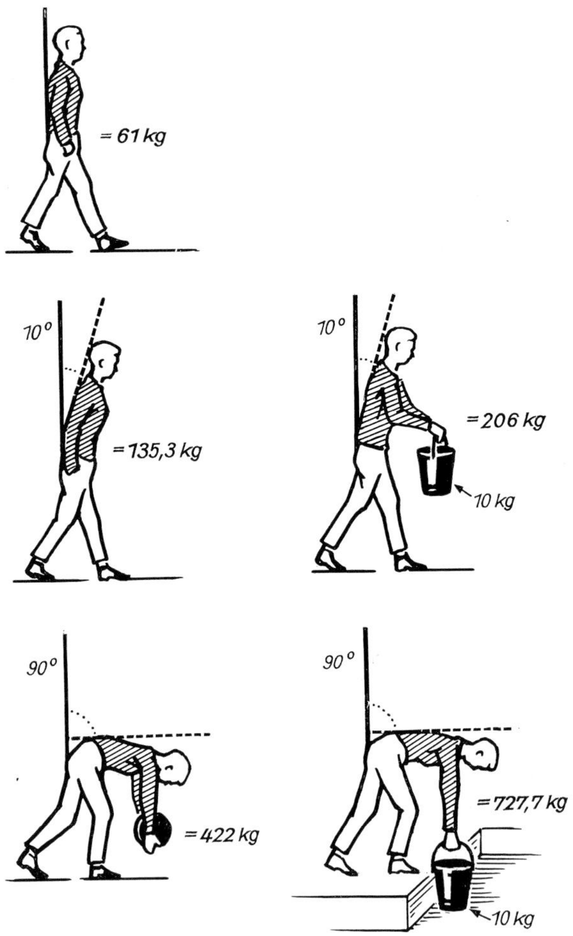

Abb. 186 Belastung der untersten Bandscheibe zwischen Lendenwirbelsäule und Kreuzbein

Fehler in der Trainingsmethodik sind dann gegeben, wenn nach längeren Trainingspausen z. B. nach Verletzungen oder Erkrankungen plötzlich mit hoher sportlicher Belastung begonnen wird. Systematisches Heranführen an hohe Trainingsbelastung ist erforderlich, da durch unvernünftigen Trainingsbeginn, dem Drang und Bewegungsbedürfnis des Sportlers entsprechend, sehr schnell Verletzungen und Fehlbelastungsschäden wie z. B. Muskelzerrungen, Achillessehnenbeschwerden oder Schädigungen des Gelenkknorpels infolge fehlender Anpassungserscheinungen des Organismus an die erhöhte Beanspruchung auftreten können. Die gleichen Gesichtspunkte gelten für den Beginn eines sportlichen Trainings bei Neuaufnahmen in den Wettkampfsport. Der *Aufbau über ein allgemeines Training* bildet die Grundlage für sportliche Höchstleistungen.

Durch *Berücksichtigung von Gefahrenmomenten* hinsichtlich Verletzungen und Überlastungserscheinungen *bei der Übungsauswahl* kann weiterhin trainingsmethodisch zur Prophylaxe von Sportverletzungen und Sportschäden beigetragen werden. Zum Beispiel ist abzuwägen, ob und in welchem Umfang unter Berücksichtigung des Wettkampfzieles ein Krafttraining erforderlich ist. In den Sportarten, in denen ein Training mit großen Gewichten zur Entwicklung der Maximalkraft unerläßlich ist, sollten orthopädische Gesichtspunkte beim Krafttraining berücksichtigt werden.

Auf Abbildung 186 ist z. B. ersichtlich, daß die Belastung der Bandscheibe bei L_5/S_1 von der Stellung der Wirbelsäule abhängt, so daß bereits verhältnismäßig kleine Lasten bei unzweckmäßiger Einstellung der Wirbelsäule während der Kraftarbeit nachteilige Folgen haben können. Andererseits werden bei Aufrichtung des Beckens und der Wirbelsäule durch gleichmäßige Druckverteilung in der Bandscheibe relativ hohe Lasten ohne Schäden bewältigt.

Hinsichtlich der Übungsauswahl ist weiterhin zu entscheiden, ob z. B. ein intensives Sprungtraining mit möglicherweise sich daraus ergebenden Belastungserscheinungen im Bereich von Gelenken, Bandansätzen, Periost sowie Sehnen erforderlich ist. Insbesondere sollten Spiele mit großer Verletzungsgefahr wie z. B. das Fußballspiel als Ausgleichssport vor großen Wettkämpfen, aber auch allgemein, fallen gelassen werden.

Um Fehler in der Trainingsmethodik zu vermeiden, ist es in Anbetracht des erforderlichen Hochleistungstrainings im Wettkampfsport erforderlich, nicht nur die *Belastung*, sondern auch die *Erholung zu planen* und ein entsprechendes Verhältnis in den Jahrestrainingsplänen durch gemeinsame Beratung zwischen Trainer, Arzt und Physiotherapeuten zu berücksichtigen. Außerdem sollten bei der Planung ein *Ausgleichstraining* sowie *prophylaktische physiotherapeutische Maßnahmen* in Abhängigkeit von Trainingsmitteln und Trainingsmethoden bedacht werden. Das Ausgleichstraining dient zur Erholung maximal beanspruchter Muskelgruppen und Gelenke und zugleich zur psychischen Entspannung.

Schwimmen ist z. B. im Anschluß an Kraftarbeit von großer Bedeutung zur Entlastung der Wirbelsäule, insbesondere der Bandscheiben. Außerdem wird damit eine Lockerung der im allgemeinen nach der Kraftarbeit stark verspannten Muskulatur erreicht.

Ausgehend von der Notwendigkeit, Binde- und Stützgewebe als leistungsbegrenzende Faktoren im Sport voll einsatzfähig zu erhalten, sind regelmäßige physiotherapeutische Anwendungen zu empfehlen. Die Physiotherapie wird hierbei nicht zur Behandlung, sondern aus prophylaktischen Erwägungen als leistungssteigernde Maßnahme wirksam. Die richtige zeitliche Anwendung in Beziehung zum Training oder Wettkampf ist für die Wirksamkeit entscheidend.

Sauna, Unterwassermassagen und warme Vollbäder führen z. B. zu einer länger anhaltenden Entspannung der Muskulatur und allgemeinen Ermüdung, so daß die Anwendung *nach* dem Training zu empfehlen ist, wenn die Möglichkeit einer Ruhepause von mindestens 8 Stunden gegeben ist.

Alle physiotherapeutischen Anwendungen beruhen bei Einsatz als leistungsfördernde Maßnahme auf dem gleichen Prinzip, der Förderung der Durchblutung auf direktem oder reflektorischem Wege.

Die Auswahl der Anwendungen richtet sich nach dem individuellen Gewebsbefund des Sportlers. Außerdem ist die sportartspezifische Prädisposition zu Belastungserscheinungen ausschlaggebend für die Art der physiotherapeutischen Maßnahmen, die in Übereinstimmung mit den verschiedenen Trainingsperioden festgelegt werden müssen.

Bei Einreibungen, die im allgemeinen bei Sportlern sehr beliebt sind, muß die physiologischerseits nachgewiesene Konkurrenz zwischen Haut- und Muskeldurchblutung beachtet werden. Je höher die Hauttemperatur ist, desto geringer ist die Leistungsfähigkeit der Muskulatur und umgekehrt. Ist die Haut warm, so öffnen sich die Gefäße und ein Teil der Blutmenge geht der Muskeldurchblutung verloren. Die Gefahr von Einreibungen besteht somit in einer Vernachlässigung des »Warmmachens« durch aktive Muskelarbeit, indem der Sportler nach einer starken, die Hautdurchblutung fördernden Einreibung sich ohne Muskelarbeit warm fühlt.

Bei Berücksichtigung dieses Verhältnisses zwischen Haut- und Muskeldurchblutung können Einreibungen einerseits als durchblutungsfördernde und andererseits als tonisierende Mittel mit zu den prophylaktischen Maßnahmen gerechnet werden.

Aus den aufgezeigten Gesichtspunkten ist ersichtlich, daß der Sportarzt im Interesse einer Prophylaxe von Sportverletzungen und Sportschäden sich eingehend mit Fragen der Trainingsmethodik beschäftigen muß, um den Trainings- und Wettkampfprozeß mitgestalten zu helfen und Sportler und Trainer entsprechend beraten zu können.

6. Literatur[1]

Arndt, J., Grundlagen zur Röntgenmorphologie des Erwachsenenkniegelenks. Fischer, Jena 1965
Arnold-Kabisch, Ärztliche Grundlagen der Befreiung vom Sportunterricht. 4. Aufl. Barth, Leipzig 1967
Baetzner, W., Sportschäden am Bewegungsapparat. Urban & Schwarzenberg, Wien-Berlin 1927
–, Sport und Arbeitsschäden. Thieme, Leipzig 1936
–, Über Sportschäden. Med. Klin. *24* (1928) 1971
–, Verletzungen beim Skilauf. Dtsch. med. Wschr. *82* (1957) 276
Baumgartl, F., Das Kniegelenk. Springer, Berlin-Göttingen-Heidelberg 1964
Benninghoff, A., Lehrbuch der Anatomie des Menschen. 4. Aufl. Urban & Schwarzenberg, Berlin-München 1949
Blount, W. P., Knochenbrüche bei Kindern (dtsche Übers. v. K. H. Müller). Thieme, Stuttgart 1957
Boenig, H., und R. Bertolini, Leitfaden der Entwicklungsgeschichte des Menschen. 8. Aufl. Thieme, Leipzig 1965
Böhler, L., Technik der Knochenbruchbehandlung. 12. u. 13. Aufl. W. Maudrich, Wien 1951
Böhm, M., Das menschliche Bein. Enke, Stuttgart 1935
Brailsford, J. F., The radiology of bones and joints. 5. Aufl. Churchill, London 1953
Bragard, K., Ein neues Meniskuszeichen. Münch. med. Wschr. *77* (1930) 682
Brocher, J. E. W., Die Wirbelverschiebung in der Lendengegend. 3. Aufl. Thieme, Leipzig 1958
–, Die Wirbelsäulenleiden und ihre Differentialdiagnose. Thieme, Stuttgart 1959
Chapchal, G., Grundriß der orthopädischen Krankenuntersuchung. Enke, Stuttgart 1954
Cuveland, E. de, Zur Epiphyseonekrose das Capitulum radii. Fortschr. Röntgenstr. *81* (1954) 535
–, Epiphyseonekrose des Radius. Z. Orthop. *83* (1953) 279
Debrunner, H. U., Orthopädisches Diagnostikum. Thieme, Stuttgart 1966
Eden, R., Zur operativen Behandlung der Schulterluxation. Zbl. Chir. *47* (1935) 1002
Francillon, M. R., Spondylolisthesis und Unfall. Z. Orthop. *101* (1966) 307
Franke, K. (Hrsg.), Traumatologie des Sports. Sportverlag, Berlin 1959
Frik, zit. nach R. Grashey, Atlas typischer Röntgenbilder vom normalen Menschen. 10. Aufl. Urban & Schwarzenberg, München-Berlin 1964
Göpfert, Physiologische Vorgänge bei der Muskelspannung und Entspannung. Vortrag auf dem 70. Kongreß der Deutschen Gesellschaft für Physikalische Medizin. Tagungsbericht in Krankengymnastik *18* (1966) 185
Grashey, R., und R. Birkner, Atlas typischer Röntgenbilder vom normalen Menschen. 10. Aufl. Urban & Schwarzenberg, München-Berlin 1964
Greulich, W. W., und S. J. Pyle, Radiographic atlas of skeletal development of the hand and wrist. 2. Aufl. Oxford University Press, London 1959
Groh, H. (Hrsg.), Sportmedizin. Enke, Stuttgart 1962

1 Für die Unterstützung bei der Zusammenstellung der Literatur möchte ich Herrn cand. med. L. Burger herzlich danken.

Groskopff, K. W., und R. Tischendorf, Das normale menschliche Skelett in Röntgenskizzen. 2. Aufl. Thieme, Leipzig 1962
Hackenbroch, M., Degenerative Gelenkerkrankungen, in: Handbuch der Orthopädie, Band I. Thieme, Stuttgart 1957
Hadorn, W., Vom Symptom zur Diagnose. 4. Aufl. Karger, Basel 1965
Haglund, P., Die hintere Patellarkontusion. Zbl. Chir. *51* (1926) 1757
Hettinger, Th., Isometrisches Muskeltraining. 3. Aufl. Thieme, Stuttgart 1968
Hoffa, zit. nach Neurath, F., Die Bedeutung des sog. Hoffaschen Fettkörpers für die Differentialdiagnose der Kniegelenkserkrankungen. Arch. orthop. Unfall-Chir. *59* (1966) 147
Hohmann, G., Fuß und Bein. Ihre Erkrankungen und deren Behandlung. 5. Aufl. Bergmann, München 1951
–, Hand und Arm. 2. Aufl. Bergmann, München 1949
–, Bericht über die Sammelforschung über die Spätresultate der Behandlung der angeborenen Hüftluxation. Verh. DOG *81* (1951) 140
–, M. Hackenbroch und K. Lindemann, Handbuch der Orthopädie. Band 1–4. Thieme, Stuttgart 1957–1961
Holle, G., Die pathologische Anatomie der Osteonekrosen. Beitr. Orthop. *6* (1959) 142
Hueter, zit. nach Benninghoff, A., Lehrbuch der Anatomie des Menschen. 4. Aufl. Urban & Schwarzenberg, Berlin-München 1949
Janker, R., Röntgenaufnahmetechnik, Teil II Röntgenbilder. 6. Aufl. Barth, Leipzig 1965
Jonasch, E., Zur Klassifizierung der Arthrose im Kniegelenk. Verh. Dtsch. Orthop. Ges. *46* (1958) 579
–, Das Kniegelenk. De Gruyter, Berlin 1964
Kamieth, H., Röntgenologische Veränderungen an den Ileosakralgelenken bei der Beckenringlockerung. Fortschr. Röntgenstr. *84* (1956) 188
–, Die Mechanik der Beckenringlockerung. Fortschr. Röntgenstr. *87* (1957) 499
–, Geburtstraumen des Beckenringes vom Standpunkt der Röntgenologie. Fortschr. Röntgenstr. *89* (1958) 694
–, Beckenring und Wirbelsäule. Arch. orthop. Unfall-Chir. *50* (1958) 124
–, Eine posttraumatische Beckenringlockerung. Z. Orthop. *90* (1958) 226
Klippel-Feil, zit. nach Köhler-Zimmer, Grenzen des Normalen und Anfänge des Pathologischen im Röntgenbilde des Skeletts. 10. Aufl. Thieme, Stuttgart 1956
Köhler, A., und E. A. Zimmer, Grenzen des Normalen und Anfänge des Pathologischen im Röntgenbilde des Skeletts. 10. Aufl. Thieme, Stuttgart 1956
König, F., Über freie Körper in den Gelenken. Langenbecks Arch. klin. Chir. *59* (1889) 49
Kühne, K., Genetischer Wirbelsäulenvergleich, in: A. Powold, Lehrbuch der gerichtlichen Medizin. Thieme, Stuttgart 1950
–, Die Vererbung der Variationen der menschlichen Wirbelsäule. Z. Morph. Anthropol. *30* (1932) 1
Lachapèle, A. P., zit. nach Köhler, A., und E. A. Zimmer, Grenzen des Normalen und Anfänge des Pathologischen im Röntgenbilde des Skeletts. 10. Aufl. Thieme, Stuttgart 1956
Lannelongue, zit. nach Hohmann, G., Fuß und Bein. Ihre Erkrankungen und ihre Behandlung. 5. Aufl. Bergmann, München 1951
Lelièvre, J., in: Podologie. Revue Anuelle du Collège Internationale de Podologie. 1962
–, zit. nach Debrunner, H. U., Orthopädisches Diagnostikum. Thieme, Stuttgart 1966
Lindemann, K., Die juvenilen Osteochondrosen, in: Handbuch der Orthopädie. Band I. Thieme, Stuttgart 1957
Lippmann-Cobb, zit. nach Debrunner, H. U., Orthopädisches Diagnostikum. Thieme, Stuttgart 1966
Luschka, zit. nach Matzen, P. F., Orthopädie für Studierende. Barth, Leipzig 1968
Madelung, O. W., Die spontane Luxation der Hand. Langenbecks Arch. klin. Chir. *23* (1879) 395
Magnus, zit. nach Mörl, F., Lehrbuch für Unfallchirurgie. Volk und Gesundheit, Berlin 1964

Matzen, P. F., (Hrsg.), Lehrbuch der Orthopädie. Band 1–2, 2. Aufl. Volk und Gesundheit, Berlin 1967

–, Orthopädie für Studierende. Barth, Leipzig 1968

Medved, R., Beitrag zur Bestimmung des physiologischen Alters. Med. Sport. *2* (1962) 141

Mennel, zit. nach Hohmann, G., Hackenbroch, M., und K. Lindemann, Handbuch der Orthopädie. Thieme, Stuttgart 1957–1961

Meyerding, H. W., Spondylolisthesis. J. Bone Surg. *13* (1931) 39

Mikulicz, zit. nach Hohmann, G., Hackenbroch, M., und K. Lindemann, Handbuch der Orthopädie. Thieme, Stuttgart 1957–1961

–, zit. nach Chapchal, G., Grundriß der orthopädischen Krankenuntersuchung. Enke, Stuttgart 1954

Mörl, F., Lehrbuch der Unfallchirurgie. Volk und Gesundheit, Berlin 1964

Oberholzer, Röntgendiagnostik der Gelenke mittels Doppelkontrastmethode. Thieme, Leipzig 1938

Orendi, C., Knochen-, Gelenk- und Weichteilerkrankungen im Röntgenbild. Fischer, Jena 1968

Osgood, R. B., Lesions of the tibial tubercle occuring during adolescence. Boston Med. Surg. *148* (1903) 114

Palma, A. F., De, Diseases of the knee. Philadelphia-London 1954

Payr, E., Altes und Neues über Arthrosis deformans und Infektarthritis, die kinematische Kette. Dtsch. Ges. Chir. *63*. Tagung 1939

Pidermann, zit. nach Heiß, F., Praktische Sportmedizin. 2. Aufl. Enke, Stuttgart 1964

Pidermann, G., Sportverletzungen und Schäden des Bewegungsapparates. Heft 4 der Sportmed. Schriftenreihe Wander. Wander A. G., Bern 1958

Pitzen, P., Kurzgefaßtes Lehrbuch der Orthopädischen Krankheiten. 6. Aufl. Urban & Schwarzenberg, München-Berlin-Wien 1957

Reischauer, F., Untersuchungen über den lumbalen zervikalen Wirbelbandscheibenvorfall. Thieme, Stuttgart 1949

–, Zur Technik der lokalen Novocainbehandlung bei Lumbagoischias. Dtsch. med. Wschr. *78* (1953) 1375

Risser, zit. nach Debrunner, H. U., Orthopädisches Diagnostikum. Thieme, Stuttgart 1966

Röhlig, H., Zur Prognose der Luxationshüfte. Endergebnisse 30 Jahre nach Reposition. Arch. orthop. Unfall-Chir. *55* (1963) 401

Roux, Gesamt. Abhandlungen über Entwicklungsmechanik der Organismen. 1, Leipzig 1895

Schanz, A., Eine typische Erkrankung der Wirbelsäule. Berl. klin. Wschr. *31* (1907) 174

–, Jahrbuch für Kinderheilkunde (1911), zit. nach Scheuermann. Z. Orthop. Chir. *41* (1921) 305

Schede, F., Grundlagen der körperlichen Erziehung. 3. Aufl. Enke, Stuttgart 1954

Scheuermann, H., Roentgenologic studies of the origin and development of juvenile kyphosis, together with some investigations concerning the vertebral epiphysis in man and in animals. Arch. orthop. Scandinav. *5* (1934) 161

–, Kyphosis dorsalis juvenilis. Z. orthop. Chir. *41* (1921) 305

–, Kyphosis juvenilis. Fortschr. Röntgenstr. *53* (1936) 1

Schinz, H. R., W. E. Baensch, E. Friedl und E. Uehlinger, Lehrbuch der Röntgendiagnostik. 5. Aufl. Band II, Teil 2. Thieme, Stuttgart 1952

Schlatter, C., Verletzungen des schnabelförmigen Fortsatzes der oberen Tibiaepiphyse. Bruns Beitr. klin. Chir. *38* (1903) 874

Schmidt, H., Epiphysenschäden und ihre Folgen. Zbl. Chir. *90* (1965) 2007

–, Standardisierung der Röntgenuntersuchung von Sportlern aus der Sicht des Orthopäden. Med. Sport *9* (1969) 57

Schmorl, G., und H. Junghans, Die gesunde und die kranke Wirbelsäule im Röntgenbild. 4. Aufl. Thieme, Stuttgart 1964

Schober, zit. nach Schnelle, H., in: Matzen, P. F., Lehrbuch der Orthopädie. Volk und Gesundheit, Berlin 1959

Schwarz, M. S., Use of hyaluronidase by iontophoresis in treatment of lymphedema. Arch. Int. Med. *95* (1955) 662
de Sêze, S., und A. Djian, Röntgendiagnostik der Wirbelsäule. Thieme, Stuttgart 1963
Sinding-Larsen, C., A hitherto unknown affection of the patella in children. Acta radiol. Stockh. *1* (1921) 171
Soltegast, zit. nach Baumgartl, Das Kniegelenk. Springer, Berlin-Göttingen-Heidelberg 1964
Steinmann, zit. nach Baumgartl, F., Das Kniegelenk. Springer, Berlin-Göttingen-Heidelberg 1964
Stieda, A., Über eine typische Verletzung am unteren Femurende. Langenbecks Arch. klin. Chir. *85* (1909) 815
Symposium de laesionibus tendinis Achillis apud athletés Pragae 1966 – nicht im Buchhandel erschienen
Tittel, K., Beschreibende und funktionelle Anatomie des Menschen. 5. Aufl. Fischer, Jena 1970
Trendelenburg, zit. nach Chapchal, G., Grundriß der orthopädischen Krankenuntersuchung. Enke, Stuttgart 1954
Weller, S., und E. Köhnlein, Die Traumatologie des Kniegelenkes. Thieme, Stuttgart 1962

Zusätzliche Literatur

Aarstrann, T., Treatment of meniscal rupture of the knee joint. A follow-up examination of material, where only the ruptured part of the meniscus has been removed. Acta chir. scand. *107* (1954) 146
Abbot, L., Injuries to the ligaments of the knee joint. J. Bone Jt. Surg. *16* (1944) 503
Abderhalden-Ranke, Ch., Ueber die Symphysensprengung. Bern 1952 (Diss.)
Abramanow, M. L., Über die Prophylaxe der deformierenden Arthrose bei verschiedenen, durch ein Hämarthros komplizierten Schädigungen des Kapsel-Bandapparates des Kniegelenkes. Ortopedija, Moskva *9* (1965) 61
Ackermann, L. V., und H. J. Spjut, Tumor of bone and cartilage. Armed Forces Inst. of Pathology, Washington, D.C. 1962
Ahle, H., Die Arthrosis deformans des Kniegelenkes durch Fremdkörperverletzung. Chirurg *10* (1938) 505
Ahrens, W., Binnenverletzungen des Kniegelenkes. Zbl. Chir. *59* (1932) 2540
Aimes, A., Rupture spontanée du tendon d'Achille. Rev. ortop. Traumatol. *18* (1931) 139
Albanese, A., Contributo allo studio della lussazione congenita del radio. Arch. Ortop. (Milano) *45* (1929) 455
Albert, A., und G. Keller, Über Meniskusganglion. Z. Orthop. *83* (1953) 228
Albrecht, P., Über die subkutane Zerreißung der Achillessehne. Arch. orthop. Unfall-Chir. *82* (1967) 1263
Albrecht, W. D., Aseptische Knochennekrosen nach Steroidtherapie. Beitr. Orthop. *14* (1967) 430
Aleman, O., Erfahrungen aus der Meniskuschirurgie. Zbl. Chir. *61* (1934) 412
Altschul, W., Neuer Beitrag zur Ätiologie der Schlatterschen Erkrankung. Bruns Beitr. klin. Chir. *125* (1922) 198
Anders, G., Die aseptische Nekrose der Patella. Beitr. Orthop. *3* (1956) 19
Andersen, E., Über Anomalien der Wirbel und der Rippen. Fortschr. Röntgenstr. *34* (1926) 491
Andersen, Ö., Über Anomalien der Wirbelsäule und der Rippen. Fortschr. Röntgenstr. *34* (1926) 491
Anderson, R., Dislocation of the knee with rupture of the popliteal artery and vein. Virginia med. Mth. *58* (1931) 120
Andreasen, A. T., Congenital absence of humeral head; report of 21 cases. J. Bone Jt. Surg. *30–B* (1948) 333
Andreesen, R., Erfahrungen bei der Wiedereröffnung der Kniegelenke nach Meniskusschäden. Arch. orthop. Unfall-Chir. *37* (1937) 434
–, Meniskusschädigungen. Chirurg *30* (1937) 24

Andreesen, R., Praktische Erfahrungen bei der Begutachtung von Meniskusschäden. Hefte Unfallhk. *52* (1956) 214

Andresen, R., Entstehung, Begutachtung und Behandlung der Kahnbeinpseudarthrose der Hand. Langenbecks Arch. klin. Chir. *309* (1965) 56

Angelelli, O., De lussazione traumatiche del ginocchio. Chir. org. movim. *11* (1927) 435

Anischtschenko, P. N., Die multiple aseptische Nekrose (russ.). Vestn. Rentgenol. *41* (1966) 59

Anschütz, W., Knochenzysten des linken Humerus (Ostitis fibrosa). Münch. med. Wschr. *55* (1908) 1717

–, Klinische Betrachtungen und die Prognose der sogenannten Osteodystrophia fibrosa localisata (Knochenzysten und Knochengranulom). Med. Klinik *30* (1934) 417

Arens, W., Unfallarzt und Versehrtensport. Sportarzt *19* (1968) 477

Arnaudow, M., Zur Frage der deformierenden Arthropathie als Folge epiphysärer Knochennekrose. Bruns Beitr. klin. Chir. *205* (1962) 477

Arndt, K. H., Behandlungsergebnisse bei offenen Achillessehnenverletzungen. Beitr. Orthop. *14* (1967) 1

–, Konservativ-funktionelle Behandlung der subkapitalen Humerusfrakturen. Zbl. Chir. *92* (1967) 233

Arner, O., Å. Lindholm und N. Lindvall, Roentgen changes in subcutaneous rupture of the Achilles tendon. Acta chir. scand. *116* (1958/59)

Arnold, A., Rippenfraktur durch Muskelzug als Sportverletzung. Münch. med. Wschr. *75* (1928) 1918

–, (Hrsg.), Lehrbuch der Sportmedizin. 2. Aufl. Barth, Leipzig 1960

–, Bibliographie der Sportmedizin 1936–1953. Barth, Leipzig 1958

–, Bibliographie der Sportmedizin 1954–1957. Thieme, Leipzig 1962

Asada, T., und S. Kato, Zur Ätiologie der sogenannten Schlatterschen Krankheit. Z. orthop. Chir. *48* (1927) 191

Atkins, J., Internal derangement of the knee joint in miners. Brit. J. industr. Med. *14* (1957) 121

Austin, L., Football injuries of the knee joint. Canad. med. Ass. J. *17* (1927) 1324

Axhausen, G., Über einfache, aseptische Knochen- und Knorpelnekrose, Chondritis dissecans und Arthritis deformans. Arch. klin. Chir. *99* (1912) 519

–, Die Ernährungsunterbrechungen am Knochen. Erg. Allg. Pathol. *37* (1954) 207

–, Gelenkausbrüche und Gelenkeinbrüche im Tierversuch. Arch. klin. Chir. *124* (1923) 543

–, Über anämische Infarkte am Knochensystem und ihre Bedeutung für die Lehre von den primären Epiphyseonekrosen. Arch. klin. Chir. *151* (1928) 72

Babic, B., Über traumatische Unterschenkelverrenkungen (russ.). Ortop. traumat. *9* (1935), 82. Ref. Z. org. ges. Chir. *76*, 61

Bachmann, R., Vorschlag für die Behandlung der Arthrosis deformans des Kniegelenkes. Z. Orthop. *87* (1956) 308

Bade, H., Traumatische aseptische Nekrose des Os naviculare der rechten Hand. Rö.praxis *11* (1939) 573

Bailey, R. W., Observations of cervical intervertebral-disc lesions in fractures and dislocations. J. Bone Jt. Surg. *45–A* (1963) 461

Bako, G., Operative Behandlung von Schlüsselbeinbrüchen. Zbl. Chir. *90* (1965) 2075

Bär, H., Therapeutische Knieprobleme. Mschr. Unfallhk. *56* (1953) 180

Barford, B., Treatment of lesions of the semilunar cartilages. Acta chir. scand. *110* (1955) 422

Baron, V., Spondylolisthesis. Acta chir. jugosl. *8* (1961) 1

Barth, G., Ergebnisse der Röntgenbestrahlung der Arthrosis deformans. Med. Welt (1961) 506

Barthélemy, M., und J. Guibal, Rupture souscutanée complète du tendon d'Achille. Bull. Ném. Soc. Chir. Paris *53* (1927) 817

Barthels, C., Zur Frage des Os tibiale externum. Bruns Beitr. klin. Chir. *135* (1925) 729

Bartsch, G., Die Therapie der Binnenverletzungen des Kniegelenkes. Wien. klin. Wschr. *54* (1941) 430

Bate, Th., Subcutaneous rupture of the tendo Achillis. Arch. Surg. *62* (1951) 14
Bauchhenss, G., Das lumbale Wurzelkompressionssyndrom und seine chirurgische Behandlung. Z. Orthop. *94* (1961) 206
Baumann, E., Über Risse der Achillessehne. Schweiz. med. Wschr. *55* (1925) 300
Baumann, J., Differentialdiagnose und Behandlung der Schmerzen in der Kniegegend. Z. ärztl. Fortbild. *37* (1940) 104
Baumgart, R., Rotationsluxation der Tibia. Zbl. Chir. *82* (1957) 1454
Baumgartl, F., Anatomische und klinische Bedeutung des Femoropatellargelenkes. Zbl. Chir. *91* (1966) 505
Baumgartner, O., Meniskusverletzung und deren Behandlung. Vjschr. schweiz. Sanit. Off. *34* (1957) 222
Baumgartner, W., Beugehemmung im Kniegelenk durch alte Seitenbandverletzung. Z. Orthop. *68* (1938) 415
Bechthold, W., und W. Staerk, Zur Frage der sogenannten Meniskuscysten. Z. Orthop. *92* (1960) 561
Beck, W., Beitrag zur radio-ulnaren Synostose. Fortschr. Röntgenstr. *83* (1955) 734
Becker, F., Nachuntersuchungen an 200 Fällen von Hüftverrenkungen aus der Orthopädischen Klinik Altdorf mit primären Behandlungsergebnissen. Verh. Dtsch. Orthop. Ges. *79* (1949) 146
–, Über zehnjährige Erfahrungen mit der Spreizbehandlung der sogenannten kongenitalen Hüftgelenksluxation im Säuglings- und Kleinkindalter. Z. Orthop. *95* (1961) 194
Becker, J., Die Meniskusschädigung, Diagnose, Auswirkung und Behandlung. Med. Klinik *42* (1947) 509
Beder, W. L., und J. Heinismann, Zur Genese der Madelungschen Deformität. Fortschr. Röntgenstr. *52* (1935) 595
Bencze, B., Beitrag zur isolierten Luxation des Knies. Zbl. Chir. *84* (1959) 1123
Bengert, O., Vom Hackenfuß beim Neugeborenen. Arch. orthop. Unfall-Chir. *56* (1964) 330
Benke, A., Eine seltene Sportverletzung. Z. Orthop. *89* (1957/58) 113
Berchtold, R., Ein Beitrag zur Behandlung frischer Kreuzbandverletzungen. Z. Unfallmed. *49* (1956) 52
Bergemann, W., Über die Entwicklung der Tuberositas tibiae und ihre typische Erkrankung in der Adoleszenz. Arch. klin. Chir. *89* (1909) 477
Berger, W., Diagnostische Betrachtungen über den Kniegelenkerguß. Münch. med. Wschr. *89* (1942) 426
Berla, E., Contributo allo studio della malattia di Sven-Johansson-Sinding-Larsen. Arch. chir. inf. *1* (1935) 553
Bernbeck, R., Zur Pathologie des angeborenen Klumpfußes. Z. Orthop. *79* (1950) 521
–, Zur funktionellen Anatomie und klinischen Pathologie der Regio calcaneo-navicularis. Z. Orthop. *92* (1960) 4
–, Der heutige Stand unseres Wissens von aseptischen Knochennekrosen. Verh. Dtsch. Orthop. Ges. *36* (1955) 305
–, Kritisches zum Perthesproblem der Hüfte. Arch. orthop. Unfall-Chir. *44* (1949/51) 445
Berndt, H., Typische Verletzungen beim Volleyballspiel. Dtsch. Ges.wesen *11* (1956) 314
Bertholdi, G., La cura eliomarina nelle artrosi e artriti croniche non tubercolari. Arch. Ortop. Milano *63* (1950) 104
Bestle, S., Meniskusschaden und Sport. Med. Klin. *50* (1955) 283
Bettmann, E., Das photographische Meßverfahren bei den Skoliosen. Arch. orthop. Unfall-Chir. *29* (1931) 160
Bircher, E., Die Binnenverletzungen des Kniegelenkes. Schweiz. med. Wschr. *59* (1929) 1292 und 1309
–, Über Binnenverletzungen des Kniegelenkes. Langenbecks Arch. klin. Chir. *177* (1933)290
Birgfeld, Über Dauererfolge nach Meniskusoperationen. Zbl. Chir. *55* (1928) 1058
Blankenburg, H., Ein ausgeprägtes Vorkommen des Klippel-Feil-Syndroms in Kombination mit Symptomen des Ullrich-Syndroms. Beitr. Orthop. *15* (1968) 536
Blencke, B., Ein kurzer Beitrag zur Behandlung der habituellen Kniescheiben- und Schulterluxationen. Zbl. Chir. *57* (1930) 1157

Blencke, B., Langzeitbeobachtung von Vertebra plana und dorsolumbaler Kyphose. Beitr. Orthop. *15* (1968) 186

Blickenstaff, L. D., und J. M. Morris, Fatigue fracture of the femoral neck. J. Bone Jt. Surg. *48–A* (1966) 1031

Block, W., Zur Pathogenese unspezifischer Spongiosaerkrankungen der Knochen, insbesondere der nach Perthes-Calvée-Legg, König, Köhler, Kienböck, Osgood-Schlatter, Ashausen u. a. benannten und verwandten Krankheitsbilder. Arch. klin. Chir. *174* (1933) 172

Böhler, J., Die operative Behandlung der frischen Seitenbandrisse des Kniegelenks. Arch. orthop. Unfall-Chir. *46* (1953) 93

–, Intraarticuläre Zyste des lateralen Meniskus. Z. Orthop. *88* (1956) 65

–, Verletzungen der Wirbelsäule. Münch. med. Wschr. *109* (1957) 117

–, Tiefgekühlte homoioplastische Arterientransplantate bei frischen Verletzungen. Langenbecks Arch. klin. Chir. *287* (1957) 323

Böhler, L., Ein Fall von doppelseitiger habitueller Patellarluxation. Z. Orthop. *38* (1913) 303

–, Röntgenologische Darstellung von Kreuzbandverletzungen. Chirurg *16* (1944) 136

Böhm, F., Eine eigenartige Sportverletzung. Z. Orthop. *47* (1926) 517

Böhm, M., Pes varus congenitus. Z. orthop. Chir. *51* (1929) 409

Böhmig, R., Über die kataplastischen Veränderungen in menschlichen Rippenknorpeln. Beitr. path. Anat. *81* (1928/29) 172

Bofinger, H., Zum Problem der Entstehung der subkutanen Achillessehnenruptur. Mschr. Unfallhk. *59* (1956) 50

Bonn, R., Plastischer Ersatz des Lig. collaterale fibulare bei Wackelknie. Langenbecks Arch. klin. Chir. *120* (1922) 751

Bonney, G., und I. Mac Nab, Hallux valgus and hallux rigidus. J. Bone Jt. Surg. *34–B* (1952) 366

Bonse, G., Über einen seltenen Röntgenbefund an der Patella kombiniert mit Schlattersymptomen beiderseits. Fortschr. Röntgenstr. *71* (1949) 848

Boone, M. L., B. E. Swenson und B. Felson, Rib notching: its many causes. Amer. J. Roentgenol. *91* (1964) 1075

Borchard, A., Über die Begutachtung der inneren Verletzungen des Kniegelenkes. Mschr. Unfallhk. *39* (1932) 320

Borsay, J., J. Csipak und G. Dettre, Experimentelle Untersuchungen über den Pathomechanismus der spontanen Sehnenruptur. Z. Orthop. *81* (1952) 552

Bosworth, D., Transplantation of the semitendinosus for repair of laceration of medial collateral ligament of the knee. J. Bone. Jt. Surg. *34–A* (1952) 196

–, An operation for meniscectomy of the knee. J. Bone Jt. Surg. *19* (1937) 1113

Boyd, W., Surgical Pathology. 5th edit. W. B. Saunders Comp., Philadelphia 1945

Bozděch, Z., Kreuzschmerzen bei Spondylolyse und Wirbelverschiebung. Vortrag IV. Congressus Orthopaedicus Cechoslovacus, Pragae 1967

–, und H. Müller-Stephann, Ein Beitrag zur angeborenen Luxation des Radiusköpfchens. Beitr. Orthop. *15* (1968) 547

Bragard, K., Über die Verletzung der Achillessehne und ihre Beseitigung durch Sehnenverlängerung. Verh. Dtsch. orthop. Ges. *34* (1940) 267

Braine, J., Deux cas de fissuration longitudinale du ménisque interne du genou. Bull. mém. Soc. Paris *54* (1928) 286

Brandes, M., Zur Madelungschen Deformität des Handgelenkes. Z. orthop. Chir. *42* (1922) 20

–, Zur operativen Therapie des Hallux valgus. Zbl. Chir. *56* (1929) 2434

–, Der Schlattersche Symptomenkomplex beim Erwachsenen. Münch. med. Wschr. *74* (1927) 1830

Brandis, H. J. v., Zur Frage der Schlatterschen Krankheit. Z. orthop. Chir. *48* (1927) 239

Brandt, G., Über schnappende Schulter. Arch. orthop. Unfall-Chir. *25* (1927) 159

Brandt, H., Beitrag zur operativen Behandlung der Osgood-Schlatterschen Erkrankung. Z. Orthop. *100* (1965) 340

Brandt, K., Über die konstante Form der Lendenwirbelquerfortsätze 3 und 4. Arch. orthop. Unfall-Chir. *34* (1934) 445
Brantigan, O., The mechanics of the ligaments and menisci of the knee joint. J. Bone Jt. Surg. *23* (1941) 44
Breitenfelder, H., Ergebnisse der Untersuchungen auf Haltungsschäden an 600 Schulkindern. Verh. Dtsch. Orthop. Ges. *87* (1956) 294
–, Zur operativen Behandlung der habituellen Schultergelenksverrenkung. Beitr. Orthop. *12* (1965) 457
Breitländer, H., Ossifikationsstörung am unteren Pol der Patella. Röntgenpraxis *14* (1942) 133
Breitner, B., Sportschäden und Sportverletzungen. Enke, Stuttgart 1937
–, Frische Meniskusverletzungen durch Unfall. Münch. med. Wschr. *96* (1954) 84
Brennan, J., Irreducible posterolateral dislocation of the knee joint with grossly intact cruciate ligaments. Amer. J. Surg. *104* (1962) 117
Brinkmann, W. H., und H. Niedenzu, Epiphysenlösungen und -ausrisse der Schienbeinrauhigkeit und des Schienbeinkopfes. Ref. Z. Org. ges. Chir. *192* (1966) 360
Brocher, J. E. W., Die Myelographie in der Lumbago- und Ischiasforschung. Fortschr. Röntgenstr. *65* (1942) 1
–, Die Scheuermannsche Krankheit und ihre Differentialdiagnose. B. Schwabe, Basel 1946
–, Les manifestations tardives de la maladie d'Osgood-Schlatter. Schweiz. Med. Wschr. *79* (1949) 890
Brunk, M., A case of aseptic necrosis of the patella. Arch. chir. scand. *95* (1947) 291
Bruser, D., A direct lateral approach to the lateral compartment of the knee joint. J. Bone Jt. Surg. *42–B* (1960) 348
Brücke, K., Eine seltene Rippenanomalie. Röntgenpraxis *4* (1932) 254
Brückner, H., Auswertung von 260 primären und 50 habituellen Schultergelenksluxationen. Mschr. Unfallhk. *69* (1966) 324
Bunnell, St., Die Chirurgie der Hand, übersetzt von J. Böhler. Thieme, Stuttgart 1959
Burdzik, G., und K. Wuensch, Beitrag zum Röntgenbild der Brustkyphose und seiner Deutung. Z. Orthop. *84* (1953/54) 591
Burgold, A. C., und P. H. Collins, Hallux rigidus. J. Bone Jt. Surg. *32–B* (1950) 214
Burmann, M., Arthroscopy of the knee joint. J. Bone Jt. Surg. *16* (1934) 255
–, The injection of eosin into the knee joint. Arch. Surg. *32* (1936) 524
Burman, M. S., A typical form of humerus varus. Adolescent humerus varus. Amer. J. Roentgenol. *40* (1938) 682
Burrows, H., Two cases of ossification in the internal semilunar cartilage. Brit. J. Surg. *21* (1934) 404
Busatti, P. F., Über einen Fall von veralteter angeborener Luxation des Radiusköpfchens (ital.). Arch. Ortop. (Milano) *44* (1928) 366
Bushuev, Yu. J., und K. D. Krimov, Pathomorphological characteristics of posttraumatic changes of the human knee joint menisci. Ortop. Travm. Protez. (1962), 26. Ref. Z. org. ges. Chir. *171*, 324
Bürger M. Altern und Krankheit 2. Aufl. Thieme, Leipzig 1954
Bürgstein, M., Zur Larsen-Johanssonschen Erkrankung der Patella. Arch. orthop. Unfall-Chir. *43* (1944) 298
Bürkle de la Camp, H., und M. Schwaiger (Hrsg.), Handbuch der gesamten Unfallheilkunde, Band 1, 3. umgearb. Aufl. Enke, Stuttgart 1963
Büschelberger, H., Die Osteoporose der Wirbelsäule. Beitr. Orthop. *8* (1961) 666
–, Hinweise zur Vergleichbarkeit von Röntgenaufnahmen kindlicher Becken. Beitr. Orthop. *11* (1964) 569
–, Ätiologie, Prophylaxe und Frühbehandlung der Luxationshüfte. Beitr. Orthop. *11* (1964) 535
Caffey, J., Pediatric X-Ray Diagnosis, Year Book Med. Publ. Inc., Chikago 1961
Calvé, J., Coxa plana. Ref. Münch. med. Wschr. (1921) Heft 29
Campbell, W., An operation for repair of the internal and external lateral ligaments of the knee joint. Surg. Gyn. Obstetr. *60* (1935) 214

Carrell, W. B., Habitual dislocation of the shoulder. J. Amer. Med. Ass. *89* (1927) 948
Carter, F. R., Congenital absence of the os sternum. J. Indian med. Ass. *18* (1925) 57
Cascelli, G., Über Rippenanomalien. Röntgenpraxis *12* (1940) 375
Čech, O., und Z. Matějovsky, Die habituelle Luxation des Schultergelenkes (tschech.). Ref. Zbl. Chir. *94* (1969) 206
Ceelen, W., Pathologische Anatomie der Meniskusschädigung. Arch. orthop. Unfall-Chir. *37* (1937) 334
Červenansky, J., und E. Kalman, Unsere Erfahrungen mit der chirurgischen Therapie der Sprengelschen Deformität. Beitr. Orthop. *15* (1968) 545
Cerwenka, W., Über röntgenologische Veränderungen im Bereich der Eminentia intercondyloidea tibiae nach Meniskusoperationen. Beitr. Orthop. *6* (1959) 470
–, Die Behandlung der habituellen Patellarluxation. Zbl. Chir. *87* (1962) 1833
Chapchal, E., Beitrag zur Frage der Meniskuscysten. Arch. orthop. Unfall-Chir. *42* (1942) 186
Chapchal, G., Die habituelle Patellarluxation und ihre Behandlung. Chir. Praxis (1960) 109
–, Die Behandlung der kongenitalen Hüftdysplasie. Chir. Prax. *8* (1964) 75
Chapple, C. C., und D. T. Davidson, A study of the relationship between fetal position and certain congenital deformities. J. Pediat. *18* (1941) 483
Chiari, K., Die operative Pfannendachbildung bei der angeborenen Hüftverrenkung. Wien. klin. Wschr. *74* (1962) 296
Chiari, O., Sportverletzungen, Sportschäden und deren Verhütung. Hölder, Pichler & Tempsky, Wien 1950
Chigot, P., Ch. Garnier und M. Cloutier, Contribution a l'étude anatomo-pathologique et au traitment chirurgical des ruptures sous-cutanées du tendon d'Achille. Rev. chir. ortop. *38* (1952) 513
Childress, H., Diagnosis of posterior lesions of the medial meniscus. Description of a new test. Amer. J. Surg. *93* (1957) 782
Chomutowa, A. P., Das Röntgenbild der Weichteilgewebe des vorderen Knieabschnittes bei Osgood-Schlatter-Erkrankung. Ref. Z. org. ges. Chir. *107* (1942) 24i4
Christiansen, I., Rupture of the Achilles tendon; analysis of 57 cases. Acta chir. scand. *106* (1954) 50
Classen, H., Beitrag zur Larsen-Johanssonschen Erkrankung der Patella. Z. Orthop. *78* (1949) 180
–, Über 2 Fälle von Osteopathia patellae juvenilis. Arch. orthop. Unfall-Chir. *45* (1953) 543
Clayburgh, B., Congenital dislocation of the knee. Pwc. Mayo Clin. *30* (1955) 396
Codman, E. A., Bone Tumors. Hoeber, New York 1925
Coenen, Der hintere Bandscheibenvorfall. Bruns Beitr. klin. Chir. *175* (1944) 512
IV. Congressus orthopaedicus cechoslovacus Pragae 1967 (Abstracts) – nicht im Buchhandel erschienen
Conville, B., Repair of the collateral ligaments of the knee. Surg. Gyn. Obstetr. *90* (1950) 291
Conwell, H., Dislocations of the knee joint. Amer. J. Surg. *43* (1939) 492
–, Complete dislocations of the knee joint. Surg. Gyn. Obstetr. *64* (1937) 94
Copeland, M. M., Benign tumors of bone. Surg. Gyn. Obstetr. *90* (1950) 697
Cotta, H., Zur Physiologie der Gelenke. Langenbecks Arch. klin. Chir. *316* (1966) 391
Cramer, F., Resektion des Oberarmkopfes wegen habitueller Luxation. Berl. klin. Wschr *19* (1882) 21
Cramer, K., Ein Fall von angeborenem Defekt mehrerer Röhrenknochen der oberen Extremität. Arch. orthop. Unfall-Chir. *4* (1906) 228
Crasselt, C., Zur operativen Behandlung der radioulnaren Synostose. Z. Orthop. *96* (1963) 478
–, Sportverletzungen und Sportschäden bei Fußballspielern. Med. Sport. *3* (1963) 129
–, Ein Beitrag zur habituellen Patellarluxation. Beitr. Orthop. *14* (1967) 382
Csató, Zs., F. Horváth und K. Aszódi, Beiträge zur Diagnose der Knochenpseudozysten. Z. Orthop. *106* (1969) 766

Cummius, E. J., B. J. Anson, B. W. Carr und R. W. Wright, The structure of calcaneal tendon (of Achilles) in relation to orthopedic surgery. Surg. Gyn. Obstetr. *83* (1946) 107

Currarino, G., und F. N. Silverman, Premature obliteration of the sternal sutures and pigeon-breast deformity. Radiology *70* (1958) 532

Cuveland, E. de, und G. Möckel, Abnormer Verlauf einer Rippe bei Mißbildungen der Wirbelsäule und des Brustkorbs. Fortschr. Röntgenstr. *85* (1956) 112

Czipott, Z., Erfahrungen mit Meniskusoperationen bei Fußballspielern unter besonderer Berücksichtigung der späten postoperativen Periode. Sportarzt *12* (1961) 215

Dahmen, G., Erfahrungen bei der Behandlung der habituellen Schulterluxation nach Eden-Hybinette-Lange. Verh. Dtsch. Orthop. Ges. *52* (1965) 179

Dahmen, J., und H. J. Höhling, Submikroskopische Untersuchungen an gesunden und degenerierten Menisci. Z. Orthop. *96* (1962) 7

Dannenberg, M., J. I. Anton und M. B. Spiegel, Madelung's deformity. Considerations of its roentgenological diagnostic criteria. Amer. J. Roentgenol. *42* (1939) 671

Dau, W., Behandlung von Unterarmbrüchen im Kindesalter. Chir. Praxis *10* (1966) 229

Debrunner, A. M., Distale Radiusfrakturen. Schweiz. med. Wschr. *97* (1967) 820

–, Wachstum und Entwicklung des Fußes beim Jugendlichen. Beil.-Heft Z. Orthop. *99* (1965)

Debrunner, H., Über die Arthrosis deformans. Z. Orthop. *81* (1951) 212

–, Überlegungen zur Prophylaxe der Kniegelenksarthrose. Z. Orthop. *99* (1964/65) 77

–, Stichelung zur Behandlung der Seitenbandverletzungen am Kniegelenk. Schweiz. med. Wschr. *62* (1932) 1246

–, Die Therapie des angeborenen Klumpfußes. Enke, Stuttgart 1957

–, Beurteilung und Behandlung kindlicher Fuß- und Beindeformitäten. Schweiz. med. Wschr. *97* (1967) 780

Decoulx, P., M. Marchand, P. Minet und J. P. Razemon, La maladie de Kienböck chez le mineur. Lille chir. *12* (1957) 65

Dehne, E., Beurteilung und Behandlung der Verletzungen des Bandapparates am Knie unter Zugrundelegung einer mechanischen oder physiologischen Betrachtungsweise. Arch. orthop. Unfall-Chir. *39* (1939) 319

Dengler, S., Über Ergebnisse nach Meniskusoperationen. Bruns Beitr. klin. Chir. *167* (1938) 449

Denk, W., Typische Wintersportverletzungen der Knochen und Gelenke. Münch. med. Wschr. *83* (1936) 219

Detzel, H., Beitrag zur Ätiologie der Achillessehnenruptur. Arch. orthop. Unfall-Chir. *44* (1950) 306

Deubner, H., Die konservative Behandlung der Einrisse des inneren Seitenbandes des Kniegelenkes. Arch. orthop. Unfall-Chir. *33* (1933) 125

Deutschländer, K., Zur Frage des orthopädischen Schulturnens nebst Bemerkungen über die körperliche Erziehung der Schuljugend. Z. Orthop. *49* (1927/28) 235

Dewar, F. P., und T. W. Barrington, The treatment of chronic acromio-clavicular dislocation. J. Bone Jt. Surg. *47–B* (1965) 32

Dickson, F., Injuries of the knee joint. J. amer. med. Ass. *110* (1938) 122

Dickson, J., The use of fascia lata in the rapair of ligaments of the knee. Surgery *17* (1937) 1481

Dickson, W., A study on rupture of the collateral ligament of the knee joint. Canad. med. Ass. J. *66* (1952) 432

Dittmar, O., Beobachtungen an den Gelenkfortsätzen der Lendenwirbel bei sagittal- und lateralflexorischer Bewegung. Z. Anat. *93* (1930) 417

–, Der Kniegelenkmeniskus im Röntgenbild. Röntgenpraxis *4* (1932) 442

Dittrich, H., Ein neues Zeichen der Knieinnenverletzung. Z. Orthop. *62* (1935) 144

Domanig, E., Über typische Sportverletzungen. Wien. Klin. Wschr. *31* (1934) 1543

Donoghue, D., A method for replacement of the anterior cruciate ligament of the knee. J. Bone Jt. Surg. *45–A* (1963) 905

Donoghue, H., Surgical treatment of fresh injuries to major ligaments of the knee. J. Bone Jt. Surg. *32–A* (1950) 721

Donoghue, H., An analysis of end results of surgical treatment of major injuries to the of the ligaments knee. J. Bone Jt. Surg. *37–A* (1954) 1
Dörffel, E., Halswirbelverletzungen beim Kopfsprung ins Wasser. Dtsch. Ges.wesen *9* (1954) 29
Drehmann, G., Angeborene Veränderungen des äußeren Meniskus als Ursache des schnappenden Knies. Z. Orthop. *63* (1935) 212
Drescher, K., Über Gefäßschädigungen bei Luxationen und deren Repositionen. Langenbecks Arch. klin. Chir. *184* (1936) 361
–, Die isolierte Symphysenruptur. Arch. orthop. Unfall-Chir. *40* (1940) 439
Dreyer, J., und R. Walcher, Beiträge zur Operation nach Wirbelsäulenverletzungen. Arch. orthop. Unfall-Chir. *62* (1967)
Dreyfuß, R., Die Mikrospondylie und ihre Differentialdiagnose. Zbl. Chir. *64* (1937) 1450
Dubinkin, G., Über die Entwicklung der Menisken des Kniegelenkes. Langenbecks Arch. klin. Chir. *165* (1931) 539
Dyes, O., Spätform der Thiemannschen Krankheit. Zbl. Chir. *68* (1941) 1036
Ebach, G., Über die Nagelung der Osteochondritis (-osis) dissecans am Kniegelenk. Z. Orthop. *97* (1963) 456
Eberl-Rothe, G., und A. Sonnenschein, Die ontogenetische Entwicklung des Kniegelenkes beim Menschen. Z. Anat. *115* (1950) 247
Eckhardt, H., Ärztliche Probleme des gesunden und kranken Fußes. Fachbuchverlag, Leipzig 1952
Edinger, A., H. Gajewski und H. Gepp, Röntgenganzaufnahmen der Wirbelsäule. Fortschr. Röntgenstr. *84* (1956) 3
Edwards, A., Operative procedure suggested for the repair of collateral ligaments of the knee joint. Brit. J. Surg. *8* (1921) 266
Efskind, L., Über Meniskusschäden. Acta chir. scand. *82* (1939) 499
Ehalt, W., Die Operation der frischen Risse des medialen Seitenbandes am Kniegelenk und ihre Ergebnisse. Arch. orthop. Unfall-Chir. *47* (1955) 79
Ehlert, H., Beitrag zur Kasuistik der seitlichen Kniegelenkluxation. Arch. orthop. Unfall-Chir. *39* (1939) 646
–, Zur Behandlung der Wirbelbrüche. Mschr. Unfallhk. *69* (1966) 109
Ehrenborg, G., The Osgood-Schlatter lesion. A clinical and experimental study. Acta chir. scand. Suppl. *288* (1962)
Ehricht, H. G., Die Belastungsschäden an der jugendlichen Wirbelsäule. Med. Sport *2* (1962) 159
–, Versehrtensport, Rehabilitation oder Leistungssport? Med. Sport *3* (1963) 24
–, und W. Haynert, Über die Grundlagen der Iontophoresebehandlung bei Überlastungsschäden der Achillessehne. Med. Sport *4* (1964) 54
–, und R. Mühlbach, Versehrtensport aus der Sicht der Krankengymnastik, 1. Aufl. Institut für Weiterbildung mittlerer medizinischer Fachkräfte, Potsdam 1965
Eichhorst, H., Erworbene Trichterbrust. Dtsch. Arch. klin. med. *48* (1890) 613
Ekert, F., Zur Terminologie von röntgenologischen Wirbelsäulenbefunden. Münch. med. Wschr. *105* (1963) 1881
Ekesparre, W. v., Der Diskus im Kniegelenk. Z. Orthop. *87* (1955) 27
Elsner, J., Warum aktives Vorgehen bei Binnenverletzungen des Kniegelenkes? Z. Orthop. *57* (1932) 76
Emneus, H., Recent injuries of the ligaments of the knee joint in children. Acta orthop. scand. *26* (1956) 66
Engfeldt, B., und A. Engström, Biophysical studies on bone tissue. Experimentally produced ectopic bone tissue. Acta orthop. scand. *2* (1954) 85
Erlacher, P. R., Direkte Kontrastdarstellung des Nucleus pulposus, zugleich ein Beitrag zur Pathologie der Bandscheibe. Z. Orthop. *80* (1949) 40
Erlacher, Ph. J., Lehrbuch der praktischen Orthopädie. W. Maudrich, Wien 1955
Esau, P., Angeborene Synostosen im Bereich des Carpus und Tarsus. Röntgenpraxis *5* (1933) 235

Essex-Lopresti, P., Fractures of the radial head with distal radio-ulnar dislocation. J. Bone Jt. Surg. *33–B* (1950) 244

Etter, L. E., Osseous abnormalities of the thoracic cage seen in forty thousand consecutive chest photoroentgenograms. Amer. J. Roentgenol. *51* (1944) 359

Eufinger, H., Über Luxationen. Med. Klin. *53* (1958) 1053

Exner, G., Zur Genese der Spondylolisthesis. Arch. orthop. Unfall-Chir. *58* (1965) 306

–, Erkrankungen und Deformitäten des Brustkorbs, in: Handbuch der Orthopädie von Hohmann-Hackenbroch-Lindemann. Band II. S.914–935. Thieme, Stuttgart 1958

Eylau, O., Zur Pathogenese und kausalen Behandlung der Kniegelenkarthrosen. Med. Klin. *55* (1960) 2367

–, Die Behandlung der Arthrosen des Knie- und Hüftgelenkes mit intraartikulären Injektionen von Mukopolysaccharidschwefelsäureestern. Verh. Dtsch. Orthop. Ges. *50* (1962) 448

Faber, A., Untersuchungen über die Erblichkeit der Skoliose. Arch. orthop. Unfall-Chir. *36* (1936) 217

Fagge, C., On injuries of the semilunar cartilages. Brit. J. Surg. *15* (1927) 273

Farland, B. Mc., Congenital dislocation of the knee. J. Bone Jt. Surg. *11* (1929) 281

Fehr, A. M., Sportschäden und Sportverletzungen. Schweiz. Z. Sportmed. *4* (1956) 97

Fehr, A., Über die primäre operative Versorgung von Bänderzerreißungen des Kniegelenkes. Helvet. chir. acta *26* (1959) 247

Fels, E., Über die Entwicklung der Tuberositas tibiae und die Genese der Schlatterschen Krankheit. Arch. klin. Chir. *129* (1924) 552

Fenton, R., Surgical repair of a torn tibial collateral ligament of the knee by means of the semitendinosus tendon. J. Bone It. Surg. *39–A* (1957) 304

Ferguson, A. B., The etiology of pre-adolescent kyphosis. J. Bone Jt. Surg. *38–A* (1956) 149

Ferguson, J., Completa medial dislocation of the knee joint with division of the common peroneal nerve. J. Bone Jt. Surg. *21* (1939) 1012

Fervers, K., Beitrag zur Entstehung von Halswirbelbrüchen durch Schwimmunfälle. Münch. med. Wschr. *80* (1933) 764

Fessler, J., Verletzungen der Kreuz- und Seitenbänder des Kniegelenkes. Zbl. Chir. *57* (1930) 2273

Févre, M., Traitement de la luxation congénitale irréductible de la rotule. J. Chir. Paris *44* (1934) 833

Ficat, P., Diagnostic radiologique des arthroses du genou. Rev. Orthop. Paris *41* (1955) 234

Fichmann, A., Complete lateral dislocation of the knee joint. J. Amer. med. Ass. *105* (1935) 1111

Fick, R., Handbuch der Anatomie und Mechanik der Gelenke. Fischer, Jena 1904–1911

Fiebach, R., Beitrag zur Kasuistik der traumatischen Kniegelenkluxationen. Arch. orthop. Unfall-Chir. *18* (1920) 442

Fink, R., Zur Pathogenese der Muskel- und Sehnenrupturen. Z. Unfallmed. Zürich *44* (1951) 50

Fischer, E., Besonderheiten zur Sternumossifikation. Fortschr. Röntgenstr. *98* (1963) 151

–, Die Vererbung von Wirbelsäulenvarietäten beim Menschen. Verh. Ges. Phys. Anthrop. *5* (1931)

Flach, A., H. Geisbe und H. Fendel, Wachstumsveränderungen nach Frakturen der Extremitäten im Kindesalter. Z. Kinderchir. *4* (1967) 58

Fleißner, H.-K., Die Ergebnisse der Röntgenuntersuchung des Beckens im ersten Lebensjahr. Beitr. Orthop. *15* (1968) 688

Focke, W., Fokalinfektionen und postoperative Störungen nach Kniegelenkoperationen. Bruns Beitr. klin. Chir. *189* (1954) 385

Folberth, S., Die Trichterbrust und ihre Beurteilung in der Praxis. Landarzt *42* (1966) 830

Forgon, M., Über angeborene Kniegelenkverrenkung. Arch. orthop. Unfall-Chir. *52* (1961) 599

Franchi, Dati anatomo-radiologici comprovanti l'inesistenza del morbo di Osgood-Schlatter. Ref. Fortschr. Röntgenstr. *80* (1954) 675

Francillon, R., Myokinetische und operative Befunde bei der Distorsio pedis. Verh. Dtsch. Orthop. Ges. *48* (1961) 391

Francillon, M. R., Zur operativen Therapie der Dysplasie luxans coxae. Med. Welt (1960) 17

–, Beitrag zur Pathologie und Klinik der Thorakolumbalgrenze. Z. Orthop. *104* (1967/68) 153

Franke, J., Arthrosis deformans und Meniskusoperation. Beitr. Orthop. *13* (1966) 89

Franzen, J., Traumatische Deckplattenimpression oder Folgezustand einer Scheuermannschen Erkrankung? Chirurg *28* (1957) 3

Freiberger, R. H., P. J. Killoran und G. Cardona, Arthrography of the knee by double contrast method. J. Roentgenol. *97* (1966) 736

Frey, H., Zur Frage der Variationen der Wirbelsäule als Ursache klinischer Erscheinungen. Zbl. Chir. *58* (1930) 2898

Freytag, E., und E. Kyselka, Ein neues Verfahren zur Messung der skoliotischen Krümmungskurve. Beitr. Orthop. *7* (1960) 501

Fried, K., Die zervikale juvenile Osteochondrose (Scheuermannsche Krankheit). Fortschr. Röntgenstr. *105* (1966) 69

Friedebold, G., Die Inaktivitätsatrophie der Gelenke als orthopädisches Problem. Berl. Med. *14* (1963) 513

Friedl, E., Ist die Form der Lendenwirbelquerfortsätze 3 und 4 konstant? Arch. orthop. Unfall-Chir. *37* (1937) 471

Fries, G., Spondylolisthesis und Ischalgie. Verh. DOG 55. Kongr. Bücherei des Orthopäden, Band 3. Enke, Stuttgart 1969, 188

Frings, H., Über 88 subkutane Achillessehnenrupturen im Sport. Mschr. Unfallhk. *64* (1961) 325

Frising, G., Nachuntersuchungen der an der orthopädischen Universitätsklinik in Lund der Totalexstirpation unterzogenen Fälle von Meniskusschäden im Kniegelenk. Acta chir. scand. *67* (1930) 377

Fründ, H., Binnenverletzungen des Kniegelenkes. Zbl. Chir. *64* (1937) 1477

Fründ, R., Hinweis zur Röntgendiagnostik der habituellen Patellarluxation. Z. Orthop. *90* (1958) 191

Fürmaier, A., Zur Diagnose und Therapie der Bandverletzungen und Gabelsprengungen am oberen Sprunggelenk. Arch. orthop. Unfall-Chir. *44* (1951) 541

–, Orthopädische Gesichtspunkte zur Behandlung der Arthrosis deformans. Med. Klin. *45* (1950) 1489

–, Beitrag zur Ätiologie und Therapie der habituellen kongenitalen Patellarluxation. Arch. orthop. Unfall-Chir. *46* (1954) 380

Fuß, H., Zur Begutachtung von Meniskusschäden. Mschr. Unfallhk. *43* (1936) 161

–, Spätergebnisse nach Meniskusoperationen. Zbl. Chir. *76* (1951) 1184

Galli, H., Kniebandverletzungen. Münch. med. Wschr. *105* (1963) 1066

Gandolfi, M., Considerazioni sulla terapia del ginocchio. Minerva ortop. Torino *11* (1960) 427

Garlipp, M., Spontanfraktur des Tibiakopfes als Folge einer atypisch lokalisierten aseptischen Osteonekrose. Beitr. Orthop. *15* (1968) 389

Gaugele, K., Der Hohlfuß und verwandte Fußbildungen. Zbl. Chir. *51* (1924) 1788

Gaulhofer, K., Die Fußhaltung. Ein Beitrag zur Stilgeschichte der menschlichen Bewegung. Rudolph, Kassel 1930

Gavrilenko, B., Die Osgood-Schlattersche Krankheit. Ref. Z. org. ges. Chir. *64* (1932) 752

Gebhardt, K., Der Bandschaden des Kniegelenks. Barth, Leipzig 1933

–, Zur Wiederherstellungschirurgie. Versorgung des Achillessehnenrisses. Langenbecks Arch. klin. Chir. *189* (1937) 681

Gelbke, H., Tierexperimentelle Studie zur Ätiologie der als Schlatter-Osgoodsche Erkrankung bezeichneten Ossifikationsstörung der Tibiaapophyse. Arch. orthop. Unfall-Chir. *44* (1950) 320

Gellis, S. S., und B. M. Kagan (edts.), Current Pediatric Therapy, 3th edit. W. B. Saunders Comp., Philadelphia-London-Toronto 1968

Gérard-Marchant, P., Le traitement chirurgical des luxations du genou. J. Chir. Paris *43* (1934) 188
Gerstenbrand, F., und Z. Zacherl, Das Peitschenschlagtrauma der Halswirbelsäule. Wien. med. Wschr. *118* (1968) 799
Ghermann, E., Die Verrenkungen des Kniegelenkes. Zbl. Chir. *86* (1961) 667
Gillert, L. H., und H. Waschulewski, Ossifikationsstörungen und aseptische Osteonekrosen der Tibiaapophyse (Morbus Lannelongue-Osgood-Schlatter) unter dem Aspekt des dualistischen Prinzips der Osteogenese. Z. Orthop. *105* (1968) 14
Gillert, O., Galvanischer Strom, Faradischer Strom, Exponentialstrom in der therapeutischen Praxis. 5. Aufl. Pflaum, München 1962
Gissane, W., Dislocations of the knee. J. Bone Jt. Surg. *36–B* (1954) 147
Giuliani, K., Die Arthrosis deformans des Fuß- und Kniegelenkes in der Sprechstunde des praktischen Arztes. Med. Klin. *55* (1960) 338
Glanzmann, E., Larsen-Johanssons Patellarleiden und Schlattersche Krankheit. Schweiz. Med. Wschr. (1938) 494
Glatzel, H., Akzessorische Nährstoffe und sportliche Leistungsfähigkeit. Sportarzt *20* (1969) 5
Glauner, R., Über „Aufhellungsherde" im Röntgenbild des Hüftgelenkes. Röntgenpraxis *10* (1938) 361
Göb, A., Die Scheuermannsche Erkrankung im Bereich der Lendenwirbelsäule. Z. Orthop. *90* (1958) 304
Gougeon, J., und J. Moreau-Hattin, Les fractures de fatigue. Sem. Hôp. *41* (1965) 29/6
Graner, O., I. Lopes, B. C. Carvalho und S. Atlas, Arthrodesis of the carpal bones in the treatment of Kienböcks disease. J. Bone Jt. Surg. *48–A* (1966) 767
Graßberger, A., und R. Seyss, Überlastungsschaden der kindlichen Tibia. Zbl. Chir. *87* (1962) 601
Grassheim, K., Die indirekten Muskel- und Sehnenrisse in der Unfallmedizin. Mschr. Unfallhk. *29* (1922) 313
Griswold, A., Irreducible dislocations of the knee joint. J. Bone Jt. Surg. *33–A* (1951) 787
Groh, H., Der Meniskusschaden des Kniegelenkes als Unfall- und Aufbrauchsfolge. Enke, Stuttgart 1954
–, Behandlungsergebnisse bei 1000 Kniearthrosen. Z. Orthop. *90* (1958) 324
–, und E. L. Weinmann, Über die am Kniegelenk auftretenden Kräfte. Z. Orthop. *96* (1962) 527
Grosman, J., Subluxation of the head of the radius. Med. Record *48* (1920) 981
Gross, D., Die Anästhesietherapie bei Kniegelenkarthrosen. Neuralmed. *3* (1955) 23
Gross, F., Zur Behandlungsfrage der vollständigen traumatischen Kniegelenkverrenkung. Chirurg *13* (1941) 545
Grub, H., Entwicklungsstörungen der Wirbelsäule. Z. Orthop. *66* (1937) 44
Gschwend, N., Zur Prognose der Scheuermannschen Krankheit. Röntgenpraxis *53* (1964) 1547
–, Spondylolisthesis, Pseudospondylolisthesis und Osteoporose. Schweiz. med. Wschr. *95* (1965) 725
Guilleminet, M., und Barbier, Osteochondritis dissecans of the hip. J. Bone Jt. Surg. *34–A* (1952) 268
–, und G. Leclerc, Trois cas de luxation congénitale bilatérale des coudes. Rev. Orthop. *24* (1937) 596
–, A propos de l'entorse du genou. Rev. Orthop. Paris *28* (1942) 51
Guinlan, A., Postero-lateral dislocation of the knee with capsular interposition. J. Bone Jt. Surg. *40–B* (1958) 660
–, Dislocation of the knee joint. J. Bone Jt. Surg. *37–B* (1955) 352
Güntz, E., Knöcherne Veränderungen am unteren Pol der Patella. Röntgenpraxis *7* (1935) 306
–, Schmerzen und Leistungsstörungen bei Erkrankungen der Wirbelsäule. Enke, Stuttgart 1937

Güntz, E., Die Kyphose im Jugendalter, in: Die Wirbelsäule in Forschung und Praxis, Band 2. Hippokrates-Verlag, Stuttgart 1957

Gupta, M. L., Congenital annular defects of the extremities and trunk. J. Bone Jt. Surg. *45–A* (1963) 571

Gutzeit, K. v., Die Wirbelsäule als Krankheitsfaktor. Dtsch. med. Wschr. *76* (1951) 44

Gutzeit, E. v., Die Wirbelsäule als pathogenetisches Probelm. Wien. med. Wschr. *105* (1955) 1013

Haage, H., Methodik und Indikationen zur Arthrographie. Med. Welt *17* (1966) 1313

–, Die Arthrographie des Handgelenkes. I. Mitteil. Das normale Gelenk und seine Variationen. Radiologe *6* (1966) 50

–, und H. Cornelius, Die Arthrographie des Handgelenkes. II. Mitteil. Der pathologische Discus articularis. Radiologe *6* (1966) 58

Haase, H., Einführung in die Bindegewebsmassage unter besonderer Berücksichtigung der Unterhaut- und Faszientechnik. Institut für Weiterbildung mittlerer medizinischer Fachkräfte. Potsdam 1963

Häckel, H., Wirbelsäulenveränderungen bei Jugendlichen. Wien. med. Wschr. *114* (1964) 928

Hackenbroch, M., Zum Entstehungsmechanismus des Hohlfußes. Arch. Orthop. *24* (1927) 14

–, Arthrosen des Hüft- und Kniegelenkes. Arch. physik. Therapie *20* (1968) 137

Hackstock, H., Nachuntersuchungsergebnisse percutaner Bohrdrahtfixation bei frischer Luxation des Akromio-Klavikular-Gelenkes. Zbl. Chir. *91* (1966) 1583

Hadjistamoff, B., Ein neues Symptom zur Feststellung kleinster Mengen von Kniegelenkserguß. Schweiz. med. Wschr. *78* (1948) 205

Hadley, L. A., Roentgenologic studies of the cervical spine. Amer. J. Roentgenol. *59* (1948) 511

Hagemeyer, F., Meniskusresektion oder -exstirpation? Zbl. Chir. *80* (1955) 1087

Hagemeyer, F.W., Über das schnappende Knie und die Subluxation des Innen- und Außenmeniskus. Zbl. Chir. *81* (1956) 650

Haglund, P., Zur Frage der Schlatterschen Krankheit. Z. orthop. Chir. *27* (1910) 475

–, Über Fraktur des Epiphysenkerns des Calcaneus, nebst allgemeinen Bemerkungen über einige ähnliche juvenile Knochenkernverletzungen. Langenbecks Arch. klin. Chir. *82* (1907) 922

Hainzl, H., Verletzungen und Schäden am Kniegelenk. Barth, Leipzig 1958

Hamm, H., und H. Hillger, Zur Ätiologie der doppelseitigen Lunatummalazie bzw. Kienböckschen Erkrankung. Fortschr. Röntgenstr. *84* (1956) 621

Hannemann, B., Die Durchschnittskrümmungen der Femurkondylen bei Luxatio patellae, Schlatterscher und Larsen-Johanssonscher Krankheit im Vergleich mit der normalen Condylenform. Diss. Kiel 1962

Hansen, H. T., Praktische ärztliche Untersuchungs- und Behandlungstechnik. Thieme, Stuttgart 1965

Harnapp, O., Zum Wert der Rachitisprophylaxe aus orthopädischer Sicht. Beitr. Orthop. *15* (1968) 705

Harre, D. (Hrsg.), Trainingslehre. Sportverlag, Berlin 1969

Harrenstein, Über eine charakteristische asymmetrische Mißbildung des Thorax bei Kindern. Z. orthop. Chir. *55* (1931) 566

Hartung, F., Über Ganglienbildung am medialen Kniegelenksmeniskus. Arch. orthop. Unfall-Chir. *47* (1955) 149

Hartwich, A., Praktikum der kleinen Sportverletzungen. W. Maudrich, Wien 1953

Hastad, K., L. G. Larsson und A. Lindholm, Clearance of radiosodium after local deposit in the Achilles tendon. Acta chir. scand. *116* (1958/59) 251

Hauberg, G., Kritische Beurteilung der konservativen und operativen Behandlung der Spondylolisthesis an Hand von Spätbefunden. Verh. DOG, 55. Kongr. Bücherei des Orthopäden. Band 3. Enke, Stuttgart (1969) 171

Häupli, O., Die aseptischen Chondro-Osteonekrosen. De Gruyter, Berlin 1954

Hayd, F. W., Die coalitio calcaneo-navicularis und ihre klinische Bedeutung. Z. Orthop. *78* (1949) 292
Hegemann, G., Die „spontanen" aseptischen Knochennekrosen des Ellenbogengelenkes. Fortschr. Röntgenstr. *75* (1951) 89
Heikel, H. V. A., Aplasia and hypoplasia of the radius. Acta orthop. scand. Suppl. *39* (1959)
Heim, U., Operative Befunde beim medialen Seitenbandriß. Helvet. chir. acta *26* (1959) 588
Heipertz, W., Krankhafte Zustände an Muskeln und Sehnen. Sportmedizin *7* (1956) 129
–, Sportmedizin. Eine Einführung für Lehrer, Trainer und Studenten. 3. Aufl. Thieme, Stuttgart 1968
Heiss, F., Verhütung von Gelenkschäden beim Sport. Dtsch. med. Wschr. *61* (1935) 421
–, Probleme der Unfallverhütung. Sportmedizin *7* (1956) 175
–, Fehler in der Behandlung von Meniskusschäden bei Sportlern. Ärztl. Praxis (1961) 1534
–, Welcher Sport ist beim Wirbelsäulensyndrom zu empfehlen? Med. Klin. *59* (1964) 1968
–, (Hrsg.), Praktische Sportmedizin. 2. Aufl. Enke, Stuttgart 1964
Hellner, H., und H. Poppe, Röntgenologische Differentialdiagnose der Knochenerkrankungen. Thieme, Stuttgart 1956
Henke, J. M., Anatomie und Mechanik der Gelenke. Barth, Leipzig 1963
Henkel, H., Spondylolisthese der Halswirbelsäule. Z. Orthop. *101* (1966) 549
Henry, C. K., Case of congenital maformed first dorsal rib. Canad. med. Ass. J. *34* (1936) 545
Henscher, C., Gefäßversorgung der Kniegelenkmenisken. Schweiz. med. Wschr. *59* (1929) 1366
Henssge, J., Radiologische Befunde beginnender Adoleszentenkyphosen (Morbus Scheuermann). Fortschr. Röntgenstr. *108* (1968) 58
Hentschel, M., Verhütung der Achillessehnenrisse beim Schilauf durch Sicherheitsbindungen. Münch. med. Wschr. *101* (1959) 2408
Herbst, E., Über Schleimbeutelverkalkungen. Röntgenpraxis *4* (1932) 1021
Hertel, H., Indikationen und Ergebnisse bei Kniebandplastiken. Arch. orthop. Unfall-Chir. *44* (1949) 95
Herzog, R., Beobachtungen bei der Behandlung von Kniearthrosen mit Phosaden. Z. Orthop. *93* (1960) 103
Heß, H., Die geschlossenen Sportverletzungen des Kniegelenkes. Sportarzt *20* (1969) 51
–, Diagnostik und Behandlung häufiger Schulterverletzungen. Sportarzt *20* (1969) 57
Hettinger, Th., und W. Hollmann, Dynamometrische Messungen an Muskeln. Sportarzt *20* (1969) 18
Hetzar, Multiple Epiphysenstörungen an den Phalangen. Zbl. Chir. *64* (1937) 2712
Himmel, D., und F. Kamprad, Beitrag zur angeborenen Luxation des Radiusköpfchens. Beitr. Orthop. *15* (1968) 466
Hinrichs, B., Die Schlattersche Krankheit, ein häufiges Symptom der Spätrachitis. Z. orthop. Chir. *41* (1921) 217
Hinz, P., und H. Erdmann, Zur manuellen Untersuchung der Halswirbelsäule in der Gutachterpraxis. Z. Orthop. *104* (1967/68) 28
Hipp, E., Die Angiographie bei Knochengeschwülsten. Z. Orthop. *94* (Beilageheft) 1961
–, Zur Nervenwurzelbeeinträchtigung im Foramen intervertebrale beim Wirbelgleiten. Verh. DOG, 55. Kongr. Bücherei des Orthopäden. Band 3. Enke, Stuttgart 1969, 187
Hochheim, W., Verletzungen und Schäden am Bewegungsapparat beim Wintersport. Med. Sport. *5* (1965) 1
–, Die Scheuermannsche Erkrankung. Vortrag auf dem Frühjahrstreffen der Sportärzte. Reinhardsbrunn 1969
Hochmuth, G., Biomechanik sportlicher Bewegungen. Sportverlag, Berlin 1967
Hoepke, H., Das Muskelspiel des Menschen. 2. Aufl. Fischer, Jena 1948
Hoffmann, W., und E. Sander, Behandlungsergebnisse der Wirbelkompressionsbrüche. Mschr. Unfallhk. *69* (1966) 574
Hoffmann-Daimler, S., Die Spondylolisthese aus der Sicht mechanischer Funktionen. Verh. DOG, 55. Kongr. Bücherei des Orthopäden. Band 3. Enke, Stuttgart 1969, 199

Hofmann, S., Die Fraktur des Condylus radialis humeri im Kindesalter. Pädiatr. Praxis *5* (1966) 445
Hohmann, G., Zur Behandlung des traumatischen Schlotterknies. Zbl. Chir. *62* (1935) 145
Hohmann, H., Über die Coxa valga. Arch. orthop. Unfall-Chir. *49* (1957) 341
Hohmann, D., und P. Hamacher, Zur Behandlung der Verletzungen des Schultereckgelenkes. Arch. orthop. Unfall-Chir. *58* (1965) 152
Hohmann, G., und L. Jegel-Stumpf, Orthopädische Gymnastik. 4. Aufl. Thieme, Stuttgart 1967
Hohorst, Achillessehnenriß und Unfall. Mschr. Unfallhk. *70* (1967) 41
Hopf, A., Spondylolisthesis und Trauma. Verh. DOG, 55. Kongr. Bücherei des Orthopäden. Band 3. Enke, Stuttgart 1969, 181
Hörbst, L., Mikroskopische Befunde bei der sogenannten Schlatter-Osgoodschen Erkrankung (Apophysitis tibiae) und bei Osteochondritis des Mondbeins. Arch. orthop. Chir. *33* (1933) 229
Horisberger, B., Über Ganglienbildung am medialen Kniegelenksmeniskus. Helvet. chir. acta *26* (1959) 128
Horvath, S., Intra-articular temperature as a measure of joint reaction. J. Clin. Invest. *28* (1949) 469
Hoske, H., Die Leistungsstörungen im Bereich der Wirbelsäule. Sportmedizin *5* (1954) 279
Hübner, A., Arthrosis deformans und Unfall. Mschr. Unfallhk. *62* (1959) 154
Hughes, E. S. R., Osgood-Schlatters disesase. Ref. Z. org. ges. Chir. *111* (1948) 229
Hunger, H., und W. Hering, Der tödliche Sportunfall. Theor. u. Prax. Körperkult. *8* (1959) 1030
Hussein, M. K., Multiple congenital dislocation. J. Bone Jt. Surg. *20* (1938) 488
Hybinette, S., Chirurgische Behandlung der habituellen Schulterverrenkung. Ref. Z. org. ges. Chir. *68* (1934) 137
Idelberger, K., Orthopädische Erkrankungen des Kindesalters, in: Lehrbuch der Chirurgie und Orthopädie des Kindesalters (A. Oberniedermayr). Band 3. Springer, Berlin-Göttingen-Heidelberg 1959
–, Beitrag zur Pathogenese und Therapie der Spondylolyse und Spondylolisthese. Verh. DOG 55. Kongr. Bücherei des Orthopäden. Band 3. Enke, Stuttgart 1969, 175
–, und H. W. Pia, Wurzel- und Kaudaschädigungen bei der Spondylolisthesis und ihre Behandlung. Z. Orthop. *89* (1957/58) 73
Ihlenfeld, G., Beitrag zur Scheuermannschen Erkrankung. Dtsch. Z. Chir. *254* (1940) 48
Ingellans, P., und E. Lainé, L'ostéchondrite disséquante. Rev. Orthop. 1939/40, 645
Ipsen, J., Hauttemperaturmessungen bei chronischen posttraumatischen Kniegelenkerkrankungen. Zbl. Chir. *63* (1936) 2008
Irving, J. T., A comparison of the influence of hormones, vitamins and other dietary factors upon the formation of bone, dentine, and enamel. Vitamins and Hormons *16* (1957) 291
Iske, H., Die gute Haltung als Voraussetzung körperlicher Leistungsfähigkeit. Körpererziehung *18* (1968) 200
–, Ursachen und Folgen des Haltungsverfalls. Körpererziehung *18* (1968) 634
Ivkina, K. L., E. L. Suprjaga und A. A. Smirnow, Die morphologischen Besonderheiten des Knochen-Gelenk-Apparates als ein Parameter für die Vorhersage der Entwicklungsmöglichkeiten von Sportlern (russ.), in: Materialien der X. wissenschaftlichen Allunionskonferenz für Physiologie, Morphologie, Biomechanik und Biochemie der Muskeltätigkeit, Tiblissi 1968, Band II, S. 9ff. erschienen Moskva 1968
Iwanow, S. M., Sportärztliche Kontrolle und Heilkörperkultur. 2. Aufl. Volk und Gesundheit, Berlin 1969
Jack, E., Experimental rupture of the medial collateral ligament of the knee. J. Bone Jt. Surg. *32–B* (1950) 396
Jacquet, N., und I. H. Oltvamare, Les malacies du carpe. Schweiz. Z. Unfallmed. *27* (1933) 173
Jäger, K., Geräteturnen und Wirbelsäule bei Leistungssportlern. Sportarzt *20* (1969) 110

Janacek, J., und V. Horn, Zur Problematik und Behandlung der Knochenriesenzellgeschwülste. Beitr. Orthop. *7* (1961) 383
Janik, B., Zur Diagnostik der sogenannten Kombinationsverletzungen des Kniegelenkes. Bruns Beitr. klin. Chir. *188* (1954) 16
Jansen, C., Längen- und Winkelbestimmungen an Mittelfüßen in bezug auf den Pes planotransversus und den Hallux valgus. Chirurg *37* (1966) 553
Jantzen, P. M., Madelungsche Deformität bei Zwillingen. Z. Orthop. *89* (1957) 121
Jaster, D., Beckenveränderungen bei angeborenen Mißbildungen der unteren Extremitäten. Beitr. Orthop. *15* (1968) 584
–, und H. Seyfarth, Beitrag zur Trichterbrust. Z. Orthop. *102* (1966) 48
Jelinek, R., Über Meniskus-, Seitenband- und Kreuzbandverletzungen des Kniegelenkes. Wien. klin. Wschr. *67* (1955) 931
Jendryschik, A. H., Die Behandlung der Humerus-Schaftfraktur mit dem Hänge-Gips. Mschr. Unfallhk. *67* (1964) 236
Jentschura, G., Die Frühformen der juvenilen Kyphose im Röntgenbild. Z. Orthop. *94* (1961) 518
Jesserer, H., Osteopathien, in: Klinik der Gegenwart, Band IX. Urban & Schwarzenberg, München-Berlin 1959
Jokl, E., Physiology of exercise. Thomas, Springfield/Ill. 1964
–, Nutrition, exercise and body composition. Thomas, Springfield/Ill. 1964
Johansson, S., Eine bisher anscheinend unbekannte Erkrankung der Patella. Z. Orthop. *43* (1922) 82
Jonasch, E., Gleichzeitige geschlossene Hüft- und offene Knieluxation. Mschr. Unfallhk. *59* (1956) 276
–, Über das Auftreten von Knochenveränderungen bei Cysten des lateralen Meniskus des Kniegelenks. Fortschr. Röntgenstr. *93* (1960) 466
–, Die traumatische Verrenkung des Kniegelenkes und ihre Behandlung. Mschr. Unfallhk. Beilageheft *68* (1961) 1
–, Zur Differentialdiagnose der medialen Kniegelenkscysten des Kniegelenks. Arch. orthop. Unfall-Chir. *52* (1963) 338
Jonecko, A., Die Ätiologie der Osgood-Schlatterschen Krankheit im Lichte der Hydrocortisonbehandlung. Zbl. Chir. *84* (1959) 629
Jud, H., Zur aseptischen Nekrose des Capitulum humeri. Z. Orthop. *84* (1953) 61
Judet, R., et al., Fractures diaphysaires des deux os de l'avant-bras chez les enfants. Presse méd. *74* (1966) 2583
Junge, H., Untersuchungen über mechanische Beanspruchung des vorderen Beckenringes beim Sport. Sportmedizin *7* (1956) 263
–, Überlastungsschäden am vorderen Beckenring. Mschr. Unfallhk. Beilageheft *47* (1954) 211
–, und O. v. Känel, Typische Sprunggelenksveränderungen bei Fußballspielern. Med. Welt (1964) 2576
Junghanns, H., Fortschritte in Erforschung, Erkennung, Behandlung und Begutachtung der Wirbelsäulenleiden und der spondylogenen Symptome. Chir. Praxis *79* (1958)
–, Wirbelsäulenschäden und Benutzung von Kraftfahrzeugen. Zbl. Verkehrsmedizin *1* (1955) 2
–, Die „funktionelle Röntgenuntersuchung" der Halswirbelsäule. Fortschr. Röntgenstr. *26* (1952) 5
–, Scheuermannsche Krankheit. Dtsch. med. Wschr. *89* (1954)
Jungmichel, D., Die Distorsionen im Sprunggelenk – eine häufige Verletzung beim Sprung- und Fallwurf beim Handballspiel. Med. Sport *3* (1963) 21
–, Das schnappende Knie im Kindesalter. Beitr. Orthop. *12* (1964) 75
–, Schädigungen am Bewegungsapparat beim Handballspiel durch falsche Technik. Med. Sport *5* (1965) 121
Jürgens, B., Zur Frage der operativen Behandlung der Meniskusschädigungen des Kniegelenks. Z. Orthop. *50* (1928) 337
Kadolsky, A., Die Luxationsfrakturen des oberen Sprunggelenks. Mschr. Unfallhk. *68* (1965) 327

Kager, H., Zur Klinik und Diagnostik des Achillessehnenrisses. Chirurg *11* (1939) 691
Kaiser, G., Die habituelle Patellarluxation und deren Behandlung. Beitr. Orthop. *2* (1955) 1
–, Die Spondylolisthesis der unteren Lendenwirbelsäule und ihre operative Behandlung. Beitr. Orthop. *15* (1968) 283
–, und Schmidt-Peter, P., Zur Pathogenese der Quadricepsatrophie bei Meniskusläsion. Arch. orthop. Unfall-Chir. *57* (1965) 275
Kaiser, R., Die röntgenologische Darstellung der Fossa intercondyloidea und ihre Bedeutung für die Kniegelenkdiagnostik. Bruns Beitr. klin. Chir. *161* (1935) 528
Kapel, O., Operation for habitual dislocation of the elbow. J. Bone Jt. Surg. *33–A* (1951) 707
Kaplan, A. W., Geschlossene Verletzungen der Knochen und Gelenke (russ.). Medizina, Moskva 1956
Kaplan, E. B., Discoid lateral meniscus of the knee joint. J. Bone Jt. Surg. *39–A* (1957) 77
Kapral, W., Röntgendiagnostik des Schienbeinkopfbruches. Chir. Praxis *10* (1956) 235
Kaspar, M., O. Fiala und V. Herout, Aseptische Nekrose der äußeren Kondyle der Schenkelbeine. Fortschr. Röntgenstr. *102* (1965) 195
Kastert, J., Die Wirbelsäule in Forschung und Praxis. Band 3. Hippokrates, Stuttgart 1957
Katzmann, H., Zur Behandlung supracondylärer Oberarmfrakturen bei Kindern. Zbl. Chir. *90* (1965) 2089
Kauffmann, H., Der Pes adductus congenitus. Ergebn. Chir. Orthop. *22* (1929) 463
Kaufmann, H., Statistischer Beitrag zur Dorsalverschiebung von Wirbelkörpern. Z. Orthop. *99* (1964/65) 417
Kazar, Gy., und E. Relovsky, Prognose der Schultergelenkverrenkung. Beitr. Orthop. *15* (1968) 118
Keck, A., Beitrag zur Morphologie der Rippen bei Skoliose. Z. orthop. Chir. *46* (1924) 96
Keller, R., und H. Klein, Beitrag zur Verknöcherung der Wirbelkörperrandleisten. Beitr. Orthop. *15* (1968) 290
Kennedy, J., Complete dislocation of the knee joint. J. Bone Jt. Surg. *45–A* (1963) 889
Kerster, G., Die Osteopathia patellae juvenilis. Zbl. Chir. *79* (1954) 1879
Kessel, L., und G. Bonney, Hallux rigidus in the adolescent. J. Bone Jt. Surg. *40–B* (1958) 668
Key, E., Singulary injury near to the knee joint, fracture of the tubercle of the tibia, with complete laceration of the ligamentum patellae. Lancet *2* (1827) 32
Keyl, W., Möglichkeiten und Grenzen der Darstellung des spinalen Subarachnoidalraumes beim Wirbelgleiten. Verh. DOG, 55. Kongr. Bücherei des Orthopäden. Band 3. Enke, Stuttgart 1969, 191
–, Erfahrungen bei der Behandlung der habituellen Schulterluxation nach M. Lange. Z. Orthop. *106* (1969) 745
Kiehne, R., Zur operativen Behandlung der veralteten perilunären Luxation. Beitr. Orthop. *15* (1968) 22
Kirchmayr, L., Das Röntgenbild als diagnostisches Hilfsmittel bei Zerreißungen der Kniegelenkbänder. Fortschr. Röntgenstr. *27* (1920) 425
Kivel, F., Vorläufige Mitteilung über mit Phosaden erreichte Behandlungsergebnisse bei der Kniegelenkarthrose. Med. Klin. *50* (1955) 1710
Kjaer, A., Th. Poulsen und E. Vestengaard, Funnel chest and pigeon chest. A follow-up study. Acta chir. scand. Suppl. *356* (1965) 140
Klapp, B., und W. Gebhard, Symmetrische Synostosenbildungen an Hand und Fuß. Z. Orthop. *81* (1952) 637
Klingenberg, Über Beckenringverletzungen. Zbl. Chir. *80* (1955) 1455
Klinger, H., Die subkutanen Sehnenrupturen. Zbl. Chir. *83* (1958) 1968
Klopfer, F., Zur Ätiologie und Therapie der Osgood-Schlatterschen Tibiaapophysenstörung. Arch. orthop. Unfall-Chir. *45* (1952) 39
Klopfer, S., Wirbelsäulenverletzungen im Sport. Sportmedizin *9* (1958) 182
Klossek, I., Über Probleme der Verletzungen des Streckapparates am Kniegelenk. Diss. Berlin 1966

Knaup, R., Über die Schlatter-Osgoodsche Erkrankung und ihre Behandlung. Diss. Würzburg 1954

Knoflach, J. G., Zur Operation der habituellen Ellenbogenluxation. Zbl. Chir. *62* (1935) 2897

Knoll, W., Binnenverletzungen des Kniegelenkes beim Sport. Z. Orthop. *58* (1933) 233

–, und A. Arnold, Normale und pathologische Physiologie der Leibesübungen. Barth, Leipzig 1933

Knöpfel, H., Die Schlattersche Krankheit. Diss. Rostock 1955

Koch, A., Ist die Schlattersche Krankheit eine Sportverletzung bzw. eine Sportschädigung? Ein Beitrag zur Ätiologie der Schlatterschen Erkrankung. Diss. Münster 1931

Köhler, G., Sportärztlicher Erfahrungsbericht. Dtsch. Ges.wesen *10* (1955) 1347

–, Beobachtungen über vertebrale Dekompensationserscheinungen bei Sportlern als Folge der funktionsmechanischen Beanspruchungen; ihre Prophylaxe und Behandlungsmöglichkeiten. Dtsch. Ges.wesen *12* (1957) 1537

–, und H. Noack, Zur Frage der Wirbelsäulenveränderungen bei Ruderern unter besonderer Berücksichtigung weiblicher Leistungsruderer. Sportarzt *10* (1959) 62

Kolb, A., und G. Salem, Achilles- und Quadricepssehnenverletzungen. Chirurg *24* (1953) 271

Konecny, O., Auswertung und Dokumentation traumatischer Wirbelsäulenschäden. Hefte Unfallhk. *90* (1967) 33

König, A., D. Surmeli und E. Schmidt, Wirbelsäulenverletzungen aus der Sicht einer Unfallklinik. Z. ärztl. Fortbild. *63* (1969) 329

König, W., Eine seltene Sportverletzung. Riß beider Achillessehnen. Zbl. Chir. *39* (1930) 2431

Körner, W., Akut lebensbedrohliche Zustände außerhalb der Klinik. Eine Notfallfibel für den Arzt. Volk und Gesundheit, Berlin 1964

Köster, D., Einige Beobachtungen bei juvenilen Knochenzysten. Z. Orthop. *103* (1967) 92

Köstler, J., Die Blutgefäßversorgung der Menisken und ihre Bedeutung bei der Heilung von Meniskusrissen. Langenbecks Arch. klin. Chir. *187* (1936) 15

Konjetzny, G., Zur Frage der Pathogenese und des Mechanismus der Meniskusverletzung. Münch. med. Wschr. *59* (1912) 1216

Konjetzny, G. E., Welche Stellung nimmt die Lunatumnekrose in der Unfallchirurgie ein? Chirurg *21* (1931) 929

Korkusuz, Z., Knochenbildungen im Meniskusgewebe des Kniegelenks. Arch. orthop. Unfall-Chir. *58* (1965) 323

Kosinka, E., Die Schultergelenksubluxation während des Kulturistentrainings. Beitr. Orthop. *15* (1968) 117

Krall, J., und C. Krauspe, Über Thiemannsche Erkrankung. Chirurg *25* (1954) 352

Krauß, H., Hydrotherapie. 2. Aufl. Volk und Gesundheit, Berlin 1969

Krautzun, I., Beitrag zur Röntgentherapie der Kniegelenkarthrosen. Strahlentherapie *96* (1955) 82

Krefft, S., Die Obduktion tödlich verunfallter Sportler und ihre sozialrechtliche und prophylaktische Bedeutung. Theor. u. Prax. Körperkult. *3* (1954) 367

Krenn, L., Das Schubladensymptom bei anscheinend gesunden Kniegelenken. Chirurg *7* (1925) 324

Krestownikow, A. N., Physiologie der Körperübungen. 1. Aufl. Volk und Gesundheit, Berlin 1953

Kreuz, L., Arthritis deformans des Kniegelenkes. Zbl. Chir. *54* (1927) 3105

Kreuz, L., und H. Stope, Pes equino-varus congenitus und Pes adductus. Pes metatarsus varus congenitus, in: Hohmann-Hackenbroch-Lindemann, Handbuch für Orthopädie, Band IV, Teil 2. Thieme, Stuttgart 1961, 788

Kridelbaugh, W. W., und A. C. Wyman, Osgood-Schlatter's disease. Ref. Z. org. ges. Chir. *113* (1949) 244

Krokowski, E., Das Verteilungsmuster der Kalksalze in der Wirbelsäule. Internist *9* (1968) 409

Krömer, K., Behandlung und Ergebnisse der traumatischen Kniegelenkverrenkungen. Erg. Chir. *29* (1936) 583

Krömer, K., Der verletzte Meniskus. Maudrich, Wien 1955
–, Zur operativen Behandlung der Seitenbandrisse des Kniegelenks. Chirurg *34* (1963) 273
Krüger, E., Beitrag zur Therapie des fixierten Rundrückens Jugendlicher. Z. Orthop. *102* (1966/67) 380
Kuklitzkaja, N. W., Ursache und Prophylaxe der Sportverletzungen und Erkrankungen bei Radfernfahrten. Theor. u. Prax. Körperkult. *3* (1954) 364
Kuh. R., Osteopathia patellae juvenilis. Z. Orthop. *57* (1932) 604
Küppermann, W., Zur Behandlung der Kahnbeinpseudarthrose der Hand. Langenbecks Arch. klin. Chir. *309* (1965) 63
Kump, W. L., Vertical fractures of the distal tibial epiphysis. Amer. J. Roentgenol. *97* (1966) 676
Kunz, H., F. Helmer und H. Hewanietz, Erfahrungen mit der operativen Behandlung der Trichterbrust. Thoraxchirurgie *14* (1966) 329, Ref. Z. org. ges. Chir. *193* (1967) 293
Laarmann, A., Zusammenhangsbeurteilung von Meniskusschäden der Untertagearbeiter. Zbl. Chir. *90* (1965) 963
–, Osteom des Kniegelenksmeniskus. Eine kleine Pathologie des Meniskusgewebes. Med. Welt (1960) 1373
–, Die beruflichen Voraussetzungen des „Bergmannmeniskus". Mschr. Unfallhk. *61* (1958) 39
Lagergren, C., und A. Lindholm, Vascular distribution in the Achilles tendon. An angiographic and microangiographic study. Acta chir. Scand. *116* (1958/59)
Lambrinudi, C., Adolescent and senile kyphosis. Brit. Med. J. Vol. *2* (1934) 800
Landgraf, F. K., Spondylolisthesis und Sport. Sportarzt *12* (1960) 90
Lang, F., Über Art und Bedeutung der Kreislaufunterbrechungen in der Ätiologie und Pathogenese der aseptischen Epiphyseonekrosen. Bruns Beitr. klin. Chir. *171* (1941) 581
Lang, H. B., Untersuchungen über Aufbrauchveränderungen an der Quadricepssehne. Z. Orthop. *80* (1951) 71
Lang, J., Über das Verschiebegewebe der Achillessehne. Anat. Anz. *108* (1960) 225
–, Über das Gleitgewebe der Sehnen und Muskeln. Verh. der Freien Vereinig. Schweiz. Anat. 1960, 341
–, Über die Entwicklung des Verschiebegewebes der Sehnen. Z. Zellforsch. *62* (1964) 102
–, und K. Vierenstein, Degeneration, Riß und Regeneration der Achillessehne. Z. Orthop. *101* (1966) 160
Lange, F., Seidene Sehnen und seidene Gelenkbänder. Münch. med. Wschr. *75* (1928) 39
Lange, M., Muskel- und Sehnenschäden beim Sport. Zbl. Chir. *68* (1941) 438
–, Muskel- und Sehnenschäden beim Sport. Wien. klin. Wschr. *54* (1941) 485
–, Die habituelle Schulterluxation. Wiederherstellungschir. u. Traum. *4* (1957) 32
–, Kritische Stellungnahme zur Frage der konservativen oder operativen Behandlung schwerer Kniebandverletzungen. Wiederherstellungschir. u. Traum. *4* (1957) 197
–, und M. Lange, Die Knochencysten und Knochentumoren im Kindes- und Jugendalter. Ihre Differentialdiagnose und Behandlung. Med. Klin. *52* (1957) 632
–, Knochentumoren aus der Sicht des Internisten. Verh. Dtsch. Orthop. Ges. *47* (1960) 175
–, Lehrbuch der Orthopädie und Traumatologie. Band 1–3. Enke, Stuttgart 1960–1967
Langendorff, G., Über Spondylolisthesis bei Kindern und Jugendlichen. Z. Orthop. *83* (1952/53) 548
Langhof, J., Zur Behandlung der traumatischen Kniegelenkverrenkung. Zbl. Chir. *79* (1954) 1883
Lanz, R., Über eine partielle Achillessehnenruptur. Z. Unfallmed. Berufskr. *57* (1964) 334
Lanz, T. v., und W. Wachsmuth, Praktische Anatomie Band I Teil 4: Bein und Statik. Springer Berlin 1938
Lauge-Hansen N., „Ligamentous" ankle fractures. Diagnosis and treatment. Acta chir. Scand. *97* (1949) 544
–, Knöchelbrüche und Bandverletzungen des Fußgelenkes und des Fußes. Zbl. Chir. *87* (1963), 528, 545

Laurence, G. H., E. F. Cave und H. O'Connor, Injury to the Achilles tendon. Amer. J. Surg. *89* (1955) 795

Lausecker, H., Der angeborene Ulnadefekt. Virchows Arch. path. Anat. *325* (1954) 211

Leiber, B., und G. Olbrich, Wörterbuch der klinischen Syndrome. 2. Aufl. Urban & Schwarzenberg, München-Berlin 1959

Leitz, G., Nachuntersuchungsergebnisse konservativ und operativ behandelter Knöchelgabelsprengungen. Zbl. Chir. *91* (1966) 1705

Lengenhager, K., Über Genese, Symptomatologie und Therapie des Schubladensymptoms des Kniegelenkes. Zbl. Chir. *67* (1940) 1810

–, Zur Genese, Symptomatologie und Therapie des Schubladensymptoms. Helvet. chir. acta *5* (1930) 923

Leonhardt, H., Behandlung der Kniegelenkarthrose mit intraartikulärer Decortin-H-Kristallsuspension und Ichtholan-Dauerverband. Münch. med. Wschr. *101* (1959) 974

Lesser, L. v., Eine seltenere Erkrankung am Knie. Dtsch. Med. Wschr. *32* (1906) 465

Lester, Ch. W., Deformities of the thorax of congenital or developmental origin. J. Pediat. *42* (1953) 195

Letunow, S. P., R. E. Motyljanskaja und N. D. Grajewskaja, Methodik der ärztlich-pädagogischen Beobachtung von Sportlern. Körperkultur und Sport, Moskau 1962, Übersetzung Nationales Druckhaus VOB National, Berlin 1965

Leveuf, J., und P. Bertrand, L'arthrographie dans la luxation congénitale de la hanche. Press. méd. *45* (1937) 437

Lewit, K., Möglichkeiten der Prävention vertebragener Störungen. Arch. physik. Therap. *20* (1968) 107

Li, A., Plastische Wiederherstellung der Kreuzbänder ohne Eröffnung der Gelenkkapsel (russ.). Chirurgija Moskva *34* (1958) 88, Ref. Zbl. Chir. *84* (1959) 510

Licini, C., Untersuchungen über die Verknöcherung der Tuberositas anterior tibiae mittels Röntgenstrahlen in bezug auf einige Krankheiten der Jugend. Bruns Beitr. klin. Chir. *78* (1912) 394

Liebegott, G., Die Morphologie der primären Knochengeschwülste. Verh. DOG *47* (1960) 101

Lienert, H., Beitrag zum lumbalen Scheuermann. Arch. orthop. Unfall-Chir. *46* (1954) 387

Liess, G., Die Nebenkernbildung bei der normalen und gestörten Epiphysenossifikation und ihre Beziehungen zu den aseptischen Nekrosen. Fortschr. Röntgenstr. *80* (1954) 153

–, Aseptische Epiphysennekrosen und enchondrale Ossifikation. Habil.-Schrift, Berlin 1957

Lindahl, O., Determination of the sagittal mobility of the lumbar spine. A clinical method. Acta orthop. scand. *37* (1966) 241

Lindemann, K., Beitrag zur Pathogenese juveniler Rückgratverkrümmungen. Z. Orthop. *86* (1955) 540

Lindholm, A., Bipartite Achilles tendon. Acta chir. scand. *125* (1963) 267

Liszka, G., und J. Sitz, Der Fall einer radio-ulnaren Synostose. Fortschr. Röntgenstr. *90* (1959) 771

Ljungavist, R., Subcutaneous partial rupture of the Achilles tendon. Acta orth. scand. Suppl. *113* (1968)

Lob, A., Die Zusammenhänge zwischen den Verletzungen der Bandscheiben und der Spondylosis deformans im Tierversuch. Dtsch. Z. Chir. *240* (1948)

–, Die Wirbelsäulenverletzungen und ihre Ausheilung. Thieme, Stuttgart 1954

Loeffler, F., Zur Behandlung der Arthrosis deformans des Hüft- und Kniegelenkes. Zbl. Chir. *77* (1952) 2142

–, Die operative Behandlung der schweren schmerzhaften Arthrosen des Kniegelenkes. Zbl. Chir. *85* (1960) 1020

Löhr, B., A. Bauermeister und K. Friedrich, Die Operation der Trichterbrust. Zbl. Chir. *92* (1967) 345

Lönnerblad, L., Über Dornfortsatzfraktur durch Muskelzug, insbesondere über den sogenannten Schleuderbruch. Acta chir. scand. *73* (1934) 285

Loeschke, H., Thoraxformen bei Kyphose und Skoliose der Wirbelsäule. Z. orthop. Chir. *58* Beilageheft (1933) 108

Lucchese, G., Beitrag zur Kenntnis der einfachen Sternalfissuren (ital.). Ann. ital. chir. *11* (1932) 679

Ludloff, K., Die Subluxatio radii und die Bewegungseinschränkungen im Ellenbogengelenk. Zbl. Chir. *56* (1929) 1319

Lühmann, H., Die Bewegungsgeräusche im Kniegelenk und ihre Bewertung. Med. Klin. *53* (1958) 1340

Lüning, M., L. Krupp und F. Biedermann, Erfahrungen mit der Sprunggelenksarthrographie zum Nachweis älterer Bandläsionen. Beitr. Orthop. *16* (1969) 29

Luschnitz, E., W. Beyer und J. Riedeberger, Schäden am knöchernen Beckenring bei Fußballspielern. Dtsch. Ges.wesen *23* (1968) 1466

–, J. Riedeberger und B. Bauchspieß, Das röntgenologische Bild der Osteonecrosis pubica posttraumatica. Fortschr. Röntgenstr. *107* (1967) 113

Lutterotti, M. v., Beitrag zur Genese der Schlatterschen Krankheit. Z. Orthop. *77* (1947) 160

Lutz, P., Über eine ungewöhnliche Rippenanomalie, zugleich ein Beitrag zur distalen Rippengabelung. Wien. klin. Wschr. *59* (1947) 846

Luxe, A., Zur Röntgendiagnose der partiellen aseptischen Nekrose der Patella (russ.). Vestn. Rentgenol. *30* (1955) 55, Ref. Z. org. ges. Chir. *141*, S. 109

Mach, J., Über röntgenologische Veränderung beim Außenmeniskusganglion. Beitr. Orthop. *12* (1965) 337

–, Angeborene Fehlbildungen der oberen Extremitäten. Med. Bild *8* (1965) 72

–, Differentialdiagnostische Betrachtungen bei wirbelverformenden Prozessen. Beitr. Orthop. *15* (1968) 180

Machol, A., Die Luxatio cubiti posterior und ihr Verhältnis zur sogenannten Myositis ossificans traumatica. Bruns Beitr. klin. Chir. *56* (1908) 774

Madilhac, W., Opération de Hey-Groves. Résultat après cinq ans. Mém. acad. Chir. Paris *75* (1948)

Magnus, G., Zur operativen Behandlung der frischen traumatischen Luxationen. Zbl. Chir. *55* (1928) 1197

Maier, R., Über die Rolle der Zugfunktion bei der Genese der Arthrosis deformans in röntgenologischer Betrachtung. Z. Orthop. *90* (1958) 511

Maintz, G. M., Zur Behandlung der Gelenkbrüche des Fersenbeins. Mschr. Unfallhk. *68* (1965) 400

Maklári, E., Beiträge zur Behandlung des Seitenbandrisses am Knie durch „gelenkte aktive Bewegung". Z. Orthop. *100* (1965) 486

Mandl, F., Die Schlattersche Krankheit als Systemerkrankung. Bruns Beitr. klin. Chir. *126* (1922) 707

–, Chirurgie der Sportunfälle. Urban & Schwarzenberg, Berlin-Wien 1925

–, Über verschiedenartige Meniskuscysten. Dtsch. Z. Chir. *233* (1931) 262

–, Beobachtungen und Ergebnisse bei 400 Meniskusoperationen. Dtsch. Z. Chir. *239* (1937) 580

–, Zur Symptomatologie der Seiten- und Kreuzbandveränderungen des Kniegelenks und ihre Therapie mit Eigenblutinjektionen. J. internat. Chir. *5* (1940) 129

Mankodi, R. C., K. N. Mehta und M. S. Kanvinde, A study of 120 cases of primary bone tumors. J. indian. med. Ass. *51* (1968) 377, Ref. Excerpta medica (cancer) *17* (1969) 702

March, M. C., Osteochondritis of the capitellum (Panner's disease). Amer. J. Roentgenol. *51* (1944) 682

Marcus, H., Die Darstellung der Brustkorb- und Wirbelsäulenformen. Arch. Orthop. *34* (1934) 24

Marel, J., Meniskusregeneration. Rev. Chir. Orthop. *38* (1952) 137

Marek, S., Zur Frage der unvollständigen subkutanen Risse der Achillessehne. Zbl. Chir. *81* (1956) 664

Märker, K., Die Sportunfälle im Bezirk Rostock in den Jahren 1956–1966. Med. Sport *8* (1968) 1

Market, Th., Beitrag zur Frage der operativen Behandlung der habituellen Schulterluxation. Schweiz. med. Wschr. *89* (1959) 288

Marquardt, W., Erfahrungen an operativ behandelten Spondylolisthesen. Verh. DOG, 55. Kongr. Bücherei des Orthopäden Band 3, Enke, Stuttgart 1969, 165

Marschner, G., Die plastische Wiederherstellung des medialen Knieseitenbandes nach Heller. Zbl. Chir. *85* (1960) 1137

Matsucka, M., Über die Wachstumsanomalie der Tuberositas tibiae in der Adoleszenz. Z. orthop. Chir. *27* (1910) 493

Matzen, P. F., Ätiologie, Klinik und Therapie der aseptischen Knochennekrosen. Beitr. Orthop. *6* (1959) 150

–, Übernutzungsschäden des Skeletts. Beitr. Orthop. *7* (1960) 548

–, Haltungsentwicklung und Haltungsschäden im Schulalter und im Beruf. Ärztl. Jugendkde. *55* (1964) 276

–, Zur Technik der intertrochanteren varisierenden und detorquierenden Osteotomie. Zbl. Chir. *89* (1964) 1735

–, Symptomatische Coxa vara und varisierende Osteotomie. Zbl. Chir. *61* (1966) 121

–, und D. Matthäi, Indikation und Technik und Frühergebnisse der operativen Hüfteinrenkung. Arch. orthop. Unfall-Chir. *53* (1962) 556

– –, Die operative Einrenkung der sogenannten angeborenen Hüftgelenksluxation. Beitr. Orthop. *11* (1964) 592

Matzke, H. Die Kniegelenkarthrose und ihre Behandlung. Dtsch. med. Wschr. *85* (1960) 1550

Matzner, Das Krankheitsbild der Vertebra plana Calvé. Z. Orthop. *85* (1955) 553

Mau, C., Nochmals zur Frage der Pathogenese bzw. der pathologischen Anatomie der Adoleszentenkyphose. Z. Orthop. *55* (1931) 62

–, Die Kyphose der Adoleszenten. Z. Orthop. *45* (1924) 325

–, Welche Möglichkeiten haben wir zur Verbesserung der Behandlungsresultate der angeborenen Hüftverrenkung? Z. Orthop. *82* (1952) 166

–, Die Kyphosis dorsalis adolescentium im Rahmen der Epiphysen- und Epiphysenlinienerkrankungen des Wachstumsalters. Z. Orthop. *46* (1925) 145

–, Beitrag zur Pathologie der kindlichen Kniescheibe (Osteopathia patellae juvenilis). Dtsch. Z. Chir. *228* (1930) 261

–, Osteopathia patellae. Verh. DOG *25* (1931) 344

Mau, H., Die Trochanterresektion als physiologische Behandlung der Coxa vara. Z. Orthop. *85* (1954) 48

–, Die Abgrenzung der enchondralen Dysostosen und ihre Beziehungen zu den aseptischen Knochennekrosen, zur Arthrosis deformans und den lokalisierten Formen. Verh. DOG *47* (1959) 51

–, Form- und Funktionsprobleme bei der frühkindlichen operativen Behandlung der sogenannten angeborenen Hüftluxation. Langenbecks Arch. klin. Chir. *306* (1964) 174

–, Neuere Erkenntnisse auf dem Gebiet der aseptischen Knochennekrosen. Med. Klin. *60* (1965) 1561

–, Die Scheuermannsche Krankheit. Landarzt *42* (1966) 811

Mauck, H. R., und R. D. Butterworth, Two cases of bilateral congenital dislocation of the head of the radius. J. Amer. med. Ass. *114* (1940) 2542

Mauck, P., A new operative procedure for instability of the knee. J. Bone Jt. Surg. *18* (1936) 984

Mayer, L., Arthroscopy in the diagnosis of meniscal lesions of the knee joint. Amer. J. Surg. *43* (1939) 501

Maydl, K., Über subkutane Muskel- und Sehnenzerreißungen sowie Rißfrakturen. Dtsch. Z. Chir. *18* (1882) 35

Mayr, A., Erfahrungen bei Kniebandplastiken. Verh. DOG *42* (1955) 216

McLaughlin, H. L., Repair of major tendon ruptures by buried removable suture. Amer. J. Surg. *74* (1947) 758

McMaster, P. E., Tendon and muscle ruptures. J. Bone Jt. Surg. *15* (1933) 705

Medved, R., und F. Petrovic, Betrachtungen einiger osteoartikulärer Veränderungen am Fuß und den Sprunggelenken von Fußballspielern. Med. Sport *1* (1961) 65

Mehler, P., Sportschäden und Sportverletzungen. Med. Klin. *37* (1941) 308
Meinecke, R., Zur Lokalisation der aseptischen Knochennekrosen an der oberen Extremität. Beitr. Orthop. *11* (1964) 251
Meissner, F., Kinderchirurgische Erkrankungen. Band I. Thieme, Leipzig 1965
Melamed, A., Fracture of pars interarticularis of lumbar vertebra. Amer. J. Roentgenol. *94* (1965) 584
Melmed, E. P., Spontaneous bilateral rupture of the calcaneal tendon during steroid therapy. J. Bone Jt. Surg. *47–B* (1965) 104
Melzer, B., Behandlungsergebnisse von Wirbelfrakturen. Zbl. Chir. *92* (1964) 2724
Mennenga, Experimentelle Untersuchungen zur Entstehung lokaler Knochennekrosen. Zbl. Chir. *79* (1954) 689
Merke, F., Richtlinien zur Diagnose der Meniskusverletzung. Schweiz. med. Wschr. *70* (1940) 715
Merlé d'Aubigné, R., A propos de 17 observations d'entorses du genou opérées, dont 13 précocement. Mém. acad. Chir. Paris *67* (1941) 175
Mertens, H. G., und H. Bader, Über Wirbelbrüche bei Schockbehandlung. Z. Orthop. *81* (1951/52) 80
Meyer-Borstel, Die verschiedenen Assimilationsformen des 5. Lendenwirbels im Röntgenbild und die pathogenetische Bedeutung der einseitig gelenkigen Sakralisation. Fortschr. Röntgenstr. *34* (1931) 363
Michele, A., The spring sign. N.Y. J. Med. *61* (1961) 1534
Mies, H., Leibesübungen und Sport (Sammelreferat). Münch. med. Wschr. *106* (1964) 510
Mittelmeier, H., Beitrag zur funktionellen Therapie und Spontanreposition der angeborenen Luxationshüfte mit Spreizhöschen und Pavlikbandage. Arch. orthop. Unfall-Chir. *52* (1961) 465
Mohing, E., Immobilisierungsschäden am Kniegelenk. Münch. med. Wschr. *108* (1966) 530
Mohing, W., Die Osteochondrosis dissecans des Kniegelenkes – Ätiologie, Pathogenese, Klinik und Therapie – unter besonderer Berücksichtigung ihrer Bedeutung als präarthrotischer Gelenkschaden. Z. Orthop. *92* (1959/60) 543
–, Die Bedeutung der juvenilen Osteochondrosen, dargestellt am Kniegelenk. Ref. Z. org. ges. Chir. *175* (1963) 205
Mohr, H.-W., Die Ätiologie der Schlatter-Osgoodschen Erkrankung. Diss., Mainz 1951
Mollier, S., Plastische Anatomie. Bergmann, München 1938
Mommsen, F., Neue Operation zum Ersatz des inneren Knieseitenbandes. Z. Orthop. *80* (1950) 142
–, Zur Diagnostik der Lockerung des äußeren Seitenbandes des Kniegelenkes. Z. Orthop. *86* (1955) 210
Montag, W., Nachuntersuchung von operativ behandelten Kniebandschäden bei 212 Patienten. Z. Orthop. *89* (1957) 245
Montmollin, B. de, Les délais de consolidation des fractures. Schweiz. med. Wschr. *97* (1967) 794
Morian, R., Über Binnenverletzungen des Kniegelenkes und deren operative Dauerresultate. Dtsch. Z. Chir. *211* (1929) 318
Morscher, E., Diagnose der Scheuermannschen Krankheit. Dtsch. med. Wschr. *93* (1968) 126
–, Wesen, Diagnose und Therapie der Scheuermannschen Krankheit. Schweiz. med. Wschr. *97* (1967) 763
–, Die operative Therapie der Epiphyseolysis capitis femoris. Z. Orthop. *92* (1960) 153
–, Zur Pathogenese der Epiphyseolysis capitis femoris. Arch. orthop. Unfall-Chir. *53* (1961) 331
Mühlmann, A. v., Krankengymnastik bei Verletzungsfolgen. 3. Aufl. Pflaum, München 1962
Müller, V., Der blockierte Meniskus. Arch. orthop. Unfall-Chir. *58* (1965) 221
Müller, W., Die Perthessche Krankheit als Erscheinungsform der Ermüdungs- und Abnutzungsreaktionen des Skeletts und ihre Abgrenzung gegenüber den verschiedenen Epiphysenstörungen. Fortschr. Röntgenstr. *63* (1941) 247

Müller, W., Überanstrengungsschäden des Knochens. Barth, Leipzig 1945
Müller-Stephann, H., Die Achsengymnastik („Chirogymnastik" nach Laabs). Institut für Weiterbildung mittlerer medizinischer Fachkräfte. Potsdam 1965
Mutschler, H. H., Über Sportschäden. Hippokrates *24* (1953) 468
Nagura, S., Über die Behandlung der angeborenen Hüftverrenkung. Zbl. Chir. *83* (1958) 640
–, Das Wesen der sogenannten Umbauzonen „Knorpelkalluszone". Zbl. Chir. *42* (1940) 1971
–, Die Pathologie und das Wesen der Schlatterschen Krankheit. Arch. klin. Chir. *198* (1940) 650
–, Überlastungsschäden von Knochen im Lichte der Knorpelkallusbildung. Bruns Beitr. klin. Chir. *171* (1941) 553
–, Zur Ätiologie der angeborenen Hüftverrenkung. Zbl. Chir. *80* (1955) 1933
–, Zur Frage der Vererbung der angeborenen Hüftverrenkung. Zbl. Chir. *85* (1960) 2167
–, und S. Kosuge, Die Entstehung und das Wesen der Köhlerschen Krankheit des Navikulare. Zbl. Chir. *66* (1939) 1186
Nash, J., The status of Kocher's method of reducing anterior dislocation of the shoulder. J. Bone Jt. Surg. *32* (1934) 535
Neviaser, J. S., Complicated fractures and dislocations about the shoulder joint. J. Bone Jt. Surg. *44–A* (1962) 984
Neugebauer, H., Spondylolisthesis und ihre neurologischen Ausfallserscheinungen. Z. Orthop. *87* (1955/56) 383
–, Fortschreitendes Wirbelgleiten. Z. Orthop. *92* (1959/60) 376
Neurath, F., Variationen und Fehlbildungen der Lendenwirbel. Inaug.-Diss., Marburg 1958
–, Die Bedeutung des sogenannten Hoffaschen Fettkörpers für die Differentialdiagnose der Kniegelenkserkrankungen. Arch. orthop. Unfall-Chir. *59* (1966) 147
Nicola, T., Recurrent dislocation of the shoulder. J. Bone Jt. Surg. *32* (1934) 663
Nicolai, N., Erfahrungen bei 33 Kniegelenkverrenkungen. Langenbecks Arch. klin. Chir. *294* (1960) 150
Niebauer, J., Congenital dislocation of the knee. J. Bone Jt. Surg. *42–A* (1960) 207
Niederecker, K., Der Plattfuß. Enke, Stuttgart 1959
Niesen, N., Untersuchung über den Zwischenknorpel der Gelenke. Arch. orthop. Unfall-Chir. *34* (1934) 495
Nigst, H., Spezielle Frakturen- und Luxationslehre. Thieme, Stuttgart 1964
Nikolova-Troeva, L., Interferenzstromtherapie bei Distorsionen, Kontusionen und Luxationen der Gelenke. Münch. med. Wschr. *109* (1967) 579
Norcross, B., Intra-articular administration of hydrocortisone in high concentration. J. Amer. med. Ass. *167* (1958) 839
Novák, J., und J. Forrai, Über die differentialdiagnostischen Probleme der Ermüdungsbrüche der Tibia während des Militärdienstes. Zbl. Chir. *90* (1965) 2064
Novotny, K., Über die sogenannte habituelle Verrenkung des Ellenbogengelenkes. Arch. orthop. Unfall-Chir. *50* (1959) 425
Ochsenschläger, A., Zum Krankheitsbild der „aseptischen Nekrose" des Septum supratrochleare. Z. Orthop. *91* (1959) 441
Olsen, R. W., Arthrography of the ankle: Its use in the evaluation of ankle sprains. Radiology *92* (1969) 1439
Orbach, H., Erstversorgung am Unfallort. Thieme, Stuttgart 1966
Orlovskii, A., Die Gefäßversorgung der Menisci des menschlichen Kniegelenkes (russ.). Arkh. Anat. Gistol. i Embriol. *43* (1962) 77
Ortolani, M., Discussion on congenital dislocation of the hip, in: Proceedings of the Société Internationale de Chirurgie Orthopédique et de Traumatologie. J. Bone Jt. Surg. *43–A* (1961) 284
Ott, V. R., Physikalische Behandlung der Arthrosen. Dtsch. med. Wschr. *92* (1967) 1315
–, Kann man Myogelosen und Muskelverspannungen mit Vibrationsbehandlung beeinflussen? Dtsch. med. Wschr. *91* (1966) 1282
Otto, W., Zur Röntgenfunktionsdiagnostik der Halswirbelsäule in der Praxis. Fortschr. Röntgenstr. *83* (1955) 6

Padovani, P., Orientation pratique des diagnostic des fractures pathologiques chez l'adulte. Rev. Prat. *16* (1966) 3477

Palugyay, J., Zur Ätiologie und Röntgendiagnose der unter „Schlatter-Osgoodscher Erkrankung" zusammengefaßten Veränderungen der Tuberositas tibiae. Fortschr. Röntgenstr. *35* (1927) 595

Pasavars, R., Hallux varus. Arch. orthop. Unfall-Chir. *44* (1949/51) 333

Paschold, K., und H. Friedrich, Seltene Lokalisation einer aseptischen Knochennekrose. Bruns Beitr. klin. Chir. *214* (1967) 271

Palmer, I., On the injuries of the ligaments of the knee joint. Acta chir. scand. Suppl. *53* (1938) 1

–, Injuries to the crucial ligaments of the knee joint as a surgical problem. Wiederherst. Traumatol. *4* (1957) 181

Partsch, Therapie der Lunatumnekrose. Zbl. Chir. *55* (1928) 21

Pässler, H. W., und H. H. Pässler, Der Verlauf der Stammarterien im Bereich des Kniegelenkes und des Fußgelenkes. Auswertung von 3800 Arteriographien. Röntgenblätter *16* (1963) 177

Pauwels, F., Überraschende Erfolge durch die Anwendung einer Zuggurtung bei der Patellarfraktur. Langenbecks Arch. klin. Chir. *316* (1966) 221

Pellegrini, A., zit. nach Köhler-Zimmer, Grenzen des Normalen und Anfänge des Pathologischen im Röntgenbilde des Skeletts. 10. Aufl. Thieme, Stuttgart 1956

Perrot, A., De l'ossification normale et des manifestations pathologiques de la tuberosité antérieure du tibia. Ref. Z. org. ges. Chir. *64* (1933) 811

Persson, M. Causal treatment of lunatomalacia. Acta chir. scand. *100* (1950) 531

Perthes, zit. nach Hohmann, G., Hackenbroch, M., und K. Lindemann, Handbuch der Orthopädie. Thieme, Stuttgart 1957–1961

Peters, E., Spondylolisthesen im frühesten Anfangsstadium. Verh. DOG, 55. Kongr. Bücherei des Orthopäden. Band 3. Enke, Stuttgart 1969, 194

Petersen, F., Ossifikationsstörungen an der Tibia und Patella. Fortschr. Röntgenstr. *84* (1956) 259

Petrow, P. N., E. B. Schibanowa und G. A. Alleschniam, Erfahrungen bezüglich der operativen Behandlung frischer Brüche des Olekranon (russ.). Chirurgija Moskva *2* (1966) 62, Ref. Zbl. Chir. *92* (1967) 2253

Pfab, B., Klinik und Therapie der Meniskuscysten. Langenbecks Arch. klin. Chir. *177* (1963) 159

Pfeiffer, R., Bericht über die Behandlung der Schlatterschen Erkrankung mit dem Entspannungsgipsverband nach Pitzen. Z. Orthop. *85* (1964) 416

Pfeil, E., Untersuchungen über die Zugfestigkeit der Kniegelenksmenisci. Beitr. Orthop. *15* (1966) 354

Pickhan, A., Röntgenologische und anatomische Beobachtungen über den Verknöcherungsvorgang der Kniescheibe. Fortschr. Röntgenstr. *53* (1936) 458

Pirker, H., Die Sportschäden an der Tuberositas tibiae. Dtsch. Med. Wschr. *60* (1934) 516

–, Die Verletzungen durch Muskelzug. Ergebn. Chir. Orthop. *27* (1934) 533

–, Prinzipielles über Sportverletzungen und Sportschäden. Wien. med. Wschr. *88* (1938) 703

, und H. Wunderlich, Chirurgisch-orthopädische Sportambulanz. Barth, Leipzig 1939

Pitzen, P., Kniegelenkserguß und Knochenverdickungen infolge von Überanstrengungen beim Sport. Münch. med. Wschr. *18* (1928) 786

–, Verband zur Ausschaltung des Quadricepszuges auf die Kniescheibe. Z. orthop. Chir. *62* (1934) 193

–, Über die Ursache und operative Behandlung der habituellen Patellarluxation. Münch. med. Wschr. *85* (1938) 1577

–, Zur operativen Therapie der aseptischen Knochennekrosen. Dtsch. med. Wschr. *78* (1953) 1355

–, Frühdiagnose der angeborenen Hüftgelenksverrenkung. Verh. DOG *79* (1950) 78

–, Beschleunigung der Heilung von aseptischen Knochennekrosen im coxalen Femurende durch Nagelung. Z. Orthop. *81* (1951) 7

Platt, H., Observations on some tendon ruptures. Brit. med. J. *1* (1931) 611

Platzgummer, H., Zum Bilde der ossalen Arthropathia deformans. Fortschr. Röntgenstr. *83* (1955) 378

–, Zur Kenntnis der Luxatio pelvis totalis und deren Behandlung. Langenbecks Arch. klin. Chir. *268* (1951) 430

Plaue, R., Die Diagnostik der Deltaband- und Syndesmoseschäden. Arch. orthop. Unfall-Chir. *64* (1968) 364

–, und P. Hinz, Fehlerquellen der operativen Behandlung von Sprunggelenksverletzungen. Arch. orthop. Unfall-Chir. *67* (1970) 303

–, Die Diagnostik der lateralen Kapselbandschäden des oberen Sprunggelenkes. Arch. orthop. Unfall-Chir. *63* (1968) 135

Pohl, J., Arthrographische Diagnostik von Schäden des Schultergelenkes und seiner Nebengelenke. Verh. DOG, 52. Kongr., Beilageheft Zschr. Orthop. *101* (1966) 122

Poigenfürst, J., Technik und Bedeutung gehaltener Röntgenbilder. Chir. Praxis 1960, 467

Póka, L., und T. Boros, Über die Vererblichkeit der vorderen Thoraxdeformitäten. Zbl. Chir. *91* (1966) 1716

Polacco, E., Über die Osteoarthropathie der Schambeinfuge bei Fußballspielern. Ber. Dtsch. Sportärztekongr. Frankfurt/M. 1953

Polikarpow, P., Zur Frage der kombinierten Schädigungen der Kreuzbänder und anderer Komponenten des Kniegelenkes (russ.). Sovjetsk. Klin. *29* (1933) 577, Ref. Z. org. ges. Chir. *69*, S. 126

Ponsetti, J. V., Legg-Perthes-Disease. J. Bone Jt. Surg. *38–A* (1956) 739

Popp, O., 2 Fälle von aseptischer Nekrose des Os cuneiforme II. Z. Orthop. *87* (1956) 419

Porzelt, W., Über Zerreißungen des inneren Bandapparates am Kniegelenk mit gleichzeitiger Meniskusablösung. Zbl. Chir. *59* (1932) 1635

Presber, W., und H. T. Nitz, Wirbelsäule und Leistungssport. Sportmedizin *9* (1958) 177

Ramadier, J., Gonarthrose. Acta chir. Jugosl. 1958, 373, Ref. Excerpta med. (Surgery) *4* (1958) 1520

Rathke, F. W., Die juvenilen Rückgratverkrümmungen. Thieme, Stuttgart 1961

–, Über die Ätiologie der juvenilen Kyphose. 10. Congr. internat. de Chirurgie orthopédique et traumat. (Paris 4.–9. Sept. 1966) 1016

–, Pathogenese und Therapie der juvenilen Kyphose. Z. Orthop. *102* (1966/67) 16

–, Welchen Einfluß haben verschiedene Sportarten auf juvenile Kyphosen? Dtsch. med. Wschr. *91* (1967) 44

–, Diagnose der Scheuermannschen Krankheit. Dtsch. med. Wschr. *93* (1968) 2231

–, und W. Heipertz, Ergebnisse konservativer und operativer Behandlung beim lumbalen Bandscheibensyndrom. Z. Orthop. *87* (1955/56) 575

–, und H. A. Hienz, Tierexperimentelle Untersuchungen zur Pathogenese der juvenilen Rückgratverbiegungen. Z. Orthop. *91* (1959) 347

–, und G. Rompe, Untersuchungen über angeborene Formveränderungen in der Wirbelkörperreihe und ihre Beziehung zu Wirbelsäulenverbiegungen. Z. Orthop. *94* (1961) 550

Ravelli, A., Teilnekrose des Kahnbeins der Hand. Mschr. Unfallhk. *59* (1956) 115

Real, C., Sur la radiotherapie de l'arthrose deformante du genou. J. belge Radiol. *34* (1951) 401

Redwitz, E. v., Über den subkutanen Abriß der Achillessehne. Zbl. Chir. *79* (1954) 676

Reichelt, A., Beitrag zur Ätiologie der Osteochondrosis dissecans des Hüftgelenkes. Arch. orthop. Unfall-Chir. *65* (1969) 220

Reichmann, W., und G. Heberer, Zur Klinik und Behandlung von jugendlichen Pseudozysten und Riesenzelltumoren des Knochens. Langenbecks Arch. klin. Chir. *302* (1963) 352

Reinhold, H., und R. Tillmann, Der Morbus Scheuermann als soziales Problem bei schwerer körperlicher Arbeit. Dtsch. Ges.wesen *23* (1968) 1469

Reissigl, H., Die häufigsten Knieverletzungen beim Skilauf. Dtsch. med. Wschr. *80* (1955) 183

Rempe, W., Ein Beitrag zur Pathologie des Knochenumbaues. Ref. Fortschr. Röntgenstr. *80* (1954) 674

Rempe, W., Über sagittale Sakralisationszustände an den unteren Lendenwirbeln und ihre Bedeutung für die Entstehung von Spondylose und Spondylolisthesis. Z. Orthop. *85* (1954/55) 237
Rettig, H., Die Untersuchung der Wirbelsäule. Internist *9* (1968) 393
–, Das Röntgenbild der Kniescheibe in der Differentialdiagnose der Erkrankungen des Kniegelenks und der Patella. Z. Orthop. *91* (1959) 551
Ricklin, P., Zur Ätiologie und Therapie der Achillessehnenrupturen. Z. Unfallmed. Berufskr. *55* (1962) 102
–, et al., Die Meniskusläsion, praktische Probleme der Klinik. Thieme, Stuttgart 1964
Riede, D., Ätiologie, Diagnose und Therapie der subkutanen Achillessehnenrisse. Beitr. Orthop. *13* (1966) 96
Riedeberger, J., E. Luschnitz und B. Bauchspieß, Das Schambein-Adduktoren-Syndrom bei Fußballspielern. Zbl. Chir. *92* (1967) 2655
Rinonapoli, E., Le lesion del menisco nelle fratture del piatto tibiale. Arch. putti *16* (1962) 319, Ref. Zbl. Chir. *90* (1965) 2084
Riordan, D. C., Congenital absence of the radius. J. Bone Jt. Surg. *37–A* (1955) 1129
Rispoli, F. P., Schambeinsyndrom bei Fußballspielern. Z. Orthop. *99* (1964/65) 87
Roberg, N., Die Halswirbelsäulensyndrome. Internist *9* (1968) 398
Rohlederer, O., Das entwicklungsmechanische Geschehen der sogenannten angeborenen Hüftgelenkverrenkung. Verh. DOG *79* (1950) 58
Rojko, A., und K. Kercnyi, Über die discoidale Deformation des Meniskus. Z. Orthop. *98* (1964) 528
Römer, K. H., Zur Retention nach Korrektur der Trichterbrust. Dtsch. Ges.wesen *24* (1969) 126
Romer, U., Behandlung des Morbus Scheuermann. Schweiz. med. Wschr. *97* (1967) 1615
Rompe, G., Zur Häufigkeitsverteilung von röntgenologisch nachweisbaren Strukturunregelmäßigkeiten der Wirbelkörperschlußplatten. Z. Orthop. *100* (1965) 16
–, Die Bedeutung juveniler Aufbaustörungen für die Leistung der Wirbelsäule, in: G. Jentschura: In memoriam K. Lindemann. Med. hist. Schriftenreihe, Boehringer, Mannheim 1968
Rosate, A., Osservazoni e considerazioni sull'archittura del tendine calcaneale. Arch. Anat. (Strasbourg) *47* (1964) 469
Roß, E., Die Varianten des Verschiebungsphänomens an der Hals- und Lendenwirbelsäule. Fortschr. Röntgenstr. *100* (1964) 242
–, Verschiebungsphänomen und Wirbelblockierung an der Hals- und Lendenwirbelsäule. Fortschr. Röntgenstr. *100* (1964) 367
–, Die enchondrale Dysostose der Wirbelsäule. Fortschr. Röntgenstr. *98* (1963) 578
Rössler, H., und G. Sell, Sonderformen juveniler Wirbel-Osteochondrosen. Z. Orthop. *92* (1959/60) 357
–, Zur Differentialdiagnose der juvenilen Kyphose. Z. Orthop. *84* (1953/54) 268
Rostock, P., Aseptische Knochennekrosen der Patella. Bruns Beitr. klin. Chir. *164* (1936) 177
Roth, H., Über Verletzungen der A. poplitea bei Kniegelenkluxationen. Z. Unfallmed. *42* (1949) 278
Rothascher, H., Ergebnisse nach vollständiger Meniskusentfernung. Langenbecks Arch. klin. Chir. *294* (1960) 118
Rowe, C. R., Dislocations of the shoulder. J. Bone Jt. Surg. *44–A* (1962) 998
Rubanyi, P., Sulla necrosi asettica della rotula. Arch. ital. chir. *54* (1938) 346
Rueff, F. L., Trichterbrust. Med. Klin. *63* (1968) 52
Rübe, W., und W. Hemmer, Ist der M. Scheuermann eine seltene Erkrankung? (Eine Untersuchung zur Konzidenz von M. Scheuermann und lumbaler Nucleus-pulposus-Hernie). Fortschr. Röntgenstr. *96* (1962) 489
Rusdea, J., I. Mancin und Ch. Costa, Experimentelles Studium der Fixation bei instabilen Wirbelsäulenfrakturen. Beitr. Orthop. *15* (1968) 358
Rutishauser, E., Ernährungsstörungen des Knochens. Ärztl. Monatshefte *3* (1947) 285
–, und G. Majno, Les lésions osseus par surcharge dans le squelette normal. Schweiz. Med. Mschr. *79* (1949) 281

Rutishauser, E., und A. Rycolin, Remarques sur les apophysites. Z. Unfallmed. Berufskr. *45* (1952) 173
Rüther, H., Zur habituellen Ellbogenluxation und ihrer Behandlung. Z. Orthop. *82* (1952) 578
Rütt, A., Zur Therapie der Scheuermannschen Krankheit. Beitr. Orthop. Traum. *13* (1966) 731
Ryffel, H., Zur Thiemannschen Epiphysenerkrankung. Röntgenpraxis *5* (1933) 423
Salter, R. B., Role of innominate osteotomy in the treatment of congenital dislocation and subluxation of the hip in the older child. J. Bone Jt. Surg. *48–A* (1966) 1413
Sandfür, H., Über die Rupturen der Achillessehne. Zbl. Chir. *81* (1956) 805
Saxl, A., Primäre und sekundäre Belastungsschäden. Wien. Klin. Wschr. *53* (1936) 1426
Scaglietti, O., und B. Calandriello, Über die habituelle Schulterverrenkung, Pathogenese pathologische Anatomie, Behandlung. Wiederherstellungschir. u. Traum. *4* (1957) 6
Scapinelli, R., Studies on the vasculature of the human knee joint. Acta anat. *70* (1968) 305
Schaefer, P., und H. Paeprer, Morbus Scheuermann bei Patienten mit angeborenen und erworbenen Herzfehlern. Dtsch. med. Wschr. *91* (1966) 1349
Schanz, A., Typus von Schmerzen an der Wirbelsäule. Z. orthop. Chir. *19* (1901) 115
–, Zur Behandlung der angeborenen Hüftverrenkung. Z. orthop. Chir. *25* (1908) 94
–, Zur Behandlung der veralteten angeborenen Hüftverrenkung. Verh. DOG *52* (1922) 442
Scharitzer, E., Verletzungen der Knöchelbänder (Subluxatio tali supinatoria). Münch. med. Wschr. *103* (1961) 460
Scharizer, E., Osteolyse nach offenem Verrenkungsbruch des Kahnbeins der Hand. Mschr. Unfallhk. *70* (1967) 14
–, Zur Behandlung der Madelungschen Deformität. Z. Orthop. *87* (1956) 204
Schede, F., Hygiene des Fußes. Thieme, Leipzig 1933
–, Die unblutige Behandlung der angeborenen Hüftverrenkung. Verh. DOG *79* (1950) 133
Scheibe, J., Spätergebnisse nach Meniskusoperationen. Mschr. Unfallhk. *66* (1963) 330
Scherb, R., Spondylolisthesis (Spondylolisthesis imminens), Sacrum acutum, Sacrum arcuatum, Regio lumbosacralis fixa als häufige Ursache von Kreuzschmerzen. Z. Orthop. *50* (1928/29) 304
Scherer, F., Seltene Handgelenksbefunde. Zugleich ein Beitrag zur Malacie des Kahnbeines. Arch. orthop. Unfall-Chir. *47* (1955) 481
Schinz, H. R., und E. Uehlinger, Aus der Gelenkpathologie. Ärztl. Monatshefte *5* (1947) 43
Schlatter, C., Unvollständige Abrißfrakturen der tuberositas tibiae oder Wachstumsanomalien? Bruns Beitr. klin. Chir. *59* (1908) 518
Schlegel, K. F., Über Wert und Wertlosigkeit der Behandlung von Adolescenten-Kyphose. Arch. orthop. Unfall-Chir. *45* (1953) 660
–, Neurologische Komplikationen und deren Behandlung bei der Spondylolisthesis. Verh. DOG, 55. Kongr. Bücherei des Orthopäden. Band 3. Enke, Stuttgart 1969, 184
Schleipen, C., Wirbelsäulenbeschwerden bei schiefstehendem Dornfortsatz. Langenbecks Arch. klin. Chir. *175* (1933) 66
Schlomka, G., Berufliche Belastungsschäden der Wirbelsäule. Arch. orthop. Unfall-Chir. *48* (1956) 300
Schlotmann, W., und J. Jungheinrich, Die Ermüdungsfraktur unter Berücksichtigung der Marschfraktur. Med. Welt (1968) 2673
Schmid, F., Eine juvenile Osteomalacie der Kleinfingerphalangen. Fortschr. Röntgenstr. *86* (1967) 766
Schmid, F., Die Seitenbandverletzungen, ihre Diagnose und Behandlung. Praxis *54* (1965) 1544
Schmid, M., Über 3 bemerkenswerte Verrenkungen der unteren Gliedmaße. Mschr. Unfallhk. *58* (1955) 33
Schmid, F., und G. Weber, Röntgendiagnostik im Kindesalter. Springer, Berlin-Heidelberg-New York 1955
Schmidt, F., Über Verletzungen der vorderen Wirbelkörperkanten. Z. Orthop. *63* (1935) 87

Schmidt, H., Die funktionelle Struktur der Symphyse im Erwachsenenalter. Anat. Anz. *103* (1956) 135

–, Beitrag zur Ätiologie der Beckenringlockerung bei Jugendlichen. Beitr. Orthop. *6* (1959) 465

–, Zur konstitutionellen Schrägstellung der oberen Sprunggelenkachse beim kindlichen Knicksenkfuß. Beitr. Orthop. *10* (1963) 58

–, Zum Krankheitsbild der Myositis ossificans progressiva. Zbl. Chir. *88* (1963) 568

–, Erfahrungen mit der Korrekturosteotomie des proximalen Femurendes bei der Luxationshüfte im Kindesalter. Beitr. Orthop. *11* (1964) 628

–, Zur Übungsbehandlung nach Achillessehnenrupturen. Verh. DOG Beilageheft, Z. Orthop. *101* (1966) 73

–, Möglichkeiten und Grenzen der Elektrodiagnostik in der sportmedizinischen Praxis. Med. Sport *6* (1966) 165

–, Grundsätzliches zur Versorgung von Sportunfällen. Med. Sport *7* (1967) 72

–, Möglichkeiten und Grenzen der Iontophorese in der sportmedizinischen Praxis. Med. Sport *7* (1967) 78

–, Zur Physiotherapie von Achillessehnenschäden und -verletzungen bei Sportlern. Med. Sport *8* (1968) 45

–, und B. Quenzel, Die Hüftoperationen und ihre physiotherapeutische Behandlung unter besonderer Berücksichtigung der Luxationshüfte. Inst. für Weiterbildung mittlerer medizinischer Fachkräfte, Potsdam 1966

Schmidt, K., Beitrag zur Behandlung der veralteten medialen Seitenbandläsionen des Kniegelenkes. Chirurg *26* (1955) 411

Schmidt, M. B., Über die Zerreißung der Kniemenisken. Schweiz. med. Wschr. *65* (1935) 180

Schmorl, G., Die Pathogenese der juvenilen Kyphose. Fortschr. Röntgenstr. *41* (1930) 359

–, Bemerkungen zu der Arbeit von Mau zur Frage der Pathogenese bzw. der pathologischen Anatomie der Adoleszentenkyphose. Z. Orthop. *55* (1931) 274

Schnaberth, K., Über den kompletten Riß der Achillessehne als derzeitig häufigste Sportverletzung. Arch. orthop. Unfall-Chir. *40* (1940) 594

Schneider, H., Zur Struktur der Sehnenansatzzonen. Z. Anat. u. Entw.gesch. *119* (1956) 431

–, Die Abnützungserkrankungen der Sehnen und ihre Therapie. Thieme, Stuttgart 1959

–, Die Pathologie der Sehnen. Verh. DOG *48* (1961) 18

–, und V. Corradini, Aufbrauchveränderungen in sehr beanspruchten Sehnen der oberen Extremitäten und ihre klinische Bedeutung. Z. Orthop. *84* (1954) 278 und *84* (1954) 333

Schneider, J., Zur Versorgung der Spontanruptur der Achillessehne (Soleusplastik). Chirurg *20* (1949) 619

Schneider, P. G., D. Kullmann und E. Thomae, Verhütung von Funktionsstörungen nach operativer Behandlung der habituellen Schulterluxation. Med. Klin. *61* (1966) 1432

–, Die Früharthrose im Femoropatellargelenk des Leistungssportlers. Arch. orthop. Unfall-Chir. *54* (1962) 401

–, Differentialdiagnose und Differentialtherapie der sog. Fußgelenksdistorsion. Sportarzt *13* (1962) 135

–, Das Grazilissyndrom. Die Osteonecrosis pubica posttraumatica. Zschr. Orthop. *98* (1964) 43

Schneider, P. W., Die Tuberositas tibiae und ihre Entwicklung im Röntgenbild. Arch. orthop. Unfall-Chir. *50* (1959) 321

Schneider, W. H. E., Über die Behandlung der Schlatterschen Krankheit mit Hydrocortison. Z. Orthop. *88* (1956) 243

Schnelle, H. H., Längen-, Umfangs- und Bewegungsmaße des menschlichen Körpers. 3. Aufl. Barth, Leipzig 1960

Schoberth, H., Die sportärztliche Vorsorgeuntersuchung aus der Sicht des Orthopäden. Landarzt *42* (1966) 1469

Schoberth, H., Möglichkeiten und Grenzen der Massagebehandlung. Beitr. Orthop. *13* (1966) 526
–, Die Bedeutung der Leibeserziehung für die Prävention von Haltungsschäden. Med. Welt (1968) 2132
Schoen, D., Der Achillessehnenriß im Röntgenbild. Fortschr. Röntgenstr. *78* (1953) 604
Schoen, H., Luxation des Radius bei multiplen cartilaginären Exostosen. Röntgenpraxis *14* (1942) 276
Scholbach, M., Frakturen und Luxationen am Ellenbogen und Vorderarm. Inaug.-Diss. Leipzig 1956
Scholbach, M., Die Radiusköpfchenluxation. Beitr. Orthop. *11* (1964) 196
Scholz, O., Erfahrungen mit der modifizierten Operation nach Eden-Hybinette. Mschr. Unfallhk. *69* (1966) 9
Schönbauer, H. R., Neue Operationsmethode bei Ausrissen und Rissen der Achillessehne. Dtsch. med. Wschr. *91* (1966) 949
–, On the diagnosis of Achilles tendon laceration. Münch. med. Wschr. *101* (1959) 1988
–, Gibt es unvollständige Risse der Achillessehne? Zbl. Chir. *80* (1955) 471
–, Vollständige, subkutane Risse der Achillessehne. Mschr. Unfallhk. *55* (1952) 6
–, Beiderseitiger, nicht gleichzeitiger Riß der Achillessehne. Zbl. Chir. *77* (1952) 446
–, Symptomatologie der subcutanen Achillessehnenrupturen. Symposium de laesionibus tendinis Achilli apud athletas, Praha 1966
Schott, L., und H. J. Schott, Hydrocortisonbehandlung der Schlatterschen Krankheit und ihre örtlichen Nebenwirkungen. Med. Klin. *56* (1961) 1834
Schreiber, A., Willkürliche Patellarluxation. Z. Orthop. *100* (1965) 552
–, Ungeklärte Spondylolisthesis-Probleme. Verh. DOG, 55. Kongr. Bücherei des Orthopäden. Band 3. Enke, Stuttgart 1969, 154
Schrems, H., Über Erfolge und Mißerfolge der Röntgentherapie bei Arthrosis deformans. Münch. med. Wschr. *93* (1951) 785
Schröter, G., Erfassung und Beurteilung beruflicher Überlastungsschäden der Wirbelsäule. Z. ärztl. Fortbild. *62* (1968) 719
Schrop, F., Zur Genese der primären Meniskusverkalkung. Fortschr. Röntgenstr. *76* (1952) 202
Schuchmann, W., Spondylolisthesis und Pseudospondylolisthesis im Kindesalter. Beitr. Orthop. *15* (1968) 543
Schüler, H., Die Erstuntersuchung unfallverletzter Kniegelenke. Medizinische (1958) 1571
Schüler, W., Diagnose von Schleimhautveränderungen am Kniegelenk durch gezielte Röntgenuntersuchung. Medizinischer Bilderdienst 1963, 22–25
Schultze, O. P., Zur Schlatterschen Krankheit. Symptom einer Systemerkrankung. Arch. klin. Chir. *100* (1913) 453
Schulz, A., Zur Spondylolisthesis und Präspondylolisthesis. Z. Orthop. *49* (1927/28) 546
Schulze, K. H., Unsere Ergebnisse bei der operativen Behandlung der habituellen Schulterluxation unter besonderer Berücksichtigung der beruflichen Einsatzfähigkeit. Beitr. Orthop. *12* (1965) 357
Schwarzer, R., Die operative Behandlung der habituellen Schulterluxation nach Eden-Hybinette. Z. ärztl. Fortbild. *60* (1966) 44
Schwarzweiler, F., Eineiige Zwillinge mit konkordantem Auftreten der Schlatterschen Krankheit. Erbarzt *5* (1938) 157
Schwetlick, W., Die Kniegelenkuntersuchung in der Praxis. Mschr. Unfallhk. *65* (1962) 346
Sef, A., Sportschäden bei den verschiedenen Sportarten. Sportmedizin *5* (1954) 41
Seling, A., und H.-J. Mauser, Deformitäten der Halswirbelsäule bei Trichterbrust. Zbl. Chir. *92* (1967) 2303
Serfaty, M., Schlattersche Krankheit und Patellitis des Erwachsenen (span.). Prensa med. argent. *15* (1929) 1030, Ref. Z. org. ges. Chir. *48*, S. 126
Seyfarth, H., Gelenkergüsse und Gelenkresorption. Barth, Leipzig 1956
Seyn, R., und E. Wiesner, Ein Beitrag zur Frage der enchondralen epiphysären Dysostose. Helvet. paediat. Acta *5* (1950) 461

Seyss, R., Zur Biostatik der Wirbelsäule. Z. Orthop. *102* (1966/67) 395
–, Zur Röntgendiagnostik von Seitenbandverletzungen des Kniegelenkes. Mschr. Unfallhk. *59* (1956) 353
–, Teilnekrose des Mondbeines. Mschr. Unfallhk. *67* (1964) 263
–, und U. Wiesner, Das Epiphysenwachstum bei der Osgood-Schlatterschen Störung. Z. Orthop. *80* (1951) 623
Sieberns, H., Die kongenitale Schulterdysplasie. Fortschr. Röntgenstr. *100* (1964) 278
Siecke, H., Erworbene Synostose von Scapula und zwei Rippen. Fortschr. Röntgenstr. *96* (1962) 697
Sigmund, H., Zur pathologischen Anatomie der Meniskus- und Bandscheibenveränderungen. Arch. orthop. Unfall-Chir. *37* (1937) 368
Silfverskjöld, N., Über die subkutane totale Achillessehnenruptur und deren Behandlung. Acta chir. scand. *84* (1941) 393
Sommer, R., Arthroskopie des Kniegelenkes. Zbl. Chir. *64* (1937) 1496
–, Die Endoskopie des Kniegelenkes. Z. Unfallmed. Berufskr. *53* (1960) 65
–, Patella partita und Unfall. Mschr. Unfallheilk. *37* (1930) 55
Sonnenschein, A., Meniskusmißbildung als eine Ursache des Kniegelenkschnellens. Helvt. chir. Acta *15* (1948) 218
–, Biologie, Pathologie und Therapie der Gelenke, dargestellt am Kniegelenk. Schwabe, Basel 1952
Springorum, P. W., Die totale Meniskusexstirpation und ihre Berechtigung. Zbl. Chir. *91* (1966) 1265
–, Meniskusläsionen bei Jugendlichen. Zbl. Chir. *84* (1959) 1581
Ssiltschenko, T. N., Ein Apparat für die Kyphosenmessung, „Buckelmesser". Zbl. Chir. *54* (1927) 330
Staffel, A., Zur Würdigung der Quadricepsatrophie. Dtsch. med. Wschr. *47* (1921) 126
Stalmann, A., Die „Mitschwingung", ein neuartiges Klopfsymptom bei frischen und alten Wirbelsäulenerkrankungen. Münch. med. Wschr. *23* (1934) 873
Stapelmohr, S., Über Luxatio habitualis cubiti posterior. Acta chir. scand. *98* (1949) 511
Stehr, L., Röntgenologische Studien über Ursachen und Verlauf der Arthrosis deformans. Röntgenpraxis *9* (1937) 73
Steinbach, M., Über den Einfluß anaboler Wirkstoffe auf Körpergewicht, Muskelkraft und Muskeltraining. Sportarzt *19* (1968) 485
Stracker, O., Zur Histologie der Schlatterschen Krankheit. Z. orthop. Chir. *58* (1932) 242
Stracker, O. A., Zur Behandlung der Kniearthrosen. Münch. med. Wschr. *84* (1934) 658
–, Die Namensgebung der Gelenkerkrankung. Z. Orthop. *102* (1967) 472
Strata, A., Un nuovo caso di meniscite del ginocchio. Minerva ortop. Torino *4* (1953) 418
Streli, R., Meniskusverletzung mit und ohne operative Behandlung. Chirurg *27* (1956) 260
Stringa, G., Lesioni traumatiche della colonna cervicale. Arch. putti *20* (1965), 53, Ref. Zbl. Chir. *91* (1966) 1774
Stucke, K., Die Patella partita in ihrer Beziehung zum Unfall und zur Wehrdienstbeschädigung. Mschr. Unfallhk. *53* (1950) 238
–, Über das elastische Verhalten der Achillessehne im Belastungsversuch. Langenbecks Arch. klin. Chir. *265* (1950) 579
–, und H. Schilling, Kindliche Speichenfrakturen. Mschr. Unfallhk. *68* (1965) 478
Stuhlfauth, K., Zur Arthrosentherapie des praktischen Arztes. Münch. med. Wschr. *93* (1951) 2109
Stumpfegger, L., Wiedereröffnung von Kniegelenken nach Meniskusoperationen. Langenbecks Arch. klin. Chir. *199* (1940) 62
Stupnicki, Beitrag zum Krankheitsbild der Vertebra plana. Calvé. Z. Orthop. *81* (1952) 455
Sturm, G., Die Anwendung der Iontophorese in der orthopädischen Sprechstunde. Beitr. Orthop. *9* (1962) 380
Stundén, G., Some aspects of longitudinal bone growth. Acta Orthop. scand. Suppl. *103* (1967)
Swaim, L., Prevention of deformities of the knee in arthritis. J. Bone Jt. Surg. *10* (1928) 742

Sycamore, L. K., Common congenital anomalies of the bony thorax. Amer. J. Roentgenol. *51* (1944) 593

Symposium: The operative treatment of fractured or displaced semilunar cartilage. A comparison of opions concerning the removal of the meniscus. J. Bone Jt. Surg. *14* (1933) 229

Taillard, W., Die Spondylolisthesen. Die Wirbelsäule in Forschung und Praxis, Band 11. Hippokrates, Stuttgart 1959

Thompson, A. D., Classification of bone tumors. J. Bone Jt. Surg. *38–B* (1956) 947

Thompson, R. G., et al., The treatment of humoral shaft fractures by the hanging cast method. J. int. Coll. Surg. *43* (1965) 2

Thompson, T. C., and J. H. Doherty, Spontaneous rupture of tendon of Achilles. A new clinical diagnostic test. J. Traumat. *2* (1962) 126

Thomsen, W., Schwere Verletzungen von Becken- und Hüftgelenk beim Sport. Sportarzt *11* (1960) 12

Thurner, J., Zur Klinik und Pathogenese der Meniskuscysten. Z. Orthop. *88* (1956) 164

Tillberg, B., Kienboeck's disease treated with osteotomy to lengths ulna. Acta orthop. scand. *39* (1968) 359

Tilling, G., The vascular anatomy of long bones. A radiological and histological study. Acta Radiol. Suppl. *161* (1958)

Timm, H., Zur Objektivierung von Fehlhaltungen der Wirbelsäule. Z. Orthop. *106* (1969) 716

Tischer, W., und G. Leutert, Morphologische Veränderungen der Rippenknorpel bei Trichterbrust. Beitr. Orthop. *15* (1968) 65

Tittel, K., Die Entwicklung des Instituts für Sportmedizin. Med. Sport *5* (1965) 133

–, Zum gegenwärtigen Stand der Sportverletzungen und -schäden des Bewegungsapparates unter besonderer Berücksichtigung der Ätiologie, der morphologischen Veränderungen sowie der Prophylaxe. Wiss. Zschr. DHfK *2* (1959/60) 247

–, Worauf sind Kalk- und Knochenbildungen im Muskelgewebe der Leistungssportler zurückzuführen und wie kann man sie vermeiden? Theor. u. Prax. Körperkult. *7* (1958) 922

Titze, A., Zur Diagnostik der Seitenbandverletzungen des Kniegelenkes. Fortschr. Röntgenstr. *85* (1956) 257

–, Verrenkungen des Schultergelenkes. Klin. Med. *20* (1965) 115

Tobler, Th., Zur normalen und pathologischen Histologie des Kniegelenksmeniskus. Langenbecks Arch. klin. Chir. *42* (1942) 186

Torklus, D. v., Seltene Veränderungen der Zwischenwirbelgelenke bei Spondylolyse und Spondylolisthese. Verh. DOG, 55. Kongr. Bücherei des Orthopäden. Band 3. Enke, Stuttgart 1969, 203

Toygar, O., Subkutane Ruptur der Achillessehne. Helvet. chir. acta *14* (1947) 209

Töndury, O., Angewandte und Topographische Anatomie. 2. Aufl. Thieme, Stuttgart 1959

Travaglini, F., Zur Klinik und Pathogenese der Cysten im Bereich des Kniegelenks. Z. Orthop. *88* (1957) 536

Trede, H., Verletzungen der drei oberen Brustwirbel durch Kopfsprung beim Baden. Mschr. Unfallhk. *61* (1958) 243

Treptow, H.-J., und H. Röding, Zur Behandlung von Monteggia-Frakturen. Zbl. Chir. *91* 1966) 1697

Trynin, A. H., Conservative treatment for complete dislocation of the acromioclavicular joint. J. Bone Jt. Surg. *32* (1934) 713

Tschernawski, A. W., Diagnostik und Behandlung von Frakturen und Luxationen (russ.). Medizina, Moskva 1962

Tuba, J., und B. König, Beitrag zur Entstehung der Brustbeinfraktur. Sportmedizin *7* (1956) 279

Uebermuth, H., Meniskusexstirpation, -regeneration und Arthrosis deformans. Chirurg *13* (1941) 329

Uehlinger, E., Aseptische Knochennekrosen (Infarkte) nach Prednisonbehandlung. Schweiz. med. Wschr. *94* (1964) 1527

Uibe, P., Embryologische Studien zur Klumpfußentstehung. Beitr. Orthop. *15* (1968) 151
Ullmann, K., Die Thiemannsche Erkrankung. Arch. orthop. Unfall-Chir. *45* (1952) 296
Unglaube, L., Ein Beitrag zur Abrißfraktur der Tuberositas tibiae. Zbl. Chir. *80* (1955) 1372
Van de Kamp, W., Über eine unvollständige Ruptur der Achillessehne. Zbl. Chir. *80* (1955) 1907
Vandenbossche, M., Rupture pathologique du tendon d'Achille. Bull. Mém. Chir. *36* (1910) 805
Vick, S., Beitrag zur Behandlung der Olekranonfraktur. Zbl. Chir. *91* (1966) 1588
Viernstein, K., Erfahrungen der Münchner Klinik mit der Operation der habituellen Schulterluxation. Verh. DOG 1965, 170
–, E. Hipp und W. Weigert, Diagnose und Behandlung des lumbalen Bandscheibenvorfalles. Z. Orthop. *101* (1966) 1
Viernstein, R., und E. Hipp, Ein neues Verfahren zur Anfertigung von Wirbelsäulenganzaufnahmen. Z. Orthop. *89* (1957) 188
Virengue, J., M. Pasguié, J. Gaubert und M. Escrient, Des lesions meniscales chez l'enfant. Rev. Chir. orthop. *46* (1960) 319
Virgin, H., Direct (immediate) repair of ligaments about the knee. Sth. med. J. (Bgham, Ala.) *55* (1962) 493
Vitalli, H.-P., Zur Diagnose der gutartigen „zystischen" Knochentumoren. Münch. med. Wschr. *105* (1963) 514
Vogelsang, Neuroradiologische Diagnostik bei Wirbelsäulenverletzungen. Dtsch. med. Wschr. *94* (1969) 723
Vogl, A., Zur operativen Therapie von Kniegelenksarthrosen. Zbl. Chir. *93* (1968) 353
–, Zur Mobilbehandlung von Wirbelbrüchen. Zbl. Chir. *93* (1968) 439
–, Kleinwirbel als Ursache einer Präspondylolisthesis. Z. Orthop. *99* (1964/65) 257
Vogt, P., Ein Fall von Abreißung der Tuberositas tibiae durch willkürliche Muskelcontraction. Berl. klin. Wschr. *6* (1869) 225
Volkert, R., Über die sogenannte Apophysitis des Calcaneus. Arch. Orthop. *43* (1952) 93
Volkova, R., Über Ruptur der Zwischenwirbelscheiben und Entstehung der sogenannten Schmorlschen Knötchen. Sovet. chir. (Moskva) *3* (1932) 230
Voss, K. H., Über typische und seltene Sportverletzungen. Med. Diss., Münster 1939
Vulpius, O., Das Dauerresultat nach Operation der habituellen und chronischen Verrenkung der Kniescheibe. Med. Klin. *10* (1914) 237
Wachs, E., und F. Meissner, Zur Frage der Genese von spontan entstandenen Sehnenrupturen. Bruns Beitr. klin. Chir. *183* (1951) 348
Wachsmuth, W., und H. Wölk, Über Sportunfälle und Sportschäden. Thieme, Leipzig 1935
Wagener, W., Verletzungen des medialen Kniegelenkbandes und ihre Behandlung. Dtsch. Z. Chir. *250* (1958) 514
Wainwright, D., Habituelle Luxation des Ellbogengelenks (engl.). Proc. roy. Soc. Med. *40* (1947) 885
Waldenström, H., Necrosis of the femoral epiphysis owing to insufficient nutrition from the ligamentum teres. Acta chir. scand. *75* (1934) 185
Walter, R., Ein Beitrag zur Behandlung der Luxation des Akromioklavikular-Gelenkes. Beitr. Orthop. *15* (1968) 119
Wanke, R., Skalenussyndrom und Hals-Brust-Übergangswirbel. Langenbecks Arch. klin. Chir. *189* (1937) 513
Warner, H., Über die Seitenbandzerreißung des Kniegelenkes als Sportverletzung. Chirurg *4* (1932) 808
Waschulewski, H., Über Ossifikationstypen der proximalen Femurepiphyse und ihre Bedeutung für das Perthes-Syndrom, die Osteochondritis dissecans, Koxitis und Koxarthrose. Z. Orthop. *102* (1966) 74
–, Über azetabuläre Ossifikationszentren und periartikuläre Verkalkungen bzw. Verknöcherungen, ihre Entstehung und Bedeutung. Arch. orthop. Unfall-Chir. *62* (1967) 273
Wasiljewa, W. W., N. D. Grajewskaja, G. M. Kukolewski, A. A. Minch, W. I. Rokitjanski und S. A. Jagunow, Sportmedizin. Moskau 1957, Übersetzung Nationales Druckhaus VOB National, Berlin 1965

Weber, B. G., Die Risiken in der Orthopädie. Schweiz. Med. Wschr. *99* (1969) 1
–, Malleolarfrakturen. Schweiz. med. Wschr. *97* (1967) 790
–, und W. Hupfauer, Zur Behandlung der frischen fibularen Bandruptur und der chronischen fibularen Bandinsuffizienz. Arch. orthop. Unfall-Chir. *65* (1969) 251
–, und H. Zimmer, Die transabdominelle interkorporelle Spondylodese bei Spondylolisthesis, Technik und Ergebnisse. Verh. DOG, 55. Kongr., Bücherei des Orthopäden. Band 3. Enke, Stuttgart 1969, 178
Weber, G., Formen und Wandel der Überlastungsschäden des Knochens bei Soldaten. Vortrag 84. Tg. Dtsch. Ges. Chir., Ref. Zbl. Chir. *92* (1967) 2329
Wedel, K. W., Über subkutanen Abriß der Achillessehne. Zbl. Chir. *78* (1954) 1783
Wegner, D., Traumafolge oder Patella partita? Z. ärztl. Fortbild. *56* (1962) 361
Weigert, M., Spontanruptur des Kniescheibenbandes beim Hochspringen. Z. Orthop. *104* (1967/68) 429
Weil, S., Über die Beziehungen der Osteochondritis deformans juvenilis coxae und der Alban Köhlerschen Krankheit. Bruns Beitr. klin. Chir. *122* (1921) 418
Weiss, J., Beitrag zur Frage der posttraumatischen Arthrosis deformans. Z. Orthop. *88* (1956) 247
Weller, S., Zur Frage der postoperativen Behandlung nach Kniegelenk-Arthrotomien, hauptsächlich nach Meniskektomien. Münch. med. Wschr. *99* (1957) 1859
–, Über Meniskusganglien und ihre Behandlung. Zbl. Chir. *85* (1960) 376
–, Über Meniskusganglien. Langenbecks Arch. klin. Chir. *296* (1960) 239
–, Zur Erstversorgung von Frakturen und Gelenkverletzungen. Wehrmed. Mschr. *10* (1966) 281, Ref. z. org. ges. Chir. *193* (1967) 502
Welsch, G., Die Sternumfrakturen als seltene Sportverletzungen. Med. Sport *4* (1964) 7
Wendel, W., Über habituelle Luxationen. Arch. orthop. Unfall-Chir. *1* (1903) 234
Werthemann, A., Zur Frage der Genese der angeborenen Kniegelenkverrenkung. Schweiz. med. Wschr. *73* (1943) 909
Westhues, H., Meniskus und Sport. Med. Klinik *50* (1955) 732
Wiberg, G., Studies on dysplastic acetabula and congenital subluxation of the hip joint. Acta chir. scand. *83* (1939) 58
Wiedemann, H. R., Die großen Konstitutionskrankheiten des Skeletts. Fischer, Stuttgart 1960
Wijn, J. F. de, Parameters of changing metabolism during growth from age 8 to 18, related to physique and body-composition. Z. ärztl. Fortbild. *62* (1968) 992
Will, H., Die Fraktur der Tuberositas tibiae. Zbl. Chir. *77* (1952) 1793
Wilson, P. D., Fractures and dislocations in the region of the elbow. Surg. Gynec. Obstetr. *56* (1933) 335
Wippler, R., Röntgenologische Untersuchungen über den Morbus Schlatter. Diss., Berlin 1959
Witt, A. N., Die Skiverletzungen der Fußaußenbänder. Med. Klinik *42* (1947) 111
–, Beitrag zur Behandlung der habituellen Schulterluxation. Chirurg *17* (1947) 688
–, Sehnenverletzungen und Sehnen-Muskeltransplantationen. Bergmann, München 1953
Wittig, K., Behandlung der Arthrosis deformans und anderer Leiden durch hyperämisierende Maßnahmen, besonders durch Acetylcholin. Zbl. Chir. *68* (1941) 1390
Wolf, F., Zur Frage der primären Naht bei kombinierten Kniebandzerreißungen. Langenbecks Arch. klin. Chir. *288* (1958) 433
–, Primäre Naht geschlossener Bänder- und Kapselzerreißungen des Kniegelenkes. Chir. Praxis *11* (1967) 287
Wolf, H. G., und L. Psenner, Pathologisch-anatomische und klinisch-röntgenologische Studien über die sogenannten Wachstumslinien. Fortschr. Röntgenstr. *80* (1954) 141
Wolff, G., Spondylolisthesis und Unfall. Z. Orthop. *61* (1934) 132
Woolefrey, B., und A. Chandler, Manifestations of Osgood-Schlatter's disease in the late teen age and early adulthood. J. Bone Jt. Surg. *42–A* (1960) 327
Wrede, A., Zur Entstehung des Os trigonum tali. Inaug.-Diss., Kiel 1963
Wrenn, R., L. Koldner und J. Markee, An experimental study of the effect of cortisone on the healing process and tensile strength of tendons. J. Bone Jt. Surg. *36–A* (1954) 588

Wunderlich, H., Zur Behandlung der kyphotischen Haltung und Kyphosen Jugendlicher. Z. Orthop. *63* (1935) 50

Würgel, J., Ein neues Hilfsgerät zur Operation der habituellen Schulterluxation nach M. Lange. Z. Orthop. *103* (1967) 117

Wuschech, H., G. Kempe und E. Ahrendt, Hypersiderämie bei chronischen Achillodynien. Symposium de laesionibus tendinis Achilli apud athletas, Praha 1966

Wustmann, O., Die Chirurgie des Ellenbogengelenks. De Gruyter, Berlin 1954

Zaaijer, J. H., Osteochondropathia juvenilis parosteogenetica. Dtsch. Z. Chir. *163* (1921) 229

Zacharias, J., Beitrag zur Therapie der Fraktur des Radius an typischer Stelle. Zbl. Chir. *91* (1966) 141

Zeibig, H., Die Auswirkung verschiedener Sportarten auf den jugendlichen Bewegungsapparat. Sportarzt *10* (1969)

–, Prophylaktische Maßnahmen zur Verhinderung von Wirbelsäulen- und Gelenkschäden bei Kraftarbeit. Med. Sport *4* (1964) 197

Zeitlin, A., Some reflections on the etiology of Köhler's disease. Radiology *24* (1935) 360

Zettel, H., H. Wüst und K. Meyer, Zur Frage der Wirbelblockierung. Z. Orthop. *99* (1964/65) 351

Ziegler, K., Doping im Sport. Sportarzt *20* (1969) 45

Zimmer, W., Beitrag zur Ätiologie und Klinik der Schlatterschen Erkrankung. Diss., W.-Berlin 1959

Zimmermann, M., Erfahrungen mit der konservativen Meniskusbehandlung. Münch. med. Wschr. *82* (1935) 1945

Zippel, H., Zur Spondylosis und Spondylolisthesis bei Wirbelmißbildungen im Kindesalter. Z. Orthop. *103* (1967) 432

Zippel, H., Zur Entstehung freier Körper im Kniegelenk. Zbl. Chir. *90* (1965) 2457

Zippel, H., Methodik und Bedeutung zytogenetischer Untersuchungen bei angeborenen Skelettanomalien. Beitr. Orthop. *15* (1968) 573

Zöllner, W., Luxationsfraktur in einem Ellenbogengelenk bei congenitaler radio-ulnarer Synostose. Mschr. Unfallhk. *52* (1949) 232

Zontschew, P., Ein seltener Fall von kongenitaler Anomalie der oberen Gliedmaße. Zbl. Chir. *83* (1958) 1976

Zsebök, Z., Röntgenanatomische Untersuchungen am Beckengürtel des Neugeborenen. Fortschr. Röntgenstr. *87* (1957) 23

Zsedényi, G., und K. Arato, Traumatische Apophyseolysen der Hüft- und Kniegegend. Z. Orthop. *102* (1967) 558

Zukschwerdt, L., Doppelseitige congenitale Radiusköpfchenluxation nach hinten mit congenitaler Hüftluxation. Dtsch. Z. Chir. *231* (1931) 45

Als Abbildungsvorlagen dienten u. a. folgende Standardwerke und Zeitschriftenartikel

BAUMGARTL, F., Das Kniegelenk. Springer, Berlin-Göttingen-Heidelberg 1964
BENNINGHOFF, A., Lehrbuch der Anatomie des Menschen. 4. Aufl. Urban & Schwarzenberg, Berlin-München 1949
BÖHM, M., Das menschliche Bein. Enke, Stuttgart 1935
DEBRUNNER, H. U., Orthopädisches Diagnostikum. Thieme, Stuttgart 1966
GRASHEY, R., und R. BIRKNER, Atlas typischer Röntgenbilder vom normalen Menschen. 10. Aufl. Urban & Schwarzenberg, München-Berlin 1964
GREULICH, W. W., und S. J. PYLE, Radiographic atlas of skeletal development of the hand and wrist. 2. Aufl. Oxford University Press, London 1959
HEISS, F. (Hrsg.), Praktische Sportmedizin. 2. Aufl. Enke, Stuttgart 1964
HOHMANN, G., M. HACKENBROCH und K. LINDEMANN, Handbuch der Orthopädie. Band 1–4. Thieme, Stuttgart 1957–1961
HOHMANN, G., und L. JEGEL-STUMPF, Orthopädische Gymnastik. 4. Aufl. Thieme, Stuttgart 1967
JONASCH, E., Das Kniegelenk. De Gruyter, Berlin 1964
KAMIETH, H., Röntgenologische Veränderungen an den Ileosakralgelenken bei der Beckenringlockerung. Fortschr. Röntgenstr. 84 (1956) 188
–, Die Mechanik der Beckenringlockerung. Fortschr. Röntgenstr. 87 (1957) 499
KÖHLER, A., und E. A. ZIMMER, Grenzen des Normalen und Anfänge des Pathologischen im Röntgenbilde des Skeletts. 10. Aufl. Thieme, Stuttgart 1956
LANGE, M., Lehrbuch der Orthopädie und Traumatologie. Band 1–3. Enke, Stuttgart 1960 bis 1967
MATZEN, P. F. (Hrsg.), Lehrbuch der Orthopädie. Band 1–2, 1. Aufl. Volk und Gesundheit, Berlin 1959
–, Orthopädie für Studierende. Barth, Leipzig 1968
MÖRL, F., Lehrbuch der Unfallchirurgie. Volk und Gesundheit, Berlin 1964
PITZEN, P., Kurzgefaßtes Lehrbuch der Orthopädischen Krankheiten. 6. Aufl. Urban & Schwarzenberg, München-Berlin-Wien 1957
DE SÈZE, S., und A. DJIAN, Röntgendiagnostik der Wirbelsäule. Thieme, Stuttgart 1963
SCHINZ, H. R., W. E. BAENSCH, E. FRIEDL und E. UEHLINGER, Lehrbuch der Röntgendiagnostik. 5. Aufl. Band II, Teil 2, Thieme, Stuttgart 1952
WITT, A. N., Die Skiverletzung der Fußaußenränder. Med. Klin. 42 (1947) 111

7. Sachverzeichnis